语坛泰斗 名师风范

——纪念黄伯荣百年诞辰暨学术思想研讨会文辑

主　编：薛桂荣

副主编：容慧华　黄广芬　彭　军

中山大学出版社

SUN YAT-SEN UNIVERSITY PRESS

·广州·

图书在版编目（CIP）数据

语坛泰斗　名师风范：纪念黄伯荣百年诞辰暨学术思想研讨会文辑/薛桂荣主编；容慧华，黄广芬，彭军副主编 . —广州：中山大学出版社，2023.6
ISBN 978 - 7 - 306 - 07832 - 2

Ⅰ . ①语… Ⅱ . ①薛… ②容… ③黄… ④彭… Ⅲ . ①黄伯荣（1922—2013）—学术思想—文集 Ⅳ . ①K825. 5 - 53

中国国家版本馆 CIP 数据核字（2023）第 113215 号

YUTAN TAIDOU　MINGSHI FENGFAN

出 版 人：王天琪
策划编辑：高　洵
责任编辑：高　洵
封面设计：曾　斌
责任校对：陈晓阳
责任技编：靳晓虹
出版发行：中山大学出版社
电　　话：编辑部 020 - 84110283，84113349，84111997，84110779，84110776
　　　　　发行部 020 - 84111998，84111981，84111160
地　　址：广州市新港西路 135 号
邮　　编：510275　传　真：020 - 84036565
网　　址：http://www.zsup.com.cn　E-mail：zdcbs@ mail. sysu. edu. cn
印 刷 者：佛山市浩文彩色印刷有限公司
规　　格：787mm × 1092mm　1/16　29 印张　565 千字
版次印次：2023 年 6 月第 1 版　2023 年 6 月第 1 次印刷
定　　价：65.00 元

编 委 会

主　编：薛桂荣

副主编：容慧华　黄广芬　彭　军

编　委：黄绮仙　高　进　梁启用　梁声扬

　　　　韩永湘　曾伟杰　郑荣新　谢国瑞

纪念黄伯荣百年诞辰暨学术思想研讨会线下会议现场

（2022 年 12 月 21 日，阳江）

省外专家线上参加纪念黄伯荣百年诞辰暨学术思想研讨会并发言

（2022 年 12 月 21 日，阳江）

黄绮仙老师在纪念黄伯荣百年诞辰暨学术思想研讨会上发言

（2022 年 12 月 21 日，阳江）

纪念黄伯荣百年诞辰暨学术思想研讨会黄伯荣先生学术著作展

（2022 年 12 月 21 日，阳江）

黄伯荣夫妇和廖序东、李行健、高更生的合影

（前排左起：廖序东、黄伯荣和夫人；后排左起：李行健、高更生）

《现代汉语》教材审稿会专家、代表合影

（1980 年 7 月，山东青岛）

黄廖本《现代汉语》修订会部分老编者合影

（2006 年 9 月 26 日，北京礼士宾馆）

黄伯荣先生九十华诞庆典合影

（2011 年 7 月 20 日，广州中山大学）

黄伯荣先生与挚友合影

（左起：殷焕先、廖序东、黄伯荣）

1956 年黄伯荣先生与北京大学汉语教研室同仁在颐和园合影

（左起：黄伯荣、林焘、周祖谟、魏建功、朱德熙、王力、杨伯峻、唐作藩）

纪念黄伯荣先生百年诞辰暨学术思想研讨会线下与会领导和专家合影

（2022 年 12 月 21 日，阳江）

全国高师现代汉语教学研究会第十一届年会暨教学研讨会上黄伯荣先生、

颜迈教授与阳江职业技术学院语言文学系领导及老师合影

（2006 年 4 月 20 日，阳江）

黄廖本《现代汉语》教学研讨会暨现代汉语课程建设与教学改革研讨会会议代表合影

（2017 年 8 月 12 日，江苏苏州大学）

纪念黄廖本《现代汉语》出版四十周年学术研讨会参会代表合影

（2019 年 4 月 13 日，山东青岛）

一位值得景仰的老一辈语言学家

（代序）

王铁琨[*]

黄伯荣教授从教 50 周年学术思想研讨会暨黄廖本《现代汉语》教材修订会在青岛大学召开，作为后学晚辈，我是怀着非常崇敬的心情参加这一盛会的。

著名语言学家黄伯荣先生毕生致力于语言教学与研究，取得了令人瞩目的成就。他用辛勤的汗水，为祖国培育了一批又一批语言学人才，可谓桃李满华夏。黄先生是新中国第一代语言学研究生，他师承语言学泰斗王力先生，毕业后曾执教于著名学府北京大学。20 世纪 50 年代后期，他成为最早一批支援祖国大西北建设的知识分子中的一员，在兰州大学一干就是 30 年，为西北地区高等教育事业的发展贡献了光和热。黄先生治学严谨，学术功底深厚，在语言学诸多研究领域都取得了丰硕的成果，在现代汉语教材建设方面更是成就斐然。他和廖序东先生共同主编的《现代汉语》统编教材风行全国，国外也有译本，是高校文科最受欢迎的现代汉语教材之一，使用过黄廖本教材的受教育者超过 400 万。该教材 1986 年获国家教育委员会颁发的优秀教材奖。黄先生的学术思想贯穿于这套教材的字里行间，影响了一代学子。

黄先生勇于开拓创新，学术思想不僵化，在方言语法研究上造诣尤深。新中国最早发表方言语法研究论文（指黄伯荣先生关于广州话和阳江话的一组语法研究文章）的就是黄先生，他是在用行动来提醒大家关注和重视方言语法的调查研究。开拓创新对于一位高龄学者来说更显得难能可贵。黄廖本教材之所以长盛不衰，我想与黄伯荣、廖序东两位老先生善于和注意不断汲取学术界最新科研成果的合理内核，并把新理论、新成果与自己所创立的教学语法体系融会贯通是分不开的。黄廖本《现代汉语》教材坚持贯彻执行国家语言文字工作的方针、政策和有关的规范标准。1986 年全国语言文字工作会议召开，这次会议经中央批准确定了国家新时期语言文字工作的方针、政策。黄先生作

---

[*] 本文作者系教育部原语言文字信息管理司副司长。

为高校代表出席了这次会议，并在当年召开的《现代汉语》教材修订会上组织编者全面贯彻了全国语言文字工作会议的精神，后来出版的修订本教材及时反映了语言文字工作政策上的某些调整。我是那次承德教材修订会的参与者之一，对此有深刻的印象。《中华人民共和国国家通用语言文字法》颁布后，黄先生意识到该法的颁行对语言文字工作和高校现代汉语课教学改革的重要意义，认真思考如何把这部法律的原则精神及时反映到教材中去，使现代汉语教材建设更好地为国家通用语言文字的规范化、标准化服务。总之，黄廖本《现代汉语》教材一直在紧跟时代的步伐，在坚持科学性和自身特色的基础上不断修订完善。这对于宣传贯彻国家新时期语言文字工作的方针、政策，起到了积极的推动作用；换言之，语言文字工作的许多方面，也往往需要借助各种现代汉语教材的普及性和广泛影响力而得以更加贴近民众，取得实实在在的效果。

　　黄先生敬业治学，淡泊名利，这是我们年轻一代特别需要学习的。即使在退休以后，黄先生仍然致力于语言学研究，笔耕不辍，主编了《汉语方言语法类编》（简称《类编》）、《汉语方言语法调查手册》（简称《手册》）两部方言学力作，发表了《框架核心分析法》等创见颇多的论文，这对于建立一套切合汉语实际、适合计算机信息处理需要的汉语语法体系，无疑会起到推动作用。著名学者詹伯慧教授认为，《汉语方言语法调查手册》的出版"对方言语法调查工作，无疑又是做了一件雪中送炭的好事"。许宝华先生在评价《汉语方言语法类编》时说："这是一部资料翔实、编辑严谨、框架合理、甚见功力的好书。"陆俭明教授则认为："编著《类编》确实是一项开创性的工作，《类编》的出版对汉语方言语法研究和汉语语法研究包括汉语语法史的研究将起到极大的推动作用。"上述评价从一个侧面表明，《手册》和《类编》的出版得到了学术界的一致好评。

　　黄先生为人谦和，是一个有着正直、宽厚品格的真正的学者。不管世事如何变幻，黄先生始终是以一颗纯真的心待人处事，执着于他的语言学研究，表现出老一辈语言学者崇高的精神境界。这些都为我们后学晚辈树立了榜样。

　　时间关系，我就谈这些。祝会议圆满成功！

2001 年 8 月 9 日于青岛

目　录

纪念评述

论文选登

附　录

纪念评述

在纪念黄伯荣百年诞辰暨学术思想研讨会上的致辞

杨骁婷[*]

尊敬的黄伯荣先生家属、同志们、朋友们：

大家好！

今天，我们在这里举办"纪念黄伯荣百年诞辰暨学术思想研讨会"，和与会的专家、学者、老师们及伯荣老先生的家属一起，共同缅怀他的成就，纪念和传承他的学术成果。在此，我谨代表阳江市委、市政府，向黄伯荣先生表示崇高的敬意和深切的怀念；对参加黄伯荣先生纪念活动的各位专家、学者、老师，对黄伯荣先生的家属表示热烈欢迎和诚挚感谢！

黄伯荣先生是我国著名语言学家、教育家，1922 年出生于阳江市海陵岛那洋村，1949 年毕业于中山大学语言学系，先后在中山大学、北京大学、兰州大学和青岛大学等高等院校从事现代汉语教学和研究工作。主编了黄伯荣、廖序东版《现代汉语》和中大版《现代汉语》，创造了高校人文社科类教材发行的新纪录；出版了《陈述句、疑问句、祈使句、感叹句》等多部专著，发表了《汉语语法的研究》等一批学术论文。

黄伯荣先生桑梓情深，乡音永记，在阳江方言的语音、词汇、语法等研究方面也取得了丰硕的成果，其遗著《广东阳江方言研究》被誉为阳江方言研究领域的扛鼎之作。

在数十年的人生历程和学术生涯中，黄伯荣先生爱国爱党、信念坚定，为人正直、朴实谦逊，潜心研究、诲人不倦，将毕生心血都献给了我国教育事业和语言学事业，为现代汉语和民族文化的发展做出了重要贡献，在学术界、教育界拥有崇高的威望。

今年是黄伯荣先生 100 周年诞辰。为弘扬黄伯荣先生爱国、爱党、爱乡的高尚情怀，深入总结探究其学术成就，繁荣阳江地方文化，促进阳江教育事业发展，我们有幸以黄伯荣先生家乡的名义，举办"纪念黄伯荣百年诞辰暨学术思想研讨会"。在今天（2022 年 12 月 21 日）刚刚揭晓的评选中，阳江首次荣膺"中国最具幸福感城市"称号。黄伯荣先生是我们阳江的一张重要文化

---

[*] 本文作者系中共阳江市委常委、宣传部部长。

名片，我们希望以此为契机，继承弘扬黄伯荣先生优秀的学术遗产，将黄伯荣先生的学术精神和学术成就，融入阳江文化发展的大局中，为阳江深入贯彻党的二十大精神、推动高质量发展、建设文化名城和创造人民美好生活做出新的贡献。

　　最后，预祝会议取得圆满成功，祝愿各位身体健康、工作顺利、家庭幸福，谢谢大家！

纪念黄伯荣百年诞辰暨学术思想研讨会发言

张文彤*

尊敬的各位专家学者、各位领导、同志们、朋友们：

大家上午好！今天我感到非常荣幸，有机会参加这次"纪念黄伯荣百年诞辰暨学术思想研讨会"，衷心感谢主办单位的诚挚邀请！

在新冠疫情影响的这个特殊时期，各位专家领导、嘉宾代表不辞劳苦，齐聚一堂，通过线上线下相结合的方式，缅怀黄先生的学术精神和高尚品德，共同推进汉语教学事业向前发展。我作为一名政府工作者，同时更是黄伯荣先生的外孙女，今天我想谈谈个人的一些切身感受和浅见。不对之处，还请大家多批评指正。

黄伯荣先生是新中国现代汉语教学与研究的开创者，是著名语言学家、教育学家，但在我心目中，他更是我慈祥的外公。记得小时候，外公会认真阅改我寄给他的书信，将错别字、标点符号一一标注，又寄回给我，从小教育我要踏实求学、认真做事；外公会满怀深情地和我讲他儿时在海陵岛的趣事，在我心中根植爱国爱家的情怀；外公在工作之余也喜欢听我和家人们聊天说地，让我感受到他的为人谦和、儒雅风范。随着年龄的增长，逐渐了解到外公的学问和功勋，其品德和精神令人敬仰崇敬。在此，我想谈自己感受最深的三个方面。

外公对教育事业充满着热爱和崇敬。他始终保持着一颗纯真的心，一生专注于他热爱的教育事业、热爱的"现代汉语"。外公师承语言学泰斗王力、岑麒祥先生，受教于新中国第一个语言学系，是新中国培养的第一批语言学大学生和教师之一。他选择了当时相对冷门的学科，守着这门专业坚持到底，不管是"文革"时期难以承受的苦难，还是大西北物质匮乏的艰苦，都没能动摇他的决心。他踏踏实实地钻研学术，兢兢业业地教书育人，满怀对祖国语言、民族文化的深厚情感，用一颗火热的心，终生致力于研究语言学的传承发展和推广普及。他坚信在新中国成立以来，对于普及现代汉语知识和对学生进行语言教育这样一个伟大事业来说，《现代汉语》教材是不可

---

* 本文作者时任阳江市政府副秘书长。

或缺的重要组成部分，使用这部教材可以培养出更多的汉语研究者和汉语教师。

外公对学术研究始终坚持守正和创新。《现代汉语》从1979年的试用本到2017年的版本，印刷出版总数近1000万册，是高教文科中最受欢迎的现代汉语教材之一，统编教材风行全国，国外也有译本。对教材不断改进和提高，以语法部分为例，除了做到汉语语法的总结传承，也及时跟上国际上语法学研究发展的步伐，一步一个台阶，不超前也不落后，既有守正和创新精神，又有批判和构建精神。这是这部教材始终保持长青和鲜活的重要原因之一。同时，教材把最新的研究成果告诉学生，使他们站在学科前沿阵地，接受这些成果，以开拓视野，培养其创新精神。

外公对教学工作努力追求严谨和务实。举个例子：1986年至1987年年初，外公为全面掌握黄廖本《现代汉语》的使用情况，同时为师生释疑解惑，用了三个月奔赴全国各地讲学，去了十几所大学，如武汉、广西、烟台、宁夏等地的大学，并在北京、沈阳、桂林、广州、汕头、香港等地调查方言。外公在长期的教学、研究、工作中身体力行，形成了其集思广益、博采众长的精神风范。他在90岁高龄时，应中山大学和北京大学出版社诚邀，为报答母校培育之恩，实现教材改革的理想，带领学术团队完成了《现代汉语》中大本的编写工作。他谈到，教育形势在不断发生变化，大学本科需要培养"通才"而非"专才"，所以现代汉语课不仅要解释汉语，还要进行母语教育，因而教材编写思路必须转变，必须要让学生们对自己的母语有一个理性清晰的认识，从结构上总体把握，对特点明确了解，对语言现象变化等都要有正确的态度。外公为母校两阳中学题字留念所写的"生命不息　奋斗不止"，既是他用行动践行理想的真实写照，也是他对家乡学子寄予的厚望。

作为市政府的一名工作人员，借今天的机会，也向大家汇报一下市委、市政府近期为推动阳江教育事业发展所做的一些工作。本周召开的市政府常务会上，审议通过了《阳江市教育发展"十四五"规划》。"十三五"期间，市委、市政府高度重视教育事业发展工作，如全市投入教育资金达297.48亿元，新建、改扩建中小学学校52所，增加公办中小学学位5.2万个。此次会议在总结成绩与亮点的同时，也提出需要着力破解的难点和短板问题。在新的发展形势和要求下，阳江教育发展明晰了"十四五"期间的发展目标、行动计划和保障机制，在"十四五"规划中提出了榜样示范引领、以点带面改革、内联外引合作等推动阳江教育高质量的发展策略。个人认为，榜样示范引领策略尤为重要。我刚才粗浅地谈及外公秉承的教育思想、坚持的研究方向和践行的教学方法。这虽为一隅之见，然而外公用他一生的实践

和行动，为我们阳江学子和教育者做出了榜样。希望今后有更多类似今天的活动，跨越时空，让更多的人感受到老一辈语言学家理想的伟大，激励更多"漠阳之子"从大师的身上获得精神力量，带着自信和荣耀去追逐属于自己的使命感和责任感。

最后，祝研讨会圆满成功，祝大家身体健康。感谢大家的聆听。

在纪念黄伯荣百年诞辰暨学术思想研讨会上的致辞

高　进*

尊敬的杨常委、同志们、朋友们：

大家上午好！

今天，我们怀着崇敬的心情齐聚一堂，纪念我国著名的阳江籍语言学家、教育家黄伯荣先生一百周年诞辰。大师风范，山高水长。在此，我谨代表学校向"纪念黄伯荣百年诞辰暨学术思想研讨会"的召开表示热烈的祝贺！向黄先生的亲友表示亲切的慰问！向来自高校、社科界、文化界的各位领导和专家学者表示热烈的欢迎和衷心的感谢！

百年前，黄先生出生于阳江海陵岛那洋村。1945 年入学中大，师从语言学泰斗王力、岑麒祥先生。1951 年于中山大学语言学系研究生毕业后留校任教。先后任教于中山大学、北京大学、西北师范大学、兰州大学、青岛大学。在 60 多年的教研生涯中，黄先生倾尽毕生精力致力于语言教学与研究。黄廖本《现代汉语》风行全国，发行量超过 1000 万册；出版《汉语方言语法类编》《祖国的文字》《句子的分析与辨析》《语法修辞》等皇皇巨著，嘉惠学林……先生为我国语言研究和语言教育事业做出了卓越贡献。

作为一位学者，黄先生一生治学严谨、造诣高深、成果丰硕。作为一位教师，先生一生兢兢业业，诲人不倦。其优秀师德、师风惠及一代又一代学子，堪称学界之典范。作为一位土生土长的阳江人，先生对家乡有很深的感情，对母语阳江话深入研究，发表或出版过很多有关阳江话的学术论文和著作。黄先生耄耋之年仍笔耕不辍，其执着与坚持令人感动。

黄先生关心家乡教育，关注阳江高等教育的发展，曾多次莅临阳江职业技术学院指导工作，对我院学术研究、专业建设发展等提出了许多非常宝贵的建议，同时还关心和指导我院青年教师的成长。2006 年，黄先生委托我院协办"全国高师现代汉语教学研究会第十一届年会暨教学研讨会"；2009 年，黄先生在我院召开《现代汉语》教材修订意见征询会。黄先生为我院指明了高职《现代汉语》教学的方法和语文教育专业人才培养路径，勉励我院中文系青年

---

* 本文作者系阳江职业技术学院副院长。

学者教学与科研并轨，提升个人学术能力。在他的影响下，学校以赓续百年办学品牌为使命，开展了阳江方言、疍家文化、海丝文化等一系列文化传承方面的研究，承担"阳江、阳春方言调查与研究"等国家语言资源保护工程项目并取得不少成果，成为阳江市哲学与社会科学研究重要基地。今年 9 月，学校成功入选省域高水平高等职业院校建设计划单位，这是学校发展历程上又一重要里程碑。蓦然回望，我们为曾经有这样一位大师关注和支持着学校的成长而感到骄傲。

大师之为大，在于以学术立身、以育人为乐、为理想而笃行、为信仰而奋斗。黄先生一生孜孜求实、谋远笃行，外朴内秀、真情无虚，潜心治学、成就卓著，为我们做出了治学、为人、处世的示范，是我们敬仰的一代大师。今天我们在这里纪念黄先生，应以先生为榜样，学习他严谨周密、精益求精、孜孜不倦的治学态度；以先生为标杆，学习他以德施教、甘为人梯、无私忘我的高尚风范；以先生为示范，学习他祖国至上、忠于人民、鞠躬尽瘁的炽热情怀。我们将不断开拓创新、努力进取，为繁荣阳江文化教育事业、为赓续先生奉献毕生的语言研究与教育事业做出新的、更大的贡献！

最后，再一次感谢大家的光临，预祝会议取得圆满成功！

提前预祝大家新年快乐，万事如意，安康吉祥！

黄伯荣先生与《现代汉语》教材

李行健*

黄伯荣和廖序东两位先生把一生的主要精力都用在了《现代汉语》教材（简称"教材"）的编写上。"教材"出版 40 多年来，培养了千千万万学子。2022 年正逢黄先生 100 周年诞辰，"教材"已出版了修订六版。为实现黄廖先生遗愿，还同时出版了"教材"精简本。至此，"教材"一共发行了 1000 多万册。

我认识黄伯荣先生始于 1954 年，当时我在北大中文系学习，黄先生随王力先生从中山大学调到北京大学中文系。我毕业时，黄先生随同北大党委书记江隆基、中文系的杨伯峻先生等支援兰州大学，离开了北大。

"文革"结束后，大学复课招收新生，大家感到需要编写新的现代汉语教材，各校或几个学校联合纷纷自编教材。在此情况下，教育部倡导联合各校力量编出高质量的教材。黄伯荣、廖序东和张静、刘世儒等先生发起众多高校来共同编教材，我有幸参加黄伯荣和廖序东先生牵头的编写组。

追随黄先生和廖先生几十年编教材，除了科研能力得到很大的提高外，我也深深体会到黄先生和廖先生老一辈知识分子的优良品德和高度负责的精神。《现代汉语》教材之所以获得多种荣誉和奖励，成为学习现代汉语大部分师生采用的教本，我认为有以下几个原因。

一支过硬的编写队伍

要编出一部优质教材，单靠个人力量是很困难的。无论从能力、经验还是知识上看，一个有奋斗精神的集体肯定是编好教材的重要条件。在开编筹备时，黄先生就力主邀请尽可能多的人，组成一支编写队伍。只要从事过汉语教学，有一定工作能力和经验的同志，都可以参加，没有门派，更没有与编教材无关的限制条件。

为了更好地发挥队伍作用，还根据各人的专长和爱好，分配不同章节的编写

---

* 本文作者系教育部原语言文字应用研究所研究员、黄廖本《现代汉语》教材领导小组组长。

任务。大家都有动手的机会，也有互相切磋的氛围，最后选取写得不错的稿子，再反复修改、博采众长，结集成试用本。在试用基础上又进行修订，成为1980年教育部组织的全国20多位知名专家审阅的审订稿，最后才出版正式教本。

作为主编，黄先生和廖先生善于虚心听取不同的意见。往往一些重要的问题，都要提到编写会议上讨论。如语音部分是否要讲音位问题、怎么讲；语法部分如何吸收三个平面的知识，怎么安排让它融入教材；等等。有时争论不决，但黄先生和廖先生从不把他们的意见强加于人。黄先生对有些问题甚至采取投票的办法，用"吾从众"的方式统一意见，绝不搞一言堂。

全身心投入教材编写

一件事情能够成功，同干事的人，特别是领导者全身心投入和严肃认真的态度密切相关。"教材"之所以受到好评，取得成功，同黄伯荣先生全力以赴、兢兢业业的工作精神分不开。

黄先生和廖先生一直从事现代汉语教学，他们不仅有深厚的理论修养，自己也从事过教材的编写。所以拟定的编写方针很明确，"教材"就是教材，同学术著作不同，同个人的著作可以张扬个性更不同。它必须要让学生好学、教师好教，能解决语用中的实际问题。这就要充分考虑学生在传统教学中的汉语知识基础，知识要力求平实稳妥、实用，术语名词和分析方法尽量与中学原有知识体系衔接，便于大家接受。

要编好教材，了解使用情况，培养提高教师的水平和正确发挥教材的作用，一种很好的办法就是，组织使用教材的教师和有关专家及编者，共同召开教材的培训和研讨会。这样的会黄先生几乎每年假期都要召集，不仅他和专家亲自讲课，还让大家就教学中遇到的重要问题开展讨论，以提高广大使用教材的教师的水平，也让编者感受教学第一线的实际需要，为教材修订准备条件。所以凡参加的人都有收获，都感到满意，自然也提高了教材的知名度和使用量。

发挥教材社会效益

1980年7月21日到8月3日在青岛，教育部组织吕叔湘、周祖谟、张斌、张志公、朱星等全国20多位著名专家审读"教材"后，"教材"正式出版，此后发行量与日俱增。但黄先生考虑这是全国的通用教材，在地方出版社出版，发行会受到局限，所以决定到北京找出版社出版。当时我正主持语文出版社工作，黄先生希望由语文出版社出版。我问与甘肃人民出版社商量没有，黄先生说甘肃方面极力留"教材"在兰州出版。我考虑到甘肃人民出版社当年在"教材"编写以及后续出版方面都给予了大力支持，应适当考虑他们的要求。黄先生则从"教材"今后的发展考虑，态度坚决。他专程来北京，住在我们单位招待所，专门同我商议"教材"出版事宜。我们反复讨论，语文出版社虽可以名正言顺出版这部发行量很大的"教材"，但毕竟不是出版教材的专业出版社，不一定能把这件事办好。于是，我提出和黄先生去高等教育出版社（简称"高教社"）谈谈再做决定。先生从高教社回来后很高兴，我们提的条件高教社都同意了。"教材"由高教社出版后，果然影响力和发行量大增。

随着形势的发展和教改的深入，使用"教材"的学生也从本科到专科，从中文专业扩大到其他如新闻、文秘等专业。不同学校和不同专业规定的学时也有很大差异。于是不少学校提出，能不能请黄廖教材编者再编一本精简本，便于本科之外和其他专业的学生使用。可以告慰先生的是，黄廖本教材的精简本，经大家努力，前年（2018 年）正式出版了。

精诚合作编教材

主编是教材编写的主心骨和把关定向的领导者。"教材"能顺利编写成功，两位主编发挥了重要的作用，他们亲密无间的合作，其重要性是不言而喻的。黄伯荣和廖序东先生合作共事的精神，就特别值得我们今天学习和发扬。

黄先生是一位不拘小节、大大咧咧的人，一般不计较小事。但在学术上，他能坚持自己的主见，在学术研究中思想十分细密周严。廖序东先生德高望重，是一位与世无争的长者。两位主编都待人亲切随和，事事与人平等协商，有谦谦君子之风。这就形成了他们在长期的教材编写中，真诚合作、互敬互谅的风格，给广大编者树立了团结合作的榜样。

我和两位主编的零距离接触始于 1980 年。当时要修订试用本，为教育部 7 月在青岛召开专家审稿会做准备。黄先生召集吴天惠、胡安良和我三人到兰州，同兰州大学中文系一些同志一起工作。黄廖两位主编已就试用本中发现的问题梳理出一份清单，我们去了先参加对这些问题的修订讨论，主编定出修订的原则和具体的要求，我们分头落实，然后送主编审订。我亲身感到，讨论时虽由两位主编主持，但廖先生一般请黄先生做主，他们互相很敬重、很客气。大家从两位先生的言行中，学到了在学术上如何发扬民主，充分听取不同的意见，在工作中如何关心晚辈，帮助他们提高水平、增长才干。我想，真正的大学者和好老师，大概也就是这样吧！

纪念我们的主编黄伯荣先生

中大本《现代汉语》编写组

今年是黄伯荣先生一百周年诞辰，也是中大本《现代汉语》正式出版十周年，翻阅《现代汉语》编写资料，回想起跟黄先生一起编写《现代汉语》的日子，不禁感慨万千。

黄伯荣先生从事高校教学与研究工作60余载，是"文革"后第一批硕士研究生导师。他一生忠诚于教育事业，工作一丝不苟，甘为人梯，桃李满天下，为国家培养了大批优秀人才。他与廖序东先生主编的《现代汉语》教材发行1000多万册，创造了教材界的奇迹。晚年的黄伯荣先生，仍关注着现代汉语教材教学的新动向，他多次说："我对现有教材的质和量仍未满足，希望在新编的教材里，打破30多年前旧框架的限制，试着实现我的教材改革理想，更主要的是想贯彻我编教材的新主张。"2009年，88岁高龄的黄伯荣先生应母校中山大学中文系的邀请，带领中大同仁联合其他相关院校十余位年轻教师，革新自我，编写新的《现代汉语》教材。

从2009年正式启动，到2012年正式出版，三年多的时间里，黄伯荣先生与我们往来信件多达200多封。从这些往来信件中，可以看到一代名师的治学严谨和从谏如流。（图1）

编写过程中，大到教材章节的改动，小到词句甚至标点符号的改动，先生无不亲自参与。先生在阳江，我们在广州，有时候为了一个术语、一个说法，来来回回有十几封邮件。五颜六色的电子稿标注、密密麻麻的手稿信件、打满"补丁"的修改稿，让我们看到先生的治学态度和精益求精的精神。正是在黄先生这种精神的感召下，我们都把教材编写这一工作当作头等大事，共同开了百余次的编写会。

当然，在教材编写过程中，黄先生也会跟编者们产生分歧。比如黄廖本中的"线性分析法"我们不太满意，黄先生主张在分析单句时用"框架核心分析法"。这是一种既讲核心和框架又讲层次和位次的语法分析法，该方法能细致地描写句型结构，还有助于快捷地辨认句法成分。但考虑到该方法不大适用主谓谓语句这样一些典型的汉语句式，所以如何处理，我们跟黄先生邮件往来数回，最终黄先生吸收了大家的意见，修订了自己的意见。

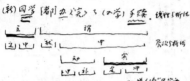
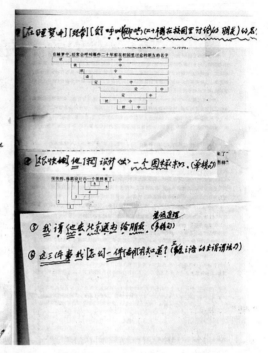

图1　黄伯荣先生的书信

在长达三年多教材编写的时间里，我们跟黄先生也结下了深厚的"革命友谊"。以李炜老师为代表的编者们多次赴阳江看望主编黄先生，多次将教材编写会议开到阳江。当得知黄先生又一次连续夜战都不休息的情况后，我们连夜给黄先生写了一封言辞恳切的信（2012年1月30日）："……您在短短一天之内做了如此大量的修改，说明您还是没怎么休息。您这不是在做主编，您是在玩命啊！这是很不明智的！因为您的身体健康比写教材要重要得多！"在家人和我们的不断劝说下，黄先生才有所"收敛"，一听到卧室传来拨浪鼓的声音（那是黄妈妈在提醒他该休息了），就乖乖地去休息了。

先生在2010年12月8日给大家的信中说："教材能否超群，不是出版社、编者说了算，也不是教育部说了算（指纳入规划或给予教材奖），主要是群众说了算，使用的人最多就是超群。"不知不觉，中大本《现代汉语》出版十年了，也成了发行量居前列的同类教材之一，越来越多的院校开始使用中大本《现代汉语》。希望这本教材可以达到先生的预期目标，也希望这本教材能为黄伯荣先生毕其一生的现代汉语事业画上圆满的句号。

春风化雨　点滴在心

——跟着黄伯荣先生学专业、编教材

仇志群[*]

　　1978 年我考入兰州大学中文系，成为黄伯荣先生的第一届现代汉语方向的研究生。1982 年毕业离校以后，直到 2013 年先生去世，这 30 年时间里黄先生也一直关心着我的教学、科研情况，并通过《现代汉语》教材的编写和几次修订研讨会，让我一次次走到先生身边进德修业。

　　导师培养研究生，常用一个词"带"，一般说"带研究生""带了几个研究生"。在黄先生身边待了一段时间，我们真体会到什么是"带"。在先生"带"我们的过程中，我们真切感受到从先生那儿获得的推动力、方向感和关怀我们的温暖。

　　除了为我们开设一些专业课程，黄先生也通过学术活动和教材编写工作安排我们进行专业学习，带领我们一步步进入学术前沿。

　　1978 年我们入校之际，《现代汉语》教材兰州本的编写刚开始不久。那时候黄廖本教材的撰写，很多部分分成两个编写方案进行。如标点符号一节，由开封师范学院和北京师范学院分别编写。拿到初稿后，黄先生让我们先校改文字方面的问题，并通过对两个方案的比较提出自己的看法。就这样，黄先生给我们开的"现代汉语"专业课以此方式和内容开始了。语法部分，结合教材的编写，黄先生让我们多注意析句法问题。1978 年 11 月底，《中国语文》杂志的张朝炳和李临定先生来兰大讲学，黄先生在他们的一次关于句法问题的学术报告后也系统介绍了他对汉语的析句法研究的成果，从理论到操作方法提出了自己的分析模式。记得一次专业课考试，有一道题是针对句子分析的二分法（层次分析法或直接成分分析法）和多分法（成分分析法或中心词分析法）谈谈看法。先生说，这道题是 14 分，答好了可以给 30 分。不过，就我们当时的水平来说，很难答好，达到让他满意的标准。

　　关于语法问题的学习，黄先生要求我们一方面学习一般句法理论并熟悉

＊　本文作者系聊城大学文学院教授、国家语委汉语辞书研究中心兼职研究员。

《暂拟汉语语法教学系统》（简称《暂拟系统》）的内容，一方面结合正在编写的教材的相关部分深化对汉语句法结构的认识。我还记得，1978 年 12 月中旬，像布置作业一样，黄先生要求我们阅读由开封师院编写的教材初稿中"单句结构常见的错误"一章，并组织我们进行了一天时间的讨论。这个时期，还安排我们学习了张斌先生撰写的《汉语句子分析的再认识》一文。现在看来，围绕句法分析这个重要内容，黄先生采取从里外、新旧、正误、讲练等不同角度对我们进行指导、训练的方式，逐步培养我们建立一个系统的汉语语法观。

最让人难忘的事件是，1979 年 2 月新学期开始之际，《现代汉语》教材编审会在兰州召开，来自全国各大院校语言学专业的专家，如张志公、殷焕先、廖序东、葛本仪、张拱贵、邢福义、詹伯慧等诸位先生云集兰州。2 月 21 日编审会正式开始，在兰州友谊饭店九楼召开大会。兰大副校长辛安亭、甘肃省文化教育局局长刘海生讲了话，来自华南师范大学的唐启运教授代表编写人员发言。开幕式上，黄伯荣先生对《现代汉语》教材兰州本编写前阶段进行的情况做了介绍。

从 2 月 22 日开始，会议对教材一部分一部分地、逐章逐节地进行讨论。会外也组织了一系列学术演讲，张志公先生在兰大校内讲了"中学语文教材对语法问题的处理"。会议期间，从第四天开始讨论语法问题。张拱贵和殷焕先教授都做了重点发言，张志公先生在会议上做了题为"八十年来语法研究的回顾"的学术报告。报告中，张志公先生建议，教材编写希望能遵循几个原则，可繁可简处要简，要求同存异，不追求细节，不在短时间内勉强做理论上、实践上做不到的事情。

编审会开始工作的十天以后，甘肃省的几位主要领导接见了参加编审会的全体老师。其中有中共甘肃省委第一书记宋平、甘肃省委书记杨植霖、兰州军区原政委肖华等领导同志。兰州大学党委书记刘冰也参加了这次活动。一部教材编写这样的学术活动，竟然受到这样的重视，可以说是空前绝后的了。

1979 年 10 月 3 日，我们拿到了《现代汉语》（试用本）上册。当天，黄先生交给我们一张勘误表，让我们查对后送交印刷厂。教材印刷质量和封面设计都不是很理想，但这是 1978 年 3 月由郑州大学张静先生等三校教师发起召开了全国现代汉语教材协作会议以后，兰州本的第一个版本。教材修订小组现在的负责人李行健教授说得很好：这部教材可以说是带着改革开放的热度，带着广大现代汉语教师和学者锐意进取、勇于担当的意气，带着从高校到地方各级领导的关注和支持诞生的，是在改革开放的大环境里教育战线沐浴改革春风而收获的一个成果。

1980 年 8 月，在教育部授意下在青岛召开审稿会，对教材进行修订，1981 年出版"正式本"。1981 年，《〈暂拟汉语语法教学系统〉的修订说明和修订要点》发布，教材立即按照《暂拟汉语语法教学系统》的修订要点着手修订，于 1983 年出版了第一个修订本。

1980 年教育部在青岛组织《现代汉语》审稿会，出席会议的正式代表有 30 人，旁听人员 20 多位，来自全国 20 多所高等院校和科研机构。30 名正式代表中很多是国内语言学界各领域的领军人物。吕叔湘先生在开幕式上讲了话，他说他也没想到这次审稿会是这样一个"巨大的规模、隆重的气氛"。在事后编印的专家发言记录中，审稿会领导小组这样评价：专家的专题发言不仅对教材的修改有很大帮助，而且对教材编写、教学工作和研究工作也具有指导意义。教材编者也认为，这次审稿会上的专家发言一部分是针对教材的 1980 年稿，而大部分内容是讲现代汉语教材的编写原则、教学法和科研方法等问题。

青岛会议的十几天时间里，有 14 位专家在会上做了发言，很多发言被认为就是一篇颇有分量的学术论文。黄先生带领我们参加这些学术活动，做一些服务性工作，通过专家的发言、讨论，接触到一些前沿的、最新的学术观点，并且置身于他们头脑激荡的现场，对于我们这几个刚入门的学生来说，这确实是非常难得的机会。

多年来，在我们参加的与教材编写相关的活动以及各类学术活动中，在先生引导下，我们得以走近一个个语言学界的大师和精英学者，亲炙受教，学到很多课堂上学不到的东西。

想起入学报到的第一天，1978 年 10 月 28 日，早上才办完入校报到手续，下午就由黄先生带我们去听正在兰大讲学的周祖谟先生的学术报告"清代的音韵学与训诂学"。年近 70 岁的周先生，居然讲了将近四个小时。报告内容大都记不得了，只记得周先生讲"古无舌上音"，风趣地说现在有些地方把他称作"丢先生"。第二天，我们又去省委礼堂听了周祖谟先生给兰州市中学教师讲关于语文教学的报告。有业内朋友开玩笑说，你们很幸运，刚踏进校门，还没摸准东西南北，就享受到了高能量、高营养的学术大餐。

在教材编写审读的几次会议活动中，与专家们近距离接触比较多。有时几句话的开导也让我们终生受用。如邢福义先生告诉我们，吕叔湘先生的《汉语语法分析问题》是里程碑式的著作，要我们好好研读。听了邢先生这样的评价，我跟几个同学把全书抄在一个小笔记本上，带在身上随时翻阅。讲到语言分析中既对立又模糊的某些现象，他用一个比喻做了生动的说明，好像人的"秃"与"不秃"的现象，这种对立是确实存在而且是明显的，但很难对

"秃"与"不秃"做出精确的量化。我曾向邢先生请教，如果选择汉语形容词作为课题应该怎么做，他说那是写一本大书的分量。后来我认识到形容词的复杂性，赵元任先生《中国话文法》中的词类系统就把动词和形容词合成一大类称作谓词或广义动词，因为在语法上传统划分的动词和形容词有很多一致的功能特征。

亲炙这些语言学大师，从很多细节也能感受到他们深厚的学养和认真、严谨的治学和做事的作风。1979年3月教材编审会在兰州召开期间，张志公先生有一次做学术报告讲汉语语法的分歧问题，最初题目为"汉语语法问题分歧之症结所在"。报告会让我负责书写报告题目，我发现张先生把"所"字改成"何"，即"何在"。事后我们才体会到这一字之差，"何在"比"所在"虽然少了几分肯定的口气，但显示出讲话人持有的一种与人诚恳交流、研讨、开放、审慎的姿态。

很多情况，老先生们就是一句话，也让我们终生难忘，融化为我们治学做人的准则。记得有一次西北师范大学的张文熊教授问起我看没看过吕叔湘先生的《中国文法要略》，我说没看过但经常找来查一查。张先生很认真地告诫我说，年轻人，那是应该读的书，不是查的书。从张先生那儿我领悟到，在我们治学过程中，有些经典性的书是要用心去读的，没有借助经典打下的底子，治学的路不会走远。

通过参加在校期间和毕业后多年的教材编写会议中的一系列活动，在黄先生的组织、安排下，我们从诸多先生们那儿获得的教益，点点滴滴不知有多少。记得黄先生曾利用一次审改教材的休息时间请西北大学吴天惠教授给我们讲国际音标，指导我们进行八个舌面标准元音的发音训练，使我们在以后的现代汉语语音教学中受益几十年。1980年，李行健先生来兰州参加《现代汉语》（试用本）的修改工作，他送我们每位研究生一本《词语的知识和运用》。在学术报告中，他以"国家"为例提出区分词语的语文义和术语义。在当时这是非常新颖的学术观点。我们第一次意识到，"国家"一词在"这是一个美丽的国家""他去过很多国家"中并非仅仅是"阶级统治的工具"或"进行社会管理的机构"。40多年过去了，在词典编纂中处理好"语文性＋术语性"这类"两性词语"，仍然是收词释义时需要解决好的问题。

我的几个同学后来谈起来都很感激黄先生给我们安排的这些"计划外"的课程。这些难以复制的方式，丰富了我们专业学习内容，开阔了我们的眼界。

2012年，我到北京跟李行健先生编写词典，李行健先生还是30多年前通过参加教材编写活动结识的。我把情况汇报给黄先生，他听了以后非常高兴，

立即来信表示赞同，并对词典编写工作提了一些建议。就在这次来信的一年之后，先生去世。2013 年 5 月 12 日我给先生发去一份电邮，第二天，5 月 13 日，邮箱收到先生邮箱自动发回的一个答复，没有任何内容。这一天是先生在家乡阳江去世的日子。

图 1　黄伯荣教授（左）和本文作者（右）

怀念恩师黄伯荣先生[*]

李 炜[**]

2013 年 5 月 12 日凌晨 2 时 40 分，新中国现代汉语教学与研究的主要开创者、著名语言学家、教育家、我的导师黄伯荣先生，在阳江因病逝世，享年 91 岁。

黄伯荣先生，广东阳江人，1922 年出生。1945 年，黄伯荣先生考入中山大学中文系；1946 年转入全国唯一的语言学系，师从我国语言学泰斗王力教授等专攻语言学；1949 年，师从我国著名语言学家岑麒祥教授，成为新中国自己培养出来的第一批语言学研究生。1951 年研究生毕业后留校任教。1954 年院系调整，到北京大学中文系任教。1958 年，响应支援西北号召，黄伯荣先生离开学术条件优越的北京大学，赴兰州大学任教，先后任讲师、副教授、教授，语言教研室和研究室主任，校学术、学位委员会委员，他把自己最宝贵的 30 年学术年华贡献给了大西北的高等教育事业（其间还在西北师范大学中文系任教两年）。1987 年，受聘为青岛大学中文系教授，任汉语教研室、汉语研究室主任，为青岛大学语言学学科的建设与发展做出了巨大的贡献。2009 年起受聘为中山大学中文系兼职教授。

概括先生的一生：现代汉语，从未跑题

黄伯荣先生从事高校教学与研究工作 60 余载，是"文革"后第一批硕士研究生导师。他一生忠诚于教育事业，工作一丝不苟，甘为人梯，桃李满天下，为国家培养了大批优秀人才。黄伯荣先生学术功底深厚，思维敏捷，在语言学领域取得了为世人瞩目的成就。他与廖序东先生主编的《现代汉语》教材发行量近 600 万册，创造了汉语教材编写的奇迹。黄伯荣先生在方言语法研究方面也成就卓著。在中华人民共和国成立之初，他就发表了《广州方言语

---

* 本文原发表于《中山大学报》2013 年 5 月 26 日"人物·故事"版，经黄绮仙老师推荐及本书编委会讨论，增加于此。

** 本文作者（1960—2019）系中山大学中文系教授，时任系主任、博士生导师。

法的几个特点》《阳江话的几种句式》等重要的粤方言语法研究论文，20 世纪 60 年代初率领同仁对兰州方言进行了首次全面描写。在青岛大学任教期间，他主编了《汉语方言语法类编》，这是一部辞典式巨著，涉及中华人民共和国成立 40 年来我国已发现的 300 多个方言点的语法现象，共 180 万字。该书影响深远，为当今学术界广泛引用，是汉语方言语法研究不可或缺的重要参考文献。其姊妹篇《汉语方言语法调查手册》一书，也是一项填补空白的工作，获得学界很高的评价。

更为难得的是，晚年的黄伯荣先生仍关注着现代汉语教材教学的新动向，多次说道："我对现有教材的质和量仍未满足，希望在新编的教材里，打破 30 多年前旧框架的限制，试着实现我的教材改革理想，更主要的是想贯彻我编教材的新主张。"为了实现这一理想，88 岁高龄的黄伯荣先生应母校母系之邀，领军组成中大本《现代汉语》编写班子。在他的带领下，母校中大同仁联合其他相关院校十余位年轻教师，连续苦战三年，终于编写出了适应新时期教学需要的《现代汉语》。中大本《现代汉语》已于 2012 年 3 月由北京大学出版社出版。一年来的教学实践证明，这本教材达到了黄先生预期的目标，越来越多的院校开始使用中大本《现代汉语》。可以说，这本教材的问世，为黄伯荣先生毕其一生的现代汉语事业画上了圆满的句号。

"我与现代汉语有缘。"这是黄先生在他主编的中大本《现代汉语》后记中的第一句话。他还写道，黄廖本《现代汉语》是他的大儿子，中大本《现代汉语》则是小儿子，"长子年过而立，已经闻名全国，且独占鳌头。幼子新生，也像长子幼年一样，需要多关照、呵护，也希望他长大以后像其兄长一张，为国家做出更大的贡献，甚至超过兄长，后来居上，也是常情"。

综观先生的一生，从事高校教育与研究 60 余年，一生过得极为单纯，浓缩起来只有四个字——现代汉语，从未跑过题。

学界评价：治学严谨、桃李芬芳、一代名师

黄先生逝世后，我们成立了中山大学中文系治丧小组，及时向全国发出讣告，在短短三四天的时间里，我们收到了来自全国各相关单位及个人的唁电 50 余封。这些唁电对先生的学术成就及为人品格都给予了高度的评价。

北京大学中文系在唁电中说道："黄先生曾任教北大中文系，是我们敬爱的师长。先生任教六十年，桃李满天下，在现代汉语教学与研究方面做出了卓越的贡献……黄先生道德文章，一代名师，为学界所共仰。"

兰州大学文学院在唁电中说道："黄先生是兰州大学乃至西北地区现代汉

语教学与研究的开拓者和奠基人……一生严谨治学，潜心研究，为人师表，诲人不倦，成果丰硕，桃李芬芳，他的崇高品德和学术风范永远是我们学习的榜样。"

四川大学文学与新闻学院在唁电中说道："黄先生为我国语言学事业鞠躬尽瘁，毕生耕耘；创建良多，功德无量。黄先生的治学精神和学术成就将永远嘉惠学林，泽被后世。"

著名现代汉语语法学家、北京大学中文系教授陆俭明、马真夫妇在唁电中说道："一生从事现代汉语研究与教学工作，为不断推进和发展现代汉语研究和教学事业献出了毕生的精力，做出了巨大的贡献。黄伯荣先生的逝世是我国语言学界尤其是现代汉语语法学界的巨大损失。"

广东省中国语言学会会长邵敬敏教授在唁电中说道："黄先生为我国的教育事业奋斗了一辈子，他从年轻时起就投身于高教领域，从中山大学到北京大学，再到兰州大学、青岛大学，从南方到北方，从西边到东边，处处留下了他辛勤的足迹，培养了许许多多的栋梁之材，为祖国的教育事业做出了杰出的贡献。"

《方言》杂志主编、中国社会科学学院语言研究所麦耘教授在唁电中悲痛地说道："中国语言学界又折一巨梁，吾粤文化界亦永失一健者！"

黄廖本《现代汉语》的老编者、黄先生的老朋友们李行健、王铁琨、林端、王勤等认为，"黄先生是学界公认的现代汉语教学和研究的开创者之一，他在现代汉语教材建设方面用心之专、用力之深，常人难以想象……黄先生的崇高美德和丰厚的著述，已成为祖国文化教育事业宝贵的财富"。

我系黄天骥教授还专门为黄伯荣先生追悼会撰写了挽联："语言学大师，望重德高，北国衣冠知泰斗；康乐园校友，情深义厚，南天桃李失春阳。"准确表达了我系同仁的共同心声。

恩师的仙逝是我国语言学界的巨大损失；而对于我来说，我失去的不仅仅是我学术道路上的引路人，还是一位跟我有父子之情的师长。

我眼中的黄先生：胜似父子的师生情、豁达宽阔的胸怀

2013年5月8日，先生已经病危，我和同事去阳江看望他，并带去了新出版的中大本《〈现代汉语〉学习参考》（简称《学习参考》），这也是这套教材首个出版周期的收尾之作。黄先生看到《学习参考》，情绪很激动，努力睁开眼睛看着书稿，双眼都是放光的，嘴里不停地喊着什么。三姐（黄先生的三女儿）说他在叫我的名字，我握住先生的手，分明感觉到他紧紧的回握。

我知道他想说什么，想传递什么，他是想让我把现代汉语的事业坚持、传承、发扬下去。那一刻，我一下子觉得肩上的担子有多重。后来三姐跟我说，此后几天，先生的精神状态一直欠佳，再也没说过话，也没睁开过眼睛，直至离世。我听了，不禁潸然泪下，心里暗下决心，一定要向先生学习，不辜负他的期望。

在我的眼里，黄先生是老师，更是父亲。1982年，我从60余位竞争者中脱颖而出，以专业、总分都第一的优异成绩考入兰州大学，成为先生门下唯一的研究生。他对我要求很严格，有一次在先生的办公室进行期末考试，先生亲自监考。答题时，我突然流鼻血了，他让我用冷水洗干净后，用棉花堵住鼻孔回来继续答题。

1982—1985年，是我求学路上最幸福的三年。先生经常带着我出去参加黄廖本《现代汉语》的会议，开展巡讲、听取意见，跑遍了全国各地，但课倒一节都没有落下。出差时，课堂就搬到了火车上；上课累了，先生就给我讲打猎和捉鱼的技巧。要知道，我的恩师不仅是学术高手，也是神枪手和徒手捉鱼的高手。我津津有味地听着，恍惚中，分不清他到底是先生还是父亲。

1985年9月我毕业到中山大学工作，怀揣着先生专门为我给几位名师写的信，有商承祚先生、高华年先生、黄家教先生等，遵师嘱，我一一拜访了这几位名家。之后，我才明白了先生的良苦用心：通过"拜山"，使我能够在初来乍到时奠定好自己的"江湖地位"。效果的确很理想。

从先生身上，我学到的不仅仅是专业知识，更有先生的为人态度。先生虽是学术泰斗，但却朴实无华，淡泊名利，不喜应酬，且待人十分谦和、厚道。黄廖本《现代汉语》请语言学大师、黄先生的恩师王力先生题写书名，那次我正好跟随先生前往王力先生住处拜访求字。我清晰记得，黄先生先是恭敬站立回答老师的问题，十几分钟后，王力先生让他坐下，他才脱掉呢子帽子，搬过来一把凳子，笔直端坐在凳子的一角，继续恭敬地与老师交谈。我当时就感慨老一辈知识分子对老师的尊敬在他身上得到了充分的体现。先生的这些优良作风就这样润物细无声般地教化着我。

黄廖本《现代汉语》出版时，还有一个小故事。当初在教材编写大会上，各协作院校公推黄先生为唯一主编，廖序东先生被选为副主编。由于廖先生比黄先生年长七岁，在1979年春交稿给出版社时，黄先生悄悄去掉了廖先生副主编的"副"字，自此，这本《现代汉语》有了两个主编。

"文革"期间，黄先生受到冲击，多次裸露膝盖跪板凳，导致两个膝盖化脓。尽管如此，他对这些造反派也持着一份宽容的心。当时，专案组找到他，要对一个殴打过他的造反派分子（当时叫"三种人"）进行取证调查，准备对其绳之以法。而黄先生却说："他不过是某些人的棍子，我的身体是受到了伤害，但是他的灵魂更受到了伤害。放过他吧！"当时的我真被震撼到了，突然觉得眼前的黄先生如此之高大，真可谓"高山仰止"！

先生的很多事迹都告诉我，只有人做得高大了，学问才能做得高深。他既是仁者，也是智者，无论为学、为师还是为人，都堪称一个时代的表率。现在先生去了，我唯有继承他的事业，兢兢业业把现代汉语事业坚持下去、传承下去并发扬光大，才能告慰恩师的在天之灵。

图1　黄伯荣先生（左）和本文作者（右）

我的导师黄伯荣

戚晓杰[*]

今年适逢黄伯荣先生百年诞辰，今天我怀着崇敬的心情，和大家一起缅怀我的恩师黄伯荣先生。

1984 年我考入兰州大学，成为黄先生的硕士研究生。后来发现，我是当年唯一一名考上兰州大学中文系的研究生，与先生结缘，是我一生之荣幸。

黄先生是广东阳江人。据我所知，在阳江有两大名人。一位是关山月，我国著名画家，岭南画派大师。另一位是黄伯荣，中国当代著名语言学家，他在现代汉语教学与研究方面成就卓著，堪称高峰，他与廖序东先生主编的《现代汉语》教材历时 40 余载长盛不衰，总发行量超过 1000 万册，培养了几代学子。在方言学、语法学等各领域，黄先生也成就斐然。

黄先生是广东人，但他身材高大魁梧，站在南方人当中，师母说总有一种鹤立鸡群的感觉。我这里保存有一张我最喜欢的先生的照片，是师兄仇志群老师发给我的，愿与大家分享。在我心中，黄先生永远都是这样帅气、儒雅的样子。（图 1）

图 1　黄伯荣先生

在很多人的印象中，黄先生是一个带有学究气的学者。但了解他的人都知道，黄先生兴趣广泛，是一个热爱生活的人，乐观向上是他不变的品格，与他相处，总会让人感到世界充满阳光。他年轻时最喜欢的活动

* 本文作者系青岛大学文学院中文系教授、汉语教研室主任、硕士生导师。

是打猎（因那时还没有保护野生动物之说），在黄先生的老家海陵岛，黄先生经常会收获到各种猎物。野鸡就是其中一种，师母常常抱怨带回家来很难收拾。黄先生还很会捕鱼，他将一种特定的一头细一头宽的编制器物放在稻田中，可以捉到很多南方人喜爱吃的淡水鱼。黄先生晚年对此常常津津乐道，我儿子上小学时也曾听他说过，羡慕不已。黄先生对音乐也有着特殊的天分，他的三女儿黄绮仙插队甘肃偏远农村时，黄先生赠送给她的礼物就是他亲手制作的一把秦琴。据说这把秦琴在他女儿的知青生活中发挥了重要的作用。排遣寂寞、活跃知青生活、参加各种文艺演出，他女儿拉的就是这把秦琴。

黄先生性情温和，很少批评人。但他的温和透着一种威严，从他谦逊的态度中，你可以感受到很多没有言传的内容。初上研究生课程，又没有同学，到底该怎么学习，我不得要领。刚开始，黄先生给我一个人上课，后来又来了两位进修教师，他们成为我联系至今的好友。每次上课，黄先生都非常准时、认真。上课的气氛是融洽的，我经常会向先生提出一些问题，黄先生总是有问必答；黄先生要求我看的书，我以能看懂为标准，也可以应付自如。我于是有些飘飘然，觉得读研究生也并非难事，挺轻松的。没过多久，黄先生要进行一次考试，且要闭卷，我也并不怎么担心，觉得凭着所学，到时候发挥就行了。可黄先生的考题全然不是这样，很多问题我发现记得并不全面、具体，只能粗略答上一些提纲性的内容。由此我懂得了读书是有境界的，只有反复研读，熟记于心，而不浮于表面，浅尝辄止，才能融会贯通，成为自己知识结构的一部分。读书是需要智慧的，很多值得研究的问题就存在于容易为人所忽略的细微之处。发现问题，及时记录于书的空白之处，勤思多想，有助于自身科研习惯、科研能力的形成与培养。后来看书、读文章，我常能读出问题，发现值得研究的内容，可能也得益于此。值得一提的是，研究生期间，黄先生讲授的每门课程都要求闭卷考试，一名学生，一名监考官。当时虽也有抱怨，因为别的学科的导师都非常宽松，但这对于夯实语言学基础起了重要的作用。所以我想，我们当今数量庞大的研究生教育，课程学习要求适当的闭卷考试是必要的，有输入才有输出。

黄先生思维活跃，学术功底深厚。这与他得天独厚的学习、工作经历密不可分。黄先生1945年考入中山大学中文系，1946年转入全国唯一的语言学系，师从我国语言学泰斗王力教授等专攻语言学；1949年，师从我国著名语言学家岑麒祥教授，成为新中国自己培养出来的第一批语言学研究生；1951年毕业留校任教；1954年院系调整，跟随王力先生到北京大学中文系任教；1958年支援大西北，到兰州大学中文系任教。可以说，黄先生一直处于我国语言学研究的前沿。所以他在研究生培养方面，也有着不同于他人的风格。基

于兰州大学地处偏远，黄先生总会拨出一部分研究生培养经费，亲自联系（包括住宿），让他的研究生在兰州大学语言学课程结束之后，到北京大学中文系学习一个学期或一年。北京大学的语言学课程是丰富而生动的，你可以随意选择所喜欢的课程，回来交上所修课程的成绩单即可。1985—1986 学年的秋季学期，我是在全国著名学府北京大学度过的，跟随北大 85 级研究生班，亲耳聆听了我国语言学名家朱德熙、叶蜚声、陆俭明、徐通锵、石安石、索振羽、吴竞存、陈松岑等先生的课程，领略到语言学研究的无限风光。现在想来，这种经历对我后来的发展都是极为有利的。只是当时不懂这些，因急于回学校做毕业论文，一个学期后我就回兰大了。现在想来，还是有点遗憾。我后面的师弟师妹们都在北大待了一学年。

与一般的研究生不同，我与导师并没有随着毕业而分开，而是于 1987 年同一年与黄先生先后来到初创不久的青岛大学中文系，由此开启了我们相处 20 多年的缘分。黄先生亦师亦友，我们经常共同探讨现代汉语教学与研究、现代汉语教材编写等问题，有时散步的时候，谈的也是语言学问题，我的很多论文题目就是由此而产生的。黄先生襟怀开阔，不存门户之见，你可以毫无拘束地跟他讨论任何问题，哪怕是和他观点相左的问题，只要你能让他信服，他都会欣然接受。

青岛大学文学院中文系创建于 1986 年。1987 年 5 月，黄先生来到青岛大学，担任我们中文系汉语教研室、研究室主任，成为文学院中文系语言学专业的奠基者、领路人。黄先生学术眼光深远，刚来青岛大学不久，他高瞻远瞩，设计出大型研究课题，带领我们青岛大学汉语教研室全体老师和岛城兄弟院校汉语教师以每周三次"集体办公"的形式编写《汉语方言语法类编》一书。该书 180 万字，是一部辞典式语法巨著，历经七年寒暑而完成。该书出版后，产生了广泛的影响，为当今学术界广泛引用，是汉语方言语法研究不可或缺的重要参考文献。其姊妹篇《汉语方言语法调查手册》一书是一部填补汉语方言语法调查空白的著作，也获得学界很高的评价。

黄先生流连于他的语言学王国，乐此不疲。在青岛大学，人们经常看到他在去往学校图书馆、文学院资料室的路上，这成为青岛大学一道独特的学术风景。青岛大学副校长徐宏力教授（当时是我们文学院院长）有感于此，专门写了一篇文章《黄伯荣印象》①，把此称作"黄伯荣现象"，表达了他对老一辈学者的无限敬意。

黄先生热爱汉语研究，汉语研究成为他一生不变的追求。黄先生晚年仍笔

---

① 此文收录于徐宏力《浮山随笔》，青岛出版社 2008 年版。

耕不辍，创造出终生学习、生涯研究的神话。除继续修订黄廖本《现代汉语》教材外，还创建"框架核心分析法"，考虑计算机析句法基础问题，并在黄廖本教材中全面实施运用，具有很好的推广前景。

"智者乐水，仁者乐山。"黄先生爱水爱山，他既是智者，又是仁者。青岛大学文学院中文系创建于 1986 年，传统语言学资料不足。在此种情况下，黄先生晚年，除留下一部分可继续进行现代汉语教材修订、编写和框架核心语法研究的资料外，把自己精心积累的语言学书籍与期刊（包括从创刊到当时的《中国语文》《汉语学习》《语文建设》《语文建设通讯》《语言研究》《语文研究》等珍贵资料），都无偿捐献给了青岛大学文学院中文系资料室，让更多的学者、学子享用。这种无私的治学精神令人钦佩，青岛大学建校史上将会永远铭记！

图2　本文作者（左）在阳江参加教材修订会时与黄先生（右）合影

我所知道的黄伯荣先生

张文轩[*]

黄伯荣先生是著名语言学家、教育家，笔者作为先生设帐兰州大学时的学子，获教良多。兹值先生百年冥诞，谈点我所知道的事迹，以志纪念。

我是 1963 年考入兰大中文系读书的。按当时学制，本科四年，但重点综合大学的本科五年（北京大学、清华大学的理工科是六年）。兰大是全国 14 所重点综合性大学之一，所以我们比西北大学、甘肃师范大学等校的学生要多学一年。上学期间，我们都知道先生是为支援大西北建设从北京大学调到兰大的，著述丰富，是研究现代汉语的专家，但他还没有轮到给我们班上课，私下我也未与先生接触过。我真正接受其教育，对其学问自觉产生崇敬心理是大学毕业以后的事情，但不是面聆其教，而是研读他的一部讲义——《汉语语法研究》而产生的。这是怎么回事呢？说来话长。

20 世纪 50 年代初，红日初升的新中国打赢抗美援朝战争后，开始进行空前规模的经济、文化建设。高校经院系调整，集中师资力量，统一规划布局，形成了各类大学的不同专业优势。中山大学语言学系师生全盘并入北大中文系。先生在中山大学语言学系研究生毕业（导师是岑麒祥先生）后留系任教，此时遂转入北大中文系执教。北大中文系本科开始分设语言、文学两个专业。兰大作为西北唯一的重点综合性大学，备受国家重视。1954—1958 年，我系分配来了 20 多位北大、复旦、南开等著名大学中文系毕业的优秀本科生和研究生。当时系内专职教师达到 80 来名（今 50 来名）。于是欲效法北大中文系模式分设两个专业。为了积累经验，先设语言、文学两个"专门组"。一、二、三年级统一上基础课，四年级开始根据学生爱好分组学习。先生是语言专门组负责人，主讲汉语语法，我上面所说的《汉语语法研究》讲义正是先生为语言专门组讲课而编著的教材。

形势的变化总出乎常人意料之外。正当我们快要步入四年级而接受专门组升造时，爆发了"文化大革命"，全校师生停课闹革命。我大学毕业后到中学

---

　* 本文作者系兰州大学中文系教授、甘肃省人民政府文史研究馆馆员，曾任兰大中文系系主任、甘肃省文联副主席、教育部教学指导委员会委员等职务。

当老师，学校在乡村，远离城市喧嚣，学生淳朴可爱，生活平稳清静。课业之余，我开始自修专门组课程。我喜欢古典文学，也喜欢语言文字学。经过政治运动，深感文学意识形态浓烈，评价标准随东风西风变换而变化，远不如被人们称为"朴学"的语言文字学客观稳定。于是开始倾心研读这个学科的教材。"文革"中，我在系办公室废纸堆里捡到了几种未学的讲义，一直保存完好，其中就有先生的那部讲义。那时它便成了我提高汉语语法学水平的教材，而且我越看越有兴趣，深深被其所吸引。

这是一部分上下两册的教材，蜡纸刻写16开油印本。下册标注"辅助教材"四字，显然指上册是重点讲授内容，下册主要供学生阅读练习（图1）。上册分为七章20节，每章后列有"思考题"和"主要参考文章"。册末有"附录"两种。一是"《汉语语法研究》参考书目录"；二是"汉语的语法构造"，可能是先生的一篇独立论文。上册行文简明，重点突出，例证鲜活，善于就某一问题比列王力、吕叔湘、黎锦熙、丁声树、张志公等著名语言学家及《马氏文通》、《中国现代语法》（王力）、《语法修辞讲话》（吕叔湘）、《暂拟系统》的《汉语》课本、北大中文系汉语教研室编的《现代汉语》、胡裕树主编的《现化汉语》等专著与教材中的看法，归纳异同，阐述缘由，讲明自己的倾向性意见或独到见解。下册分为五篇七章九节，集中讲句子的成分及其分析。先生善于化混沌为明朗，理梦丝为条缕，手段有二：一是通过辨析与比较，使读者认清句子由哪些成分构成，这些成分之间有哪些纠葛，通过哪些办法将它们区别开来；二是提供句子分析的样板。除在行文中随时引句为例之外，还专门选取鲁迅的《一件小事》《故乡》和魏巍的《谁是最可爱的人》三篇典范文章，依据《暂拟系统》语法体系，以加符号分析法为主、文字说明法为辅，逐句进行句型分析和成分分析。样板的力量是无穷的，读者借助例句分析，可以举一反三，把学得的知识变成实际操作能力。

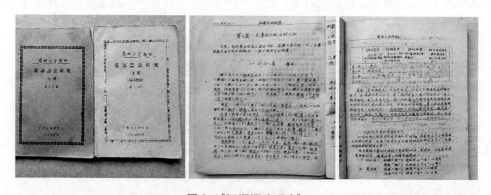

图1　《汉语语法研究》

我通过对这部讲义的认真阅读和细致练习，茅塞顿开，不但知道了汉语语法的研究历史和现代探察、争论的要点，而且窥见了研究汉语语法的门径，知道了需要读哪些代表性的文献，掌握了研究的基本方法。正好1978年恢复研究生招生制度。我虽然报的是祝敏彻先生的汉语史方向，但与报黄先生现代汉语方向的应考生一样，都要考现代汉语这一门课程。出乎别人意料，这门考试我的成绩最高，这显然得益于我自学了先生的这部讲义。

1978年10月，我重返母系读研，汉语史方向和现代汉语方向的研究生一共七人，与语言教研室的老师一起参加活动。我才开始直接与黄先生当面接触，聆听其教诲。1987年先生调往青岛大学。在这九年时间中，我不但一直参与先生所主持或组织的教学、科研活动，而且经常登门求教问难，留下了深刻印象。我深切体会到先生治学为人有三大特点。一是他忠诚于党的教育事业，教学认真负责，殚思竭虑，谋求我系语言学科的提升与发展，为兰大中文系的学科建设做出了巨大贡献。二是他醉心于学术研究，惜日惜时，出题目，抓项目，积极组织、带领学术团队，不断推出学术新成果。三是他襟怀坦荡、宽宏大度、不计前嫌，没有文人特有的门派偏见，千方百计奖掖后进，是一位纯粹的学者、高尚的教师。下面我列举一些自己所熟悉的事情，就可说明这些看法。

（1）先生由北大中文系调入我系后，任语言教研室主任，组建了与"文学专门组"对当的"语言专门组"，为本科四、五年级部分学生系统开设汉语言文字学专业课程（有文字学、音韵学、训诂学、语法学、方言学、理论语言学、汉语史等）。这实际上使学生完成了该专业硕士研究生的学业，也使我系成了全国少有的在本科阶段培养语言文字研究高级人才的基地。

（2）先生组建了"兰州大学中文系语言研究小组"。该小组根据国家对重点城市进行方言调查的要求，完成了对兰州方言语音、词汇、语法的全面调查，由先生主持，赵浚、李端揆两位先生执笔，写出了《兰州方言》这份大型调查报告，载于1963—1964年间的《兰州大学学报》。这是按照现代方言学的理论与方法写成的第一部兰州方言调查报告，内容全面，材料丰富，论述允当，体例完善，直到60年后的今天，仍然是国内外语言学界研究兰州方言不可或缺的基础文献。

（3）1978年国家恢复研究生招生制度，对研究生专业的设置与导师的遴选十分慎重，都由教育部直接下文决定。我系当年获准招生的是以先生为导师的现代汉语方向和以祝敏彻老师为导师的汉语史方向，我系成了西北唯一可招汉语言文字学专业研究生的院系。接着教育部颁定我系这两个方向中，先生的现代汉语方向有硕士学位授予权，这是对先生学术地位的高度认可。这在当时是轰动西北教育界的大事，使我系学科建设登上了新的平台。

图2　兰州大学中文系1981届研究生毕业合影
（前排左四黄伯荣，左六辛安亭，左七刘冰，左八徐躬耦；后排左三祝敏彻，左五张文轩）

（4）20世纪70年代末，高校恢复正常教学工作。"现代汉语"是中文系的主干基础课之一，急需一部既反映最新研究成果，又易于与《暂拟系统》衔接的全国通用教材。经教育部批准，郑州大学张静教授邀请全国各高校讲授"现代汉语"课程的学者齐聚郑州，商讨此事。与会专家发言踊跃，各抒己见。最后绝大多数人赞同先生的观点与设想，投票决定先生做主编、徐州师范学院廖序东教授任副主编。教育部允准会议决定，下达文件，调拨经费，让先生主持编写工作。先生邀请了北京师范大学、东北师范大学、吉林大学、南开大学、山东大学、武汉大学、西北大学、新疆大学、云南大学等近30所大学的50多位教师在兰州开会，商定教材提纲，制订写作计划，分配任务到人。然后收拢文稿，由先生统览修正。经过近一年的紧张工作，拿出了初稿，1979年交由甘肃人民出版社出版试用。参编者除殷焕先、李谱英、龚继华等少数老先生之外，大多为四五十岁的中年学者，几乎会集了当时全国讲授、研究现代汉语的骨干教师。他们在先生的指导下通力合作，切磋研讨，实质上进行了中国语言学史上的第一次大练兵，极大地提高了全国高校研究现代汉语的热情和

水平。

（5）1980 年 8 月，先生在青岛主持召开了试用本《现代汉语》教材审稿会，权威云集。先生将其方向研究生与我们汉语史方向研究生一视同仁，一起带领与会受教（这种不计门派的现象在高校很难见到）。我有幸在会上近距离目睹了吕叔湘、周祖谟、严学宭、张拱贵、张志公、胡裕树、张斌、徐世荣等大家的风采，聆听了他们的发言，开阔了学术眼界，学到了书本上学不到的许多学问。会议高度评价了教材的优势，认为从内容到体例都符合教学要求，也提出了一些具体的改进建议。

图 3　1980 年 8 月青岛审稿会部分人员合影

（前排右一黄伯荣，右二周祖谟，右三岑麒祥；后排左二廖序东，右一张文轩）

（6）青岛会议上吕叔湘先生强调指出，编好一部教材有三难（此发言整理稿会后刊于《中国语文》）。黄先生认为，"世上无难事，只怕有心人"，一定要锲而不舍，精益求精，过好三道难关。教材发行后，他不断听取各校教学实践中的反馈意见，不断吸取学术界的新成果，及时组织人力，认真修订。1983 年，根据青岛会议精神，推出了修订本第一版，接着陆续修订三次。1990 年又推出了增订版，对之又陆续修订五次。2011 年 6 月，先生已是 89 岁高龄，但他继晷焚膏，完成了增订版的第五版修订工作。2013 年，先生怀着对这部教材的无尽眷恋离开了人世。这部教材修订八次，愈修愈精，愈受社会欢迎。有人统计，这是全球发行量最大的一部现代汉语教材。它成了高校教材建设中的一个著名品牌，成了兰大中文系一张光亮的名片。这都是先生执着打造精品的结果，他为我们树立了逆浮躁学风而守正不移、创新不懈的榜样。

（7）先生有个习惯，每当他写出东西后，总喜欢先交给我们这些晚辈阅读，然后询问有什么价值和差失。当我们对之直接言明讹误或不同看法时，先生不但不见怪，反而会倍加赞扬；当我们对其价值认识有偏颇时，先生则一一加以纠正。例如，黄廖本增订版于1990年11月印出后，先生要求我对语音部分细读推敲一下。于是我将之与1986年最新的修订本的语音部分做了详细比较，发现修改达142处。我认为绝大多数是后出转精，并一一指出了修改的原因与好处，也列出了增修时因顾此失彼和校对不精而出现的一些误失，写成了万余字的一篇文章。先生阅读后，大加赞赏，认为不但能看清增订的具体优点和个别失误，而且能准确说明其原因，这将对教材使用者起到很大的指导作用，也为日后修订提供方便。先生当即写了一篇推荐信，建议公开发表。此文在1996年第4期《兰州大学学报》刊发后，被人大复印资料转载。我把先生的这种做法看作培养学生的一种有效手段而传承了下来。

（8）随着教材试用本的出版发行，先生提出了编纂一套羽翼教材的"现代汉语知识丛书"的主张，在有关部门的支持下成立了以先生为主编的编辑室。下设语音、文字词汇、语法修辞三个编辑组，分别由徐世荣、鲁允中、邢福义、陈恩家、黄伯荣、文以战等专家担任各组编审人员。先生列出了30来个题目，一题一书，要求内容深入浅出、简明扼要，既有知识普及性，又有学术探讨性，反映出最新研究水平。动员教材参编人员和有关专家认领选题，分头著述，要求编辑组严格审核，及时出版。至1985年完成了编纂计划，出版了27部专著，一时洛阳纸贵，一直畅销不衰。如岑麒祥的《国际音标》、吴天惠的《普通话音位》、张寿康的《构词法和构形法》、邢福义的《词类辨难》、高更生的《长句分析》、吴启主的《句型和句型选择》、郑远汉的《辞格辨异》、倪宝元的《词语的锤炼》等，时过30多年，仍然是语言文字学专业学生的必读书目。这套丛书的出版，使许多中青年学者崭露头角，使汉语语法知识得到了空前普及。

（9）根据1980年10月成立的中国语言学会的倡议，经教育部批准，1981年7月2日至12日在哈尔滨召开了"全国语法和语法教学讨论会"，邀请120多位代表参加。先生作为受邀代表，携我与刘汉城（先生的研究生，后为上海空军政治学院教授）参会。会上，王力先生和吕叔湘先生做了重要讲话。大会安排了四个小组，在小组充分讨论的基础上推举代表做大会发言。先生在大会发言中谈了关于句子分析的问题，得到代表们的赞同。我作为列席人员认真听取了众多专家的发言，第一次见到了朱德熙、俞敏、王还、史存直、张静、邢福义等著名语言学家。这次会议明确了专家语法和学校语法的区别以及基础教育阶段语法教学的目的，拟出并肯定了《〈暂拟汉语教学语法系统〉的修订说明和修订要点》，开启了全国统一的学校语法教学的新篇章。我和刘汉城托先生之福，亲与此盛会，这对提升自己的学业水平起到了十分重要的作用。

（10）随着黄廖本的广泛采用，许多院校的年轻教师纷纷来信求教或要求到兰大进修。先生为了满足社会求知热望并节约经费，主张在 1984 年暑假开办一次全国高校现代汉语讨论会、讲习班。学校和教育部应准后，先生让我带领助教岳方遂（后任教于安徽大学）、郝维平（后任教于漳州师范学院）和研

究生李炜（后任教于中山大学）筹办此事。根据先生拟定的名单向 20 多位专家发函邀请临会做专题演讲。他们大多是黄廖本参编者，也有未参编的吴宗济（石锋陪同）、林涛（冯隆陪同）、张斌、张拱贵等著名学者。经审查，录取学员近 200 名，遂于 1984 年 8 月 3 日至 23 日在庐山牯岭庐山大厦聚会开班（图 4、图 5）。每位专家做一至两次专题报告，当堂答疑，气氛十分热烈。在这次盛会上，我第一次见到了吴宗济、林涛两位先生并聆听其演讲。吴先生年届 75 岁，在与会专家中最为年长，他精神矍铄，谈吐清晰幽默，尽显博学鸿儒气象。后来，他约我

图4　1984 年全国高校现代汉语讨论会、研习班专家、会务人员合影

（前排左起：詹人凤、吴天惠、吴宗济、林涛、黄伯荣；后排右二张文轩）

到社科院语言所语音实验室访学观摩，为我校订译稿，来信指教，语重心长，感人肺腑。

图5　1984 年全国高校现代汉语讨论会、讲习班全体同志合影
（前排左起第 11 为黄伯荣）

（11）1984 年，中国启动对外学术交流，北京大学中文系在暑假邀请美国加州大学语言学系系主任王士元教授来京讲学，引起轰动。黄先生通过北大中文系系主任、副校长朱德熙先生与王先生联系，王先生也早知先生学问，遂答应 8 月底西来兰大讲学一周。王先生 1945 年 15 岁时赴美留学，攻读电子学与语言学，取得博士学位后一直在美执教，在实验语音学、理论语言学、汉语研究等方面创获丰硕，蜚声全球语言学界。黄先生请他来兰州讲学开了兰大中文系邀请顶尖级外籍学者讲学的先河，兰州各大院校文科师生纷纷赶来听讲。王先生仪表堂堂，和善可亲，虽阔别母邦 40 年，但说一口流利的普通话，略无许多"专家"讲演时必夹杂几句英语的病态，爱国热情溢于言表。从王先生的演讲中，我第一次知道了词汇扩散理论，知道了如何用电脑为语言研究服务，知道了实验语音学的研究方向和重点。

（12）黄先生从王士元先生的讲学中深感实验语音学在全国高校中属于空白点，落后于世界形势，认为兰大中文系应先行一步，迎头赶上。于是请王先生指导我系建立语音实验室，王先生欣然同意。先生汇报学校后，陆润林副校长、设备处强自修处长会见王先生（黄先生与我陪同），请教建实验室具体事宜。王先生画出了实验室结构图，列出了须从美国购置的语图仪、音高仪、电脑等必备设备清单，陆校长一一同意。正好当时学校筹建新文科楼，在七楼加进了实验室的设计。学校给实验室设置了一个专职实验员编制。王先生认为实验室必须培训一名懂语言学的专业教师，才能开展工作。他愿意在其加州大学语音实验室对此人培训一年，鉴于兰大财金拮据，来去路费及食宿等全部费用全由他提供，以表达他对兰大语言学科建设的一份心意。王先生在讲演答疑时，我提出过几个问题，引起了他的注意，于是约我在其下榻的宁卧庄宾馆交谈了两次，对我的研究成果和上进精神有所了解，所以向中文系推荐我为培训人选。对此黄先生十分满意。王士元、潘毓刚和笔者合影见图6。

图6　王士元（左）、潘毓刚（右）和张文轩（中）合影
（1984年8月底摄于兰州宁卧庄宾馆，潘毓刚为美国田纳西大学化学系教授）

　　但谁也没想到，系里后来决定选派他人。王先生出于对培养效果的高度负责，再三交涉未果，决定不接受系里安排，此事作罢。同时期的北大按王先生要求及时派人赴美培训，其实验室工作走在了全国高校前列。王先生返美后给我陆续寄来了许多著作与学术信息，书信往还，建立了师生关系。我翻译了王先生的好几篇论文，他推荐我翻译的剑桥大学乔治·尤里的《语言学导论》

在台湾地区以繁体出版时，王先生还拨冗写了序言。这都是后话。王先生与黄先生都有一腔积极培养后进的赤诚热情，这是值得我们永远学习和怀念的。

（13）1985年，黄先生创办的西北第一家语音实验室屋舍落成，订购设备到货。但由于未派人去美培训，不知如何开展工作。先生认为不能坐以待毙，应开动脑筋，先易后难，摸索前行。先生原有对《老乞大》《朴通事》这两部具有极高研究价值的元明口语文献做全面研究的计划，此时主张用已到的电脑做出两书的语料库，为研究者提供方便。遂由其设计方案，由专职实验员操作，边学边做，达到了预期目的。这种用电脑为文科学术研究服务而空前提高效率和准确性的做法当时在中国很稀罕，属于创新行为，得到了朱德熙先生的支持与赞扬，惠寄了序言，语文出版社及时免费出版了文本。黄先生拟定了全面研究《老乞大》《朴通事》词汇、语法的题目，让有此研究兴趣的本教研室老师、研究生、外来进修生认领写作。包括先生在内的九位参研者充分利用既成语料库，研究进展顺利，共推出了30篇论文（其中有我的四篇），结集为《〈老乞大〉〈朴通事〉语言研究》一书，以"兰州大学中文系语言研究室"的名义由兰州大学出版社1991年出版发行。于是兰大中文系成了研究这两部文献语言的中心，与社科院语言所等单位建立了学术合作关系。不久，我和赵浚先生承接了编著《兰州方言志》的任务。我们用实验室语图仪和音高仪第一次做出了兰州方言声韵调的各种图谱和有关数据，给后世留下了一份具体可鉴的资料，开创了全国方言志用实验语音学描写语音的先例。当然，此后我们顺利承接并有效完成"甘肃二声调三声调方言研究""西北地区三声调方言单字调格局与连读模式研究""语音偏误分析和习得研究"等国家项目。若无黄先生所创建的语音试验室，则一切无从谈起。

（14）随着国门大开，世界上兴起了学习汉语的热潮，黄先生敏锐地觉察到兰大中文系应当成立对外汉语教学中心，吸纳外国留学生以扩大我系汉语教学对象。他以语言教研室的名义，向上级打了请示报告，得到了学校同意并上报教育部。教育部批准成立"兰州大学中文系对外汉语教学中心"。学校为中心设置了两个专职工作人员编制。中心开学后迎来了欧美、中东、东南亚等国家和地区的许多留学生，主要由语言教研室老师授课，还聘请了校外文化团体专家来讲习京剧、舞蹈、武术等文艺形式，使中心教育充满了活力。学员考核结业时由兰大中文系签章颁发结业证书，大大提高了我系的国际地位。1995年，我任中文系主任，兼任中心主任，加大了对中心的宣传和投入，一时我系成了西北最兴盛的对外汉语教学阵地。当时学费用美元结算，中文系收入日增，改善了办学条件，提高了老师们的生活待遇。但好事变成了坏事。待我换届卸任系主任之职后，学校某领导出于集团利益，马上将中心划拨给某机关经

营，改变了海外学员到兰大中文系学习汉语的方向，导致报名人数锐减而中心淡出，中文系失去了一大办学优势，远在青岛大学的黄先生闻讯后长叹不已。可见创业艰难，败家甚易，亘古如此。

（15）20世纪五六十年代的大学生革命热情高涨，甘心坐冷板凳、潜心学习语言文字学的为数甚少。我系1964届学生王森淳朴好学，听黄先生"汉语语法研究"课程聚精会神，甘之如饴，给先生留下了深刻印象。王森毕业分配到永登水泥厂职工子弟中学教书，课务繁重，资料难觅，但仍坚持钻研现代汉语语法，写了一篇心得。先生收阅后给予了热情鼓励，但恨无力从根本上改变其学术研究条件。1984年，先生获悉可给有些专家配备助手的政策后，要求学校将王森调来做其助手。学校发了商调函，但对方单位认为王森是业务骨干，执意不肯放人。先生向刘冰校长多次陈情，刘校长通过与省教育厅协调，终了先生心愿。王森到语言教研室后，进入《老乞大》《朴通事》语言研究课题组，如鱼得水，很快推出了许多成果。1996年，我任系主任，派王森去哈萨克斯坦讲授汉语一年，嘱其课余关注东干语现状。王森去后挤时间做了深入调查，回国后写出了第一篇研究东干语语法的论文，刊于《中国语文》，引起了学术界重视。王森渐渐成了研究东干语和甘肃方言的专家，其成果被学界广泛引用。这一切都得益于黄先生不遗余力滋兰树蕙的师德师风。

（16）记得1982年的一天，我去黄先生家中请教问题。桌上放着一份公函，先生让我看一看。事情是这样的，"文革"时曾设专案组隔离审查过先生历史疑窦。管理者有一位数学系学生，曾对先生拳打脚踢，别人看不下去。该生毕业分配至河西某中学任教，因业务干练，准备提升他为校长。按当时提干规矩，须进行政审，要看是否为"三种人"（"文革"中有打、砸、抢行为者），若是，不但不能入党提干，还要受行政处分。该校将政审表寄到学校后，学校认为先生是其受害者，便将函转交先生表达签字。我看函上日期已过了好几天，问先生为什么还没有回复。先生长叹一口气后说："这事叫我怎么做呢？"我说："您是受害者，写清楚就行了。"先生说："我不忍心做呀！他当年是个年轻学生，我们素不相识，动手打我不是公报私仇，而是不懂'要文斗，不要武斗'的政策，是在过分表现自己的政治进步啊！现在他要提干，说明工作后表现不错。我如果写了恶行，就直接断送了他的前途，我怎能毁坏一个青年学生的前程呢？"我说："那您怎么交差呢？"他拿起笔，在外调表上写了这样两句话："时间长了，我不记得发生了什么事，本人没什么意见。"然后签上了自己的名字。后来听说此人顺利升职，工作出色，当然，他不知道自己幸好在华容道上遇上了关公。此事对我震动很大。因为当时包括地位很高的一些人为报"文革"一箭之仇，正在千方百计寻找机会，要将对方掘墓鞭尸、打杀家人子孙呢。而先生截然相反，不怀私怨，谅情积德，佑护学生，真不愧学为人师、德为人范啊！

　　滔滔江河，成于涓涓细流；弥野森林，成于株株树木。黄先生作为一位学者、师长，其成就、影响见诸字字文章、件件行为。纸短话长，言难尽意，谨此忆述十六事于上，读者若能以之印证我对黄伯荣先生治学为人的三大特征的概括，并便于我们共同传承其高风大德，就非常欣慰了。

怀念黄伯荣先生

朱庆之[*]

1982 年年初，我从西北师范学院（今西北师范大学）中文系毕业，留校教"现代汉语"。当学生时，"现代汉语"课在第一学年开。那是 1978 年，百废待兴，几乎所有的课都没有教科书，老师用的大都是自编讲义。为了方便复习和考试，我们上课时就拼命记笔记。到了毕业时，有好几本新编的《现代汉语》教材面世了。主要的，除了黄伯荣、廖序东两位先生主编的《现代汉语》（1979）外，记得还有张静先生主编的《新编现代汉语》（1979）。这两本教材都得到了教育部的加持，也都采取主编制，集中了众多高校的老师集体编写。其中，张本有 17 所高校的 22 位老师，黄廖本则有 20 多所高校的 40 多位老师，包括教过我们逻辑学的张文熊老师。大概还是因为比较起来黄廖本"更实用、更顺手""好教、好学、效果好"，所以受欢迎的程度更高。这本教材当时在甘肃人民出版社出版，在兰州购买也比较容易，我们就选用来做课本。当时对新教师的教学要求很严格。正式上讲台之前要系统备课，还要试讲。那时有卡式录音机，自己录了之后回去反复听。这样，我花了比较多的时间钻研这本教材，也学到了不少新的知识，加深了我对这门课和这个学科的热爱。

就在那一年暑假，黄廖本《现代汉语》教材的修订和培训会在开封的河南师范大学（现河南大学）召开，单位派我参加。这是我第一次出门参加学术活动。多亏教过我的何凤仙老师同行，她把我介绍给了一些来开会的西北师院的前辈师友。这真是一次难得的机会。我不但见到一批现代汉语研究和教学界的大专家，聆听了他们的报告；同时也听了教材主编黄先生和廖先生的专题报告，包括教材修订和教学建议等。当时与会的还有一些年轻的研究生。他们大都"上蹿下跳"，非常活跃。这再次勾起了我读研究生的念头。

1978 年初春入学不久，研究生教育也开始恢复。校园里渐渐有了研究生的身影，包括中文系。有时他们会来听导师给本科生上的课。研究生虽然人很

* 本文作者系香港教育大学中国语言学系中国语言研究讲座教授、中国语言与中文教育研究中心总监。

少，但大都看上去满腹经纶，令人敬慕。别人行，为什么我不试试呢？读大四时，我参加了当年（1981 年）的研究生考试。那时我已经对语言学有了兴趣，报考的是位于大连的辽宁师范大学中文系的普通语言学。那次考研没有成功。当年有一个流行的说法，想读研究生，如果与导师没有联系，机会就不大。原因可能与当时研究生教育的性质（主要是培养导师的学术接班人）有关。从开封回兰州后，我有了个大胆的想法，就报考黄先生的研究生吧。虽然那时黄先生并不知道我，但我也是兰州大学的子弟（母亲是数学系教授），总可以想办法见到黄先生的。

记得是在秋天的一个下午，经人介绍，我来到位于兰大家属区的黄先生家。敲门时，来开门的是和蔼可亲的黄师母。黄府虽然是套房，但面积很小，家中的摆设也略显寒酸（当时都住公家的房，租用公家的家具。用现在的眼光看，要说寒酸，大家都差不多，但黄府要更甚一些）。那天还有一位访者先我到场，瘦高瘦高的。不知记得对不对，好像是新疆师范大学的一位陈姓老师（黄绮仙大姐告诉我记得没错，是陈汝立老师），当时正在黄先生处进修。此时他们像是在书房（兼客厅）讨论《现代汉语》教材的修订事宜，桌子上铺着一些稿纸。

黄先生高大而魁梧，广东乡音非常浓。甘肃知识界外地人居多，在我熟悉的环境里充满了南腔北调。不过，对为数不多的广东人，大家私下里常常会调侃说，"天不怕地不怕，就怕老广讲普通话"。大概是怕人听不懂，黄先生说话很慢、很轻，也很简洁。我简单介绍了自己的情况和想法后，黄先生问了一些问题，说了一些鼓励的话。不记得是什么由头引起，黄先生还谈到自己工作中的一些困难，以及一些家务事，包括在甘谷油墨厂工作的儿子的事，似乎没有把我当外人。我们说话时，师母倒了茶就搬了个小凳子坐在旁边，静静地听着。

这次拜访，近距离的接触，让我对黄先生有了不同以往的认识。我觉得他与我的父亲有几分相似，同是支援大西北的南方人，同是淡泊名利、任劳任怨却屡屡遭受不公平对待的"老实人"（我父亲是江苏宜兴人。1948 年从英国爱丁堡大学拿到博士学位回国后，即携全家到位于兰州的国立兽医学院任教；1957 年被划为右派）。黄先生 1951 年从中山大学毕业后，留校任教。后因院系调整，1954 年随王力、岑麒祥先生调入北京大学中文系；1958 年，他被以建设大西北的名义抽调，来到自然环境和经济文化条件落后得多的兰州，一待就是 30 年。在"文革"中，黄先生还受到造反派的迫害。在这样的条件之下，他成为西北地区现代汉语学科的奠基者，成为全国现代汉语教育界的领军人物，也是兰大中文系最早的部批研究生导师，不能不令人感到由衷敬佩。因

为黄先生有与我父母相似的经历，对我又是那么亲切，一种特别的感情油然而生，坚定了我要做他学生的决心。

不过，这一愿望最终没能实现。当我向单位的领导报告我打算在第二年报考兰州大学的研究生时，被坚决否定了。这种事在当时一点也不稀奇。经过长期的动荡，教育界青黄不接，77级毕业生往往被当作骨干和培养对象。加上那时研究生教育资源稀缺，人数很少，其社会影响力也不大。总之，对于77级的毕业生而言，研究生似乎可读可不读，没有人会认为不读研究生就会影响一个人今后的发展。这时我只好"另辟蹊径"，最终师从彭铎教授读了本校的在职研究生，从此也就走上了一条不同方向的学术道路。

时间一下子要跳到2003年7月中旬。当时，我已从四川大学调入北京大学好几年。忘了是什么机缘，当时已在青岛大学工作的黄先生到访北大。中文系在五院一楼会议室为黄先生这位老校友举办了一场座谈会。从保留在我电脑中的照片看，那天来的人真不少，应当都是黄先生在北大时的老同事老学生。熟悉的有林焘、唐作藩、郭锡良、徐通锵、索振羽、王福堂、蒋绍愚等老师，不太熟悉的有李一华、陈松岑、杨贺松、姚殿芳等老师。年轻人只有我和陈保亚兄。我估计这次座谈会是由语言学理论教研室出面张罗的，而我能敬陪末座，应该是黄先生"钦点"。会后大家在五院门口照了大合照，然后还去聚了餐（图1）。从照片上看，大家主要是叙旧，有一张照片记录了黄先生侃侃而谈的样子。这或许是黄先生作为北大老校友最后一次回老家。

应该是隔天，我和太太韩仪敏请黄先生和师母在外边吃饭。那时我们刚有了私家车，但我还没有考到驾照，由仪敏开车，带先生和师母从北边经西单上长安街，再经过天安门广场，欣赏了北京的夜景。仪敏当时的车技还不够娴熟，坐在副驾驶座上的我常常指东指西，少不了发生一点争执。讲心里话，我们俩不仅不把黄先生和师母当成外人，甚至还自以为是小辈，觉得可以放肆一点。现在想起来，还觉得好笑。不知当时黄先生和师母有没有见怪。

2011年7月，中山大学中文系与北京大学中国语言学研究中心联合主办、北京大学出版社承办的"高等院校现代汉语、语言学概论教材教法研讨会"在广州举行。会议期间还举办了"黄伯荣先生九十华诞庆典"活动（图2）。我从2009年起向北京大学请假，到正在为从"学院"升等为"大学"而努力的香港教育学院担任讲座教授和中文学系主任。有一天接到黄先生的高足李炜兄的专函，邀请我参加这一庆典。李炜是我读大学时的晚一级的学弟，时任中山大学中文系系主任。我当然不能错过这个向黄先生和师母当面问候和表达敬意的机会。

图1　2003 年黄伯荣先生到访北大合影

图2　2011 年"高等院校现代汉语、语言学概论教材教法研讨会
暨黄伯荣先生九十华诞庆典"上黄伯荣先生与其他专家合影

（后排左起：周小兵、朱庆之、陆俭明、马鸣春）

那时，我已在香港两年多，对岭南的自然环境、风土人情和物产美食有了直接的、较为深入的了解。真可谓物华天宝、人杰地灵，难怪在近代和现代出现了那么多的各类名人。再次见到黄先生和师母，我注意到他们的身体状况比起上一次见面，已经明显变弱，与我在香港见到的同龄长者相比，差了不少，令人有些心痛。我想，这大概与他们早年在西北不舒心的生活对身体所造成的伤害不无关系。听到后辈们对黄先生学术成就的颂扬，我更多想到的是他们在大西北度过了艰苦岁月、受到了种种委屈，却能够以穷则独善其身的品格，为民族为国家做了如此大的贡献。联系到当时语言学界的种种乱象、种种丑态，不禁感慨万千，难以自持。在发言中，我说，作为一个在西北长大，对兰州的生活环境和条件有深刻了解的人，我对作为"老广"的黄先生和师母的人生壮举有自己的认识和感悟。他们二老从富庶的、真正是鱼米之乡的岭南，先到北方的北京，再到大西北的兰州生活了30年，忍辱负重，执着事业，取得了如此大的成就，这是多么了不起。对比之下，那些与黄先生同时代、但条件和境遇要好得多的人，若论对国家、对民族、对事业的贡献，又有多少人能够望黄先生之项背？而那些整人害人的人，或者整天想着争权夺利的人，在黄先生面前，更显得猥琐，令人不齿。

这次会上，听到和看到黄先生仍然在为现代汉语的教学和研究操心尽力，我感到了巨大的鞭策。在比黄先生当年不知好多少倍的生活和工作环境中的我们，的确没有任何理由放任自己，更不用说去做那些歪门邪道的事。

最不可抗拒的就是自然规律。黄先生已经离开我们九年多了。但"老实人"黄先生和黄师母的音容笑貌一直是那样的清晰。这些具有伟大人格的老一辈学者，永远是我学习的榜样。

先生之风　泽被后世

——纪念黄伯荣百年诞辰暨学术思想研讨会发言

亢世勇[*]

尊敬的各位领导、各位专家、各位同仁：

大家好！很高兴参加今天的会议，首先我代表鲁东大学对会议的召开表示热烈的祝贺！

今年是我们尊敬的黄伯荣先生百年诞辰，我们隆重纪念黄伯荣先生，以表达我们对他老人家的深切缅怀。十年前在中山大学举行的"黄伯荣先生九十华诞庆祝会议"上，我同黄先生说，您要健康长寿，您 100 岁时，我们在烟台给您祝寿。黄先生当时很高兴，答应一定到烟台。去年，青岛大学文学与新闻传播学院举办"现代汉语教材建设暨黄伯荣先生百年诞辰纪念会"；今天，在黄先生的老家阳江，阳江职业技术学院举办"纪念黄伯荣先生百年诞辰暨学术思想研讨会"，我们表示非常感谢，能应邀参加本次大会，我们感到无比光荣！

黄先生是一位非常可亲可敬的长者。1997 年春天在济南召开《现代汉语教学参考》修订会时，我刚把家从延安搬到烟台，他叫我去做些服务工作，借机和有关专家熟悉一下，特别是山东的几位专家，包括高更生、葛本仪、钱曾怡等先生。到了济南以后，他安排我和他住一个房间。在一起住的一周的时间里，晚上躺在床上，他给我讲述他的身世，从他出生，到妈妈为他定娃娃亲，到节衣缩食供他到阳江县城、广州上学，再到北大，然后到兰州，生活的艰辛，工作的努力，等等。工作休息之余，他招呼我们打扑克，玩"拱猪"。挣分了，他说你增肥了；失分了，他说你减肥了。非常有趣。去千佛山公园玩，他招呼大家和假老虎一起照相，自己两手掰着老虎的牙，笑着说，"谁说老虎的屁股摸不得，老虎的牙拔不得？我们偏要'虎口拔牙'"，像个老顽童。教材修订会结束时，他专门安排了半天时间，带着我们去拜访葛先生、钱先生。几天相处下来，除了觉得他是一位严谨的大学者，也深切地感受到他是一

---

*　本文作者系鲁东大学党委常委、副校长，国家语委汉语辞书研究中心主任。

个很亲切的长辈，一下子拉近了距离，敢在他跟前"胡言乱语"了。

黄先生很关心我们的成长。我在兰州大学上学时，黄先生已调往青岛大学，但他每年3月到5月要在兰州住三个月，其间经常来给我们答疑解惑，和我们讨论问题，还把当时他们收藏的全国现代汉语学术会议上朱德熙先生、吴宗济先生等名家讲座的录音磁带给我们，让我们反复听，好好学习。我研究生毕业后，他希望我跟随他到青岛大学工作，后因为一些实际问题解决不了，又介绍我到烟台师范学院工作。此后，黄先生多次来烟台师范学院进行学术交流、指导，给我们加油打气，有一次还住在我家里，让我的同事们很是羡慕。1998年9月至1999年7月，我到北京大学计算语言学研究所做访问学者，临行前专程到青岛黄先生家里看望他。他给他的老朋友胡明扬、王钧、唐作藩等几位老先生都写了信，让我带着他的信去拜访他们。信的大致意思是，我是他的学生，代他前去拜访，请多关心、指导，等等。我到了北京，按照他的嘱咐去拜访老先生们，果然受益良多。特别是去拜访胡明扬先生，胡先生一听是黄先生叫我来的，非常热情，从下午两点多一直谈到晚上六点多，还要留我吃饭，让我非常感动，深切地体会到老前辈们之间的深情厚谊，以及这种深情厚谊泽被后世的温暖。2000年，我写了一本小书，希望他给题词。黄先生很高兴，又很谦虚地说，他的字写得不好，便很认真地题写了好多份书名，让我从中选一个满意的。我太受鼓舞了。2011年，我们鲁东大学建成了山东省语言资源开发与应用重点实验室，我告诉黄先生："我们要传承、弘扬您的学术精神，让您在兰州大学中文系创立的计算机语言分析实验室，在烟台落地，并成长为省级重点实验室。"黄先生听了非常高兴，说一定要到烟台看看。那时他老人家已经90岁了。现在想来，黄先生真是一个很有学术眼光、具有远见卓识的人。当年他在兰州大学中文系创建的计算机语言分析实验室应该是全国高校中文专业里最早创立的这类实验室。而且，我们读研的三年中，他逼着我们学了两年计算机，这为我日后到烟台师范学院的发展打下了扎实的基础。真的很感谢他老人家。

黄先生为人忠厚谦和、大度睿智，极具亲和力。黄廖本《现代汉语》教材是他的重要成果之一，他能把那么多的名家团结在一起、凝聚在一起，几十年坚持修订，把教材做成精品，和他的优秀品质是分不开的。大家在一起修订教材，经常会为一些问题发生争论，他很尊重大家，很重视大家的意见，对大家的意见一一认真记录，深入分析，尽量把有价值的意见吸收到教材当中来，使得教材更具活力，也更具魅力与竞争力。在大家激烈的争论中，很多时候，他扮演着和事佬的角色，很有耐心，让我非常佩服。

作为徒孙辈，我经常跟他说一些现在想来属于"不知天高地厚"、很不恭敬的话，每次他都会风趣幽默地回复我。记得有一次在兰大讨论时，我说："黄先生，您是一个典型的折中主义者。《现代汉语》教材语法部分硬是把传统语法和结构主义语法两个不太相容的东西往一起揉，产生了不少的矛盾，有些问题都是难以解释的，比如双宾语的分析，按照层次分析法是分析不了的。那到底是分析成双宾语呢，还是分析成动宾结构带宾语呢？这两种分析办法严格地说，都有问题。"他说，"既然有不同意见，那我们就举手表决嘛，哪个意见赞成的人多，就服从哪个意见"，并马上让我们几个研究生举手表决，"一决高下"，搞得我们几个面面相觑，接着笑得前仰后合。还有一次在青岛大学他的家里，我说："您的教材里讲的'句法结构常见的错误'，成分搭配不当、成分多余、成分残缺、杂糅等，都是隔靴搔痒，根本没有说到点子上，其实根本上都是语义搭配的问题，句法问题只是表层的形式问题，这一点教材没有说透，人家张志公先生主编的《现代汉语》教材就比您的说得透。"他不紧不慢，笑着说："教材里都说透了，你去上课说什么？要留有余地让老师们去发挥嘛，充分展示老师们的聪明才智，这样才能吸引学生。"如今，想起这些点滴，都让我们心潮澎湃。

　　《现代汉语》教材倾注了黄先生毕生的心血，他在世的几十年，一直坚持与时俱进，不断修订，希望把最新研究成果吸收进教材里，满足教学的需要。他经常写信给我，了解教材使用的情况、其中存在的问题，以及对解决问题的考虑等。我至今仍保留着他写给我的信，包括他回到老家广东阳江后写给我的信。为了完善教材的句法分析方法，他提出了"框架核心分析法"，多次在会议上报告，希望大家理解，提出宝贵意见；还写了几篇文章，发表出来听取大家的意见。后来，他又把文章寄给我，希望我在计算机语言信息处理当中使用，以检测其可行性、科学性。我说我的水平可达不到，我想把他的意见和文章转给冯志伟先生，请冯先生看看如何实现。黄先生很高兴。冯志伟先生非常认真地研究了黄先生的框架核心分析法，非常认真地写了一篇文章，肯定了其科学性，提了一些改进意见，以及在语言信息处理使用中要注意的问题。冯老师这篇文章在黄先生80岁庆祝会上由我代读，因为冯老师那时候在国外，回不来。黄先生对此感到非常高兴。这次会议的一个重要议题是关于教材建设的讨论，我看到会议安排里，有不少同志的论文都是关于教材问题的，我想黄伯荣先生在天有灵，一定会非常欣慰。我们要继续弘扬黄先生的精神，与时俱进，不断吸收新的学术成果，不断完善教材，让这本教材一直保持精品的辉煌。我想这是我们对敬爱的黄先生的最好的纪念。

　　谢谢大家！

怀念与感恩

——纪念著名语言学家黄伯荣先生

莫　超[*]

　　著名的语言学家、语言教育家黄伯荣先生，离开我们已经九年多了！在我们这一代语言学学人心目中，黄先生是一座赫然卓立的学术丰碑，是一位功不可没的语言教育大家，是我们永远难忘的恩师！每当我拿起黄廖本《现代汉语》教材，温习或授课时，黄先生高大的身躯、慈祥的音容笑貌就浮现眼前！如今，他的出生地——阳江市决定举办"纪念黄伯荣先生诞辰百年纪念暨学术思想研讨会"，作为黄先生弟子暨再传弟子之一，首先对阳江市的这一重要举措表示由衷的敬意和谢意，同时也要表达对黄先生永远的怀念和感恩之情！

　　这里我要说四个方面。

　　一是感恩黄先生对大西北倾注的深情，及对"现代汉语"课程的卓越贡献。黄先生跟杨伯峻先生等于 1957 年离开北京大学中文系，支援大西北，到兰州大学中文系任教。1959 年，兰州大学中文系与西北师范大学（当时叫"甘肃师范大学"）中文系合并，在甘肃师大中文系任教，1963 年又回到兰州大学任教，直到 1987 年，整整 30 年贡献给了大西北的兰州。这是黄先生一生中的黄金岁月，也是先生学术生涯中最辉煌的一个时期！兰州的生活虽然艰辛，但黄先生辛勤工作，培育后学，兢兢业业，心无旁骛，从不言苦。他带领汉语教学研究团队努力耕耘 20 年，终于结出了丰硕的成果，主编了全国最有影响力的《现代汉语》教材。黄廖本《现代汉语》教材 1979 年由甘肃人民出版社出版试用本，很快就在全国产生了巨大的影响力。这是黄先生的骄傲，也是兰州大学的骄傲，甚至是甘肃人民的骄傲！后来改由高等教育出版社出版，扩大了影响，多次修订，多次获奖，至今已发行 1000 多万册，母版的试用本教材功不可没！从教材诞生伊始，甘肃的所有高校中文系都使用，哪怕是专科学校（如兰州师范高等专科学校）也使用。几十年过去了，黄廖本一直是我们"现代汉语"课程的"本尊"，没有改变过。

---

　　* 本文作者系兰州城市学院副校长、二级教授、西北师范大学博士生导师。

二是感恩黄先生对甘肃方言研究的引领和大力支持。20世纪50年代后期，黄先生初到兰州大学，就和语言研究课题组主持了甘肃方言的调查研究，仅用两年的时间，就编写出了《甘肃方言概况》。这本书虽未正式出版，却是甘肃方言研究的经典之作，影响巨大；1960—1964年五年间，黄先生带领兰大中文系语言研究小组进行兰州方言的研究，陆续发表了《兰州方言概说》[《甘肃师大学报（社会科学版）》1960年第1期]、《兰州方言》[《兰州大学学报（社会科学版）》1963年第2期]、《兰州方言（续）》[《兰州大学学报（社会科学版）》1964年第1期]，这些文章奠定了兰州方言研究的坚实基础。在黄先生引领下，数十年来，兰州大学、西北师范大学、兰州城市学院等甘肃高校的语言学研究一直蓬勃开展。进入21世纪以来，黄先生对兰州城市学院的关心和支持也是永远令人铭记的。2004年秋，兰州城市学院成立"甘肃方言研究所"，其时黄先生正在兰州，欣然受邀参加了成立仪式，并捐赠了主编的《汉语方言语法类编》两册，《汉语方言语法调查提纲》三册，还做了"框架核心分析法"的宣讲，给了兰州城市学院的方言团队极大的支持和鼓舞。在他的感召下，兰州城市学院的汉语方言团队不断取得长足进步，2009年成功申报甘肃省人文社科重点研究基地——西北方言研究中心，2010年获批"甘肃省重点学科"，2011年荣获"甘肃省高校优秀教学团队"称号，三年三大步，取得了令人瞩目的学科建设成果。从2016年开始，我校团队牵头，与省内其他高校同仁一道，承担了中国语言资源保护项目甘肃项目，顺利完成了全省27个县（区）的方言调查研究，受到国内同行的认可，本人还有幸获得教育部、国家语言文字工作委员会颁发的"中国语言资源保护奖先进个人"奖励。回首过去，这一切都应归功于黄先生的支持和提携。

三是感恩黄先生对学生的殷切培养和无私大爱。黄先生品德高尚，授课严谨，培养学生有方，深受同事和所有弟子的爱戴。黄先生不仅善于培养学生的科研能力，而且相信学生，敢于用学生，给学生安排科研任务。我和亢世勇等学兄学弟读研期间，黄先生指导并安排我们参与《动词分类与研究文献总览》一书的编写（该书1998年由高等教育出版社出版）。那时，我住在兰州大学校本部二号研究生宿舍的八楼，楼层较高，没有电梯，上下楼很不方便，所以除上课外，我通常都猫在宿舍看书。但在1994年盛夏7月的一个中午，黄先生喘着粗气，只身一人爬上八楼来找我。因同宿舍还有别的专业的学生，先生不想打扰他们，就和我到楼下，讲解编写的体例和方法，约定了交初稿的时间。这项工作先后进行近一年半，蒙先生耳提面命，受教良多！先生如此栽培学生，我何其有幸！我听兰州大学好几位老师说过黄先生的一件感人至深的事。"文革"中曾有一位男生对黄先生有过辱骂甚至踢了一脚的过激行为。

"文革"后，这位学生要提干，有人揭发了这件事，于是单位组织部门派专人来兰州大学找黄先生，问当初的具体情况，要黄先生写个证明材料。一直到第二天，黄先生只回复说时间太久了，记不清有这事了。个别老师对黄先生说："你应该把这个学生的事情捅出去，不能便宜了他！"黄先生说："'文革'期间这类事很多，他只是个普通学生，责任也大不到哪里去。现在说出实情的话，这个学生的前途就葬送了。作为老师，我不能那样做。"这就是一个专家教授的情怀！我们知道语言学界将丁声树先生称为"丁圣人"，以此比附，黄先生也可以称为"黄圣人"！

四要感谢青岛大学文学院。这是黄先生晚年任教的地方，与我们也就有了密切的联系。青岛大学曾于2001年举办"黄伯荣先生八十华诞庆祝会暨《现代汉语》教材研讨会"，我有幸参加。会上，很多语言学界的前辈共襄大计，使我享受了一次学术丰馈。20年后的去年（2021年）7月，青岛大学文学院又举办"现代汉语教材建设暨黄伯荣先生百年诞辰学术研讨会"。这一次，我们见到很多年轻学子，济济一堂，焕发着学术的青春，正可谓语言学界后继有人，英才辈出！我于是感慨有加：黄先生见此盛况，当欣慰并含笑于天堂！黄先生在青岛大学主编《汉语方言语法类编》，皇皇巨著，嘉惠学林。该著作已出版20多年，应该出版续编。2020年，我校教师申报了国家社科基金项目"近30年汉语方言语法类编"，承蒙黄师母和黄先生家人的支持，也得到青岛大学文传学院同行先生的认可，最终获得立项。赓续黄先生的事业，是我们共同的使命。我们将以黄先生为楷模，把这个项目完成好，这就是对师恩最好的回报！

点点滴滴忆恩师

——纪念黄伯荣先生 100 周年诞辰

聂志平[*]

一

1982 年 9 月，我考入兰州大学中文系。那时学校每届招 1000 人，整个学校本科生只有 4000 人。通过老生的口碑，我们听说兰大文科最有名的有两位先生，一位是历史系的赵俪生教授，一位是中文系老师们称之为"黄先生"的黄伯荣教授。那时黄先生和廖序东先生主编的《现代汉语》，许多高校中文和外语系都在使用，影响很大。

第一次见到黄先生，是 1982 年年底旁听语言学教研室的年度学术报告会。这种报告会大学四年中我都去旁听，但现在记忆中几乎没有留下太多印象。那时候黄先生没给本科生上课。真正接触黄先生，是在兰大招待所李逊永老师那里。据说王力先生想推荐黄先生搞现代汉语博士点，黄先生筹建团队，从新疆八一农学院（今新疆农业大学）外语系请来国内最早研究乔姆斯基理论的李逊永教授。1985 年第一学期，李老师给中文系本科生和现代汉语研究生开"乔姆斯基语言学理论"和"理论语言学"两门课程。我坐前排，帮李老师放展示讲稿的幻灯片，慢慢跟李老师熟络起来。李老师讲理论语言学或乔姆斯基理论，除了学生，也有教师来听课，有搞文字学研究的顾正老先生，年轻教师刘泽民（现为上海师范大学教授、博士生导师），黄先生也来听过几次。大约开学一个月后，我去招待所李老师的房间向他请教。过了一会儿，黄先生也来了，李老师对黄先生说："我给你推荐一个对语言学特别感兴趣的学生，语言学理论和汉语语法知识都很扎实！"黄先生问了我几句，然后继续跟李老师交谈。这是我跟黄先生第一次正面接触。

那时兰大家属区统一供应开水，60 多岁的黄先生夫妇打开水不方便，就

---

* 本文作者系浙江师范大学三级教授，语言研究所所长，博士生导师。

由研究生帮忙。我大三下学期时，隔两天给黄先生家打一次开水的84级研究生戚晓杰有事，让我替她给黄先生打水，我才跟黄先生有了更多接触，有时也会骑着黄先生的自行车给他家换煤气罐。黄先生的自行车是一辆很旧的26寸斜杠女式自行车，除了铃不响，一骑起来哪儿都响，身材高大挺拔的黄先生常常腰板儿笔直地慢悠悠地骑着这样一辆自行车，怡然自得，目不旁视。在校园里有时骑车到哪里办事，回来时忘了骑车走回来，让我换煤气时却能很准确地回忆起自行车不是在这里就是在那里。黄先生说："我的自行车没有人偷。"我找一两个地方就能找到。有时打水遇到黄先生正在吃饭，也会让我一起吃。我说吃过了，黄先生就说："尝一尝。"我第一次吃炒粉丝，南方一般叫"炒粉干"，就是在黄先生家尝到的。

二

20世纪80年代初，著名语言学家王士元先生曾跟黄先生联系，想帮兰大中文系培养实验语音学人才。黄先生早在50年代末60年代初，就曾借助浪纹仪研究过兰州话语音，对早期实验语音学比较熟悉，因此跟王先生一拍即合，积极筹备。因年轻教师英语不过关，外派青年教师培养的计划没有实现。不过，1983年兰大新建成的文科楼，在属于中文系的七楼，专门按黄先生的要求设置了有隔音设备的语音实验室和一个带卧室的套间，购买了从美国进口的原装IBM－8086电脑，这是当时最先进的微机，配有20M硬盘和36K软盘；并购置了原装进口的7800语图仪和音高仪，而语图仪当时国内仅北京大学、南开大学、第四军医大学和兰州大学四家单位有。当时兰大中文系的这些设备，在国内高校中都是处于前沿的，可见黄先生的雄心与能力。

这三种设备的使用说明书都是英文的。当时，作为英语语言学副教授的李逊永老师买了一些烤饼，一周没下楼，把厚厚的语图仪说明书翻译成汉语。我在校园里遇到走路有点打晃儿的李老师时吃了一惊：一周不见，李老师的黑发完全白了。我问他做什么，他说他一周没下楼，把语图仪使用说明书翻译出来了，现在要出去吃点东西，一周没正经吃饭了。我惊呆了：李老师，你这是拼命啊！李老师搞懂了语图仪和音高仪的使用方法，就开始尝试做些实验，我印象是曾经分析过黄先生的阳江话。用音高仪做出的语图，无论是平调、升调还是降调，开始总有一小段上升曲线，结尾都有一小段下降曲线。黄先生感到这有悖于语感，就与李老师发生了争论，争论到后来甚至有点动气。晚上我到李老师房间跟他聊天，过一会儿黄先生提了一些肉罐头进来了。黄先生面带微笑，和蔼地对李老师说："今天是中秋，李老师离家千里来兰大工作，很感谢。"聊了几句家常后，黄先生平静地说："今天讨论我态度不好，向你道歉。但声调实验我还是不理解，请李先生再讲讲。"李老师讲了很多，说主要原因是发音开始能量强，所以无论什么声调，开始都有一小段上升曲线，而音节末尾能量弱，所以无论什么声调，结尾都有一小段下降曲线，这个跟对声调的听感有所不同。李老师讲后，黄先生表示理解，两人说说笑笑又聊了一会儿，黄先生才告辞离开。黄先生的胸怀坦荡，和对友情的珍视、对学术的执着，让当时在场的还是青年学生的我很受震撼和感动。

黄先生配置的这些仪器，真正起大作用的是那台原装进口的 IBM 电脑，在我本科及读研期间，语言学教研室利用这台电脑完成了三个项目。一个是李逊永主持、刘泽民和我参加的"YJX-86 型语言学文献计算机检索系统"。它采用的 dBASE-Ⅲ关系型数据处理系统，是当时国内最先进，也是唯一的一个能对文献主题词（现在一般称"关键词"）进行检索的系统。这项成果在方经民、邵敬敏《中国理论语言学史》有记载。第二项和第三项分别是黄先生主持的"《老乞大》与《朴通事》语言研究"和"《金瓶梅词话》电子文本数据库"。这些运用计算机系统进行的语言研究，在 20 世纪 80 年代中后期，在国内是处于领先地位的。

<h1 style="text-align:center">三</h1>

随着接触的增多，黄先生也让我帮他干点儿跟学术有关的小活儿。大三下学期或大四开学不久，黄先生的《广州人怎样学习普通话》要再版，黄先生让我帮他校对一下。这本书的注音有反切有音标，我校得很仔细，还根据反切对照音标，其中发现有四个词语音标注有违反切，就跟黄先生说："这个音标有问题，应该是……"黄先生认可我的说法，还说："对语言学书的校对，最好也要懂语言学。"我很受鼓舞。

1985 年大三结束的那个暑假，刘伶老师组织上方言学课的同学成立了方言调查队，到敦煌做了为期 15 天的敦煌方言调查，我担任队长。黄先生搞的"现代汉语教学研讨会暨现代汉语讲习班"，暑假期间也要在敦煌举办，黄先生就跟我商量，让我在方言调查结束后留在敦煌做会务接待工作。会议报到那两天，我就在敦煌的柳园车站负责接站，会议期间参与会务服务工作。暑假来敦煌之前，黄先生的儿子因病去世了。我在敦煌接站接到黄先生，感觉黄先生白发增多了，本来挺拔的身板有些佝偻了，嗓音也有些嘶哑。但黄先生还是很镇静地主持学术讨论，主持学术讲座。看到这些，我不禁感叹黄先生的坚韧和刚强。敦煌会议来了 100 多人，会后晚上休息时间，我曾拜访过新疆大学的徐

思益先生、新疆师范大学的陈汝立老师、杭州大学的王维贤先生，也认识了跟徐先生同住一个房间的来自齐齐哈尔师范学院的孙也平老师。孙老师对我说："小聂啊，毕业回黑龙江吧，咱们黑龙江缺语言学人才。"有了这层关系，研究生毕业前，我曾托孙老师联系齐齐哈尔师范学院，毕业后就去了齐齐哈尔，并跟孙老师成了忘年交。

除了敦煌会议，我还以"准研究生"（考上研究生而还没开学入学）的身份，参加1986年在承德举办的"现代汉语教材修订会暨现代汉语讲习班"。记得那次学员有160多人，社科院语言所的吴宗济、林茂灿、金有景先生，北大的朱德熙先生和时任国家语委副主任的王钧先生等都来了。吴先生给参会的年轻研究生做了实验语音学语图方面的讲座，朱德熙先生在讲习班上做了"现代汉语语法研究的对象是什么"的讲座，同名论文后来发表在《中国语文》1987年第5期上。

黄先生举办的"现代汉语教材修订会""现代汉语教学研讨会"，一般都同时举办"现代汉语讲习班"，招收在高校任教的青年教师。学员交的会务费，一部分用于学员的食宿，另一部分作为参加修订会或研讨会的专家的食宿行费用，同时请一些参会专家给讲习班做讲座。这种方式被称作"以班养会"。没有什么官职头衔，无权无资源，早年却能以讲师资格于1978年8月在昆明举办有很多教授参加的全国现代汉语教材协作会议上，被推举为分别编写的一套现代汉语教材的主编；以无职无权的一个兰州大学教授身份，在全国不同的地点举办五期暑假现代汉语讲习班、七次现代汉语教学研讨会和八次现代汉语教材修订会。这种事情在现在根本无法想象。从这些事情上，可以看出黄先生在语言学界的影响、地位以及举办这种大型活动的组织能力。

四

1986年是20世纪80年代兰州大学中文系现代汉语专业招生最多的一年。黄先生的现代汉语语法方向普招两人、云南教育学院委培一人和金城联大委培一人（从古代文学专业转过来，后因委培变动退学），谢晓安先生的现代汉语语法学史方向招一人。我们成了黄先生在兰州大学招收的最后一批研究生。

第一年的课是在兰大上的，有政治、外语和几门专业课，其中有黄先生开的"现代汉语语法研究"。我们五个研究生在黄先生的监考下考了两个小时。我写得最多，有14页稿纸。假期后，黄先生通知我们考试成绩，四个人里我是最低的，88分。黄先生对我解释说："你虽然写得最多，但你写的字我看不清楚，只能给你最低分啰。"

第二年，我们拿着黄先生给我们写的信去北大中文系旁听。黄先生 1949 年考取中山大学研究生，毕业后留在中山大学中文系工作，1954 年全国高校院系大调整，中山大学中文系语言学专业并入北京大学中文系，黄先生随王力、岑麒祥先生来到北大。1958 年响应上级号召，黄先生从北大来到地处黄土高原的兰州大学支援西北建设。因为有北大的这种渊源，从 1982 年级起，黄先生跟学校沟通，让他带的研究生提取一部分研究生培养经费，到北大中文系学习。我们是第三批享受这种待遇的学生（前两批分别是 1982 级李炜、1984 级戚晓杰）。

我们 1987 年 9 月到北京，住在海淀黄庄的兰州大学驻京办事处，离北大小南门很近。在北大中文系，我们尽可能多听语言学专业课，然后根据自己的兴趣选择一些课，一门课交三四十元的选课费，参加考试或写课程论文，由任课教师给成绩。这个成绩作为研究生课程成绩记录在档案中。一个学年中，我听了石安石、陆俭明、叶蜚声、徐通锵、索振羽、郭锡良、唐作藩、吴竞存、沈炯等先生开的 14 门课，其中选修五门课并拿到成绩。由于我们来时向任课老师转交了黄先生的致意信，任课老师对我们几个兰大来的研究生有点印象。上陆俭明、吴竞存先生现代汉语语法课，难免会涉及黄廖本《现代汉语》的语法部分对相关问题的处理，两位先生都会朝我们坐的方向看看。

我们在北大期间，黄先生两三次来北京办事，都会过来看我们。有一次黄先生买了些水果带我去拜访岑麒祥先生。见到岑先生，黄先生恭恭敬敬地向岑先生鞠躬行礼，把我介绍给岑先生。黄先生问候岑先生身体情况，聊些家常。他们聊了一会儿，岑先生向我转过头来，问我看什么书，有什么问题。从岑先生家出来，黄先生带我在平房家属区转过几栋房子，在一栋平房门外停住脚步，很留恋、很慈祥地仔细打量着这个房子，告诉我说："这是以前我住的房子。"我建议黄先生进门去看看，他说，"不进去了，是别人家了"，然后带我往回走。另一次是晚饭后，黄先生带我散步到中国人民大学，找现代汉字学家费锦昌先生。两位先生不紧不慢地聊着天，一起散步。知道我是黄先生的研究生，听说我对语言学理论感兴趣，费先生就问我有没有看过索绪尔的《普通语言学教程》。我说我看不大懂，但大学期间坚持看过三遍。费先生感慨说："我看了两遍半，还是不大懂！"费先生说这话时，快言快语，一点架子都没有。

我大学毕业论文写的是《索绪尔〈普通语言学教程〉研究》，我摘出讨论语言和言语区分的一节，给《兰州大学学报》投稿，研二第一学期末，发表在当时作为季刊的《兰州大学学报》1987 年第 4 期上。这篇论文后来被人大报刊复印资料复印，又被 1988 年第 1 期《中国语文》作为国内年度重要文献

收录。我把这期兰大学报寄给黄先生，后来黄先生来北京看我们时问我："你给我寄学报，是什么意思？"我只好打哈哈："这期学报封面挺好看的。"（这期学报封面是彩色的，印有"纪念兰州大学学报创刊30周年"的字样）黄先生听到我的解释，也笑了一下。

在我研究生毕业联系工作的推荐单上，黄先生给我写的评语是："该生对语言学理论特感兴趣，基础也很扎实，适于做语言学理论或语言学概论的教学和研究工作。"黄先生带我的方向是"现代汉语语法"，我却对语言学理论用功更深，可能黄先生感觉我有点"不务正业"吧。我研究生毕业论文《"V/adj＋得＋R"研究》研究的是"得"字句。毕业论文答辩时，黄先生外请两位校外专家，其中一位是同年在《中国语文》上发表过"得"字句相关研究论文的河南大学教授丁恒顺先生。答辩时，黄先生只是让我谈谈我的论文中有哪些研究是前人和时贤没有做过的，或者做过但不完善的。在随后修订的一版《现代汉语》语法章涉及述补结构部分，教材吸收了我的一个说法，即词组可以做"得"字句的述语。看来黄先生还是肯定了我的毕业论文。

五

1987年，黄先生调到青岛大学中文系工作。9月搬家时我去帮忙，由于年轻气盛，我楼上楼下跑得挺快。不过这种"气盛"并没有保持多久，一个小时左右我就感觉两眼冒金星，不得不坐下来。等缓过来以后，黄先生坚决劝我回宿舍。搬完家后，当晚黄先生提着几铁盒当时流行的饮品——麦乳精——来宿舍看我。第二天晚上，我跟当时的年轻教师刘泽民两个人推着自行车给黄先生和师母送站。返回时，天水路上路灯橘黄的光线，显得是那么静谧、安详，而寂寞。回来时没有骑车，我和泽民推着自行车，慢慢地走在这橘黄色的灯光里，感慨着黄先生就这么离开了兰州大学。

1989年6月底毕业后，我也离开了兰州大学，回到老家黑龙江，在齐齐哈尔师范学院中文系任教。工作之后，跟黄先生通过几次信。1994年年底我离开高校去一家企业报做副刊编辑，自觉对不起老师的培养，书信也就中断了。2000年年底，我到了浙江师范大学工作后，才又跟旧日的师友重新联系上，先是贴上邮票的书信，后来是电子邮件。黄廖本《现代汉语》出版第四版后，黄先生给我寄来了签名本，不久后，又通过电子邮件，给我发来订正页。

2001年暑假，我到青岛大学参加"现代汉语教学研讨会暨黄伯荣先生80寿辰庆典"，隔了12年才又见到黄先生和师母。也是在那次会议上，我第一次见到黄先生第一届四个研究生中的刘公望和刘汉城两位师兄。而再见到黄先生，又隔了10年。2011年暑假，师兄李炜在中山大学举办"高等院校现代汉语、语言学概论教材教法研讨会暨黄伯荣先生90华诞庆典"。那时我作为国家公派汉语教师刚刚从乌克兰回国，马上去广州，参加祝寿活动。活动期间，我和师姐戚晓杰与身穿中山大学中文系系服的黄先生、师兄李炜拍了张合影。这是黄先生门下三届研究生（1982级李炜，1984级戚晓杰，1986级本人）一起跟黄先生唯一一次合影。

2000年年底，我到浙江高校工作，略微熟悉之后，在一个私聊的场合，我问当时同意引进我的院长，为什么在我离开高校六年后，在试讲不是很出色的情况下仍然引进我。院长回答几条原因：一是名校（兰州大学是"985""211"高校）；二是名师（导师为黄先生）；三是虽然离开高校，但还发20多篇语言学论文；四是学术领域广（语言学理论、语法、词汇、方言）。黄先生在我重返高校这件事情上，也给了我一层耀眼的光环。

2005年，我出版了自己的第一部学术专著——《黑龙江方言词汇研究》，序言就是黄先生写的。在"后记"里我说，我研究生的方向是现代汉语语法，但的第一本书却是方言方面的，虽然跑偏了一些，但却也回归到黄先生做出很大贡献的现代汉语方言学领域，似乎冥冥之中自有天意。由于对母语黑龙江方言的研究，2017年我被黑龙江省教育厅聘为"黑龙江语保工程"首席专家，参加黑龙江方言语保工程的指导和验收工作。

2013年4月，我参加四川大学博士生招考，考试后成绩没出来就直接复试。我报考的导师面试组组长是《汉语大字典》常务副主编、以《〈集韵〉校本》获得王力语言学一等奖的86岁的著名语言学家赵振铎先生。简单地自我介绍后，赵先生知道我是黄先生的硕士，就笑眯眯地问起黄先生的近况，跟我聊了一会儿黄先生，然后面试就结束了。后来一个很偶然的机会，我看到川大文新学院录取成绩，才得知我的面试成绩竟然是最高的96分。我想这其中肯定有来自黄先生门下的加分项。

而我再一次去广东，是2013年5月，不过目的地不是广州，而是黄先生的老家阳江。那次相约在广州的白云机场，在出站口，我等来了大师姐戚晓杰和青岛大学的副校长、离退处处长。

到阳江，我们看到了安详地躺在花丛中的黄先生。

六

如果不算与宁夏大学高宝泰教授和山东师范大学高更生教授联合培养，黄

先生在兰州大学一共招收了四届现代汉语语法方向的研究生：1978 级四人（刘公望、刘汉城、仇志群、杨因），1982 级一人（李炜），1984 级一人（戚晓杰），1986 级三人（聂志平、徐敏、杨云）。招生九年，有五年没有考生上线，总共招生仅仅九人。每年都有很多人报考黄先生的研究生，有大学生，也有高校、中专以及中学任教的年轻教师。其中，我参加考试的 1986 年，报名考生 72 人，全部交卷的 54 人中，只招了三名。黄先生的研究生难考，在兰大中文系是有口皆碑的。一位 1978 级毕业留校的年轻教师，跟黄先生同一教研室，多次参加考试而不中。这也难怪我们当时的古代文学老师、李炜师兄的父亲李东文教授，在给我们上课调侃时几次提起自己的儿子——1982 年中文系唯一招上的研究生。李老师是有资格为自己的儿子骄傲的。我是黄先生在兰州大学中文系工作期间唯一一个本系考上的研究生。因同门之谊，一直到现在，戚晓杰仍称我为"小师弟"。

在同门中，第一届研究生中在高校工作的刘公望、刘汉城、仇志群已退休十多年了；2019 年，1982 级师兄李炜教授去世，我同届师兄云南师大的杨云教授 2011 年退休。现在高校工作的只有师姐戚晓杰和我两个人了。虽然"黄门弟子""人丁不旺"，但大多数人都在高校教学和研究中取得了相当不错的成绩。黄先生与李炜师兄主编的《现代汉语》（北京大学出版社）和我与人合作主编的《语言学概论》（高等教育出版社），都被选入国家"十二五"规划教材，戚晓杰师姐成为高校使用最广的现代汉语教材——黄廖本的第五版、第六版和第七版的编者，我也被李行健先生和出版社招为该教材第七版的审稿人之一。

黄先生是我国著名语言学家，在现代汉语语法和方言研究领域有很大的贡献，是西北地区现代汉语教学与研究事业的开创者，但更广为人知的是在现代汉语教学体系和教材的建设上，黄廖本《现代汉语》是我国至目前为止高校使用最为广泛、发行量最大的现代汉语教材，影响了一代又一代的求学者、研究者，更别说我们黄门弟子了。

黄先生虽然离去了，但跟黄先生的种种过往，他的来信、签名本的书籍和电子邮件，我一直保留着。现代社会，很多东西可以复制，但这种师承却是唯一的，是永远不会改变的。跟我的研究生们自我介绍时，我都会说："你们的师爷是黄伯荣先生！"

黄先生的音容笑貌永远留存在我记忆中。

岁月悠悠，难忘恩师提携情

邵霭吉[*]

　　那是 40 年前的事儿了。时光流逝，但我始终忘不了黄伯荣、廖序东两位先生对我的提携之情。

　　1982 年年初，我计划写一本 10 万字的关于"现代汉语词组"的书，初名为《词组论析》。因听说黄廖本《现代汉语》正在编写出版一套跟教材配套的"现代汉语知识丛书"，于是，我便写了一封信，连同《词组论析》书稿的目录一起，先寄给了教材主编之一、我省徐州师范大学的廖序东先生，向他请教，并表达了想把此书列入"现代汉语知识丛书"的愿望。很快，廖先生就给我回信了。他在信中说："'现代汉语知识丛书'由辛安亭、黄伯荣主编，辛为兰州大学副校长。"并告诉我已经把我的信和书稿目录"转给黄伯荣同志去了。他如觉得可列入丛书，当有函联系的"。

　　我的信是 1 月 28 日发给廖先生的。仅时隔 8 天，我即收到了黄伯荣先生的信（图 1）。黄先生在信中说：

邵霭吉同志：

　　廖先生转来你的信和《词组论析》的目录。我们觉得词组很重要。如果写得有特色，对读者帮助较大，当向出版社推荐，纳入丛书。等见到稿子后并同出版社联系，我们将尽力争取出版社给出版。

　　丛书有统一的写作体例，可照教材和有关丛书那样抄写。（不用圆珠笔抄写）

　　盼多联系。

　　祝

编安

黄伯荣 82.2.6

---

*　本文作者系盐城师范学院文学院教授、盐城师范学院学报编辑部编审。

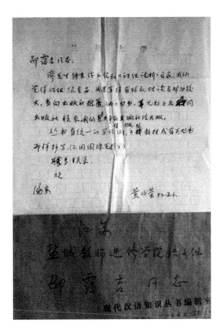

图1 黄伯荣先生给笔者的第一封来信手稿

在黄先生的支持和鼓励下，我努力撰写书稿。根据"现代汉语知识丛书"的体例，我把书名定为《现代汉语词组》。1982年5月，我的书稿完成。我把它装订成册，附上一封信，寄给黄先生。黄先生收到后，又以"现代汉语知识丛书编辑室"的名义给我写了信（图2），同时还把《现代汉语》教材中"语法"一章的修订稿寄来。他在信中说：

霭吉同志：

寄来《现代汉语词组》一稿，刚收到，我们传阅后当将意见奉告。

中学"试行方案"出来了，听说还会有修改。我们教材拟在年底修订。特将三节"语法"征求意见稿寄上，请提意见。最好写在稿上寄来。我们抄下后当再还给你。因为希望"词组"一稿的析句体系能配合新教材和中学课本，读者面就更广了。

谢谢你对教材和丛书的关心和支持。

敬礼！

现代汉语知识丛书编辑室

82.5.15

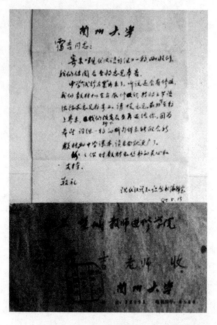

图2　黄伯荣先生给笔者的第二封来信手稿

　　1982年，黄廖本《现代汉语》教材进行第一次修订，并于河南开封召开修订会议，黄先生以"现代汉语知识丛书"作者为由，提出邀请我列席这次会议。但后来，由于教育部只限定35个代表名额，"不接待列席代表"，我因此未能列席会议。为此事，黄先生写信向我做了解释，还说在会后寄一份会议材料给我（图3）。这件事也使我终生难忘。他的信是这样写的：

邵霭吉同志：

　　近来工作忙吧，教什么课？

　　附上工作组给贵系的信，请你送去。我很想你参加修订会，对提高教材质量肯定有好处。但教育部只给三十五个代表名额，只邀请部分编者和一些专家到会，不接待列席代表，因此办讲习班以满足一些想听到会议发言（录音）的中青年老师的要求。你如果作为学员来开封，未免委屈了。给你要一份会议材料好不好，盼告。

　　有劳，谢谢。

　　致

敬礼

黄伯荣　82.9.26

图3　黄伯荣先生给笔者的第三封来信手稿

此后，黄先生一遍又一遍认真地指导我修改书稿，还亲自帮我增、删、改、易，终于以《现代汉语词组》为名，把这部书稿纳入"现代汉语知识丛书"，在 1985 年由湖北人民出版社出版。

时光荏苒，近 40 年过去了，黄先生平易近人、提携青年的款款深情永远铭刻在我的心中。我的第一本著作能够顺利出版，我是多么地感谢黄伯荣、廖序东两位恩师啊！

黄伯荣和他的《现代汉语论文集》

邵霭吉

黄伯荣先生是我国著名语言学家，他专注于现代汉语研究 70 年，成果丰硕，为世人瞩目。他又是著名的高校教材编写专家，由他和廖序东共同主编的黄廖本《现代汉语》教材于 1979 年出版，之后年年重印，年年畅销，年发行量在国内同类教材中连年占据榜首，总发行量稳居同类教材之首位，至今已发行 1000 多万册，其影响之大，真可以说是我国《现代汉语》教材史上的一个奇迹。这部教材注重"守正创新，科学使用"，继承与创新相结合，既有自我特色，保持应有框架基本不变，又坚持与时俱进，不断吐故纳新，吸收新的研究成果。这本教材先后修订过多次，最新版本为增订六版（高等教育出版社，2017）和增订六版精简本（高等教育出版社，2018）。1990 年之前在甘肃人民出版社出版了四个版本，1991 年之后在高等教育出版社出版了七个版本，40 多年来先后共出版了 11 个版本。它不仅是"一部受欢迎的《现代汉语》教材"①，而且也是"一部常出常新的《现代汉语》好教材"②，更是"一本长盛不衰的《现代汉语》教材"③。

黄廖本《现代汉语》教材出版以来，获得荣誉很多。1986 年 3 月荣获甘肃省人民政府颁发的"优秀图书奖"；1987 年荣获甘肃省教育厅颁发的"高校优秀教材奖"；1988 年荣获国家教委颁发的"高校优秀教材"二等奖；2005 年 7 月被江苏省教育厅评为"江苏省高等学校精品教材"；2006 年被教育部评为"普通教育'十一五'国家级规划教材"；2011 年 11 月被教育部评为"普通高等教育精品教材"，是进入这个系列的唯一的一部《现代汉语》教材；2011 年 10 月荣获"山东省高等学校优秀教材"一等奖；2012 年 11 月被教育

---

① 竟成：《一部受欢迎的现代汉语教材：黄伯荣、廖序东主编"现代汉语"评介》，载《高教战线》1986 年第 6 期。

② 邵霭吉：《一部常出常新的〈现代汉语〉好教材》，载《盐城师范学院学报》2008 年第 3 期。

③ 张怡春：《一部长盛不衰的〈现代汉语〉教材》，载《盐城师范学院学报》2019 年第 1 期。

部评为"普通高等教育'十二五'国家级规划教材"。可谓光彩夺目。

黄伯荣先生在语言学方面有丰富的著述。他先后在《中国语文》《语文学习》《语言学论丛》《语文建设》《汉语学习》《兰州大学学报》《甘肃师范大学学报》《青岛大学学报》《盐城师范学院学报》等刊物上发表了很多有影响力的论文。20 世纪 50 年代他发表的《形容词和副词的界限》《关于划分词类问题的考察》等论文，从大量的实例入手，进行具体的分析，实事求是地解决了汉语词类划分中的许多具体问题。20 世纪 80 年代发表的《谈句法分析》《一种层次分析的图解法》《句子成分分析法》《词组研究中的一些问题》等论文，对汉语句法分析问题提出了许多有创意的见解。20 世纪 90 年代初期发表的《十二年来汉语析句法的发展变化》《从"词"到"语"是 80 年代语法发展的趋向》是对改革开放以来汉语语法学研究进展的回顾，同时也是对汉语语法学继续发展的展望。20 世纪 90 年代后期发表的《框架核心分析法》和进入 21 世纪以后发表的《框架核心分析法答客问》《三论框架核心分析法》，继承吸收了"中心词分析法""层次分析法""提要"析句法等析句方法的合理内核并融为一体，形成了一种既讲核心又讲层次、既讲句型框架又讲位次的新的析句法，在国内引起了积极的反响。黄先生出版的语言学专著，独著的和主编的加起来共有几十部，比较有影响力的独著如《祖国的文字》《陈述句、疑问句、祈使句、感叹句》《句子的分析与辨析》等，它们初版于 20 世纪 50 年代、60 年代，到 80 年代又一一再版重印，发行量很大，广受欢迎。他所主编的《汉语方言语法类编》《汉语方言语法调查手册》等，都受到学术界的高度重视和良好评价，称赞他的《汉语方言语法类编》做了"一件开创性的工作"（王均），是"语言研究领域一项很有意义的系统工程"（丁崇明），称赞他的《汉语方言语法调查手册》填补了汉语方言语法研究的空白，"做了一件雪中送炭的好事"（詹伯慧）。他所主编的"现代汉语知识丛书"，一套共 25 册，300 余万字，有 20 多位语言学家参加编写，是我国高等学校现代汉语教学与研究的必备参考书。

黄先生又是一位现代汉语教育家。从 1951 年起，他先后任教于我国的南（中山大学）、北（北京大学）、西（兰州大学）、东（青岛大学）四所大学，退休后又被母校中山大学聘为特聘教授。他是新中国成立后第一批硕士研究生导师。几十年来，他桃李满天下，为高校、科研和出版部门培养了一大批语言学方面的学术骨干、学术带头人。他们都对黄先生的言传身教、为人师表、诲人不倦感恩不已。我从 1982 年因参加"现代汉语知识丛书"编写而与黄先生相识，30 多年来，受到他的教诲也是不计其数。他多次为我的书稿字斟句酌，提出一系列详细、中肯的修改意见。1985 年，我的第一本著作《现代汉语词组》正是在他的指导和帮助下出版的。此后，他与我年年书信不断，谆谆教导不断。后来有了电子邮箱，更是联络频繁，每年都有上百封书信来往。2006年曾写信邀我参加黄廖本《现代汉语》（增订四版）的修订会（后未果），2008年给我的《汉语教学语法探索》写序，2009年邀请我参加黄廖本《现代汉语》（增订五版）的编写修订会（广东阳江），会后通过电子邮件继续与我讨论教材中的一些有争议的问题，最后又逐章把修订后的书稿寄给我审订。他充分肯定了我在增订五版修订过程中所做的具体工作，因而在《增订五版》"前言"中增加我为这本教材的新编者。他又邀请我做他和李炜主编的《现代汉语》（北京大学出版社，2012）的"特约审稿"。可以说，在我语言研究之路上，最值得感谢的人就是黄伯荣先生。

黄先生一直没有时间把自己的论文结集出版，以至许多人想求黄先生论文而不得。进入21世纪后，我曾几次建议黄先生把自己的论文结集出版，每次黄先生都以修订《现代汉语》教材工作太忙为由而推辞。直到2011年，黄廖本《现代汉语》增订五版出版，教材修订告一段落，我又发信催促，2012年3月初，他才写信来让我编辑出版他的论文集。他寄来了母目录，我又从网上搜索，补充了十几篇他的论文进去，共42篇，我把它们输入电脑，排成书版。我们原先是准备出"语言学论文集"的，所以选得较多，入选面也广。后来，高等教育出版社计划出版黄伯荣《现代汉语论文集》，于是我们决定先把其中跟《现代汉语》教材、现代汉语教学与研究有关的论文21篇挑出来汇集成册，名为《现代汉语论文集》。

黄先生的《现代汉语论文集》，篇首是他专为该书所写的《前言——关于现代汉语的几个问题》，概述了他独到的六个学术观点；主体部分是黄先生的现代汉语学术问题研究和教材研究的论文21篇。前四篇是《框架核心分析法》《框架核心分析法答客问》《三论框架核心分析法》《〈中学教学语法系统提要〉用的是什么析句法》，集中体现了黄先生对汉语句法分析的理论思考，提出了一种属于黄先生首倡的"框架核心分析法"，对现代汉语语法分析的贡献巨大；之后八篇是对现代汉语词类研究、词组研究、语法发展趋向研究的专题论文，材料丰富具体，分析细致入微，观点独到，论证严密，对于想了解黄先生语法思想的师生大有裨益；再之后三篇是对中学教学语法体系的研究和有关论著的评说；最后六篇是对高校《现代汉语》教材编写和教学的思考，为《现代汉语》教材的教学提供了一个新的视角。《现代汉语论文集》的最后，附有我写的"黄伯荣语言学著述目录"和"编后记"。

黄先生《现代汉语论文集》书稿编辑成功以后，黄先生让我于2012年11月22日以电子邮件的方式发给高等教育出版社，但是由于出版社业务繁忙，

直到 2014 年 3 月才有成书面世，而黄先生已在 2013 年 5 月离世，他生前并没有见到该书正式出版，甚为遗憾。2013 年 12 月，出版社排出清样，是我代为校对的，因没有了黄先生把关，至今心中惴惴。

黄先生一辈子都在孜孜不倦地研究现代汉语和编写《现代汉语》教材。离世前一年，黄先生 91 岁高龄，他又出版了一部由他与李炜合作主编的《现代汉语》教材（上下册，北京大学出版社，2012），出版了厚厚的《陇上学人文存：黄伯荣卷》（甘肃人民出版社，2012），真正是生命不息，笔耕不止。这种学者的风度十分令人敬佩。

2013 年 5 月，黄先生病逝，我得到噩耗，悲痛万分。我多想再聆听先生的教诲，再拜读先生的新作啊！家乡的人民没有忘记黄先生，同事、朋友、学界也都没有忘记黄先生。当年 8 月，在黄先生的家乡——广东阳江举办了"2013 南国书香节"，特设"语言学家黄伯荣学术主题馆"，反响很好。当年，年逾八旬的高更生教授（山东师范大学）感慨地说："我直到现在头脑里仍然时刻出现最敬仰的黄先生的身影，他真正是我最敬仰的好朋友！"这也是我们大家共同的感受。

谨以此文纪念我们崇敬的黄伯荣先生百年诞辰！

高山仰止　辉耀人生

马鸣春*

大江东去，岁月匆匆。不觉间，黄伯荣先生离开我们已九个年头。值此黄先生百年诞辰，缅怀师恩，点点滴滴，思绪奔涌……

一

黄伯荣先生是我国著名语言学家、教育家，享誉海内外，因其两大突出特点，成为引人注目、光耀至今的"黄伯荣现象"。

一是终其一生献身语言学，直至生命最后一息。黄伯荣先生是中国现代汉语教学与研究的"拓荒者"，著作等身，涉及语音、词汇、语法、修辞、文字、方言等各领域，以语法为专攻，成就辉煌，亦涉足近代汉语。黄廖本《现代汉语》前后11版，包括试用版和精简版，成为中国乃至世界华语界现代汉语的经典之作，其读者面之广、影响之深远，至今无出其右者。多年发行量均为全国同类教材之冠，总发行1000多万册，被教育部誉为"最受欢迎的现代汉语教材"，是全国文科重点推荐教材。有人说，黄伯荣是"一部《现代汉语》誉天下"。有人认为，很多人都是在这套书影响下，走上现代汉语教学和研究之路的。所以，广义上看，偌大的中国，大半的文科大学生，都是黄伯荣先生的学生。

二是学术轨迹遍及大半个中国。黄伯荣先生出生于广东阳江海陵岛一个书香世家，11岁渡海到阳江县城读高小、中学。1946年，中山大学创建我国唯一一个语言学系，黄伯荣先生在中山大学读本科，后留校读研、任教。1951年，在王力先生指导下创开"现代汉语"课程。他边上课，边和同事们一起编写了我国第一部现代汉语讲义。1954年，教育部高校专业调整，中山大学语言学系合并至北京大学中文系。黄伯荣随王力、岑麒祥等老一辈语言学家一起，举家带领学生到北大，依然讲授"现代汉语"。随后，黄伯荣先生到兰州大学、甘肃师范大学、青岛大学任教，参与或主导了三所高校的语言学科的创

---

* 本文作者系武警工程大学教授、全国教育系统劳模、国际命名学会会长。

办与建设。在兰大前后近 30 年，时间最长。原兰大中文系系主任张文轩教授曾在全系教师中积极倡导："男学黄（语言学家黄伯荣）、胡（马列主义文艺理论家胡凯），女学吴（现当代文学研究专家吴小美）、林（古典文学研究专家林家英）。"黄伯荣先生在青岛大学完成皇皇巨著《汉语方言语法类编》后，叶落归根回到家乡阳江，继续研究阳江方言，仍关注着现代汉语教材教学的新动向，多次说道："我对现有教材的质和量仍未满足，希望在新编教材里，打破 30 多年旧框架的限制，实现我教材改革的梦想——编写教材新主张。"2008年，他带领中山大学中文系同仁联合相关院校教师，历时三年，编写出《现代汉语》中大本，由北大出版社出版。新编本篇幅缩小，内容和分量却未减弱，黄先生称"瘦身不瘦脑"。临终前几日，黄伯荣先生终于见到中大本《现代汉语》课后习题答案，即该教材首个出版周期的收尾工程，他情绪激动，双眼闪烁着欣慰的光彩。

二

20 世纪 50 年代末，国家战略大转移，黄伯荣先生和江隆基校长（原北大党委书记兼第一副校长，校长马寅初），先后从北京大学调至兰州大学，黄伯荣先生主持兰大中文系语言学的教学、研究工作。

第一次见到黄伯荣先生，是在我考入兰州大学后，在中文系举办的迎新生会上。

中学时，我读过黄先生出版的《祖国的文字》和《陈述句、疑问句、祈使句、感叹句》。上大学后，我拿他在上海新出版的《句子的分析与辨认》去他家请教问题。此后，每个周日的晚饭前，我都去请教 40 分钟，坚持了两年多。

在黄伯荣先生指导下，我基础课与专业课结合，两年学完了五年语言学课程。在他的启发下，我写出论文《渭南方言语法》，经黄先生指导修改推荐，兰大学报排印校对。

上元明清文学课，阅读《水浒传》，我发现许多句子既不同于古代汉语，又不同于现代汉语，似乎属于由古代向现代的过渡形式。请教黄先生，他告诉我："这属于近代汉语语法现象。中国人在训诂学研究基础上创立了'古代汉语'，可至今很少有人研究'近代汉语'。离开北大时，我曾带来元末朝鲜人学汉语的口语教材《老乞大》《朴通事》，准备研究，但来兰大后一直很忙。我 1958 年在《兰州大学学报》发表了《〈水浒传〉疑问句的特点》一文。你从《水浒传》发现这一现象，就以《水浒传》做语料，殊途同归。"当时，我看见《光明日报》头版介绍南京大学学生陈鸣树毕业论文"鲁迅研究"是一部书。受其鼓舞，我从校印刷厂搜寻书页裁切边条纸做卡片，在黄先生的指导下，利用课余一切时间，包括周末和节假日，一头扎进《水浒传》，夜以继日，搜寻例句，分类剖析，很快卡片便装满一书箱，约300万字。我归纳出详细框架，提出句子分析新方法和语言结构新理论，计划四年级学年论文、五年级毕业论文，写出两部近代汉语书稿。正雄心勃勃埋头奋战，然而，形势突转，研究搁浅，我回到陕西，从事新闻和文艺创作。

斗转星移，新时期，黄伯荣先生与廖序东教授主持编写全国统编教材《现代汉语》，我回兰大为黄先生当过一段时间的助手。那些日子，我非常真切地感受到黄伯荣先生作为中国新时期承前启后的领军学者，学术生命所迸射出的灼灼光焰。

一是对事业超常投入的满腔热忱。当时，他除带研究生和进修教师外，主要工作是完善《现代汉语》教材。每天我们在兰大为他在图书馆二楼配设的现代汉语工作室上班。上午，阅读国内外最新研究成果，考虑教材的整体框架和各部分内容；下午，浏览各地来函，对意见和建议反复推敲，对照修改；晚饭后，商谈第二天的工作。从无休息日。

二是极端认真的负责态度。他坚守三条原则：正确把握科学语法和教学语法的辩证关系；以虚怀包容之心，广泛听取不同的声音；坚持与时俱进，精益求精。教材编出后，全国高校都等着急用，但他坚持先出试用本。教材定形后，仍两年修改一次。

三是重视学术大军建设。黄先生认为，中国语言学要大发展，必须加快语言学大军建设。每次修订，专家云集，黄先生借机举办讲习班五次，加上各种研讨活动，参与者有数千人。一批批青年学者的学术视野得以迅速扩大，知识急剧升华。他们快速成长，扛起了中国语言学复苏的大旗。《现代汉语》作为高校和许多自考专业的基础教材，对全国乃至世界汉语学界及我国众多领域和行业的知识阶层都产生了广泛的影响。

三

多年来，回顾走过的道路，我不能不想起许许多多语言学大师及其著作，其中最耀眼的就是黄伯荣先生。这些语言学大师继承中国语言学中坚力量的学术传统，其论著观点新颖，例证丰富，在各自领域，尽领风骚。其所编教材，又力求理论的科学性和教材的实用性结合，内容的丰富性与编排的简明性结合，介绍新理论、新术语，注意与原理论、原术语的衔接与转换。不断修订，

保持学科的前沿性和教材的典范性。借助它们，我可以及时吸收国内外最新研究成果，不断调整研究方向和思路。这些都对我三大学科理论体系的拟定及行文风格产生了深刻影响。

1. 开创命名学

在黄先生"学以致用"学术思想影响下，为切近社会生活需要，我出版了《命名学导论》《命名分类研究》《商品商标命名学》《人名修辞学》《称谓修辞学》《地名修辞学》《命名修辞学》《艺术命名美学》。季羡林、王均、胡裕树、邢公畹、李行健、汪应洛、郑子瑜、程祥徽、林徐典、松浦友久等海内外著名学者撰文称其"从理论和应用及学科间关系等方面，为命名学科的开创与发展，奠定了雄厚坚实的基础"。新华社、中央电视台、中央人民广播电台、《光明日报》、《解放军报》、香港《明报》、韩国《中国语言学家词典》等介绍，"马鸣春构建命名学新学科体系"，"华文命名学成为世界前沿学科"。2013 年 3 月，陕西省对外经济文化交流中心组织召开命名学首届国际学术会议，国家名词委常务副主任刘青教授代表主办国致辞。我做主旨发言，认为命名学研究有以下意义。

一可使科学学发生质的变革。命名学是所有科学（包括社会科学和自然科学）中最基础、最核心的科学。命名学的创立，可给"科学学"制定新的定义：所有科学学科的形成，都是不同命名（术语）系统按照不同结构层级和不同排列顺序重新组合的结果。定义包含：①不同命名（术语）系统，指命名元素；②按照不同结构层级、不同排列方式和顺序（横向结构、纵向结构），指组合方式；③重新组合的结果，指与原始组合系统、其他组合系统的关系与区别。透过这一定义，可深刻认识科学的本质；可找出各学科命名（术语）系统的内在结构和外在形式；可从根本上改变科学论著的表述方式：任何学科，都可以文字、图形、符号形式，归纳绘制出命名（术语）系统结构层级图和排列顺序图——命名（术语）系统结构层级树形图。这一表述形式便于认识所有学科间的关系（类属、并列或重叠）；便于建立所有学科的标准化结构模式；通过命名（术语）结构系统"骨架瘦身"法，摈除重复与繁杂，倡导科研创新，改变科研投入多、创新成果少的被动局面，推动各领域科研，紧扣目标，轻装上阵，捷步前行，带动经济、文化全面腾飞，在国际奖项中，也能绽放异彩，熠熠生辉。

二可为教育学带来一场革命。①以年龄智力为依据，宜粗不宜细，重新确立五级（幼、小、中、高、研）教育体制，学制缩短三分之一。②以命名（术语）为纲，分门别类，以命名（术语）系统结构层级为框架，化繁为简，形成简明教学体系。③利用多媒体等现代手段，改"文字线状教学"为"命名（术语）结构系统图状教学"，学时缩短1/3。④教育过程及手段，既着眼于对各学科命名（术语）系统及其组合方式、层级结构、链接顺序图的快速接受，更着眼于剖析、展示其后续、分支学科的发展、突破方向，开发智力，导引、激发学生科学创新意识，培养创新能力。

三可让人们从命名领域"三座大山"的重负下解脱出来。面临急迫问题：各种命名系统严重重复（人名、论著题目）、混乱（商品，特别是药名）、繁杂（中小学教材）。由于人为因素（文字游戏、以假充真、改名提价、课外习题），愈演愈烈，成为"三座大山"。应成立专门机构，清理、简化、规范命名系统，使人们从沉重的精神与经济负担中解脱出来，轻松、愉快，恢复蓬勃生机与创新活力！

会议成立国际命名学会，推举我任会长，提出创办《命名世界》刊物。新华网、中国新闻网、环球网、香港凤凰网、《澳门日报》及日本等众多媒体，以文字、图片等形式报道。

2. 构建军事语言学

积20余年之心力，我出版了《军事语言学通论》（上下册）、《军事生活中的语言运用艺术》、《军事命名学》，组织推出《军队政治思想工作语言研究》《军队指挥语言研究》《军事熟语研究》《军事新闻语言研究》《军事编辑语言研究》等。武警工程大学成立世界首个军事语言学研究所，我任所长。2006年召开首届学术会议，中央人民广播电台"早间新闻"对此进行了报道。《光明日报》、《解放军报》、新华网指出："全军首届军事语言学会议在武警工程学院召开，标志着我国军事学学科体系中继军队建设、军事理论、军事装备三大学科后，又一新型学科建设迈上新台阶。""军事科学院、北京大学等40余位军内外知名专家教授指出，军事语言学科在武警工程学院创立和开设，对我国乃至世界军事用语进行系统整理和规范，将给军事学科发展和部队现代化建设，带来全面、深入、持久的繁荣和辉煌。"首招军事语言学研究生，为全校学生首开军事语言学课，获全军教学成果二等奖。创办世界首个军事语言学刊物——《军事语言研究》。应军委有关部门邀请，为全军有关人员进行相关知识培训。参与军委重大项目"解放军装备命名规定"，为其提供理论框架，获全军科技进步二等奖。

3. 完成《〈水浒〉语言研究——近代汉语学》

在黄先生指导下，选择具有代表性专书进行穷尽式研究，利于深入开掘。不断搜寻例句，深入分类剖析，归纳结构框架，反复修改订正，积近半世纪之力，终铸就三卷本。学界专家认为该书有如下特点。

（1）该书分为 10 编 39 章 128 节，共 200 万字，首次通过解剖"大象"，对《水浒》语言进行全方位、深入、细致发掘与描写，几至穷尽，建构起近代汉语学（包括词汇、语法、修辞、语体）庞大、细密的完整、详尽体系。其结构框架、理论阐释、语料归类、文字表述，处处显示出独特思路与多彩韵致，具有原创和里程碑意义。

（2）该书是汉语命名（术语）演变史断代研究重要成果，首次就表述语用方式、语法修辞特点、系统结构特点做全面探索，和作者命名学国际会议发言、九部命名学专著及军事语言学研究，为建立具有中国特色的术语学体系奠定了基础。

（3）该书从词汇（包括术语）、语法、修辞、语体等层面，首次系统勾画出宋、元、明军事语言的详尽体系，成为军事语言断代研究的重要成果，为军事语言演变史研究提供了重要支撑。

（4）该书建构了复句、紧缩句、句组分类新格局。①客体展示式。A. 序列展示：a. 横向展示（并举、对举）。b. 纵向展示（顺向：顺承、递进；逆向：转折）。B. 因果展示：a. 强调条件（条件、假设）。b. 强调结果（因果）。②主观介入式。A. 限定介入：限定、选择。B. 说明介入：解说、目的。

（5）该书建构了词汇分类新格局：根据语言起源衍发理论和语料分布状态（类别及数量），将词汇分为名类词、非名类词两大营垒，名类词又分为名类实词（包括表人名词、表物名词、空间名词）、名类半实词（包括时间名词、抽象名词、方位词、代词）；非名类词分作非名类实词（包括动词、形容词、拟声词、数词、量词）、非名类半实词（包括副词、区别词、叹词）、非名类虚词（包括介词、连词、助词、语气词）。

（6）察微识渐。①疑问代词。包括时间疑问代词、处所疑问代词、表人疑问代词、表物疑问代词、抽象疑问代词、内容状态疑问代词、数量囊括疑问代词、方式疑问代词、原因根据疑问代词、评判疑问代词、反诘否定疑问代词。②联合词组。A. 横向联合词组：a. 重叠词组。b. 并列词组，包括并立词组、聚合词组、囊括词组、省略词组、对比比喻词组、选择词组。c. 同位词组。B. 纵向联合词组：并列式顺承词组、并列式转折词组、并列式因果词组。

（7）该书丰富了理论语言学的研究内容。提出语言因子二元对立统一说、语言形体（常规、叠加、变换）三格式说、语言结构轴心位移转化说、句法分析推移旋转说、修辞比较比喻核心说、语体生活分野说、语言运用三准则（军事语言五准则）说、语言演变表达（丰富、严密、简明）三动因说、语言发展潮汐说、语言规范（社会、心理、内在）三因素制约说。推出：①理论体系，包括语言结构的线层轴心转化论、语言演进的潮汐叠简转化论；②方法论，包括单句、复句、紧缩句分析的"移动分析法"和"旋转分析法"，以及修辞分析和命名学（包括术语学）研究的"系统分析法"和"系联分析法"。

（8）该书为文学作品的赏析与创新提供了新思路，打开了新窗口：①不同人一组命名配合表故事情节发展；②一组地名配合表全书发展脉络；③地名、植物名、人名与动物名配合形成征战情节结构；④人名与动物名、地名配合形成戏剧、影视结构等。

四

2011 年暑期，中山大学举办高等院校现代汉语、语言学纲要教材教法研讨会，喜逢中国语言学系成立 65 周年，语言学泰斗黄伯荣先生九十华诞，中山大学、北京大学联合举办庆祝活动。

中山大学党委副书记李萍开场致辞，著名语言学家、北京大学陆俭明教授中间做了精彩发言，我压场做了题为"我与黄伯荣先生，兼及几部语言学教材"的发言。

站在中国语言学系的发祥地，我心潮澎湃，提出两点建议。一是祝愿中山大学发扬语言学摇篮的光荣传统，尽快恢复语言研究机构和语言学系，再创辉煌。二是黄先生的家乡学者多年呼吁，借国家在阳江海陵岛建"海上丝路博物馆"之机，创办"黄伯荣语言文化展馆"。作为黄先生的学生，我亦就此发出强烈呼声。开馆庆典之日，我不仅要将我的所有著作和主持的刊物各捐赠三套，还将举办"国际命名学南海论坛"，让这一重要课题从中国南海发出东西方交替回应的声音。

2013 年 5 月 16 日，语言学大师黄伯荣先生在阳江逝世。《新快报》记者发出新闻稿《中大痛失 91 岁语言学大师黄伯荣》。

黄伯荣先生的研究生、原南京政治学院（今国防大学政治学院）上海分院的刘汉城教授赋诗《黄师千古》：

> 不老胸襟九十余，平生无负伟身躯。精雕现汉上下册，细刻方言南北区。发白半头因失子，网开一面为留珠。浪尖数度趁时过，满载文章出五湖。

中山大学中文系教授、黄伯荣先生弟子黄天骥先生题写挽联：

> 语言学大师，望重德高，北国衣冠知泰斗。
> 康乐园校友，情深义厚，南天桃李失春阳。

悲痛中，回顾黄伯荣先生辉煌业绩及人生奇特轨迹，我题写挽联：

> 羊城启阔步，京华展雄姿，皋兰吐长虹，巡行数万里，汉语杏坛，勃勃神臂铸巨鼎。
> 东海揽奇胜，南国阅翠峰，中山制洪钟，扶摇千百仞，学界泰斗，煌煌金辉耀群星。

2022年12月21日，阳江市社科联与阳江职业技术学院联合召开"纪念黄伯荣百年诞辰暨学术思想研讨会"，展出黄先生相关书籍111册和报纸14张，来往书信若干，播放电视短片《语言学大师黄伯荣》，宣读中山大学、兰州大学、青岛大学等高校贺函。围绕黄伯荣先生在现代汉语研究领域取得的学术成就和影响、在阳江方言研究方面做出的重大贡献，以及教育观念、教学方法及成功经验，先生生平及优秀品质，多层面展开交流。中共阳江市委常委、宣传部部长杨骁婷强调，黄伯荣先生是阳江一张亮丽的文化名片，大家要多做擦亮黄伯荣先生这张亮丽文化名片的好事实事，继承弘扬黄伯荣先生优秀的学术遗产，把黄伯荣先生的学术精神和学术成就植入阳江文化发展大局中，为阳江建设文化名城添砖加瓦，为阳江文化事业发展做出贡献。

借此，我再次恳请阳江市委、市政府相关领导和有关机构、单位，如市图书馆、博览馆、高等院校等，及各界有识之士，同心协力，促成黄伯荣先生学术展馆（学术文化园）的尽早落实。至盼！

事业道路的导航人

张文元[*]

黄伯荣先生是我的导师，是我事业道路的导航人。

我大学毕业刚开始工作时，羽毛未丰、才疏学浅，心里总想着有名师指点多好，然而意想不到的是，我的愿望很快就实现了。我有机会跟随先生学习，聆听先生教诲，倍感幸运自豪。先生是全国著名的老一辈语言学家，新中国现代汉语教学与研究的开创者之一，他和廖序东先生主编的《现代汉语》已成为教材史上的经典之作，为我国现代汉语教学做出了巨大贡献。先生胸怀宽阔，人格高尚，学识广博，学术造诣深厚。

我在兰州大学进修学习期间（1983—1984），他教导我要多读原著，深钻教材，常听课，多交流。这几点我至今记忆犹新。他严格要求我认真备课，写好教案，对我的教案做详细批改。他经常来宿舍给我辅导，检查学习情况，定期在办公室为我传道、授业、解惑。先生关心我的身体情况，经常过问我的生活情况，说有困难就告诉他。这些不仅使我感动，同样也感动了与我同住一个宿舍的研究生舍友。先生非常注重对我能力的培养，让我协助他做教材的建设工作，协助出版社校对、编排书稿。总之，在兰大进修期间，黄先生对我的关心与付出举不胜举。

在离开先生后的30多年里，先生仍然不忘对我进行教导与培养，经常给我邮寄书籍和材料，通过书信或电子邮件发送学术信息，创造条件让我参加各种语言学会议，黄廖本的多次修订工作让我都有机会参加。我的几篇教材研究论文得到先生详细指点，最终在有关刊物发表。先生始终不忘弟子，曾两次于兰州回广东老家经过咸阳途中，打电话让我去火车站相见，每次短暂的见面都是询问我学习、工作和身体情况，指点我在教学与科研上应该做些什么、怎样去做。2006年广州"现代汉语"学术会议报到之日，先生让大会秘书处通知我去宾馆他的住所。见面寒暄后，就问我近几年教学、科研方面都做了些什么，发表了哪些文章，当我取出文章给先生看时，他脸上流露出一丝满意的微笑。第二天，先生把给文章写好的评语交给我，字里行间既有肯定，也有鼓励

---

* 本文作者系咸阳师范学院文学与传播学院教授。

与鞭策。这是我没想到的，也成为我以后学习工作的强大动力。

多年后开会与先生再次见面时，我向先生汇报了由自己主持的"现代汉语"课程被评为省级精品课程，并获评省级优秀教学成果二等奖。先生听后打心底里高兴，同时他又严肃地告诉我要继续努力，向更高层次奋进。先生希望弟子成才的心理可见一斑。先生的感人之处还有很多很多。每每提及往事，想起先生对我的关怀，内心的感激岂能用言语表达！

什么是师德和师责？我想，师德和师责不是抽象的说教，应该是实在而具体的，这就是对学生的关爱和付出。正是有了这种精神，先生培养出来的研究生都成为语言学界有影响的学者，可谓桃李满天下。也因为先生的教导和培养，我才学到了很多知识，为后来教学与科研奠定了比较坚实的基础，并能够在教学与科研方面取得一定的成绩。先生在悉心培养后学方面取得了他人生中的辉煌成功，他是一位极具才华的导师。师德和师责就是付出或奉献，这种理解虽不能全面解答其内涵，却是师德和师责的灵魂，说明师德师责的重要性。

先生 90 大寿时，由中山大学隆重举办的祝寿会我去参加了。然而，很遗憾的是，先生去世时我未能前往参加他的遗体告别仪式。这是我心里永远不能弥补的遗憾。

先生离开我们多年了，但他和蔼慈祥的面容和人格魅力一直留在弟子们的心中，其治学精神与学术思想堪称后人楷模，值得我们永远学习！

图1　黄伯荣先生（左）与本文作者（右）

一个字　半生事
——黄廖本《现代汉语》对我专业选择的影响

乔秋颖[*]

　　我现在从事的专业方向是古代汉语，但对汉语言文字学的兴趣是从"现代汉语"课和黄廖本教材开始的。

　　我是1982年上大学的，在南京师范大学中文系读书。入学以后就开始学习现代汉语课了，用的课本就是黄伯荣、廖序东先生编写，甘肃人民出版社出版的《现代汉语》。十六七岁的小孩子，那时候只知道这点儿信息。给我们上课的是徐振礼老师。记得有一节课，我正在往后翻书，一时走神了，突然听到徐老师喊了我的名字，我立马站起来，以为要回答什么问题，结果没有问题。徐老师说："你名字里的'颖'，偏旁结构特殊，声旁是'顷'，占字的大部分，形旁是'禾'，只占字的左下角，意思是麦芒等禾谷的尖端，'脱颖而出'的'颖'就是从这个意思来的，你父母给你取名是不是希望你'脱颖而出'？"我说，是的。这是我第一次听到自己名字竟然可以这样分析。翻看教材，举例用的是"颖"，形旁是"水"，也是只占一角。哦，我明白了，我的名字"颖"是个形声字，"顷"是表示读音的，"禾"是表示意义的。那"颖"字中的"水"也表示和水有关联了，查了一下字典，真的有个颖河。

　　现代汉语课和黄廖本上的讲解让我忽然想明白了一件事。上高中以前，我常把自己的名字写错，就是总把"颖"字的左下角写成"矢"，而没有正确地写成"禾"。有一次老师指着我试卷上写的名字大声说："还有人会比你更粗心吗，自己的名字都能写错?！你叫'××疑'吗?"我一看，真的，左下角又写成"矢"字了，当然右边还是"页"字，这个字并不是"疑"，老师被气得故意说是个"疑"字。我被老师的生气吓住了，从此用心记住，才改了过来。但一直不明白为什么是"禾"而不是"矢"，它和"疑"字挺像的，为什么它不能也写成"疑"的左边？

　　终于明白，"颖"和"疑"虽都是形声字，字形也都是左右结构，但都并

---

* 本文作者系江苏师范大学文学院教授。

非左形右声的字："颖"的声符是"顷"，形符是左下角的"禾"，意思与"矢"无关；"疑"字按《说文解字》亦是形声字，但其左下角的"矢"是声符，而非形符。两个字的结构并不相同，意思也无联系。

学了"颖"字的分析，我很兴奋，感觉汉语课分析字音、字形、词句都很有意思，也就很喜欢学习黄廖本《现代汉语》教材，很喜欢学习现代汉语课。一个学期学下来，其他的课学得不怎么样，老师也不喜欢打高分，那个时候不评奖学金，也不计算绩点，但"现代汉语"这门课我考了90多分，是所有课程里最高的，在班级里也是名列前茅。

这一个"颖"字，让我对现代汉语、对汉语言文字学产生了浓厚的兴趣，后来就有意识地在语言类的课程上多下功夫，也修了不少相关的选修课，考了这个专业的研究生，从此走上了专业之路。至今已在这条路上走了30多年。

工作后，虽然我没有教过现代汉语课，但我的书柜上有好几个版次的黄廖本《现代汉语》，在古代汉语及相关课程的教学中、在自己的学术研究中时常从中汲取营养。

感谢黄廖本《现代汉语》，向黄先生、廖先生及其他编者、工作人员致敬！

精诚所至　金石为开

——记阳江籍语言学家黄伯荣先生

刘峻铄[*]

> 由中大而北大而兰大而青岛，执教南北东西，一部教材成圭臬；
> 从初版到再版到五版到新编，考求春秋冬夏，万千学子仰宗风。
> ——北京大学出版社给黄伯荣的挽联

> 语言学大师，望重德高，北国衣冠知泰斗
> 康乐园校友，情深义厚，南天桃李失春阳
> ——中大中文系教授、黄伯荣先生弟子黄天骥题写的挽联

　　黄伯荣，这位在语言学界里响当当的学者，在他的家乡阳江默默无闻地清享了 20 年的退休生活，直至 2013 年 5 月，黄伯荣先生在家乡与世长辞。消息一经传出，来自北京大学、中山大学、青岛大学、兰州大学的唁电传回阳江，若干深情怀念黄伯荣先生的悼文也迅速见报。这回，家乡人民也该知道"黄伯荣"这三个字的分量了。

　　我是在 2013 年的夏末，通过朋友许广攀先生认识了黄老先生的女儿黄绮仙女士，我们都称她为"仙姐"。因为许先生曾跟我说过，有一位著名学者方刚辞世，他作为学者家人的朋友，可以邀我一起前去拜访。毕竟，这名学者的家人就住在我阳江寓所的小区附近。经过细问，我才知道这位学者正是语言学家黄伯荣先生——大学通行的《现代汉语》教材主要撰稿人，也是现代汉语学科的奠基人之一。

　　听到许先生所说的学者正是黄伯荣先生，我颇为激动。对于刚成为一名博士生的我来说，黄伯荣先生就是抬头所见的明星。这份崇敬，也是我不久后向许先生提议筹建一个关于黄伯荣先生展览的关键。

　　因为黄伯荣先生对我而言是亲切的，或许是我复习考研的时候，黄先生那

＊　本文作者时为中山大学中文系在读博士。

本《现代汉语》也陪伴了我一段岁月。见到了先生家人黄绮仙女士，这种亲切感更加明显，先生家人温婉平静的性格里，多少带着父辈的影子。我当天就与朋友许先生商量，必须趁阳江市在办的一个大型博览会之机为黄伯荣先生办展，借此纪念先生生平及学术贡献。也借此作为一个引子，将来在家乡为黄先生建一个纪念场馆，以此勖掖后学，联结地方文脉。黄伯荣先生也应该是阳江精神的代表人物。

"俟河之清，人寿几何？"展馆的事情就必须早做准备了。我们要在不到一周的时间内做好布展工作。用什么素材来体现和承载先生的价值？如何让大多数象牙塔外的参观者直观地体认到一种学者的气象，并抽象为一种精神？摆在我们面前的是一道道的选择题。

但自从参观过黄先生的书房后，一种真诚至纯的精神打动了我们。黄先生不大的书房让人一目了然，一系列的语言学书籍，满柜稿纸，并无多余之物。可以看出，黄先生退休后书斋生活始终如一，安静的书房总透露出"现代汉语"四个大字。

恰好，这时中山大学的中文系系主任李炜教授及校宣传部部长丘国新教授也为黄先生的纪念事宜而身在阳江。与我们中文系的两位教授碰面，大大地增强了我们策划办展的信心。李炜教授坚定地用四个字总结了恩师一生，那便是"现代汉语"。

的确，一切围绕"现代汉语"展开，黄伯荣先生某种锲而不舍的学术传奇将会被展现得更加简洁统一。所谓"精诚所至，金石为开"，是学人的卓绝处。黄伯荣纪念展馆的基调一旦被定下来，展出什么也就豁然开朗了。

从仙姐和李炜教授口中得知，黄伯荣先生在人生的最后时光中，仍在仔细地修订《现代汉语》教材参考书。书房存放的样稿里，布满了黄伯荣先生的手迹。在我看来，黄廖本《现代汉语》教材已经编订得足够完善了，尚且还能精修出如此详细的参考书，这些布满了文字的稿件一旦向大众展示，一定能让人折服。

试想，一本专业的学术教材能够盛行不衰而一版再版，应该能算得上是"奇迹"。一来编写的内容高度饱满精审，才能经受住学界不断翻新的考验；二来在编撰上还得读之晓畅，争取更多读者的接受。黄廖本《现代汉语》教材两者兼具，教学自学皆便，且大量的句例也源于日常生活，读之自然亲切。可以说，所有的精神都承载在书里，展示《现代汉语》就必然是纪念展出的重头戏。

除此之外，黄伯荣先生晚年的生活，颇为令人敬佩。他披星戴月，不辞辛劳，日夜埋首于故纸堆中，这样日积月累地前行特别伟大。

可从几个生活细节看到他的精勤。黄先生的遗物里有一副矿灯式的眼镜，其样式令人印象深刻：帽子式的设计，顶上安置了电灯，底下是两片放大镜。因晚年黄先生视力不佳，且常年必须熬夜修订教材，这种矿灯式的眼镜方便了他夜间集中阅读。又因为熬夜，黄先生总会不经意地吵到自己的老伴，黄先生在新版的《现代汉语》后记上也做过一番说明：“我经常对着电脑，不按时作息，大大干扰了老伴的休息。她担心我的健康，夜半高声叫我休息。卧室离电脑室远，我因此买了个货郎鼓给她摇，以免她力竭声嘶……”

更值得一提的是，黄先生卧室的床单下面，也放置了一大沓手稿，刚好这是半夜梦醒便伸手能及的地方。他的床边悬挂的柜子，无论卧躺、坐起也刚好方便打开——上面仍然是一堆手稿。以上所提绝无半点夸张，只需要到现场看几眼就足以被震惊。黄伯荣先生晚年的生活，现代汉语就是他的“游戏三昧”，黄先生沉浸于斯、玩味于斯。我很庆幸能够目睹黄先生晚年的生活起居的空间，而我从中体认到的几个方面，就是展览的内容。

在此，我不得不感慨一番，黄先生留给了阳江人一份丰厚的遗产。这里面既有精神层面的遗产，也有著作层面的遗产。虽然大师已去，其简朴的学术生活今人或许难以模仿，但是这未尝不是一种鼓舞、一种启示。

我们可以知道，研究语言学的人需要积累丰富的素材。黄伯荣先生在方言区出生，操两阳片方言。这个地方东接广肇，西控高廉，东西一路语言音调正变相递，生活饮食习惯有所不同，自然能够给他带来丰富的方言体验。在广州求学生活的经历，要求他能够流利使用粤语正统的广府话。再者，黄先生教学生涯很长，也要求他使用普通话进行教学和交流。辗转南北，在丰富的语言环境中生活，普通人无所适从的语音差异，可能对黄伯荣先生来说却是个极佳的体验。自古南方声调清越复杂，北方音调简单淳朴，常年在外任教的黄伯荣先生对家乡方言感情颇深。据仙姐回忆，黄先生一生执教南北东西，在外面上课用普通话教学，在家里则坚持用阳江话交流，而且要求孩子们遵此规矩。家乡的语言总是会与家乡有着千丝万缕、血浓于水的联系。

可以从黄先生的著作中发现，他身体力行将阳江话的研究带进了国内外同行们的视野中，使得更多研究方言语法的专家们能够注意到两阳方言的特点。比如，《谈谈阳江话语法的两个特点》（1955）指出广东阳江话人称代词单数变复数采用屈折变化的方法；指出单音形容词有三叠式，如“有一个人高高高”等，介绍了重叠之后声调的变化和它的语法意义。《广东阳江话物量词的语法特点》（1959）一文，指出阳江话量词与普通话量词的使用范围大都是不相等的。阳江话量词还可以在没有数词的情况下受形容词“大”“细”“歪”的直接修饰，如“其好大个”“其大大个”。单音量词后面能加“仔”表示数

量少，部分量词甚至有形态变化。当由单音变成双音时极言事物之多，变形后有一定的语音结构规律，也有一定的使用范围。《广州话补语宾语的词序》（1959）一文，就广州话补语和宾语的格式和规律跟普通话做了比较。如对可能补语的几种格式、数量补语、程度补语及其跟宾语的词序等都做了详细的研究。《阳江话的几种句式》（1966）一文，就阳江话的"过"字比较句、可能补语句、双宾语句、有宾语和数量补语的句子、正反问句等句式与普通话的差别进行了详细讨论。

黄伯荣先生在学术中透露出隐隐乡情。家乡话是他的语言根基，是他的血脉。对家乡话了解的深入，也有助于他在方言研究中开辟一片新领地。从小操持两阳方言的黄先生，对家乡话既能心领神会，又能抽离其中进行思考，犹如一场持久的田野考察。国内老一辈的语言学家，从王力（广西博白）、赵元任（江苏常州）到黄伯荣，有很多是南方人。他们有意无意地对丰富的南方方言加以研究，勾勒出这些方言最隐秘幽昧的特点。他们对方言的广泛调查，像发现了宝藏一般审视丰富的方言，也有助于发展现代汉语。语言学家就是现代汉语的筑基者。

阳江、方言、现代汉语、学术在黄伯荣先生的生活中融为一体。通过翻阅黄先生的著作、手稿，现场体悟黄先生晚年的起居空间，最终，一个有关黄伯荣先生学术生活的小型展览在博览会上亮相了。

黄伯荣先生的展厅中央，有一幅巨大的照片，照片上的黄伯荣先生西装革履，在讲台上显得非常高大。先生的特制眼镜、一沓厚厚的手稿、新版《现代汉语》、水笔都被陈设在展柜中，打上灯光，这些物品就成为先生学术生活和学术精神代言。不得不说，这种展位布置并不复杂，但出乎意料的是前来参观的观众人数众多。观众中还有不少本科中文系毕业的阳江乡里，他们对黄先生是阳江人感到颇为意外。

毕竟，学术生活和学术精神对于尚未建设大学的阳江来说太罕有了。但是，经历过这样一场富有仪式感的纪念活动，观众将认识到我们这片土地上会有学术的种子可以萌芽。黄伯荣先生，其光荣归于故乡，我们庆幸他的精神和生平能够被后人体认和记载。只有这样，文脉才会源远流长。

思念的尽头是乡音

黄绮仙[*]

今年是父亲黄伯荣 100 周年诞辰，市内外的热心人正在张罗他的纪念研讨会，这又勾起了我对父亲的无尽思念。

在别人的眼里，我的父亲黄伯荣是当代著名的语言学家，但在我的心目中，父亲是良师益友，是一生敬佩的偶像。父亲只留下一帧墨宝，那是他在千禧年两阳中学百年校庆时应邀回母校讲学时写下的八个大字："自强不息，奉献不止。"此墨宝现已刻成碑立在鸳鸯湖北岸书法碑廊里。他不单是用这八个字鞭策后学，更是作为自己一生的座右铭。

父亲出生于清朝末代秀才的书香家庭，从小勤奋好学，努力拼搏，不论遇到什么困难或受到什么不公平的对待，都没有改变他热爱祖国热爱人民，矢志不渝服务社会的坚定信念。他从教 60 余年，恪尽职守、勤奋耕耘，桃李满天下。他勤于钻研，在语言学和现代汉语教材建设方面做出了卓越的贡献，有专著 23 部、主要论文 40 余篇，多次获得国家教育委员会和甘肃、山东、青岛教育委员会的嘉奖，全国 40 多所高等院校曾邀请他前往讲学。

父亲最引以为豪的是主编了全国高校统编教材《现代汉语》。1979 年在兰州召开教材编写会议期间，编写组的同志们还受到当时甘肃省党政军主要领导宋平、杨植霖、肖华等同志的亲切会见与热情接待。一部教材的编写能够受到如此高的礼遇，现在看来都很不简单。业内人评价黄廖本《现代汉语》是一部遵循"守正创新"的原则编写出来的教材，是高校文科最受欢迎的现代汉语教材之一。这与父亲拼命三郎式的工作态度和善于发挥编写团队各人的能力，不断吸取学术界最新研究成果的合理内核，并把新理论、新成果与自己所创立的教学语法体系融会贯通是分不开的。

从 1990 年开始，父母亲每年都回阳江在我家过年，在家乡逗留的时间越来越多。2006 年，父母正式搬回阳江定居。我照顾他们的生活起居，并给父亲当助手，亲身感受到父亲对工作的痴迷程度。当时快 60 岁的我才学电脑，

---

[*] 本文作者系黄伯荣先生之女，曾任原阳江县第六届政协副主席、阳江市第一届人大常委、阳江市第一幼儿园园长。

给父亲当助手本来并不合格，但父亲对工作的狂热不是常人能够适应的，根本请不到助手，我也就只能勉为其难地边学边干边适应了。

父亲很注重广泛征求意见，如汉语句子分析方面，他不但到高校听取老师和学生的意见，而且还不忘听取中学师生的意见，回乡时曾多次去一中、两中、教育局进行讲学和调研，听取老师和学生的意见。1996年回乡，父亲得知我家隔壁女孩正在读高三，就叫我向她借初中、高中的语文课本，仔细地翻看了很多天。女孩有同学来玩，他就抓住机会问她们一些问题。如老师是怎么分析句子的，学生是否容易理解，等等。他十分关注中学汉语语法的体系教学和教材的编写，他认为统编教材具有极其重要而特殊的育人功能，编写者必须认真严肃地对待。1989年，他在青岛大学学报上发表了《中学教学语法体系评述》一文，然后一直乐此不疲地做着这件工作。他将系统化渐进化思想贯穿于现代汉语教材中，使中学和大学的语法教学不断链，能承前启后、前后呼应。正因为有这种始终如一的敬业精神，才使他主编的黄廖本《现代汉语》教材风靡40多年，长盛不衰。

2007—2012年间，父亲加快了工作进程，不但完成了黄廖本《现代汉语》增订五版的修订工作，还应中大中文系之邀，与学生李炜等十几名年富力强的博士、博士生导师一起，完成了一部与时俱进、适应新时代教学内容需要的新编《现代汉语》教材（又称"中大本"）。他希望在新编的教材里，打破30多年旧框架的限制，实现他编写教材的新主张。父亲说："以前参编的现代汉语教材以培养中文本科专业或语言研究者为主要目标，着重于语言学意义上的知识传授。现在教育形势发生了变化，大学本科应着重培养'通才'而非'专才'，因而教材编写的思路必须转变。现代汉语课不仅要解释汉语，更应该是进行母语教育。"父亲誓言要在有生之年再写两本书，为发展我国语言学事业发挥余热。2012年，中大版《现代汉语》教材正式出版。九旬老人，创造了人生又一个奇迹。

父亲在大学任教，从广州到北京，从北京到兰州，再从兰州到青岛，天南地北走了一个大大的"十"字。他凭语言学家的敏感，对各地方言进行调查研究，认识到必须要拯救方言，因为每种方言都代表了一种地域文化。阳江人不会说阳江话，凭什么证明你是阳江人？方言是一种很美妙的语言，普通话让我们交流极其顺畅，而方言则让我们感受到无限的乡情与温暖。他每到一个地方都要与当地人一起研究当地的方言，写出了阳江、广州、北京、兰州、青岛等地的方言论文。原教育部语言文字信息管理司王铁琨副司长曾评论说："黄伯荣先生是在用行动来提醒大家关注和重视方言语法的调查研究。"

父亲热爱家乡，对家乡方言更有着深厚的感情。他对阳江话进行了大量的田野调查和深入的研究，并不断地补充完善，发表了许多论著，他对阳江方言的调查研究前后历时60多年，手稿叠起有两尺高，遗憾的是未能成书便驾鹤西去了。为了不留遗憾，我毅然担起了为父亲整理书稿的重担。我在完成了方言书的整理以及封面设计后，再次翻开父亲那一堆陈年手稿，重新审视文稿中他那熟悉的笔迹，他专注于写作的情景又一次呈现在我眼前。父亲在世时，不但教育我们无论漂泊到哪里，都绝不可忘记乡音，还带领着我们一家人为阳江方言的传承默默奉献。在时代的巨变下，那一缕乡愁总挥之不去，萦绕身旁，而在这人口频繁流动和人口快速迁徙的时代，乡愁，应该是那一句句正在遗失的乡音方言。作为乡土文化的重要载体，方言的传承和保护有其必要性，丰富的汉语方言是一张金名片，传承保护好这份宝贵的历史文化遗产，是我们每个人义不容辞的责任。

父亲的遗著《广东阳江方言研究》历经五年的艰辛，在阳江日报社黄仁兴社长及以职业技术学院容慧华副教授为首的五人编写小组等仁人志士的大力协助下，终于出版成书了。但父亲还有一个未了的心愿终日在我的脑中萦绕，那就是父亲想在家乡阳江建一个语言文化纪念馆。这是1995年父亲开始做的一个梦。2003年又一次向阳江市政府重提，他还亲自起草申请书让我递交市委市政府的相关领导。当时的市长江泓做了批示，但没有来得及实施，他就调离了阳江。2013年年初，父亲患病期间，再次提到建语言文化纪念馆之事。他对我说："黄廖本《现代汉语》于1978年被定为全国高校统编教材，几十年来读过我这套书的学生遍布全国乃至世界各地。阳江如果建好这个语言纪念馆，一定会招揽千千万万学子和学者慕名来旅游。这既弘扬了祖国的语言文化，又提升了阳江的文化底蕴；既能激励后人勇于进取，又能促进家乡的文旅产业发展。"父亲觉得，在这个"全世界都在说中国话"的潮流中，阳江有个汉语方言方面的纪念馆，应该会引起更多的人对阳江的关注，甚至会受到外国语言学学者的青睐。父亲一辈子淡泊名利，与世无争，他想建语言纪念馆，绝非为了炫耀自己，而是爱国爱家乡的文化自信使然。

为了实现父亲这个遗愿，我一直在努力着。2013年5月12日父亲去世，当年8月阳江举办第二届南国书香节，我和家人筹办了"语言学家黄伯荣学术主题馆"，目的是纪念、宣传先父的学术思想。来参观的各级领导和市民很多。许多人都说曾读过这本《现代汉语》教材，但没想到这本书的作者竟是我们阳江本地人。这是我们阳江人的骄傲啊！参观者不约而同地发出一个强音：应该有一个固定的展馆，长期地展出这些珍贵的文化遗产！

我想总有一天，父亲的遗愿终会实现！

阳江应该怎样纪念黄伯荣教授

陈宝德*

我是阳江市地方志办公室主任。市志办有研究阳江历史名人的职责。我在2015年，便主持出版了《阳江文化名人档案》一书。12名名人，黄伯荣名列其中，用了84页的篇幅介绍。今天，很高兴应邀出席黄伯荣百年诞辰纪念会。

我很早知道黄伯荣教授这个人。我1980年在雷州师范专科学校（今岭南师范学院）读中文系，《现代汉语》课本就是他与廖序东先生主编的。至今还记得，封面是深蓝色的。应该是1981年，黄伯荣到学校演讲，我听了。知道他是阳江人，看到他伟岸的身姿，当时阳江学生都感到骄傲。在阳江，我还拜访过黄伯荣先生，他送我一套《现代汉语》教材，并亲自签了名。

我不是现代汉语研究者，专业的东西我不懂。今天发言的题目是：阳江应该怎样纪念黄伯荣教授。

一、两个定位：现代汉语研究的泰斗、地方方言研究的开拓者

黄廖本《现代汉语》试用本1979年一出版，就发行12万册。随后风行全国，很多高校中文系选用此书做教材。迄今为止，试用本、修订本总印量已超过1000万册，创造了高校同类教材的最高发行纪录。30多年来，黄廖本《现代汉语》在我国高等学校和现代汉语研究界一直享有崇高的地位。1986年获甘肃省委、省政府颁发的优秀图书奖；1987年获甘肃省教育厅颁发的省高校优秀教材奖；1988年获原国家教委颁发的全国优秀教材二等奖；1999年教育部公布它为文科27种推荐使用教材之一，列为全国重点推荐教材；2006年列入国家"十一五"规划教材，共进行了八次修订；2012年又申报了国家"十二五"规划教材。

黄先生退休后被母校中山大学聘为兼职教授，黄先生深知《现代汉语》教材需要与时俱进，他带领中山大学并联合相关院校共20位教师，编写新的《现代汉语》教材，该教材于2012年由北京大学出版社出版，被称为"中大

---

* 本文作者系阳江市地方志办公室主任、阳江市档案馆馆长。

本"。中大本《现代汉语》虽以黄廖本为蓝本，但对内容进行了整合、充实，前面一部分为基础知识部分，适合所有学习现代汉语的学生，后面一部分加入了新的研究成果，作为延伸内容，可根据教学对象和要求进行灵活取舍，适合更高层面的本科生乃至研究生学习，这是新时期黄先生对现代汉语界的又一重大贡献。

同时他为配合教材，还主编了几种教学参考书：《现代汉语习题解答提要》《现代汉语教学参考和自学辅导》等；另主编1套"现代汉语知识丛书"，包括《词类辨难》《汉语规范化》《国际音标》等20多个分册。还出版了专著《句子的分析与辨认》《祖国的文字》。把黄伯荣教授定位为"现代汉语研究的泰斗"，恰如其分。

同时，黄伯荣教授还致力于方言研究。他主编了180万字的《汉语方言语法类编》巨著，把1991年以前全国250多个方言点的语法资料汇集起来，做了一番全面系统的剪裁、鉴别、整理工作，细分2500多个语法条目，按语法意义、语法形式的先后顺序分门别类排列起来；同时主编了12.5万字的《汉语方言语法调查手册》。这是两本填补空白的著作，这是一项开创性工作，首次给研究者提供了大量方言语法资料，让研究者尽览方言语法研究的成果。这不但有助于方言语法调查研究和汉语科学语法体系的建立，还有助于汉语史和有中国特色的理论语言学的探索。同时，他对阳江话方言、兰州方言、广州方言研究也做了深入研究，发表了一系列论文。把黄伯荣教授定位为"地方方言研究的开拓者"，亦恰如其分。

二、出版一部《黄伯荣论文、书信、教案文集》

黄伯荣教授的论文很多，发表于各种刊物。据其女儿介绍，他勤于写信，同时他的教案也应该很有特色。应该收集整理其论文、书信、教案，形成文集，进行出版。这样与他的专著、合著一起，就形成了他的著作系列。这对全面研究黄伯荣教授，是很有必要的。要成立专门的编纂机构。编纂机构要向杂志、报纸、黄伯教授工作过的单位、黄伯教授的亲戚朋友和学生，寄发征集论文、书信、教案的信函，多方收集，然后去伪存真，去粗取精，出一部有质量的《黄伯荣论文、书信、教案文集》，为后人学习、研究黄伯荣教授提供珍贵、真实的史料。

三、出版一部《黄伯荣传·黄伯荣年谱》

我看了黄伯荣教授的女儿黄绮仙《我的父亲黄伯荣》一文。深感黄伯荣教授不仅是语言学的泰斗，而且其人品、性情、境界堪称楷模，同时其经历丰富、坎坷。编一部《黄伯荣传》，非常有必要，可以励志。应该成立专门的编著机构，组成专门的写作班子。先开展年谱编写。在完成年谱的基础上，进行传记编著。可以让黄绮仙女士担纲，其他人协助。

四、出版一部《黄伯荣研究文集》

黄伯荣教授是非常值得研究的人。应该开展黄伯荣专题研究，形成研究文集，让世人立体地了解黄伯荣教授。要收集已有的研究黄伯荣教授的论文、纪念文章，在此基础上采取编写黄伯荣研究论文题目方式，广泛向社会征稿。同时向研究黄伯荣的专家、他的学生、他工作过的学校约稿。争取出一部高质量的研究文集。

五、建一座"黄伯荣语言文化纪念馆"

黄绮仙女士在《我的父亲黄伯荣》一文中说："父亲走了，他留下一个未了心愿，就是想在家乡阳江建一个'黄伯荣语言文化纪念馆'，这是1995年父亲开始做的一个梦。2003年又一次向阳江市政府重提。2013年初，父亲患病期间，再次提到建语言文化纪念馆之事。"

他曾对女儿说："黄廖本《现代汉语》于1978年被定为全国高校统编教材，至今已经使用30多年，出版量达600万册，还不算盗版量。读过我这套书的学生遍布全国乃至世界各地。阳江如果建好这个语言纪念馆，一定会招揽千千万万学子慕名来旅游。这样既弘扬了祖国的语言文化，又提升了阳江的文化底蕴；既能激励后人勇于进取，又能促进家乡文旅产业发展。这是功在当代，利在千秋的好事啊。"

我认为阳江修建"黄伯荣语言文化纪念馆"很有必要，也相信此梦终究能圆的。

搭建平台　让大师风范长存

——在纪念黄伯荣百年诞辰暨学术思想研讨会上的发言

曾超群*

　　黄伯荣先生生于我市海陵岛那洋村，曾从事高等院校教研工作 60 多年，主要致力于现代汉语和汉语方言的研究，在现代汉语的语音、文字、词汇、语法及汉语方言等方面做过许多探讨和贡献。黄伯荣先生与廖序东先生一起主编了《现代汉语》统编教材，《现代汉语》出版 40 多年来，培养了千千万万学子。我当年上大学时，学的《现代汉语》教材正是黄伯荣先生与廖序东先生主编的。当年得知他是阳江海陵岛人时，便觉得特别亲切，也非常敬佩黄伯荣先生，学习起来也特别有兴趣。2016 年至 2022 年年初，我有幸到海陵岛工作，在工作之余，也曾多次探寻黄伯荣先生的故乡那洋村，在了解该村的乡村风貌以及历史底蕴的同时，也听到了村民口口相传关于黄伯荣先生的逸事。

　　黄伯荣先生的论著中，有不少是与方言研究有关的，这些都对汉语方言语法和语法历史的研究起到了不可忽视的推动作用。其中《阳江音系》《广东阳江的形容词》《阳江话动词的动态》等就是关于黄伯荣先生家乡方言阳江话的专著，对阳江话的研究和传承工作做出了重大的贡献。2018 年，黄伯荣先生遗著《广东阳江方言研究》首发，对阳江民俗文化传承、全面提升阳江文化自信及推动汉语言研究都有着重要意义。黄伯荣先生将一生的精力都放在了现代汉语和汉语方言的研究上，为使《现代汉语》教材编写工作达到精细、准确的要求，黄伯荣先生反复听取团队意见，拟定编写方针和审定教材内容，定期召开研讨会，仔细寻找遗漏和欠缺，事事操心，力求教材编写工作精益求精。

　　黄伯荣先生是位终生学习的人，晚年的他仍关注着现代汉语教材教学的新动向，带领中山大学团队编写了新版教材，在 90 岁高龄之际仍然笔耕不辍。我们要认真学习黄伯荣先生对待学术精益求精的治学精神、对待工作兢兢业业的奉献精神、对待事业持之以恒的求索精神，师承先生身上的优秀品德，赓续

---

* 本文作者系阳江市广电旅游体育局党组书记、局长。

先生奉献毕生的伟大事业。

黄伯荣先生热爱家乡，是我们阳江的文化名人，我们要将黄伯荣先生作为当地亮丽的文化名片来打造。

一是结合我市正在推进的阳江市综合文化中心的"名人馆"项目，将黄伯荣的事迹选入其中，将之作为学习、弘扬黄伯荣先生精神的好平台。可以在"名人馆"中把黄伯荣先生的毕生经历、丰硕的学术成果、待人处世之德和对家乡阳江的贡献记载下来，供广大市民和游客了解，通过擦亮黄伯荣先生这张文化名片，丰富阳江名人文化的内涵和外延。

二是结合当下乡村振兴的契机，利用好黄伯荣先生的事迹和那洋村的民俗、历史遗存等，打造黄伯荣先生的故里文化，吸引更多的中小学生到那洋村开展研学活动，以此带动阳江文化和旅游产业的发展。目前我市正在大力推动研学旅游发展，积极引导更多的旅游景区、企业申报研学实践教育基地，努力打造研学旅游示范点。我们要紧紧把握机遇，深入挖掘黄伯荣先生的家乡那洋村的文化资源，将黄伯荣事迹、那洋村民俗等元素融入乡村振兴项目建设中，如修葺黄伯荣大师的故居，展示大师的生平，推广大师的学术，弘扬大师的精神，教化前来谒拜大师的每一个人，让大师的风范长存，并以此推动那洋村的研学旅游产业的发展，更好地推动阳江文化名城的建设。

对建设现代汉语公园的设想

黄绮仙

父亲有一个未了心愿，就是想在家乡阳江建一座语言文化纪念馆。这样既弘扬了祖国的语言文化，又提升了阳江的文化底蕴；既能激励后人勇于进取，又能促进家乡的文旅产业发展。

我父亲的这个想法得到了许多有识之士的认可。

2016 年海陵那洋村委会决定建立一个黄伯荣学术展览馆，我倾我所能给予支持。"黄伯荣学术展览馆"在那洋村委会办公楼一楼（这里原是我父亲的故居地，"土改"时我父亲的故居小楼被收归农会。据说，20 世纪 70 年代某年飓风来前村干部叫社员把谷物都集中到这栋全村最高的小楼上，结果小楼被飓风摧毁。这栋办公楼是 80 年代建的）。学术展览馆占地约 90 平方米，现在改名为"黄伯荣语言文化馆"。村干部对这个展览馆爱护有加，书籍物品几年来保管得很好。但由于村委会经费不足，宣传力度不够，该馆长期处于闭馆状态，只有熟悉村委会的人电话通知才开门接待。建设美好乡村时期，海陵开发区曾想拨款那洋村建展览馆，但因土地等各方面工作不到位，至今尚未能成事。

这些年我一直在考虑这个学术展览馆，在与朋友研讨时又萌生一个新的想法，就是建一个现代汉语公园（或汉语文化公园），整个公园数据化。"黄伯荣学术展览馆"是公园的主要建筑，学术馆内黄伯荣先生的雕塑、一生求学之路、探索之路、成功之路的介绍及物品展示是主体，还要延伸到中国语言文字的发展简史及汉字在全世界的流通与影响，等等。公园里要立一些中国语言学家的雕塑，如周有光、颜廷立、岑麒祥、王力、丁声树等；设立各个不同的体验区，如汉语语法区可以有分析句子成分的模块，阳江方言区可设语言转换角，输入普通话可输出阳江方言，输入阳江话可输出对应的普通话意思；点击谚语儿歌模块，可以听到久违的阳江谚语和儿歌。还可设书法浏览、挥毫区，文字溯源区，楹联诗词民歌擂台等。这只是我个人不成熟的想法，还可以征集专家和广大市民的意见。总之，要通过公园的各种体验式设计，让游客在享受宜人景色的同时，又能轻松愉快地学到知识，特别是要让孩子们在增加对汉语言的认知和兴趣时，提升作为中国人的自豪感和爱国爱家乡的情怀；为家长提

供一个孩子既能游玩享受又能增长知识的好去处，让中华民族的语言文字瑰宝一代一代地传承下去，发出更耀眼的光芒。

　　这个公园的设计必须有精通语言学的专家参与。我可提供先父的所有书籍、手稿、相关物品和资料。

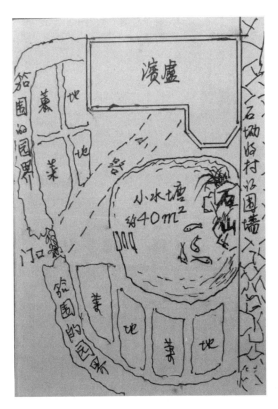

家父故居滨庐平面图

（堂兄黄茂松绘制）

浅谈阳江文化名人资源的保护与利用

——从纪念黄伯荣百年诞辰说起

薛桂荣[*]

今年是阳江籍著名语言学家、教育家黄伯荣 100 周年诞辰，也是著名油画家苏天赐 100 周年诞辰、岭南画派大师关山月 110 周年诞辰。家乡阳江以及三位文化名人生前工作所在的城市均分别举办不同形式的纪念活动，以学习他们崇高的思想境界，传承他们在学术研究或艺术创作领域留下的珍贵精神遗产。

文化名人作为社会的精英和表率，其作品、事迹和故居遗迹是一种特殊的文化现象，是文化的载体和象征，甚至成为一定历史时期民族精神的标记。文化名人还与地域文化密切关联，本土文化名人受本土地理人文的孕育影响，其行为和作品展现出浓郁的地方特色；而外来的历史文化名人则记录、丰富、发展和传播了当地的文化。文化名人资源的综合价值极高，如何科学地进行保护、开发和利用，关系到一个地方文化的发展。阳江要延续地域历史文脉、实现打造"海丝文化名城"的目标，务必做好文化名人资源保护与利用这篇文章。本人试从三个方面做初步探讨。

一、阳江文化名人资源的现状与特点

何谓文化名人，目前学术界尚无定论，《辞海》《中国大百科全书》也尚未收录该词条。从字面意义理解，并综合文化研究学者的阐述，文化名人应是指在文化事业及相关领域做出重大贡献与成就，并由此产生巨大人格力量和精神吸引力的著名人士。所谓文化名人资源，则应指文化名人自身以及与文化名人有关的一切物质遗存和文化现象。前者如故居、祠堂、庙宇、碑刻等，后者如传世著作、作品、思想、事迹以及与之有关的传说、故事等。阳江文化名人资源丰富，并具有如下几方面特点。

---

[*] 本文作者系阳江职业技术学院正处级干部、高级记者。

（一）阳江文化名人数量众多

阳江堪称"粤西古邑"，历史悠久，境内拥有距今 1.1 万—1.7 万年的独石仔旧石器文化遗址，历经古代汉越民族融合以及与中原文化、闽客文化、海外文化的交融渗透，形成了特色鲜明的地域文化，养育和吸引了一大批时代俊杰、知名人物。漠阳江畔涌现了"岭南圣母"冼夫人、岭南画派大师关山月、语言学家黄伯荣、国家最高科学技术奖获得者曾庆存以及其他众多的文人雅士、著名学者、艺术名家。在阳江这片钟灵毓秀的土地上，还留下了不少外来历史文化人物的足迹或遗迹。有文献可查或有文物可佐证的就有北宋理学家、《爱莲说》的作者周敦颐，写下"路入阳春境，杳然非世间"名句的南宋爱国名臣胡铨，在宋末崖门海战中大战元兵、溺亡于阳江海域并安葬在海陵岛的民族英雄张世杰，明代经典戏剧《牡丹亭》的作者汤显祖，明代抗倭名将张元勋等。据说，除胡铨外，唐宋贤臣李德裕、寇准、苏轼、苏辙、秦观、赵鼎，流放海南时也都曾路过阳江。现今位于阳西县的七贤书院，是明人为纪念这七人而建的。相传晚清诗人、学者龚自珍曾在院内手植梅树两株。除此之外，还有清末至民国时期来阳江从事文化科技交流的美国籍医生杜布森等。

（二）阳江文化名人类型多样

阳江文化名人所涉领域十分宽广，类型多样。既有歌仙刘三姐等传说中的人物，又有现实中的著名人物；既有文学名家，如爱国词人胡铨，剧作家汤显祖，本土诗人谭敬昭、阮退之，散文作家关振东等，又有政治家、军事将领，如高凉时期地方首领冼夫人、隋唐名将冯盎、清朝武将李维扬、清代爱民清官谢仲埙、辛亥革命烈士李箕等；既有文化教育、人文社科领域的杰出学者，如北宋理学家周敦颐、明末清初思想家屈大均、语言学家黄伯荣、历史学家戴裔煊、经济学家黄德鸿、地理学家曾昭璇、史地学家司徒尚纪等，又有自然科学家，如大气物理学家曾庆存、地质学家曾庆丰、气象学家杨崧等。还有一批艺术大师和名家，如岭南画派大师关山月、杰出油画家苏天赐、音乐家何士德、国画家黄安仁、油画家关则驹、雕塑家许鸿飞、艺术理论家陈醉、书法家邓琳和黄云等。

（三）阳江文化名人成就卓著

阳江历代文化名人中不乏一时之大家，其影响力不仅及于全国，还达于海外。冼夫人历经梁、陈、隋三朝。作为阳江地方部落首领，她顺应历史潮流，致力于维护国家统一，促进民族团结和地方发展，先后被七朝君王封敕，被尊

称为"岭南圣母"。清代武榜眼出身的李维扬在乾隆三年（1738）以总兵身份，于台湾地区担任澎湖水师协副将，成为扼守台湾海峡的重要武将，为维护国家主权和领土完整立下功劳。关山月坚持岭南画派革新主张，将鲜明的时代精神与精湛的个人艺术技巧相结合，在山水、花鸟、人物等题材领域创作了大量脍炙人口的佳作，成为岭南画派一代宗师。苏天赐倡导和践行"中西艺术融合"的理念，创造出一种富含东方神韵的油画，丰富了当代中国油画的风格面貌。黄伯荣堪称现代汉语研究的集大成者，他主编的黄廖本《现代汉语》和中山大学本《现代汉语》，为国内各大学中文专业广泛采用，曾创造高校人文社科类教材发行的新纪录，他还在方言研究领域取得丰硕成果。中山大学教授、著名学者黄天骥称其为"语言学大师"。史地学家司徒尚纪深耕文化地理、海洋文化研究等领域，出版学术著作30多部，发表论文或书评200多篇，著述超千万字。中国科学院院士曾庆存在现代大气科学和气象事业两大领域——数值天气预报和气象卫星遥感做出了开创性和基础性的贡献，并密切结合国家需要，为解决军用和民用相关气象业务的重大关键问题建立卓著功绩，于2020年荣获国家最高科学技术奖。凡此种种，难以一一列举。

（四）阳江文化名人遗迹遗存分布广泛

阳江历史文化名人的遗迹，分布在全市各处，尤其是漠阳江沿线地区分布更多。漠阳江是粤西地区最大的河流，流域面积占阳江土地总面积的71%。在历史上，漠阳江是岭南地区的一条黄金航运通道，阳江沿海一带的人流、物流，逆漠阳江航行而上，在今阳春市春湾镇翻越一道分水岭，从新兴江再上船，进入西江，往东可达广州等地，往西经过桂林，过灵渠，进入湘江，可通往长江流域及中原地区。反之，珠三角一带和中原内地的人流与货物，又通过这个渠道，流转至阳江。依水而居，依海而兴，阳江主要的城镇多分布在漠阳江流域，历朝官员和文化名人往往借助漠阳江来往于中原和岭南。因此，漠阳江沿线直到沿海地区，各种祠堂、庙宇、故里、故居、陵墓、题词、石刻以及历代名人游踪所经地等，广泛分布。这些遗迹，不少具有较大的社会影响力，如阳春通真岩摩崖石刻、阳春八甲白水瀑布、阳春岗美水寨秀才村、阳东合山莲塘古驿、阳东北津港、海陵岛张士杰墓等。

二、阳江在文化名人资源保护利用方面存在的问题

（一）文化名人资源没有得到系统的整理和深入挖掘

1988 年建市以来，伴随着文化事业的加快发展，阳江文化名人资源保护整理工作的力度逐步加大，取得一批基础性的成果。市方志部门牵头编辑出版了《阳江县志》《阳春县志》《阳江市志》，近年又点校出版了清道光二年版《阳江县志》、《民国阳江志》和民国版《阳春县志》，并编撰出版了《阳江文化名人档案》（一）、《阳江特色村落》、《中国国家人文地理·阳江》等书籍，对阳江文化名人资源的状况做了初步梳理；市级媒体开设《天南地北阳江人》等重点栏目，拍摄制作一批阳江文化名人纪录片、专题片，积累了一批图片、音频和视频资料；市、县文艺团体推出粤剧《番薯县令》等多部反映文化名人事迹的历史题材文艺创作，并进行巡回展示、展演；正在建设中的"七馆合一"项目，就包含了"名人馆"。但是由于地方财力不足、文史研究高层次人才缺乏等多方面原因，阳江对历史文化名人资源还没有进行系统性的整理和深入挖掘，高质量的研究成果还较少。如北宋理学家周敦颐在任广南西路、广南东路提点刑狱期间曾游历阳江（时为南恩州），并于宋神宗熙宁二年（1069）正月初一在阳春通真岩题词。周敦颐一生致力于兴学传道，培养文化人才。有学者指出，有宋一代漠阳江流域兴办书院之风盛行，可能就与周敦颐的倡导和影响有关。周敦颐与宋代及以后朝代阳江文化、教育发展的关系究竟如何，尚有待进行深入的挖掘研究。又如，阳江土著文化积淀深厚，海洋文化特色鲜明，19 世纪末和 20 世纪初还有过一段"西学东渐"的历史，拥有优秀文化人才脱颖而出的土壤和环境。有一个特别值得注意的现象：阳江籍音乐家何士德（1910）、国画大师关山月（1912）、油画大师苏天赐（1922）、语言学大师黄伯荣（1922）恰好出生于五四运动前后。四位"大咖"为何一时井喷于滨海阳江？这显然不能用"偶然"二字来解释。除了他们个人的过人天分和后天努力外，必定有深刻的政治、社会原因。政治、社会原因又具体是什么？这些大大的问号，尚没有人解开。

（二）对文化名人故居保护不力

根据文物保护法律法规规定，经法定机构、法定程序认定的可移动文物和不可移动文物，均受到国家的严格保护。据了解，阳江文化名人故居被认定为文物保护单位的较少，认定为历史建筑的也不多。名人故居多数仍作为私宅使用，主要由其亲属或后代自行维护，更谈不上完善配套设施，向公众有序开放，发挥其文化价值和社会效益。出生于阳春的谢仲埌，清朝乾隆年间任湖南平江县令时，将番薯引种至湖南乃至长江流域，救饥民于水火之中，甚得民众拥戴，被誉为"番薯县令"。其故居所在阳春市岗美镇水寨村中的三座公祠于2019年被认定为省级文物保护单位，但谢仲埌的故居仍未被认定为文物或历史建筑。谢家是砖木结构的普通民宅，始建于明代，村中居民已基本外迁，如果不加悉心看护和及时修缮，房屋在风雨侵蚀下可能加速损毁甚至坍塌。除此之外，对历代文化名人的著作、作品、手稿等文献材料和相关文物的收集也较少。

（三）公众知晓率还不够高

尽管一些"老阳江"对阳江历史文化名人的逸闻趣事津津乐道，但随着外来人口的增加、新一代市民的成长，"新阳江人"和年轻人对历史文化名人，尤其是年代相对久远的名人的知晓度不高。由于城市建设、居民搬迁等原因，一些文化名人故居周围的原有居民逐渐减少，现有居民多数对故居主人的经历不了解，甚至出现名人故居被随意改建或装修的情况，原有风貌被破坏。对文化名人资源都不了解，何谈保护挖掘与开发利用？例如，岭南文化标志性人物之一的明末清初大学者、诗人屈大均曾对阳江做过深入的考察，其代表作《广东新语》有不少篇幅论及阳江，囊括山水名胜、文化历史、特色物产、民间风俗和商品经济发展状况等。他曾为阳春八甲瀑布谱写《十三叠泉》琴曲，在瀑下建亭观瀑，并留下三首七言绝句，其中有"匡庐三叠挂虹梁，复有黄山九叠长。争似春州十三叠，交飞白水一天凉"的名句。他还曾应外商之邀，为北津港的妈祖庙撰写《阳江天妃庙碑》。此文成为记录明清之际阳江海上丝路盛况的珍贵历史文献。但目前多数阳江民众并不知晓屈大均与阳江的这段"文缘"，更不了解他在总结推广阳江地方文化方面所做出的重大贡献。

（四）对资源开发利用不足

近几年来，阳江在文化名人资源的开发利用方面有一些成功的案例。如江城区在埠场镇那篷村委会果园村，以关山月故居为核心，建设突出岭南画派元素的乡村旅游景点，吸引众多游人观赏和美术院校师生前来写生创作；海陵经济开发试验区在临近闸坡渔港的牛塘山，建设以纪念汤显祖为主题的文化公园，成为岛上热门的景点。但目前全市还缺乏对文化名人资源的整体性开发利用规划或方案，也没有建立社会资金投入的机制；缺乏对阳江文化名人事迹和精神的提炼，并向广大市民尤其是青少年进行普及宣传；在利用文化名人资源

向全国和世界进一步推介阳江方面，工作力度和成效都还有待加强。

三、加强阳江历史文化名人资源保护与利用的对策与建议

加强文化名人资源的保护与合理利用，创建地方文化品牌，提升文化软实力和城市精神内涵，对阳江建设"海丝文化名城"将起到关键性作用。借鉴省内外其他城市的经验，结合阳江现有综合条件，笔者提出以下对策与建议。

（一）加强整体规划，整理挖掘阳江文化名人资源

应立足长远，对阳江文化名人资源的保护和开发制订整体性的规划方案，分期分步分项实施，并着手对文化名人资源做系统的挖掘整理。一是开展文化名人专题研究。可按年度设立一批社科研究课题，邀请省属以上高校、研究机构的专家学者参与，发挥阳江职院师资力量以及本市社科界、文化界相关人才的作用，对阳江文化名人的生平事迹、创作成就、学术贡献、历史地位、社会影响等进行深入的研究挖掘，有计划地出版阳江籍学人、艺术家的文集、作品集，近期可考虑出版《黄伯荣现代汉语学术论文集》（暂定名）。二是出版"阳江历史文化丛书"。建议将编辑出版"阳江历史文化丛书"立项为一项长期性的重点文化工程。丛书定位为用当代眼光审视阳江历史，深入反映阳江源远流长的历史风貌，开掘阳江多姿多彩的地方文化，阳江历史上有影响力的关山月、黄伯荣等文化人物是其中的重要内容。丛书兼备研究与普及，注重知识性、教育性、可读性，面向广大读者。丛书应精心策划选题，采取每年出版8～10种的节奏连续出版，利用省属和市属高校、研究机构及相关单位的人才力量，以团队协作的方式编撰完成。三是加强学术交流。利用地方重大历史文化事件纪念日、文化名人诞辰等节点，举办学术研讨会、作品专题展览等活动，促进研究发掘，扩大社会影响。

（二）提升城市内涵，建设阳江文化名人馆、主题公园

城市建设的灵魂在于文化。阳江要创建全国文明城市，离不开打响文化名人的品牌。在城市基础设施的规划建设中要考虑将阳江文化名人的元素融入其中。如正在城南新区建设的"名人馆"，要高起点建设好首批入馆的阳江文化名人展示项目和内容。市和相关县区可视条件，建设若干个文化名人主题公园。以中国现代汉语研究的集大成者黄伯荣先生为例。语言是民族文化的基本符号，黄伯荣先生牵头编写的黄廖本《现代汉语》、中山大学本《现代汉语》教材，以及出版、发表的一批语言学专著和论文，是中华优秀文化的成果，对

促进现代汉语的发展和传统文化的繁荣具有重要意义。可考虑在市区公园或黄伯荣故里海陵岛的旅游景区内，建设"现代汉语公园"，展示黄伯荣先生的生平事迹、学术成果，普及现代汉语相关知识，提升市民和游客的文化素养。同时，又可丰富文化旅游内涵，提升阳江的对外影响力。此外，可考虑在城市公园或广场等公共场所竖立一批文化名人的雕像，也可考虑以历史文化名人命名一些城市街道，还可在城市和乡村道路竖立文化名人故居指引标志，让广大群众更加熟悉和景仰阳江文化名人。

（三）加强统筹指导，科学保护文化名人故居

名人故居是文化名人资源的重要载体，其保护工作是一项系统工程。阳江文化名人的故居分布在城乡各处，建设年代或早或晚，其保存状况也参差不齐。建议将文化名人故居的保护纳入全市文物保护和历史建筑保护工作的整体规划，并提高保护的质量和水平。一是对全市文化名人故居进行全面普查，建立完整的档案和详细台账，达到文物认定标准的认定为文物，达到历史建筑标准的则认定为历史建筑。二是筛选一批需要重点保护的名人故居，制订和落实具体的保护方案，确保建筑的安全。三是统筹社会可利用资源，加大资金投入，加强技术指导，做好文化名人故居的日常维护和修缮。四是落实执行国家文物局《文物建筑开放导则》，在科学保护的前提下，做好名人故居向公众开放的工作。

（四）发挥名人效应，打造文旅融合的人文旅游品牌

在文化名人资源的开发利用中，要充分发挥名人效应，促进文化、旅游融合发展。一是配合阳江创建全域旅游示范城市的产业发展规划，合理设计旅游线路，将名人故居纳入精品旅游线路的推荐景点，并面向海内外推广。二是配合乡村振兴战略的实施，将坐落在乡村的文化名人故居或有关遗址，如谢仲埙故居——岗美轮水秀才村、汤显祖停留地——合山镇莲塘古驿、辛亥革命烈士李其故居——合山镇里寮乡永兴村等，纳入乡村旅游景点建设的范围，完善民宿等配套设施，向游客开放，让游人在领略田园风光之美的同时感受阳江地方特色文化的魅力。三是对接中小学、高校、社会教育机构及其他企事业单位，在名人故居周边开展研学和文化休闲活动。四是开发特色文创产品，如阳江名人传记、文集、画集等图书，阳江文化名人故居手绘地图，阳江文化名人影视作品，阳江文化名人书签、镇纸、U盘、购书袋、笔记本等，既有实用功能，又富含文化意韵，让游客把阳江文化带回"家"。

（五）注重文化传承，推进文化名人事迹进校园

文化传承要从青少年抓起。文化名人是在相关领域有重大或突出贡献的人物，对青少年具有强烈的正面影响力，要推进文化名人事迹进校园，让更多的青少年认识阳江文化名人，并从中汲取精神力量。一是可编写一批乡土文化教材，纳入大学和中小学思政教育课程内容，把文化名人的故事讲到课堂。二是邀请文化名人或其亲属、学生到学校举办专题讲座，向师生宣讲他们的事迹；也可定期或不定期在各类学校开展文化名人事迹巡展活动。三是以文化名人命名中小学或高校的二级学院。如阳江职院是关山月的母校。1928 年至 1931年，关山月曾在阳江职业技术学院的前身——阳江县立师范读初中。为传承关山月国画艺术的精髓和美术教育的理念，可考虑在现阳江职院艺术与设计系的基础上成立关山月艺术学院。四是文化名人的母校可视条件开设文化名人展览室、纪念馆等设施，向师生以及公众开放。

（六）借力媒体融合，加大对文化名人的宣传力度

要适应移动互联网时代媒体融合发展的新形势，综合运用传统媒体、网络媒体等渠道和平台，采取线上线下相结合的方式，加大对阳江文化名人的宣传力度。一是本地主流媒体应开辟阳江文化名人的专题、专栏，做好常态化的宣传报道。二是争取中央级、省级媒体的支持，借助重要的文化科技活动，加强对阳江文化名人的新闻报道。三是组织拍摄阳江文化名人系列纪录片、专题片。今年是关山月 110 周年诞辰，黄伯荣、苏天赐 100 周年诞辰，鉴于他们的影响力和丰富的作品、文献资料，可考虑将他们列入首批纪录片的拍摄计划。四是考虑建设阳江文化名人网或阳江历史文化网，打造数字化文化名人资源库，依托网络平台，面向全球广泛宣传。

语言学大师黄伯荣[*]

薛桂荣　郑荣新[**]

引　子

伴随着时代风云的变化，阳江的灵山秀水，孕育出了一代又一代的风流人物。从漠阳江畔，走出了清代书法家邓琳、南国诗人阮退之、国画大师关山月、音乐家何士德、大气物理学家曾庆存……还有语言学家黄伯荣。

现年高龄的黄伯荣教授，历经新旧两个时代，他的人生充满了忧患、波折和坎坷，但更多的是奋斗、进取和开拓。50年辛勤耕耘，他在语言学领域取得了令人瞩目的成就，共发表语言学论文40多篇，出版语言学专著21部（含主编、合著）。其中，由他主编的《现代汉语》重印44次，总印数400多万册，创造了同类统编教材的最高纪录；《汉语方言语法类编》和《汉语方言语法调查手册》填补了现代汉语方言学研究的空白，饮誉国内外。

利用黄伯荣先生回乡小住的机会，本报记者对他进行了系统采访，写成了《语言学大师黄伯荣》这组连载文章，今日起陆续与读者见面，敬请读者和我们一起走进这位漠江之子——语言学大师黄伯荣教授波澜壮阔的人生历程。

书香世家　苦涩童年

美丽的南海之滨，在国家 AAAA 级旅游风景区——广东省阳江市海陵岛上，有一个叫那洋的小村庄，它依山面海，风景秀丽，我国当代著名的语言学家黄伯荣教授就出生在这里。

黄伯荣教授的家族追踪溯源，到他的父亲黄大颖这一代时已是三代书香门第。黄大颖是清朝末代秀才，曾一心想考个状元光宗耀祖，但民国成立正式废

　　* 本文原载于 2002 年 5 月 11 日至 10 月 6 日《阳江日报》的《漠江之子》栏目，收入本书时部分章节有改动。

　　** 本文作者薛桂荣时任阳江日报社副社长、副总编，郑荣新时任阳江日报社助理记者。

了科举，破了仕途梦，便把心思转到了钻研医学和风水命相上面，还协助村人在家乡开办了一间那洋小学，并把大部分时间和精力都投入教书育人当中。

黄伯荣出生于1922年农历六月二十日。不幸的是，他才周岁时，父亲就因病辞世了。他的上面有一个哥哥和一个姐姐，但哥哥在他未出生时就已夭折。因母亲是婢女出生，在父亲名下是偏房，父亲早逝，家中顿时没了主心骨，幸好父亲留下一百来石水田，一家生活才有了依靠。

海陵岛孤悬海外，民国初年，军阀混战，时有兵匪为患。土匪杀人越货，劫持人质，索要赎金，百姓"走兵走贼"深受其苦。小伯荣三岁时，地方军阀带300多名士兵以剿匪为名将那洋村全村数百村民围困多日，勒索村民交出军费10000多块银圆、枪30多条才退兵，他家也被逼卖田交出300多块银圆。同年，他有个堂兄的大儿子到广州考学，在从广州乘船回阳江的海路上遭匪徒绑架，因一时付不起高额赎金而被绑匪折磨致死。在兵荒马乱的岁月里，他的母亲常常背着他走进村后的密林里躲避。为了安全，母亲平时不让他随便外出，终日把他留在自己身边，由于很少与外人接触，加上缺少父爱，他小时候养成了沉默寡言的性格。

从七岁起，黄伯荣开始在他父亲生前任教的那洋小学念初小。四年初小读完后，因附近无高小，他的母亲就把他送到三四里外的新塱村，跟一名叫黄叔廉的先生念私塾。私塾老师上的第一课《孟子》中的《孟子见梁惠王》。"（君子）不远千里而来，亦将有以利吾国乎……"70余年后的今天，黄老回忆这段历史时，还能清楚地背诵出文中这些词句。私塾读了一年，那洋村附近仍然没有办起高小，他的母亲就下决心将他送到离家仅百里的阳江县城，到当时全县最好的小学——阳江模范小学读书。

红棉树下　少年立志

20世纪30年代，阳江交通十分落后。黄伯荣从海陵岛到县城模范小学读书，途中要乘两次船，先是摆渡过海，然后走路到平冈，再乘车到埠场，最后从埠场坐小船到阳江城，前前后后要用一天时间。学校没有宿舍，他就由在模范小学当教师的堂兄黄米统帮忙，在中山公园后面沙屋祠里租了个小房间住下。学校无学生食堂，他在学校搭伙与老师同桌吃饭，晚上回祠堂自习。一个从未离开过亲娘、从未远离家门的孩子，却凭着自己的毅力、韧性，逐步在一个完全陌生的地方独立生活，顽强学习。

30年代初至抗日战争全面爆发，广东经济和文化教育事业曾有过一段相对稳定发展的历史。《阳江县志》记载，民国二十年（1931），陈济棠主政广东，政局相对稳定。辛亥革命烈士李萁之子李伯振任阳江县县长时，比较重视教育，多渠道增加教育经费，拨出专款购置教学仪器、标本、教学参考书和儿童读物。规定500户以上的村要在半年内办一所小学，500户以下的村要联村办一所小学，各区要办好一所完小，充实其设备。到民国二十三年（1934），全县小学由10年前的100余所增至207所，学生14330人，教职员工640多人，阳江的小学教育一时颇为兴盛。

黄伯荣就读的模范小学，校址就在如今江城一小所在的学宫，门前就是繁华热闹的南恩路。学校有小学生好几百人，校长是著名教育家陈炳需，老师也多是本地的名师。当时的模范小学校规严、学风好。图书馆在尊经阁楼上，规模不算很大，但藏书丰富。按当时标准，校园面积不小，红墙碧瓦，绿树成荫，是个读书的好地方。黄伯荣教授给我们描述了当时的景象：学校东边就是鼍山，山上有一棵很大很高的木棉树，春天花开的时候，全阳江城都看得见，火红的木棉花把附近的池塘以及远处的漠阳江都映红了，好看极了，成为阳江一景，他和他的同学们则经常在鼍山红棉树下看书学习……

在高小两年时间里，黄伯荣学习非常努力，课余时间总是泡在图书馆里读书，他的成绩也是拔尖的。当时每个学生一个学期要交学费三块银圆、杂费0.6块银圆。为了鼓励学生发奋学习，学校规定，德、智、体总成绩排在全班前三名的学生，三项中每得一个甲等就可免交一块银圆的学费，三项全得甲等就全免学费。黄伯荣的学习成绩四个学期都名列第二，得甲等；品行四个学期也评为甲等；体育成绩有一个学期考了甲等。为此，黄伯荣多次得到减免学费的奖励。其中，有三个学期，学校给他减免了两块银圆的学费；一个学期则全免学费。在他读书期间，学校举办过一次演讲比赛，是用阳江话讲的，班主任莫嘉毓老师推选他参加，平时寡言少笑的黄伯荣走上演讲台，意外地夺得了第二名。

黄伯荣教授回忆道，当时绝大多数阳江人不会听、更不会讲普通话（当时叫"国语"），听国语有如听外语。但他的班主任莫嘉毓老师国语讲得很好，凡是有北方来的官员或学者用国语做报告，县里都要叫莫老师去做翻译。年少的黄伯荣心底里非常羡慕，也非常佩服，希望自己有一天也像老师一样能讲一口流利的国语。这与他后来立志专攻语言学有很大关系。

1936年春天，黄伯荣从模范小学毕业，并以优异的成绩考入阳江县立中学。

中学生涯　颠沛流离

黄伯荣考入的阳江县立中学就是现在阳江市第一中学的前身，当时校址在县城东门的南恩路东口，即现在的市二中校园。

入校不到一年，震惊中外的"卢沟桥事件"爆发。中华大好河山惨遭日寇蹂躏，南海之滨的阳江也笼罩在侵略军的炮火之中。据《阳江县志》记载，1938 年 5 月 30 日，日军占领盛产钨矿的南鹏岛。从当年 10 月 26 日起至 1944 年，县城城区、县立中学、两阳中学等处及东平、闸坡、织篢等地，遭到日军飞机多次轰炸，炸死炸伤群众 400 多人，炸毁民房数百间、渔船数十艘。黄伯荣讲述了一次惊险异常的经历："听到敌机来袭的警报声，我们就往郊外跑，敌机的机关枪在头顶上响，我们立刻卧倒在小树丛中，接着是炸弹撕裂空气的长啸声和震耳欲聋的爆炸声……"

"天地军麾满，山河战角悲。"平和安静的校园里面再也安放不下书桌了。为避日军战机轰炸，1939 年 11 月，阳江县立中学迁至塘口泰安堡的祠堂里。黄伯荣从此开始了六年颠沛流离的中学生涯。

泰安堡是塘口最大的古堡，建于清末，碉堡的围墙非常坚固，平时是族人祭祀活动的场所，遇到兵匪，族人们躲进碉堡关上大门可做防守。不过，当时的学习条件十分艰苦，伙食很差，交通也不方便，从海陵经闸坡到织篢要坐运大粪的木船去，臭气难闻，从织篢去塘口还要走崎岖小路。有的同学停了学，黄伯荣却坚持完成了初中三年的学业，并取得了好成绩。

1940 年秋，黄伯荣考入省立两阳中学（现阳江市两阳中学前身）读高中。两阳中学也是一所名校。据有关资料记载，1931 年，乡绅陈章甫与两阳地方人士营划，取得广东省教育厅的同意，将原在广州的省立二中迁到阳江，在县城南郊髻山南麓兴建校舍。1936 年，改名为"广东省立两阳中学"。当时两阳中学的建筑在全省也属于最好的，其师资阵容强盛，在省内也颇有名气。抗战全面爆发后，因数度遭敌机轰炸，两阳中学被迫多次停课，只好外迁。1940 年春，迁往阳春春城复课；同年秋，又从春城迁往山区松柏寨（即现在的松柏镇）。黄伯荣先后在春城及松柏的祠堂和木屋里读书。

求学路上，黄伯荣有次差点把命丢了。那是 1941 年夏天，漠阳江洪水泛滥成灾，公路毁坏，他与吴兆均等同学来不及等洪水减退，就冒险乘"电船仔"（机动船）北上返校。上船后发现还差一个座位，不够坐，他们只好下船，改乘另一条帆船。谁知那条"电船仔"在途中沉了，生还者极少。消息传到家里，家里人以为他就在"电船仔"上，忙派人到出事地点寻找，全家停了炊，哭了两天没吃饭，并开始议论办理后事。后来，家人获悉他已改乘木船，才知是虚惊一场。当时信息不通，沉船以及家人停炊找他的事，过了好多天才传到他的耳里。

由于处在兵荒马乱的战争年代，又远迁偏僻山区，两阳中学办学经费不足，教师、食堂、厨房、职工宿舍大都是杉皮木屋，能住在祠堂里就算最好的了。条件虽然非常简陋，但在学校和老师们的努力之下，两阳中学仍能维持正常的教学。外敌之下，困难当头，在这种特别艰苦的环境里，年轻的黄伯荣学习更加自觉和勤奋了。

松柏寨三年，黄伯荣既学到了很多课本知识，又丰富了人生阅历，尤其是在一些进步教师的影响下，阅读了邹韬奋等人写的进步书籍，开始学会思考人生和社会问题，初步形成了一些朴素的唯物主义思想和观点，开始对父亲相信的风水命相之说产生怀疑，不再相信鬼神。黄伯荣谈到，也是在这段时间，通过一些进步书籍，他对共产主义的废除剥削、人人平等的社会制度开始有所了解，认识到自己也可以不靠祖传家产而通过劳动来生活，开始同情共产党，并把自己的前途与命运同共产党的政治主张联系起来。新中国成立前后，他的不少家庭出身不好的同乡同学纷纷前往澳门、香港，但他毅然留在内地。黄伯荣说，正是松柏寨读书期间树立起来的对共产党的认识和信心，促使他做出了这种选择。

兵荒马乱　耽误考期

1943 年秋，黄伯荣从两阳中学高中毕业。他当时只有一个心愿：一定要考入当时中国最著名的高等学府之一——国立中山大学。

中山大学是孙中山先生一手创办的中国名校。为培养国民革命文武人才，孙中山于 1924 年 2 月 4 日颁布大元帅令，成立一武一文两所学校，武校就是著名的黄埔军官学校，文校则是在原国立高师、广东法科大学、广东农专的基础上组建的国立广东大学。广东大学是民国初南粤唯一的国立大学，对它的发展和未来，孙中山寄予了很高的期望。1924 年 11 月 11 日，广东大学举行成立典礼时，国民党广东省党、政、军及工商各界重要人士都参加了，盛况空前。中山先生因准备北上，未能出席，特题词"博学、审问、慎思、明辨、笃行"十字以为勉励，该题词后来成为校训。1925 年 3 月，孙中山在北平逝世。为永远纪念这位伟人，经孙中山的亲密战友廖仲恺提议，并经充分筹备，1926 年 8 月，当时的国民政府发布命令，正式宣布将国立广东大学改名为"国立中山大学"。

经过短短十余年的经营，到抗战前，中山大学已发展成拥有文、法、理、工、农、医、师七个学院，一个研究院，近 70 个学系的大规模学校，跻身中国现代最拔尖名校之列。抗战全面爆发仅一年多，日军于 1938 年 11 月 21 日攻陷广州，珠三角及广大沿海地区相继沦陷，广东省政府仓皇北迁韶关。为避战乱，中山大学于同年冬从广州石牌迁至云南昆明南面的澄江。1940 年暑期，中山大学又奉命从云南迁回粤北的坪石。

1943 年夏天，中大在离阳江不远的台山县设立了一个考点，面向粤中西部招考学生，黄伯荣决定到台山考点应考。从阳江至江门当时本有一条公路，但由于战事吃紧，国民党政府为阻止日军行动，实施"坚壁清野"，将公路挖断，两地交通随之中断，黄伯荣求学心切，只好搭乘载客自行车从阳江赴台山。当时公路布满了一个个方形大坑，自行车骑一段，扛一段，走得十分艰难。行至恩平路段时，自行车损害，误了行程，黄伯荣因此错过了当年度的中山大学入学考试。

但黄伯荣没有放弃，这年下半年，他和同学冯元度、许祥祺等一道经过长途跋涉，辗转赶到粤北坪石，在中山大学临时校舍附近租下木屋，集体自费请中大的老师辅导功课，准备来年再考中大。不料，1944 年春起，侵华日军做垂死挣扎，发起打通粤汉铁路的军事行动，韶关及粤北地区危殆，中大被迫分头紧急疏散。文学院迁往连山，法学院迁到蕉岭，其他学院分别迁往梅县等地。考学无望，黄伯荣只好绕道两广边界，经瑶山返回阳江老家等候消息。

到家不久，黄伯荣意外收到了省立广东文理学院的一份入学通知书。原来，广东文理学院鉴于战乱影响，招生考试无法正常举行，便派人到广东各地的中学"选秀"，挑选平时成绩优秀的学生免试入学，黄伯荣因成绩拔尖也被选上了。见读中大的愿望眼下难以实现，黄伯荣只好来到已迁至粤西罗定㙟濮的广东文理学院报到，进入中文系学习。㙟濮是山区，有一条河缓缓流过，环境幽静；但学校也是以祠堂作为校舍，学习和生活条件十分艰苦。"天下兵戈满，江边日月长。"对战事的担忧始终像阴云一样压在师生们心头。尽管如此，黄伯荣不放过任何学习的机会，排除万难，潜心在文理学院学习了一年。

考入中大　改学语言

"剑外忽传收蓟北，初闻涕泪满衣裳。"1945 年 8 月 15 日，日本宣布投降。9 月 16 日，日军侵略华南的罪魁祸首、21 军司令官田中久一在广州中山纪念堂正式签字投降，广东全省光复。消息传到偏僻的罗定山乡，黄伯荣和他的同学们沉浸在胜利的喜悦之中。

抗战硝烟散去，国立中山大学、省立广东文理学院等校纷纷回迁广州复课。黄伯荣虽然在文理学院读了一年的中文系，但念念不忘中大。1945 年年底，黄伯荣毅然放弃文理学院的学籍，报名参加了中大举行的招生考试，并以优异成绩被中山大学中文系录取，实现了心中久藏的"中大梦"。当时任中山大学文学院院长的是我国现代最具成就的语言学家和著名的教育家、享有"生前一代雕龙手，身后三千倚马才"美誉的王力。王力接掌文学院后，做了两件大事：一是创办了全国第一个语言学系，以推进汉语语言学科建设。二是抓住时机网罗了一大批知名学者来校任教。仅以中文系和语言学系为例，中文系除原有的钟敬文、詹安泰、吴三立、黄海章等外，还新聘了李笠、方孝岳、商承祚、王起等教授；语言学系由岑麒祥教授担任系主任，聘请杨树达、谭戒甫、方光焘、严学窘、黄锡凌等教授讲授语言学科的相关课程。

黄伯荣在中大中文系学习了一年，逢语言学系新办，慕王力之名，即转入语言学系学习。黄伯荣在中大本科学习期间，正值中大文学院的黄金岁月。众多的名师、浓厚的学习氛围，为黄伯荣和他的同学们创造了理想的学习环境。当时语言学系招生人数较少，黄伯荣直接师从王力、岑麒祥、商承祚等名教授学习语言学有关课程，耳提面命，受益至深。

由于蒋介石发动内战，国共和谈破裂，国内局势混战，经济恶化，通货膨胀严重，民生凋敝，学生也吃不饱饭。广州的进步学生组织反饥饿反内战的示威游行，黄伯荣和同学黄懋庠等加入了游行队伍。当队伍走到广州河堤时，国民党派人破坏，殴打学生，黄伯荣被打伤了脚。学习期间，黄伯荣还积极参加其他进步社会活动。

1949 年夏天，黄伯荣本科毕业。他接着报考导师岑麒祥教授的语言学专业研究生。当时解放战争已近尾声，人民解放军自 4 月底渡过长江后，向广州步步逼近。同年 11 月，广州解放。不久，黄伯荣重返母校攻读研究生，主攻方言学，旁及文字学，直到 1951 年秋毕业。

中大六年，黄伯荣如鱼得水，广阅百家之书，博闻众家之言，深得名家真传，为往后的学术研究打下了坚实的基础。

刻苦钻研　崭露头角

1951 年秋，黄伯荣研究生毕业。由于成绩优秀，得到著名语言学家、导师岑麒祥的赏识，他被留在群英汇集的中大文学院语言学系任教，从此正式走上了现代汉语教学与研究之路。

新中国成立前，中国学校教育中开设的语言学课程，主要是文字学、音韵

学、训诂学等。自王力亲自开设"中国现代语法""中国语法理论"两门课程起，中大语言学系引进西方现代语言学理论和苏联语言学教学研究体系，探索创建现代汉语学科体系，筚路蓝缕，立下了拓荒之功。新中国成立后，语言学系参照当时苏联开设"现代俄语"的做法，于1952年正式开设"现代汉语"课程。在王力的直接指导下，黄伯荣担任"现代汉语"部分教学任务。其间，王力牵头组织编写了全国第一份《现代汉语》讲义，黄伯荣参与了编写工作。这份讲义成为1955年教育部组织制定的现代汉语教学大纲的蓝本。

在中大工作的三年中，黄伯荣经历了"土改""镇反""三反""五反"等多次政治运动，投入的时间较多。尽管如此，他仍然挤时间备课，尽力做好教学工作并勤于笔耕。1951年，黄伯荣在《光明日报》语言文字副刊发表了第一篇论文《广州话的几个特点》。以前学人对方言的研究，重点多放在语音和词汇方面，黄文则另辟蹊径，从语法角度研究广州方言，颇具新意，文章发表后被《普通话与方言集刊》第一辑和另一本方言论文集收录，《语文知识》杂志也予以转载。他此后又接连发表了好几篇关于阳江方言语法的研究论文，用学术实践来推动现代汉语方言语法的研究。时隔50多年后的今天，黄伯荣回忆说，他当时的意图很明确，希望借此引起学术界对方言语法的重视，拓宽方言研究的广度和深度。对方言语法的研究，成为黄伯荣后来学术研究的主线之一。

1954年6月，黄伯荣的第一本专著——《祖国的文字》由中南出版社出版。该书近10万字，比较系统地介绍了汉字的起源、发展历史及其结构特点等。当时，国家提倡学术研究和文艺要为工农兵服务，黄伯荣写作时力求借助通俗易懂的语言、各种饶有兴味的例子，将艰深的文字学知识介绍给广大工农兵读者。文稿完成后，曾送给王力和商承祚审阅，得到他们的支持和肯定。《祖国的文字》出版后为学术界所关注，也受到社会读者的欢迎。当时，香港骆驼出版社看中此书，没通知他就将书名改为《趣味的中国文字》出版，但保留了作者名，这客观上扩大了该书和作者在海外的影响。

北大四载　著述甚丰

1954年，国家将创办八年的全国独一无二的中大语言学系并入北京大学中文系，以加强北大语言学力量，有重点地为我国培养语言学人才。

经过一番动员和准备，1954年8月初，王力、岑麒祥、周达夫教授及青年教师黄伯荣、唐作藩等共三名教师带领语言学系在读的三个年级近百名学生，离开羊城，踏上进京的旅程。时遇1954年的长江特大洪水，在武汉无法渡过江，只好绕道上海北上。黄伯荣和已怀孕在身的妻子带着四个孩子，来到了既向往又陌生的首都北京。

原北大中文系只设语言文学和新闻两个专业，中大语言学系并入后，增设了语言学专业。黄伯荣和他的老师王力被安排在汉语教研室工作，他负责教授现代汉语课程。北大是世界名校，单是中文系就会集了许多像王力、魏建功、高名凯、岑麒祥、朱德熙、周祖谟、林焘等全国一流的知名教授。对年轻的黄伯荣来说，能够和这么多倾慕已久的名师一道工作，可随时向他们请教，可谓三生有幸。同时，激烈的竞争也给他带来了巨大的压力。要在北大做出成绩，唯有苦干实干。除了尽心尽力搞好日常教学业务之外，黄伯荣一头扎进学术研究中，并且迎来个人学术生涯的第一个丰收期。自 1954 年 8 月进入北大到 1958 年 2 月调往兰州大学，三年半中他先后出版了《北京语音学习》《广州人怎样学习普通话》《陈述句、疑问句、祈使句、感叹句》三本著作，还发表了《关于划分词类问题的考察》《简体字的结构》《形容词和副词的界限》等一批论文。三本著作总字数有 30 多万字，平均一年要写八万多字。黄伯荣既要写书，又要备课，实在忙不过来，有时就由忙于家务的妻子挤时间帮忙誊写文稿。他的书能早日出版，其中有妻子的一份功劳。

在北大工作的几年中，黄伯荣一家在物质生活方面是比较艰难的。中大工作期间他不仅没有积蓄，还欠了一些债。原因是他的家庭出身是地主，家乡 1952 年搞"土改"时，要他出钱为家里退租退押。为了支持"土改"，中大允许员工借钱，黄伯荣就向中大和私人借了几百元，给回家乡。离开广州时，单位借款已从工资中扣除还清，但仍有部分私人欠款到北京后才还上。

到北京次年，最小的女儿也出生了，一家七口人仅靠黄伯荣每月 70 多元的工资维持日常生活，还要还债，日子过得非常拮据。到北京的头一年冬天，全家要添置冬衣，没有钱，幸好收到了《祖国的文字》一书的稿费，才解决了问题。次年夏天，家人都想吃西瓜，操持家务的妻子和他商量了半天，才下很大的决心买回了半个，而且这年就吃了这一次。

支援西北　调入兰大

1958 年 2 月，响应国家支援大西北建设的号召，黄伯荣毅然离开工作了近四年的北京大学，举家西迁，调到兰州大学中文系工作。这一年，黄伯荣 36 岁。

兰州大学也是中国名校。该校创建于 1909 年，始为"甘肃法政学堂"，1928 年扩建为"兰州中山大学"。之后几经变迁，于 1946 年定名为"国立兰

州大学"。新中国成立后，国家执行第一个五年计划，实施开发大西北战略，兰州大学于1953年被确定为教育部直属全国重点综合性大学。由于此前战乱频仍及地理位置偏远、办学条件相对较艰苦等原因，该校师资流失较严重，加上在1957年的"反右"中，一批教师被打成右派，师资力量更显不足。为扶持兰大，教育部决定从北京大学等高校抽调一批年富力强的教师给予支援。

当时有一名叫田明的兰大年轻教师正在北大中文系进修，教研室指定黄伯荣担任田明的现代汉语指导教师。兰大到北大物色人选，田明就极力向领导推荐黄伯荣。于是，兰大教务长陆润林亲自到黄伯荣的家里，恳请黄伯荣到兰大做学科带头人，开辟新天地。渴望闯出一番事业的黄伯荣为之心动了，报名调往兰大。

调入兰大仅一年，甘肃省于1959年搞高校院系调整，兰大撤销文科专业，中文、历史系教师通通离校，调入其他院校工作，黄伯荣被安排到甘肃师范大学，一待就是三年。直到1962年兰大恢复文科专业，黄伯荣方重回兰大。

到兰大后的一年中，全国高校开展了批判资产阶级学术思想活动，接着是"拔白旗"运动，黄伯荣新到兰大，侥幸没有受到冲击。同一年里，吹响"大跃进"的号角，成立人民公社，全民大炼钢铁，农村亩产万斤，浮夸风吹遍全国。进入20世纪60年代初的大困难时期，人均月口粮和食油供应量大减，食堂卖过用从地上扫来的干槐树叶做馅的包子，曾有学生因饿得厉害，食馒头过饱而胀死，而很多人因营养不良而浮肿。黄伯荣为渡过眼前难关，也考虑到自己老了要回归故里，1960年至1961年，他先后将大女儿黄若梅、三女儿黄绮仙送回家乡阳江读书，并希望她们在阳江求得发展。另外，黄伯荣一家还开展了"生产自救"活动，在校园内的闲置地、墙角、水沟旁，种上甜菜、向日葵、玉米、马铃薯等，尤其是甜菜和向日葵，"收成"颇丰，种出的向日葵竟有脸盆那么大。甜菜和向日葵可提供糖分和油料，就靠这不起眼的甜菜和向日葵作为"营养"补给，黄伯荣一家得以幸免于当时流行的浮肿和肝炎，平安度过困难时期。

尽管条件艰难、生活困难，黄伯荣仍努力工作，出了不少有影响的科研成果，如学术论文《〈水浒传〉疑问句的特点》（1958）、《阳江话物量词的语法特点》（1959）、《汉语语法的研究》（1961）以及专著《句子的分析与辨认》（1963）等。其中，在语言学界影响最大的是《句子的分析与辨认》一书。书中分析了各种句子成分和句型，特别提出了相邻和易混的成分、句型的辨认方法。该书旨在普及《暂拟汉语教学语法系统》，同时对它的中心词分析法中的析句符号做了修改。它的句子成分析句符号来自适合成分分析的"原句加符号法"（即黎锦熙和张拱贵、廖序东的读书标记法），后来，由他逐步改造成为也适合层次分析的两套"线条括号表示法"。它为后来的大学教材和《中学教学语法系统提要〈试用〉》所采用。该书对读者掌握有关分析和辨认句子结构的知识和方法帮助很大，受到大学教师和中学读者的欢迎，因而多次重印。该书以及此前发表、出版的一些有影响的论文和专著，为后来黄伯荣被选为全国《现代汉语》主编创造了必备的条件。

"文革"十年　不堪回首

1966 年，"文化大革命"风暴席卷神州大地，兰州大学和全国一样，陷入了一场灾难之中。

兰大校园贴满了抄自北京等外地的和本地的大字报。兰大的校领导一开始都被打倒了，大多被打成了"走资派""叛徒"。一心想在兰大做一番事业的黄伯荣，也被打成了"反动权威""现行反革命"和"历史反革命"。

"文化大革命"后期，黄伯荣和全系的师生被安排到平凉县柳湖公社劳动，有半年时间与当地农民群众同吃同住同劳动。他从"统管组"出来后，与其他被打倒的人一道，被安排到与内蒙古交界的一条山农场开荒造地。黄伯荣还记得，那里周围都是一望无际的荒滩黄土，有稀稀拉拉的骆驼草，也有少量不易看清的发菜，还有野黄羊等野兽不时出没。在平整土地时，因为要用到水平仪，黄伯荣就用玻璃管和胶管制造了几个被称为"白墩子一号"的仪器，现场解决了问题，受到当时农场兰大领导、后来成为民政部部长的崔乃夫的好评和表扬。回忆这段岁月，黄伯荣竟然如此乐观地说："'文革'十年里，虽然没看过书，没动过笔头，但从积极的方面看，劳动却把身体锻炼好了。"小时体弱的黄伯荣，由于乐观、豁达，"文革"中他并没有被吓倒，反而锻炼出强壮的体魄，有人说他已变成山东大汉了。

打倒"四人帮"后，学校为黄伯荣和其他"牛鬼蛇神"落实了政策或平反。落实政策小组还给黄伯荣赔偿被北京"红卫兵"和本校造反派抄家所造成的损失。为纪念这段不寻常的岁月，黄伯荣用赔偿给他的几十元钱，买了一个吊顶宫灯。此灯后来挂在青岛家中的客厅中央，作为历史的见证和警示。

"文革"结束　主编教材

黄伯荣教学与研究生涯中最大的贡献，是主编出版了一部广受欢迎的全国高校文科统编教材——《现代汉语》。

随着 1976 年 10 月"四人帮"的倒台，中国终于结束了十年"文革"噩

梦。以 1977 年恢复高考为标志，教育事业和社会科学研究走进了万象更新的春天。由于正常的社会科学研究中断了十年之久，全国高校所有的文科教材大都已不适应形势发展和教学要求，亟须更新换代。以现代汉语学科为例，"文革"前仅有一本由复旦大学胡裕树主编、于 1962 年出版的《现代汉语》统编教材，时隔十多年，不少内容有待修订，很多高校只好自编讲义或合编教材应急。重新编写出版一套既吸收语言学最新研究成果，又切合高校教学实际需要的教材，势在必行。

1978 年，由河南郑州大学讲师张静发起，联络全国 23 所高校，打算新编一本有改革精神的《现代汉语》协作教材。当年 3 月，这 23 所高校的学者和教师汇集郑州，讨论协作编写《现代汉语》问题，时任兰州大学讲师的黄伯荣也应邀参加会议。大家普遍不满意当时流行的《暂拟汉语教学语法系统》，但在采用何种语法体系、编写体例等重大问题上，观点不统一。经过对各方意见进行梳理，会议讨论决定按两套方案来分头拟订编写大纲。第一方案推选黄伯荣为召集人，第二方案推选张静为召集人，各校与会人员根据各自的学术观点，自行选择参与哪套方案教材的编写。教材大纲定下后，两个编写组的老师回校分头开始编写工作。同年 6 月，教育部在武汉召开全国高校文科教材编选会议，研究各科目新教材的编写问题。关于现代汉语，各校、各家均将自编或合编的教材上报，由会议审定能否纳入全国统编教材编写计划。郑州会议的23 所院校协作教材被纳入编写计划。

同年 8 月，《现代汉语》协作教材扩大会议在昆明举行，共有 60 多所高校参加。两个编写班子分别提交了根据郑州会议所定大纲撰写的教材初稿。会议由张静主持，说教育部希望将两套方案合二为一。但意见分歧较大，最后维持原定的两套方案，分头编写，交由教育部最后审定选择。会议确定，第一方案由当时还是兰州大学讲师的黄伯荣任主编，徐州师范学院教授廖序东任副主编；第二方案由郑州大学讲师张静任主编，北京师范学院讲师刘世儒任副主编。两套方案各章节的撰稿修改任务也落实到了个人。

1979 年 3 月，两套教材的定稿会分别在兰州和郑州同时召开。在兰州会议上，黄廖本《现代汉语》顺利定稿，并交甘肃人民出版社出版试用本。特别值得一提的是，作为主编，黄伯荣充分发挥了他的协调组织作用。为增强编写班子的责任心和协作精神，形成荣誉共享、责任共担的机制，该书只署编者名，不注明每个人所撰写的具体章节，编者排名按其所在学校音序排列。临出版前，他还将副主编廖序东名前"副主编"三字删去了。编写班子将教材送教育部审定，并建议教育部召开专家评审会议。

1980 年 7 月，经教育部批准，黄廖本《现代汉语》专家审稿会在青岛举行。著名语言学家吕叔湘、周祖谟、张志公、胡裕树、严学窘、朱星、徐世荣、陈必恒、张拱贵、吕冀平、张斌、张寿康、李临定和第二方案主编张静等近50人（含旁听者）出席会议并发表意见。会议认为，这部教材总结了前人的经验，吸取了科研新成果，贯彻了理论联系实际的原则，编写体例和内容都符合教学的要求，推荐作为全国高校文科统编教材，会后获教育部认可，学术界称之为"兰州本"。张静主编的第二方案《现代汉语》则由张志公审定推荐给教育部作为统编教材，也获得认可，被称为"郑州本"。至此，我国有了三部《现代汉语》统编教材，任大众选用。

《现代汉语》　创下奇迹

黄廖本《现代汉语》试用本 1979 年出版后，曾分章请著名语言学家王力、岑麒祥、王均、商承祚、周有光、邢公畹、张弓等审阅，提出修改意见。王力热情地为该书修订本题写了书名。

黄廖本《现代汉语》一问世，就发行 12 万册，随后风行全国，最高峰时有八成以上高校中文系选用此书作为教材。1983 年全国实行成人自学考试制度之后，多数省份选用此书作为"现代汉语"主要自学用书。每次印刷量都超过 20 万册，之后，不断重版重印。该书由甘肃人民出版社在 10 年内印刷 20 次，从 1991 年起，转由高等教育出版社出版，迄今共印刷 44 次，总印量超过 400 万册，创造了高校同类教材的最高发行纪录。20 世纪 80 年代，教育部干部田敬诚就此做过一次专题调查，写了题为《一本受欢迎的现代汉语教材》的文章在教育部刊物《高教战线》（1986 年第 6 期）登出，详细介绍黄廖本《现代汉语》的使用情况和特点。

在 20 世纪 80 年代初，该书有一段时间出现了供不应求的情况。四川有人写信告诉黄伯荣，那里紧张到了十多个自学读者共用一本黄廖本教材的地步。本应满足需求，但甘肃出版社却不愿多印，因为当时仍实行计划经济，一方面教材定价国家有规定，价格上出版社无权超过规定的最高标准；另一方面纸张紧张，国家对统编教材实行计划供纸，计划内用纸可享受国家牌价，但超计划用纸就要买高价的，该书印量太大，靠计划纸张远远不够，于是出现了多印多亏的现象。在这种情况下，有些地方干脆自己翻印，于是印数大增，到处都见到黄廖本《现代汉语》教材。他的一个亲戚说，在美国一个小镇的超市里也看到了这本书。黄伯荣也因为此书成了 80 年代社会科学界的大名人，在高校教师和学生中享有很高知名度，40 多所高校先后请他讲过学，此书被学界名为"兰州本"，这也为兰州大学争得了荣誉。廖序东因为参与主编此书，也成

了名人，2001 年江苏省为该省学界名人立传，组织力量编写"江苏学人丛书"，廖序东的传记也列入其中。

皇皇巨著《现代汉语》是黄伯荣学术研究的一个高峰，也是我国现代汉语研究有代表性的重要成果。该书虽属集体创作，但集中体现了黄伯荣几十年来的学术观点和思想，特别是语法体系部分由黄伯荣亲自主持完成。从学术角度看，该教材具有如下特点。一是注意与中学语文教学的衔接。编写时考虑到使用该教材的学生，相当一部分毕业后要从事中学教育工作，有关语法术语尽量使用中学的术语，便于将来的中学教学，这是该书广受欢迎的重要原因之一。二是注重实用。在阐述现代汉语有关重要概念和观点时，同时指出语言使用中容易犯的错误，并举出相应的例句，一正一反，便于学生理解和解决实际问题。三是及时吸收语言学研究成熟的新成果，不断更新内容。黄廖本出版20 多年来，至今已修订七次，平均每三至五年要修订一次，体现了与时俱进的革新精神。四是编写体例严格遵守认识规律，认真总结教学经验，从教学对象的实际出发，内容安排由浅入深，由易到难，由简单到复杂，循序渐进，教师好教，学生好学。为使教材更完善，黄伯荣先后在庐山、开封、敦煌、承德、青岛主持召开多次讨论会，向各教材使用者征求意见，同时办了五期现代汉语讲习班，由专家和编者做专题辅导，黄伯荣每次都给来自各地的现代汉语教师讲解教材语法体系及其变化，并指导教材的使用，扩大了该书的影响。

黄廖本《现代汉语》面世后，全国各地不断有数种同类教材出版，但20 多年来，黄廖本《现代汉语》在我国高等学校和现代汉语研究界，一直享有崇高的地位，其印数之多、读者面之广、在国内外影响之深远、教材学术观点引用率之高，至今无出其右者。

黄廖本《现代汉语》曾多次获奖。1986 年，获甘肃省委省政府颁发的优秀图书奖；1987 年，获甘肃省教育厅颁发的省高校优秀教材奖；1988 年，获原国家教委颁发的全国优秀教材二等奖。1999 年，教育部将它列为文科27 种重点使用教材之一。

心恋大海　移居青岛

尽管教学和科研水平高，出了不少成果，但教授职称却姗姗来迟。黄伯荣是 1954 年当上讲师的，但由于极"左"思潮的影响，高校长期不搞职称评定工作，再加上十年"文革"的原因，直到1979 年，当了近25 年讲师的黄伯荣才被评为副教授。1981 年，黄伯荣被评为教授，但当时教育部下文，为统一标准，教授要由教育部统一评聘，有关提职资料送上去两年多，又退回来，还是由省评定，故至 1983 年才正式公布他的教授职称。

1987 年 6 月，已 65 岁的黄伯荣又一次工作调动，调入新建的青岛大学任教。问起为何调入青岛大学，黄伯荣说，哪里工作需要就到哪里去。而就个人生活来说，主要基于两点考虑：他喜欢大海，老伴喜欢北方。他的家乡就在南海之滨，自幼在海岛上长大，大海的博大与神秘，海上闪烁的渔火、飘拂的帆影，海边垂钓与捕鱼的情趣，一直留在他的脑海中，越在他的人生走向暮年的时候，越是挥之不去。他青年时曾取名黄海，他家建的小楼名为"滨庐"，自认为是大海之子，对海有着深沉的爱。他一生最美好的时光留在了大西北，晚年要找个有海的地方滋润这自幼生长的恋海情结。南方的学校也有想他调去的，但他和老伴因久居北国，觉得身体不适应夏天炎热、多雨、潮湿的南方，更喜欢气候干爽、清凉的北方，因此，他只能两个因素都考虑。后来，青岛大学因为重新建立，各方面的人才都十分缺乏，想请他去做学术带头人，即使他已是 65 岁年届退休的人，还是盛情邀约他。他觉得青岛大学比较合适，就调进了青岛大学。

青岛大学曾有过辉煌和灿烂的历史。据资料记载，早在 20 世纪 30 年代，由著名的教育家蔡元培先生亲自筹划，著名的教育家和文学家杨振声先生主持，在青岛市小鱼山脚下、黄海之滨创立了国立青岛大学，云集了闻一多、老舍、梁实秋、沈从文、王统照、童第周等一大批人文与自然科学家在此执教，一时声名鹊起。后来，青岛大学更名为"山东大学"。因青岛容易暴露在敌人的炮火下，作为国家重点大学的山东大学，1958 年迁到内地省会济南。1985年，由著名教育家张承先提议，青岛大学开始在青岛重新筹建。重建的青岛大学被确定为省属重点大学。到 1993 年，山东省政府决定，经原国家教委批准，驻青四所高校——青岛大学、山东纺织工学院、青岛医学院、青岛师范专科学校合并组成新的青岛大学。发展到今天，青岛大学已成为一所拥有文学院、艺术学院、美术学院、法学院、理工学院、医学院、纺织服装学院、机电工程学院、电气及自动化工程学院、信息工程学院、国际商学院、国际金融学院、旅游学院、师范学院、国际交流学院、成人教育学院、高等职业技术学院和霍尔姆斯学院共 18 个学院的大型综合性大学。

青岛人民对这位名满天下的学者是非常欢迎和敬重的。刚进青岛时，黄伯荣到派出所办入户手续，办户口的民警看了他的名字，惊讶起来："您就是黄伯荣先生？我自学考试学过您主编的《现代汉语》。"这位民警对黄伯荣的敬仰之情溢于言表。有次在菜市场买菜，有人认出了他，与他聊了起来，这人也是自考生，学的也是他主编的教材。他还被选为山东省第六届政协委员，这是他有生以来政治生活中最高的待遇，这让他感到舒心。

新青岛大学背依浮山，面向黄海，随时都可以到海边散步，这使黄伯荣感到十惬意。在青岛大学，黄伯荣执教于文学院中文系，任汉语教研室主任、汉语研究室主任。他在青岛大学工作了近五年，于1991年69岁时退休。

在青岛大学执教期间，黄伯荣利用自己的影响力加强了中文系师资队伍建设，除帮带青年教师外，先后介绍推荐了一些有能力的学者进青岛大学中文系任教。教学的同时，他带领几名中青年教师争分夺秒挤时间为后来出版的、填补空白的专著《汉语方言语法类编》搜集资料，并组织集体编写。令黄伯荣感到美中不足的是，当时由于新青岛大学还不具备招收硕士研究生条件，他无法为青岛大学带硕士研究生，只好为兰大带完一届研究生后，应宁夏大学的聘请，成为该校的兼职教授和研究生导师，为该校带过一届硕士研究生。

退而不休　再攀高峰

黄伯荣从1951年走上讲台到1991年退休走下教坛，从南边的中山大学到北边的北京大学，再从大西北的兰州大学到东边的青岛大学，先后在四所大学耕耘了整整40个春秋。南北西东，他在神州大地上走了一个大大的"十"字。

对于勤奋的黄伯荣来说，"退休"二字只是政策上的字符，而实际上，他似乎比退休前更忙。

退休之前，他和妻子有分工：他只管外，一心扑在教学和科研上；妻子管内，养育孩子，缝缝补补，买菜煮饭，所有的家务都由妻子操持。黄伯荣谈到，他的妻子很能干，勤俭持家，量入为出，把一个家操持得井井有条，从不欠缺，渡过了一个又一个的难关。退休后，老伴身体大不如前，或许作为一种补偿，黄伯荣没有请保姆，而是把全家内外事务全揽了下来，一边做好家务，一边挤时间写文章、修订教材。

他每天的生活很有规律：早上6点多钟起床锻炼身体，常去散散步或练练"导引健身功"；8点钟之前提着篮子步行到农贸市场把菜买回来；9点至11点为学习工作的时间，或看书看报，或写文章，或修订《现代汉语》教材；11点开始做午饭，中午必须午睡；下午2点半钟起床，又继续学习工作；5点钟做晚饭，饭后与老伴去散步；到了晚上，黄老有时也看看电视，他最喜欢的节目是《动物世界》和《奇趣大自然》，也看历史名剧和粤剧，但看得不多，主要还是在继续做学问；临睡前再练练健身功。对这样的安排，他自谓是"脑体结合"，并说："退休十多年来身体一直很好，这'脑体结合'功劳可不小。"

黄老先生退休后仍笔耕不辍，出版了三部专著，发表了四篇论文，《现代汉语》修订了两次。其中，1996 年由青岛出版社出版的长达 180 万字的《汉语方言语法类编》和 2001 年由广东人民出版社出版的 12.5 万字的《汉语方言语法调查手册》两本专著属填补空白的，受到学界普遍的欢迎和肯定。《汉语方言语法类编》一书先后获青岛大学科研成果一等奖、青岛社科联社科优秀成果一等奖、山东省教委高校优秀成果一等奖、山东省社科联社科优秀成果三等奖；《方言语法调查手册》现正在申报相关奖项。论文《框架核心分析法》是他学术思想的总结。此文先在一个学术研讨会上宣读，被与会的海南教育学院学报编辑看上，拿到其学报上发表。因该学报读者少，此文略做修改后又在全国语言学重点刊物《汉语学习》上刊出，中国人民大学资料复印中心《语言文字学》认为该文重要，于是全文复印转载。次年，该文获青岛社科联社科优秀成果二等奖。另外，黄老还应邀为《阳江县志》写了一篇两万多字的《阳江方言》，为家乡县志的编写做出了应有的贡献。

令人敬佩的是，黄老至今还不服老，他还在为他的《现代汉语》做修订的工作。在一次采访中，他正在看一篇广州大学中文系副教授许光烈写的题为《黄廖本现代汉语求疵》的文章。他说要虚心听取各方意见，要不断吸取新的东西，进行修改补充，使教材更加完善；他还说要再写两本书，为发展我国语言学事业发挥余热。

2001 年，已退休 10 年整、80 岁高龄的黄老先生迎来了他人生最为辉煌的时刻：8 月 9 日至 12 日，青岛大学、青岛市语言学会为成就卓著、桃李满天下的黄伯荣先生举办"黄伯荣教授从教 50 周年庆贺会暨黄伯荣教授学术思想研讨会"。来自全国各地的专家、学者参加了研讨会，许多高校和亲友纷纷发来贺电表示祝贺。

为人师表 一代楷模

黄伯荣的一生是坎坷的，正所谓一言难尽。但是，他先后执教于四所著名高校，育得满园桃李，并凭一套《现代汉语》教材享誉大江南北，让无数人受益。还是让我们来听听他的两名学生、中山大学的两名教授是怎样说的吧。

中山大学中文系副教授、在职博士李炜是黄伯荣先生的得意弟子。他1960 年出生，1982—1985 年在兰州大学中文系师从黄伯荣攻读现代汉语硕士研究生，毕业后分配至中山大学任教至今，现为中大中文系现代汉语教研室主任。

提到他的导师黄老先生，他充满了自豪与敬意，并把我们带进了他与导师

相处、交往的一段段难忘的岁月里。

李炜当年读黄老的研究生，是"一人带一人"。黄老那时经常外出讲学，就经常把李炜带在身边，怕误了他的学业，连在火车上都要上课，黄老强烈的责任心让李炜至今难忘。有一年夏天期末考试，黄老出的题目是比较几种汉语语法的析句方法。因题目量大，又紧张，李炜答题时流了鼻血。他以为老师会改天再考，哪知黄老先生"望闻问切"一番后，知道学生没什么大碍，叫擦干了鼻血，又继续答卷。这让李炜看到了黄老先生的一丝不苟和严格。"文革"时，黄老先生被打成"牛鬼蛇神"，后来他平反了，在清退"三种人"时，上面来的调查组同黄老了解当年在运动中搞他"黑材料"和折磨他打骂他的人的情况，黄老不但不报复，还宽宏大量地说，那是时代的悲剧、一个时期的错，多数人是受骗做了错事，不主张追究其太多的责任。其时，李炜正跟在黄伯荣身边，这让李炜从老师身上读懂了什么叫作宽容。

从读研时起，李炜一直叫师母为"黄妈妈"，至今未改口，他们师生之间的关系很好，彼此交往了解较深。作为后辈学子，李炜对老师的评价是：一个典型的中国知识分子，他对得起国家，对得起中国的教育事业。

中大中文系著名教授傅雨贤，1932年10月出生，1953年考进中山大学语言学系，1954年随中大语言学系师生并入北大中文系学习，1957年从北大毕业，分配到中山大学任教，已于1993年退休。

傅教授是黄伯荣先生的第一批本科弟子。他回忆说，虽然做学生时黄老还只是一名年轻的教师，但他对学生爱护有加，教学态度诚恳，为人热情谦虚，给人留下深刻的印象。"他上课不摆架子，有问必答，对学生循循善诱，我对汉语语法产生兴趣，就是受他的影响。"他们之间自结下师生之情后，就交往甚密、关系融洽，常常生活上互相勉励，学术上互相切磋。

傅先生对黄老先生的评价是很高的。在他的眼里，黄老先生集中国知识分子的各种优点于一身，治学严谨勤奋、勇于创新，生活艰苦朴素、积极乐观，为人率真热情、与人为善，处事胸怀坦荡、淡泊名利，对后学重视扶携、激励褒扬，堪称一代楷模。"黄伯荣先生这样的学者出生在阳江，是阳江人的骄傲。"

"黄伯荣教授是我国著名的汉语语言学家和汉语语言教育家。50年来，不论是在岭南，在北京，还是在兰州，在青岛，黄先生为新中国汉语语言学的学科建设和人才培养殚精竭思，呕心沥血，做出了杰出的贡献，产生了重要的影响，得到了学术界的普遍尊重。这是中国汉语语言学界的光荣，也是北京大学中文系的光荣。"这是北大中文系发给"黄伯荣先生从教50周年庆贺会暨黄伯荣教授学术思想研讨会"的贺电。从这份由中国最高学府发出的贺电里，我们可以一窥黄伯荣在现代汉语学科建设和人才培养上的成就和地位。

婚姻家庭　传奇色彩

2000年元旦前夕，阳江举办了一场盛况空前的世纪婚礼。参加婚礼的佳偶共11对，有新婚的、钻石婚的、金婚的、珍珠婚的。属于钻石婚的黄伯荣夫妇和属于珍珠婚的黄绮仙夫妇，父女两代人一起出现在这个婚礼盛会上。在婚礼晚会上，黄伯荣夫妇应邀表演了精彩的节目：夫妻合唱广东歌曲，还当众互相吻手，赢得阵阵掌声，给人留下一段难忘的佳话。黄伯荣表演节目时说，他和老伴在60年前行的是父母之命的旧式婚礼，婚前缺少恋爱的浪漫，在今天婚礼晚会上吻手，不过是补补课罢了。

77岁的黄教授，怎么会有长达60年的钻石婚龄呢？不妨回顾其当年的家庭背景。黄伯荣出生于半封建家庭，在娘胎时死了大母亲。出生时，父亲50岁，可谓老年得独子，但父亲并不高兴，因为迷信书上说黄伯荣的生辰与父母相克。凑巧在黄伯荣一周岁时，他的父亲因肺病去世。父亲遗留下的百石田产，一直给家庭成员带来了不幸。黄伯荣的穷伯父见了田产就眼馋，欺负黄伯荣的生母幼年家穷，父死母嫁，被卖为奴，既无靠山又不识字，想逼她趁年轻改嫁。黄伯荣母亲就是不让人管理丈夫遗产，挨打受骂也不改嫁。她忍气吞声，用泪水教育儿子勤奋向上，并想早早为儿子订婚，找个乡绅亲戚当保护伞。听到媒人说白蒲村大乡绅梁拔常有个孙女待字闺中，媒婆未曾见过该女子一面，但他母亲马上同意说亲。订婚那年黄伯荣才12岁，未婚妻梁文姬才10岁。

梁文姬出身名门望族，她家有碉堡式高楼，厅堂立着先代遗留下来的"肃静""回避"牌，外祖父母家大门口挂着"将军第"金字匾，祖父梁拔常当过国民革命军团长，有一妻四妾。祖父为了便于与官场友好来往，带着二姨太和孙女梁文姬长期住在县城里。梁文姬由二祖母照顾，三岁进城，五岁就上精武小学，十岁高小毕业。因读书过早而没考上中学。梁文姬结婚前一直在县城过着小姐的生活，住处离黄伯荣租住的祠堂一街之隔，可是由于旧礼教作梗，咫尺是天涯。

黄伯荣母亲抱孙心切，不等梁文姬满16周岁就把她接过门。黄伯荣未满18周岁，奉母命请婚假五天回家完婚。举行的是海陵岛很讲礼节和禁忌的传统婚礼。请乐队吹吹打打，大摆筵席，用大红花轿接新娘。新娘进新房就"企（站）米斗"，洞房之夜"坐圆台"。新郎"打堂梅"，次日夫妻"拜堂"，三朝新娘"回面"、新郎"行门"，四朝新郎"行二转（音箭）"。说不清的礼

节，使新郎新娘都莫名其妙，只能任人摆布。新郎在厅堂"打堂梅"时，被"堂梅客"闹到深夜才送入新房。据黄伯荣回忆说，入新房只见花烛不见新娘，又不见有人闹洞房，静悄悄的，不知该不该把新娘从床尾后面拉出来。心想，夫妻生活日子长着呢，何必急？也因太累，上床一觉就睡到天蒙蒙亮。好好的新婚之夜就这样虚度了。由于小两口性格内向，都沉默寡言，婚前毫无感情基础，新婚第四天晚仍未开腔谈笑，乃至新郎婚假期满返校，夫妻二人还未有肌肤之亲。直到次年春节放假回家几天，夫妻感情才逐渐建立起来。

新娘婚后改名梁丽云，五天就自动下厨房，从饭来张口的大家闺秀，一下变成百依百顺的勤劳媳妇。一年后，不光要煮自家人和三个雇农长工的饭菜，还要养猪喂鸡鸭，除了农活，家务事也样样都肯干能干。婚后第三年，梁丽云做了母亲，八年间先后生养了三女一男，喂粥喂饭、洗洗刷刷、缝缝补补，全由她一人包了。她说起当年对婆婆不帮带孩子以及对家务安排确有意见，可是当时任劳任怨，埋头苦干，从无半句怨言。她孝敬婆婆，爱夫如命，邻里和睦，这使在外求学的黄伯荣无后顾之忧。

结婚后，黄伯荣升高中、上大学、进研究所，与妻子文化差距越来越大，信仰、性格、爱好、习惯也存在差异。夫妻感情维持着"君子之交"，相敬如宾。在分居的十几年间，曾有条件较好的女大学生主动示好，但黄伯荣不为所动。他的处世哲学是"己所不欲，勿施于人"。他还曾看过电影《一江春水向东流》，思想触动较大，印象很深刻，影片中的男人只对新人笑，不管旧人哭。他不想成为影片中的"他"，也不忍心妻子成为影片中的"她"，更不愿子女受父母离异之苦。他要对家庭负责，对妻子、孩子负责。

黄伯荣1951年在中山大学工作不久，便被派往清远县参加"土改"工作。得知母亲受田产之累，无钱退租退押，被关起来，因病而死。子女四人，妻子无力抚养。"土改"后国家曾有过一个文件，让地主家庭出身的高校知识分子可接乡间不能自养的家属子女到身边。他写的申请很快得到批准，1953年才结束了十多年夫妻两地分居的生活。团聚后，夫妻有明确分工，丈夫主外，妻子主内。到北京后又生一女儿，一家七口，工资不多。"妻子能勤俭持家，量入为出，从不或少或缺。能把家管好，把孩子管教好，还帮我抄稿，使我不用操心，一心扑在教学和工作上，应该说，我所取得的成绩，有妻子的一份功劳。"这是黄伯荣回忆家庭生活时说的一番话。

黄伯荣夫妻互敬互爱，勤劳节俭，待人以礼，忘我工作，给后代以很好的身教。后代都能夫妻和睦、尊老爱幼，姐妹间团结无间、互相帮助，能把本职工作做得很出色。黄伯荣夫妇几十年来奔波在祖国四方，他们的后代也分布在祖国的南北西东，形成一个等距离的大"十"字。北方寒冷季节，大雁南飞时，他们夫妇常回风和日暖的南方家乡，探望大女儿、三女儿两家，享受四代同堂的天伦之乐；北边有个外孙女一家在北京，西边有小女儿一家在兰州，夏天他们常去兰州避暑，享受西北高原的清凉；不冷不热的季节回到青岛，二女儿一家，有三口在青岛，有两口在美国；东边还有个孙女在上海（可惜她父亲英年早逝）。他们照的全家福里后代就有 28 人（连配偶）。他的后代都过着舒心的生活。

　　在我们采访快结束时，黄老感慨地说："我现在才体会到什么叫作幸福的生活。回顾我在两个时代里的经历，可以说是'苦尽甘来'四个字。童年时兵荒马乱，盗贼如毛，民不聊生；少年、青年时期内忧外患，战火纷飞，国无宁日；中年以后，阶级斗争，出身不好，战战兢兢，如履薄冰；到了老年，改革开放，国泰民安，安居乐业，才觉得越活越有意思。饮水思源，应该谢谢伟人邓小平。没有他的英明决策，哪有祖国的今天！哪有我们一家人的今天！"这番感慨，透着我们写不完的秘密……

黄伯荣，研究阳江话居功至伟的第一人

冯　峥*

我和伯荣先生交往始于半个世纪前的 1973 年。那时我在东平渔小当民办教师。

我的学生施达荣说，他有个亲戚叫黄伯荣，在兰州大学当教授，正在研究阳江话。达荣知道我也在研究阳江话，就介绍黄老师给我认识。此后，我和伯荣先生便建立了通信关系。我叫他"老师"，他也叫我"老师"。

那时，伯荣先生正在编《汉语论文集》参加甘肃省语言学会 1979 年年会。他的阳江话研究专著《阳江话词汇研究》列入了《汉语论文集》，准备内部出版。

当年 9 月 2 日，我收到他的论文集——40 多年了，这 270 多页用蜡纸油印的册子现在还保存在我手中。当时我抽空看完，随手把意见写信寄给他。伯荣先生自谓"离开阳江 30 多年了，所记的是 1948 年前的家乡话，因此难免有许多谬误的地方"，每次收到我的意见，感激之辞溢于信纸。

可能赶着定稿，也可能是出差之便，这年年底，伯荣先生 30 多年后第一次回到家乡，可想而知他要办的事情很多，要见的人也很多，时间一定安排得很紧。然而想不到的是，他居然要到边远的东平渔港看我。那天，他乘坐的班车到了寿长渡口，因为目睹了一起抢劫案（那时车匪路霸作案时有发生），陪同去的人便力主回头，于是我与黄老师失之交臂。

真正见面，是他老人家定居阳江后。阳江很小，我和他女儿都是市政协委员，与他当经理的外甥也很熟，但见面仅限于公事公办的节日慰问之类。每次见面，他都问我的那本《阳江话字词语典》怎么样了？2009 年，我的《阳江话字词语典》出版，4 月 16 日《阳江日报》假座名濠酒店举办这本书的座谈会。黄老师应邀出席，并做了讲话（后发表在《阳江日报》上），奖掖后学，可见精神，那时他已耄耋初迈！

我认为，黄先生是研究阳江话居功至伟的第一人。

诚然，研究阳江话黄先生不是第一人。据我手头掌握的资料，早在 1928

---

* 本文作者系阳江市高凉文化研究会主席，曾任阳江市文联主席、市作家协会主席。

年就有人研究过阳江话，并且编辑出版了四卷本的《阳江土语字典》。我手头有影印本，可惜不知作者是谁。但是在当时的印刷条件和研究氛围下，那本字典只能在一些文人圈子内部传阅，没有广泛流传。

从这一点来说，与伯荣先生研究阳江话在国内权威报刊发表论文，著书立说、正式出版、广泛发行，是不可同日而语的。可以说，由伯荣先生开始，阳江话才登上汉语研究的大雅之堂。

更重要的是，伯荣先生的阳江话研究使用国际音标注音。

此前，研究阳江话的阳江人如谢绍祯、叶柏来等，都是使用切音或是汉语拼音两种方法。而伯荣先生首先使用国际音标，这就把阳江话推上了国际学术研究的最高层。换句话说，伯荣先生是把阳江话推向国际的第一人。

还有，以前研究阳江话的著作，都是止于集字注解的字典类，上升到语法理论研究的，伯荣先生也是第一人。

2013 年 5 月 12 日伯荣先生去世。在阳江老一辈文化人中，他是走在最后的一个。换句话说，黄伯荣走了，阳江这"老一辈"的文化现象算是终结了。以当前现状看，在阳江，诗书要超过阮退之，绘画要超过苏天赐、关山月，音乐要超过何士德，汉语研究要超过黄伯荣，此人还未见到。

伯荣先生是阳江人的骄傲。今年是他的百年诞辰，此前民间就有人自发举办了他的纪念活动，为此，还不惜天价从网上搜集了黄先生的早期著作，可见黄先生的事迹感人至深。

纪念先人，最实际的是继承乃至完成先人未竟的事业。阳江话是古汉语的活化石，不但没有过时，而且日显其价值。伯荣先生正是看到这一点，才付出其毕生精力（曾庆存院士也有这个看法）。眼看阳江话日渐式微，有识之士有责任保护我们的母语，应该把此事列入抢救文化遗产的当务之急，把它当作阳江优秀的传统文化来保护和传承。我提议，由今天的主办单位牵头，成立"黄伯荣阳江话研究会"，把前辈的担子接下来。我认为，这是对老师最好的纪念。

情系家乡方言　德才泽披漠阳

——缅怀杰出的语言学家黄伯荣

林　迎*

在阳江这幅灵山秀水里，伴随着时代风云，英才辈出。著名的语言学家黄伯荣，就是阳江人民引以为骄傲的一员。黄伯荣教授生于风雨如磐的 20 世纪 20 年代，在直面坎坷、奋斗进取中走过了波澜壮阔的 91 年人生道路。60 多年的辛勤耕耘，他在语言学领域取得了令人瞩目的成就。先后出版或合编出版了语言学专著 23 本；由他主编的黄廖本《现代汉语》再版九次，总发行量超过 1000 万册，创造了同类统编教材的最高纪录。特别令人称道的是，他的一生还倾注了大量心血致力于家乡方言研究，并取得累累硕果。

时值先生百年华诞，怀着无比激动之情，我们走进这位漠江之子——语言大师黄伯荣教授波澜壮阔的人生历程。

矢志汉语　成就斐然

黄伯荣先生于 1922 年出生于阳江一个书香家庭，不幸的是，他刚满周岁时，父亲就因病辞世了。不过，坚强而善良的母亲尽管不识字，却深知学习和做人的重要。从伯荣牙牙学语时起，就亲口授他《三字经》，教育他要好好读书，长大后做个有文化、有出息的人。家境的艰辛、母亲的励志，让从小就历经坎坷的黄伯荣显得特别懂事，从走进学校之日起，就以品行良好和学业成绩优异而深得老师的喜爱。

1945 年年底，黄伯荣以优异的成绩考取中山大学中文系，实现了久藏于心的"中大梦"。中山大学文学院久负盛名，人才济济，尤其是 20 世纪 40 年代后期由著名语言学家王力执掌文学院之后。王力是我国当代最有成就的语言学家和教育家之一，享有"生前一代雕龙手，身后三千倚马才"之美誉。慕王力之名，黄伯荣由中文系转入语言学系。1949 年夏天，黄伯荣本科毕业，

---

* 本文作者系阳江市作家协会主席、中国作家协会会员、广东省作家协会理事。

接着考上了导师岑麒祥教授的语言学专业研究生。毕业后被安排到文学院语言学系任教。

1954 年 6 月，黄伯荣先生第一本著作《祖国的文字》由中南人民出版社出版。该书比较系统地介绍了汉字的起源、发展及其结构、特点方面的知识。同年，中大语言学系并入北京大学中文系，8 月初，黄伯荣和王力、岑麒祥教授以及近百名学生，来到既向往又陌生的首都北京。

1958 年 2 月，响应国家支援大西北建设的号召，黄伯荣先生毅然离开工作了近四年的北京大学，举家西迁到兰州大学工作，担任语言教研室主任。随后，发表了《〈水浒传〉疑问句的特点》（1958）等有影响力的论文，出版了《句子的分析与辨认》（1963）等专著。

1977 年，教育事业和社会科学研究开始走进了万象更新的春天。1978 年，由郑州大学讲师张静发起，联络全国多所高校打算新编一本富有创新精神的《现代汉语》作为教材。当年 3 月，23 所高校的学者和教师会集郑州，讨论协作编写《现代汉语》问题，时任兰州大学讲师的黄伯荣也应邀参加了会议。会议经多次讨论协调，最后确定由黄伯荣任主编。

皇皇巨著《现代汉语》是黄伯荣学术研究的一个代表作。该书集中体现了黄教授几十年来的学术观点和思想：一是注意与中学语文教学衔接；二是注重实用性，便于学生理解和解决实际问题；三是及时吸收语言学研究的新成果，不断更新内容。40 多年来，黄廖本《现代汉语》发行量之大、读者面之广、在国内外影响之深远，至今无出其右者。黄廖本《现代汉语》曾获教育部、甘肃省、山东省、青岛市等颁发的共十多个奖项。1999 年，该书还被教育部审定为文科 27 种重点推荐的使用教材之一。

倾情方言　开拓创新

黄先生常说，研究方言是自己一生之最爱。他在方言语法研究上造诣尤深，早在中大工作的三年中，就致力于这方面的探索。1951 年，黄先生在《光明时报》语言文字副刊发表了第一篇论文——《广州话的几个特点》，从语法角度研究广州话，颇具新意。此后又接连发表了好几篇关于阳江方言语法的研究论文。

自 1954 年 8 月进入北大到 1958 年 2 月调往兰州大学，三年半中他先后出版了《北京语音学习》《广州人怎样学习普通话》《陈述句、肯定句、祈使句、感叹句》三本著作，还发表了《关于划分词类问题的考察》《简体字的结构》《形容词和副词的界限》等多篇跟方言研究息息相关的论文。可以说，此时黄

先生迎来了方言研究的第一个丰收期。

1958 年，他到兰州大学工作，先后发表了五万字的《兰州方言概说》、长篇论文《兰州方言》等。同时，还发表了在方言语法方面具有开拓性的系列论文，如《广东阳江物量词的语法特点》《广州话补语宾语的词序》等。1981 年，黄先生以其突出的业绩而被评为教授。

1987 年 6 月，黄先生再次工作调动，支援新建的青岛大学。在青岛大学执教期间，他带领几名中青年教师争分夺秒收集汉语方言语法的资料。

1991 年退休后，黄先生依然笔耕不辍，除了先后两次修订《现代汉语》，还把主要精力用在方言研究上。1996 年至 2001 年，由黄先生主编的《汉语方言语法类编》和《汉语方言语法调查手册》两本巨著分别由青岛出版社和广东人民出版社出版了。这两本辞典式的巨著在学术界好评如潮。另外，黄先生还应邀为《阳江县志》写《阳江方言》，为家乡县志的编写做出了贡献。

"父亲能抓住一切可以利用的时机对阳江话进行调研，返乡探亲是最有利的时机，村野、渡头、瓜棚下、猪圈旁、夜色中城区的食摊，都是他采访的地点。"据对父亲了解最深的三女儿黄绮仙介绍，黄伯荣先生对方言的研究，已到了如醉如痴的地步。

为人师表　一代楷模

黄伯荣教授先后执教于多所著名高校，育得满园桃李。作为师长、学者，无论是在语言学创立中做出的贡献还是他的高尚人格，都在同事和学生中传为佳话。

在他第一个本科弟子——中山大学著名教授傅雨贤的印象中，黄先生集中国知识分子各种优点于一身：治学严谨、勇于创新、为人率真热情、对后辈关爱有加，堪称一代楷模。

青岛大学文学与新闻传播学院戚晓杰教授不无感慨：伯荣先生谦逊待人，讲究学术民主，学生可以畅所欲言，就算说错了，他也会宽容相待。学术界能得此良师，真是一件幸事啊！

李炜是黄伯荣先生的得意弟子。1982—1985 年在兰州大学师从黄伯荣攻读硕士研究生学位，后为中山大学文学院教授，曾任中山大学中文系系主任。谈及自己的导师，李炜的崇敬之情油然而生："从先生身上，我学到的不仅仅是专业知识，更学到先生的为人态度，黄先生虽是学术泰斗，但却朴实无华，淡泊名利，待人十分谦和厚道。就拿他最负盛名的《现代汉语》来说，当初在教材编写大会上各协作院校公推黄先生为唯一主编，廖序东为副主编，在

1979 年春交稿给出版社时，黄先生却悄悄去掉了廖先生副主编的‘副’字。”

　　谈及黄伯荣教授的为人，李炜无法抑止内心的崇敬之情。他说："‘文革’期间，黄先生受到冲击，多次裸露膝盖跪板凳，导致两个膝盖化脓。尽管如此，他对这些造反派也持有一份宽容的心。当时，专案组找到他，要对一个殴打过他的造反派分子（当时叫‘三种人’）进行取证调查，准备对其绳之以法。而黄先生却说：‘他不过是某些人的棍子，我的身体是受到了伤害，但是他的灵魂更受到了伤害。放过他吧！’当时的我真被震撼到了，突然觉得眼前的黄先生如此之高大，真可谓‘高山仰止’！"

　　"在我的眼里，黄先生是老师，更是父亲。"谈及从最初到后来与黄先生缘分，李炜依然无法抑制内心的无限感怀。他说："1982 年，我从 60 余位竞争者中脱颖而出，以专业、总分都第一的优异成绩考入兰州大学，成为先生门下唯一的研究生。他对我要求很严格，有一次在黄教授的办公室进行期末考试，先生亲自监考。答题时，我突然流鼻血了，他让我用冷水洗干净后，用棉花堵住鼻孔回来继续答题……1982—1985 年，是我求学路上最幸福的三年。先生带着我经常去参加黄廖本《现代汉语》的会议，开展巡讲、听取意见，跑遍了全国各地，但课倒一节都没有落下。出差时，课堂就搬到了火车上；上课累了，先生就给我讲打猎和捉鱼的技巧。要知道，我的恩师不仅是学术高手，也是神枪手和徒手捉鱼的高手。我津津有味地听着，恍惚中，分不清他到底是先生还是父亲。"

　　李炜特别难忘的是黄先生心系家乡的眷眷情怀。他说："黄先生应该是我国使用现代语言学方法研究广东方言的第一人。他写于 1948 年的《阳江话词汇研究》，就是就读中山大学时的本科毕业论文。大半个世纪以来，黄先生利用工作之余一直在调查和研究自己家乡话阳江方言，到老人家去世前已累积两尺多高的手稿。"

　　李炜还满怀深情地记忆起一件往事："记得我师从导师读硕士研究生时，先生讲的并不是我意料之中的语法，而是一些发音难度较高的国际音标，其中印象最深的就是阳江等粤西方言中特有的边擦音。这从一个侧面反映出黄先生的家乡情结。"

　　"黄伯荣教授是我国著名的汉语学家和汉语语言教育家。60 年来，不论是在岭南、在北京，还是在兰州、在青岛，黄先生为新中国汉语言学科建设和人才培养殚精竭虑，呕心沥血，做出了杰出的贡献，产生了重要的影响，受到了学术界的普遍尊重。这是中国汉语语言界的光荣，也是北京大学和兄弟大学的光荣！"这是 2011 年 7 月，在由中山大学中文系和北京大学中国语言学研究所主办的"高等院校现代汉语、语言学概论教材教法研讨会暨黄伯荣九十华诞

庆典"上，北京大学中文系系主任所做的热情洋溢的贺词。她表达了黄伯荣教授工作过的北京大学、中山大学、兰州大学、西北师大、青岛大学代表的心声，纪念庆典对黄先生的学术成就和人生品格给予了高度评价，我想，他是当之无愧的。

心系桑梓　光泽后世

"莫道桑榆晚，为霞尚满天。"黄先生从 1951 年走上讲台到 1991 年退休，从南边的中山大学到北边的北京大学，再从大西北的兰州大学、甘肃大学到东边的青岛大学，先后在五所大学的讲台上耕耘了整整 40 个春秋。南北西东，他在神州大地上走了一个大大的"十"字。

岁月不饶人，转眼在青岛大学工作了四年多，69 岁的黄先生退休。对于一生勤劳的黄先生来说，"退休"二字只是政策上的字符，而实际上，他似乎比退休前更忙了。退休前，他一心扑在教学和科研上，现在妻子身体大不如前，或许是作为一种补偿，黄先生把买菜煮饭的家务都包下来了。清早晨运后散步去买菜，回来再伏案写书，累了就做饭。用三女儿的话来概括，他的做法就是"统筹使用时间"。

黄先生退休后始终笔耕不辍，主编了三部著作，发表了六篇论文，还对《现代汉语》修订了两次。其中，1996 年由青岛出版社出版的长达 180 万字的《汉语方言语法类编》，以及 2001 年由广东人民出版社出版的 12.5 万字的《汉语方言语法调查手册》，两本专著均属填补空白，受到学界普遍的欢迎和肯定。《汉语方言语法类编》一书先后获青岛大学科研成果一等奖、青岛社科联社科优秀成果一等奖、山东省教委高校优秀成果一等奖。

与此同时，黄先生还应邀为《阳江县志》写了一章两万多字的《阳江方言》，为家乡县志的编写做出了应有的贡献。

黄伯荣先生这种情系家乡的品格也传承到他后代之中。每当谈及父亲为人，三女儿黄绮仙老师都无比激动："父亲一生淡泊名利，唯有对家乡情怀始终不变。到了晚年，他最大的夙愿就是要完成一本真正得益家乡人的阳江方言集大成本。令人遗憾的是，事业未竟，老父亲便驾鹤西去，只留下厚厚的一大摞文稿，还有 300 多张长短不一、宽窄不齐、颜色各异的记录阳江方言词汇的小纸条。"

黄绮仙深知这些书稿的珍贵，她义无反顾地主动承担起为父亲整理书稿的重任，她要继承老人的遗愿，为国内外语言研究者留下一份珍贵的阳江方言研究资料。然而，要把父亲数十年积累下来的资料整理出来，对于从未读过汉语言专业的人来说，其难度可想而知。特别是由于年代久远，有些手稿是钢板蜡纸刻写，有些是手抄，纸质已发黄，字迹模糊不清；还有一些内容有重复的稿件并没有标明写作的时间，应该以哪份为准？这一切，都常常让黄绮仙感到无从下手。不过，深得父亲敬业精神熏陶的黄绮仙没有退却。她常常为了一个字、一个词反复翻阅、对比、推敲，进一步探究作者的意图，而后再做出抉择。

在整理书稿的过程中，黄绮仙很注重依靠团队的力量。凡是重大的、关键的问题，总是请教李炜教授；在成书的关键节点文字录入方面，则主要依靠专攻汉语言学专业的容慧华副教授。为确保著作质量，对书稿采取多方面技术性处理。她更多地还是依靠阳江日报社黄仁兴社长，以及报社专门组成的一个五人小组，还有自己的亲人，关心黄教授语言巨著出版的同道、好友，等等。在大家的共同努力下，历时五年，洋洋80万字的《广东阳江方言研究》终于在2018年编纂成功。"没有他们的大力支持，这本书根本不可能在这么短的时间里面世！"说到这里，黄绮仙自豪与感激之情溢于言表。

"心系桑梓情意暖，一代名师出漠阳。"作为杰出的漠阳骄子，黄伯荣先生淡泊名利，甘于奉献，生命不息，笔耕不止。他既是中国语言界的一个标志，也是阳江一张有深远影响的文化名片。先生60多年孜孜不倦地醉心于家乡方言的研究，在家人和弟子的全力配合下，为阳江人民捧出了如此厚重的《广东阳江方言研究》，殊为难得！"盛德在民长不没"，在阳江人和关注现代汉语事业发展的国人心中，黄先生的崇高品格和辉煌业绩，必将与日同辉，与世长存！

先生之风　山高水长

廖绍其[*]

在 20 世纪 80 年代，对于家乡的著名语言学家黄伯荣教授，我就有耳闻。因当年在接受高等教育时，学的是由胡裕树主编的《现代汉语》，知道还有一套《现代汉语》教材，主编者就是黄伯荣、廖序东。但是真正与黄老近距离接触，却是 20 多年后的 2008 年。当时我在阳江日报社工作，这年年初，黄伯荣、廖序东主编的高等院校教材——《现代汉语》增订四版出版发行，借此机会，报社委派我采访黄伯荣教授。

2008 年 3 月 11 日下午，我如约来到黄老住处。那是江城一栋再普通不过的楼房，我到的时候，黄老已在一楼等着了。坐下以后，黄老缓缓地述说他与廖序东主编《现代汉语》的有关情况。这部高校教材在 1980 年问世，28 年间（至 2008 年），总发行量超过 500 万部，在国内同类教材中年年位居榜首。这部教材在 1987 年获全国优秀教材二等奖，2006 年被列入国家十一五规划教材。

我向黄老请教，这本教材一直受到高校老师的欢迎和重视，它究竟有哪些与众不同的突出之处？黄老娓娓而谈，从九个方面做了回答。一是好教、好学、效果好。黄老说，"这既是别人的总结，也是我们努力的目标"。二是衔接中学，不即不离，有继承又有创新，深得教师的认同。三是重视句法，符号较全，创用了一个特别的"读书标记法"，得到后出的《中学提要》的肯定。四是由易到难，循序渐进，遵循"由小到大、由浅到深、由故到新、由简单到复杂、由具体到抽象、由一般到特殊"这一认知规律，获得高校师生的认可和欢迎。五是正反配合，相得益彰。黄老说，本书的反面例子较多较全，可说是同类教材之冠。如此可以激发学生的学习兴趣，增强修改病例的能力。六是恪守基础，出奇制胜，力求提供一个相对平稳、妥帖、完备的现代汉语基础体系，为现代汉语教师在教学中发挥自我、体现个性留下广阔天地。七是雅俗共赏，适用面广。教材适应多种类型学校使用，不但综合性大学、师范院校用，不少单位还把它列为秘书资格和外语等级考试的指定教材，定为研究生入

---

[*] 本文作者系中国鲁迅研究会会员、广东省作协会员、阳江日报社原主任编辑。

学考试的主要参考书。八是海纳百川，汲取精华。教材从编写到修订，不仅争取了许多专家的指点，而且非常重视来自教学第一线的意见，成功地集中了众人的智慧。九是反复修订，与时俱进。教材出版以来经历了七次修订，不断吸收学科新成果，接受广大师生富有新意的见解，就反映新成果而言，在同类统编教材中，这本教材是走在前列的。

听了黄老的这番话，我算彻底明白了这套《现代汉语》教材能够成为我国高校教材中的常青树的缘由了。

黄伯荣教授是我国著名的语言学家，研究方向是现代汉语、汉语语法，还是"新中国成立后发表方言语法研究论文最早的人"，几十年来，除了主编影响力巨大的《现代汉语》，还发表了许多有关的论文、著作，成果丰硕。而对于家乡方言即阳江方言，黄老也情有独钟，他的本科毕业论文，就是《阳江话词汇研究》。黄老把阳江方言喻为"中原古汉语遗落阳江的一块活化石"，终生研究不辍。黄老生前收集了大量资料，还有许多论著、手稿，并做了充分的准备，计划写一本关于阳江方言的著作，可惜天不假年，未能如愿。整理这部著作的任务，落在了他的女儿黄绮仙女士的身上。经过一番不懈的努力，在各方支持下，《广东阳江方言研究》终于在 2018 年 8 月出版了。

方言作为通行于某一地区的语言，与历史上的移民有密切的联系，它珍藏着这个地区的历史和文化。研究方言，其重要意义不言而喻。就阳江方言而言，它的形成就与秦始皇派兵攻占岭南并留下 50 万人成守有关，与西晋社会动荡，大量北方（中原）汉人南迁有关。大抵从清末民初起，就有本土文化人士关注阳江方言了，比如清末秀才梁方度就编著了一本《阳江土音同音字汇》，于 1929 年自印传世。此后，陆续有人编著有关阳江方言的字典、辞书，如谢绍祯的《阳江方言注音字汇》《速检多用阳江音字典》、叶柏来的《阳江音字典》，等等。尤其值得注意的是许培栋先生在《阳江文史》里连载的《阳江方言探源》，广为引用古代韵书、辞典以及古籍中的文句、诗词，用翔实的资料印证了阳江方言与中原古汉语的密切关系。《阳江方言探源》一共连载了 16 期，每期解析词语少则十多个，多则几十个，旁征博引，极具阅读性和参考价值。令人遗憾的是后来连载戛然而止，亦未整理成书。

以上提到的这些"字汇""字典"，在一定程度上为读者认识、使用、研究阳江方言提供了方便，但侧重点多在于词语的读音和解释，关于语法方面的内容则较少涉及。而由黄绮仙女士整理的黄伯荣教授所著《广东阳江方言研究》，则是一位著名的语言学家用现代语言学方法研究阳江方言的专著，体大

思精，内容丰富全面，是学习、了解、研究阳江方言的津梁。

　　与时下一些喜欢炫耀显摆的所谓专家学者不同，黄老是一位尽显书生本色的儒雅学者。他学富五车，仍然孜孜不倦；著作等身，还在奋力耕耘；时至暮年，仍在攀登，编写中大本《现代汉语》；不事张扬，默默奉献，把自己的一生都贡献给了祖国的文化教育事业。黄老的为人，真可当得上范文正公所称道的：先生之风，山高水长！

我的半天恩师黄伯荣

谢　明[*]

因早年家贫，我的求学道路曲折，经历较多，仅"现代汉语"一门课程，就先后读过近十次：师范时学过吕叔湘、朱德熙、张志公等人的《语文基础知识》，中山大学刊授时学过王力主编的《现代汉语》，中文系大专班读了胡裕树主编的《现代汉语》，复习考本科钻研过陈望道、赵元任、黎锦熙、丁树声、季羡林等人的汉语著作，中文本科又研读了黄伯荣、廖序东主编的《现代汉语》。（图1）学习了这么多现代汉语著作，知道中国现当代能称为语言学泰斗的，屈指可数，黄伯荣教授就是其中耀眼的一位。

图1　各种版本的现代汉语教材

---

* 本文作者系阳江市文艺评论家协会主席，阳江市高凉文化研究会副主席兼秘书长。

黄伯荣教授 1922 年出生在阳江市海陵岛那洋村的书香世家，父亲是清末秀才。他周岁时丧父，孤儿寡母，备受欺凌，11 岁即渡海到当时的阳江县城读高小，中学时适逢国难，大学时又值内战。生在如此动荡乱世，黄伯荣教授依然孜孜于学业，1949 年在中山大学语言学系毕业后继续攻读该校语言学研究生，终成大器。

黄伯荣教授是现代汉语教学与研究的拓荒者。1951 年毕业后，他留在中山大学工作，被王力、岑麒祥两位老师安排参加新课程现代汉语的教学。那时没有"现代汉语"这门课，图书馆里也找不到相关教材或讲义，于是他一边上课一边和几位同事编写了第一部现代汉语讲义。1954 年，全国高校院系调整，黄伯荣随王力先生、岑麒祥先生一起举家带领学生到北京大学，依然是讲授现代汉语。1958 年，国家号召支援西北，黄伯荣积极响应，从首都到大西北的兰州大学、甘肃师范大学任教，直到 1987 年，青岛大学诞生，他又以近古稀之躯支援，任现代汉语教研室主任、现代汉语研究室主任。由于德高望重，他四届连任中国语言学学会理事，曾任中国修辞学会顾问、中国语文现代化学会顾问、全国高师现代汉语教学研究会顾问。

黄伯荣教授著作等身，计有专著八本，主编或合写著作 42 本，撰写论文 50 多篇，研究涉及语音、词汇、语法、修辞、文字、方言等语言学各领域，而尤以语法为专攻，主编的《汉语方言语法调查手册》等填补了专业领域之空白。他带领青岛大学中文系撰写了 180 余万言的《汉语方言语法类编》，集汉语方言语法事实研究之大成，为当今学术界所广泛引用，是汉语语法研究不可或缺的重要参考文献，开创了用现代语言学理论和方法研究汉语方言的先河。

黄伯荣教授最为辉煌的著作，是 1979 年与廖序东教授一起主编的高等院校教材《现代汉语》（学界称为"黄廖本"）。该书出版发行以来风行全国，每年发行量均为全国同类教材之冠，至 2022 年共出版了 11 个版本，正式发行量超过 1000 万册。这套教材被教育部誉为"一部最受欢迎的现代汉语教材"，1986 年获得教育部全国优秀教材二等奖，1999 年经审定公布为全国文科重点推荐教材，2006 年列为"十一五"规划教材，2011 年被评为精品教材。2012 年 5 月，90 岁高龄的黄伯荣教授在原教材的基础上，又带领中山大学并联合相关院校 20 位教师，出版了一部新编的《现代汉语》。黄廖本《现代汉语》如此长盛不衰，其读者面之广、影响之深远，至今无出其右者，创造了语言学教材界的奇迹。有人说，从广义上看，偌大的中国，大半的文科大学生都是黄伯荣教授的学生，很多人都是在这套书的影响下走上现代汉语教学和研究之路的。黄伯荣先生执教 60 多年，培养出不少知名教授，也是得益于这套教材。

古人云，半部《论语》治天下；今人也说，黄伯荣是一部《现代汉语》誉天下。2011 年 7 月，中国最高学府北京大学和岭南最高学府中山大学联袂主办了"高等院校现代汉语、语言学概论教材教法研讨会暨黄伯荣九十华诞庆典"，这是学术界对他的贡献的最高肯定。

我虽然未能成为黄伯荣教授的弟子，但我学习用的教材是他主编的。更有幸的是，我曾经当过他半天的学生。

那是 1986 年，广东教育学院的领导得知黄伯荣教授有意"叶落归根"回广东任教，想把他"挖"回来。我当时在学院读书，是中文系学习部长，领导知道黄伯荣教授是阳江人后，就叫我负责联系，邀请他来学院给中文系的师生做一次学术报告。当时没有手机、电话之类联系，我只能写信给黄老。过了几天便收到黄老的回信，他爽快地答应了，同意利用回到广东开会的机会来广东教育学院做学术报告。记得那天是周五下午，报告从两点半开始，课题是现代汉语的语法问题。中文系的 100 多名师生慕名前来，把阶梯课室都挤满了。可是，报告开始不久，学生就渐渐少了，到最后只剩下部分教师、研究现代汉语爱好者和我们阳江籍的几名学生——他的"阳江普通话"实在太难懂了！黄伯荣教授讲课的内容十分丰富，作为阳江人我听得十分清楚，也受益匪浅。也许，作为一个语言学家，他过于热爱家乡的语言阳江话了，尽管他离开家乡近半个世纪，已是"鬓毛衰"，但乡音难改，致使异乡人难以听懂。大概是这个原因，后来黄老没有调回广东教育学院，我也没有机会正式成为黄老的学生。这是广东教育学院的损失，当然也是我的损失。

作为热爱阳江的文化名人，国画大师关山月用色彩把家乡介绍给世界，黄伯荣教授则让阳江话扬名于世。早在 1951 年，他发表的《广州方言语法的几个特点》就是关于阳江话语法的研究。1962 年，他主编出版了《汉语方音字汇（阳江音）》，使世人知道了阳江的语言。几十年来，他从不间断对家乡语言的研究，先后发表了《谈谈阳江话语法的两个特点》《广东阳江话物量词的语法特点》《阳江话"入声非声"实验报告》《阳江话的几种句式》《广东阳江话的形容词》《粤语阳江话疑问句语气词——兼评阳江话语气词"么""呢"连用》《阳江话动词的动态》等文章，还在日本的《亚非语言计数研究》上发表了《阳江语系》，推介阳江话。在世界著名的语言学家中，我还没有发现如此酷爱自己家乡语言的大师！

黄伯荣教授退休后，干脆带着夫人回到了阳江居住，继续研究阳江话。黄伯荣教授的夫人姓梁，原是阳江海陵岛上一大户人家的小姐，出嫁前没做过任何家务。16 岁和黄伯荣成亲后，她用自己的精干和智慧打理一切杂事，一生和黄先生相濡以沫。如今老奶奶依然耳聪目明、笑声朗朗，举手投足间尽显大

家闺秀风范。黄伯荣教授虽年过九十，身体依然健朗，好几次学术会议，我都见到他和阳江职院副教授、阳江话研究专家叶柏来在一起。说起广东教育学院的那次学术报告，他仍然记得我。有几次在市区的狮子山市场，我见他与夫人手携着手一起买菜，俨然一对邻里老人。

2013 年 5 月 12 日，黄伯荣先生以 91 岁高龄驾鹤仙去。当年 8 月 18 日，阳江市举办第二届南国书香节。书香节设黄伯荣专场，以纪念这位杰出的语言学家。（图 2）当天，黄绮仙老师还赠送了一套先生与李炜主编的《现代汉语》给我。（图 3）

图 2　在 2013 年阳江市第二届南国书香节的黄伯荣专场

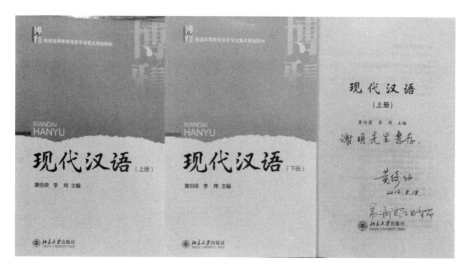

图 3　黄绮仙老师赠送的《现代汉语》

　　鉴于黄伯荣教授在语言学界的贡献和成就，而其旧居附近就是存放"南海Ⅰ号"的广东海上丝绸之路博物馆，不少专家学者建议把这些品牌联系在一起，在他的旧居创办黄伯荣语言文化馆，与海上丝绸之路博物馆相互呼应，形成阳江另外一张影响深远的文化名片。黄教授的学生、武警工程学院军事语言研究所著名学者马鸣春表示，开馆庆典之日，不仅要将其所有著作和主持的两种刊物各捐赠三套，还要在此创设"国际命名学南海论坛"，让世界就与人类关系最密切的这一重要课题，从中国南海的阳江发出东西方交替回应的声音！

　　但愿有识之士能尽快付诸行动！但愿阳江不会再有深圳关山月美术馆之类的新遗憾！

汉语言学研究的领跑者——黄伯荣先生[*]

杨计文^{**}

黄伯荣先生，笔名苗木，1922 年 8 月 12 日出生于广东阳江海陵岛那洋村，是新中国现代汉语教育与研究的领跑者，著名语言学家、教育家。（图 1）

图 1　著名语言学家、教育家黄伯荣先生

黄伯荣先生幼年在海陵那洋村学（私塾）读书，从少年开始就独立生活，外出求学。23 岁考入中山大学中文系，此后，一心扑在新中国汉语言学的研究事业上，在我国语言学泰斗王力门下研究汉语和地方方言。曾在中山大学、北京大学、兰州大学、青岛大学任教，一生著书 23 部，发表论文 40 多篇。他与廖序东合著的《现代汉语》（学界称之为"黄廖本"）一书影响最大，成为全国高校语文教材，该书出版了 11 个版本，印数超过 1000 万册。黄伯荣先生

　*　本文系黄伯荣先生女儿黄绮仙口述，杨计文整理。

　**　本文作者系海陵区教育局原党组书记。

一生从事多种方言研究，出版和发表《广州方言语法的几个特点》、《北京语音学习》、《广东话和普通话的语音比较》《阳江话的几种句式》、《广东阳江方言研究》、《兰州方言》（合写）等有关方言的重要专著和论文，在学术上独树一帜。黄伯荣先生于 2013 年 5 月 12 日凌晨 2 时 40 分在阳江因病逝世，享年 91 岁。

心有凌云志　艰苦求学路

黄伯荣先生刚一岁时，他的父亲就离开了人世，黄家原先宽裕的生活也就渐渐式微了。到了黄伯荣先生出外求学的时候，家道已显艰难，但他幼小的心灵里装着发奋读书，走出海岛，为社会做贡献的志向。那时，海陵岛的教育条件很差，满足不了少年黄伯荣的强烈求知欲，他就萌生出外求学的念头。黄伯荣先生 12 岁时就告别母亲，独自一人踏上求学之路，从海陵麻礼渡乘船到平冈狗尾洋码头上岸，徒步到埠场河渡头，搭船到对岸，再徒步到江城，不久就在阳江县立第一小学校（现阳江一小）读书。为了方便学习，黄伯荣先生在校外租了一个小房间居住，以求独立和有更多的自由。那时，阳江县立第一小学校师资很优秀，学习条件比乡下私塾优越得多，黄伯荣先生的堂伯在阳江县立第一小学校当教师，为黄伯荣先生学习提供了一些方便。因此，黄伯荣先生学习十分用功，进步很快，尤其对文科表现出极大的兴趣，对语言学有着十分敏锐的悟性。放学之后，黄伯荣先生做好课外作业，就喜欢到说书场所听说书，特别喜欢听阳江方言讲述的故事，少年的心里埋下了将来做一个语言学家的理想种子。

黄伯荣先生 13 岁那年，母亲独自决定为儿子提亲订婚，对象就是海陵白蒲梁家的女儿，而这一切黄伯荣先生一无所知，只顾埋头学习。后来知道家里已为他订了婚，也只好顺从母亲的安排，默认了这门婚事。虽然那时梁家女儿也在江城，见面也很方便，而黄伯荣先生严格遵守礼教规矩，没有与对象见过一次面。黄伯荣先生 18 岁时与梁家女儿结了婚，后来两人一起走过了几十年的风风雨雨，相濡以沫，感情始终如一。

在阳江县中读书时期，黄伯荣先生十分向往大学，希望能系统学习中文，研究汉语，创造业绩，为国家做贡献。1938 年，黄伯荣先生顺利进入了两阳中学读书，同年 10 月两阳中学受到日本侵略军飞机轰炸，被迫搬迁到阳春松柏乡大间村严氏祠办学。由于交通不发达，黄伯荣先生与一些同学从阳江起步，背着行囊，步行到阳春上学，十分艰难地到达松柏镇，继续学业。在松柏乡读中学的三年，黄伯荣极少回阳江，多留在学校，专心学业，有事要回江

城，为节省开销，便步行一段路，坐一段车，再步行一段路，以此磨炼自己顽强的意志。在松柏中学完成学业之后，黄伯荣先生就报考大学，顺利地进入了中山大学读书，从此系统地接受现代汉语文化的学习。大学期间，黄伯荣先生在我国语言学泰斗王力先生组建的语言学系攻读研学。

倾心于学问　无私有痴情

大学毕业时，黄伯荣先生因学业成绩突出而被留校任教，在王力的带领下，继续研究现代汉语。

1952 年，黄伯荣先生已是中大的助教（图 2），但工资收入并不高，妻子带着四个幼小的孩子在乡下，一家人仅靠他微薄的收入维持吃穿家用，日子过得很拮据。正在这个时候，乡下农会催促黄伯荣回乡务农。由于学术研究的需要，中大领导惜才，不肯放人，来人说那就以钱换人。黄伯荣先生当时倾其所有也拿不出这笔钱，中大领导就与黄伯荣先生签下借贷合约，学校帮黄伯荣先生一次性付出这笔钱，以后每个月从黄伯荣先生的工资收入中扣还，这笔钱直至黄伯荣先生到北大任教两三年后才还清。1953 年，乡下农会同意黄伯荣先生的妻子带着四个孩子到广州与他团聚。家人的到来，使住宿问题突显了出来，朋友不忍看到黄伯荣先生一家居无住所，就暂时让出一个不到 10 平方米的房间让黄伯荣先生家人居住。房间家具只有一张床和简单的锅碗瓢盆。这个

图 2　黄伯荣先生在讲学

时候，黄伯荣先生正集中精力创作他第一本著作——《祖国的文字》，稿件让妻子帮忙抄正。家里没有柜台，妻子坐在一张矮小的板凳上，靠着床沿抄写。有一天，当地派出所民警巡逻来到黄伯荣先生家人的住处，见到黄伯荣先生的妻子伏床抄稿的情形。之后，派出所民警来巡过三次，每次都见到这个情景，十分感动。三个月后，黄伯荣先生被告知他的妻子及子女可以在广州入户了。一家人十分高兴，很是感激民警的热心帮助。不久，中大考虑黄伯荣先生一家居住困难，安排他一家住进了中大的大钟楼。自此，黄伯荣保留了中大的工作，全家团圆，困扰一家人的居住问题也得到了解决。黄伯荣先生深深感谢中大领导的关怀，更加集中精力投入学术研究。

　　新中国成立后，国家高度重视现代汉语学科建设，1954 年中山大学语言学系并入北京大学，完善并加强语言学专业学术力量。同年 6 月，黄伯荣先生接受组织安排，调往北京大学任教，随行有 300 多人，包括学生和教师家属。这个时候，黄伯荣先生已是王力学术团队中最重要的力量，是一名得力干将。在北京大学任教期间，第五个女儿出世了，她给黄伯荣先生带来了更多的喜悦。然而，始料不及的是，他将多带一个幼小的女儿踏上远征的路途。1958 年 6 月，兰州大学需要中文教学人才，组织上动员黄伯荣先生支援兰州。36 岁的黄伯荣先生二话没说，同意前往。王力知道这件事后，要挽留黄伯荣先生，但黄伯荣先生认为他应到祖国最需要的地方去，这样更显出人生的意义。就这样，黄伯荣先生带着妻子和五个子女远赴大西北支教，一去就是 30 年。那时的兰州大学一穷二白，没有教师住房，学校在化工楼里腾出一个教室给黄伯荣先生一家人居住，在对面相距较远的空地上搭建了一个厨房，厨房没有自来水，用水得从化工楼里用小桶或脸盆提取。兰州的冬天十分寒冷，从化工楼打一盆水到厨房去，盆沿上的水很快就结成了冰块。有一天傍晚，二女儿与三女儿在厨房里洗碗、蒸馒头。天黑了下来，厨房门外不远处，有一双绿蓝的眼睛盯着她们。姐妹俩看着那双透着凶光的绿蓝眼睛，就疑是野狼寻食到这里来了，一时十分恐惧。姐妹俩灵机一动，拿起一个脸盆拼命地敲打，那如铜锣般的声响引得四周的住户也知道有狼来了，纷纷拿起脸盆敲打起来，四周的打击声汇集成很大的声势，野狼被吓跑了，姐妹俩躲过一劫。自此，黄伯荣先生让家人特别留意安全，尽量减少夜晚去厨房。黄伯荣先生一家在兰州生活十分清苦，那时粮食实行配给制，每人每个月 20 余斤粮食，三成是玉米面，七成是面粉。黄伯荣先生对家人说，这已是很好了，别的地方人家还没有这些粮食吃呢，让家人安心在这里生活，而他则一头扎在语言学的研究上。那个时候，子女们都在长身体，妻子又犯高原反应病，身体一直不好，多方寻医问药都不见好转。医生对黄伯荣先生说，要想妻子的病好起来，还得让妻子回到南方去，

远离这个高原气候，她的身体慢慢调理会好起来的。有人劝黄伯荣先生申请调动回南方去。黄伯荣先生认为这里需要他，教研工作刚有点起色，怎能丢下学生不管，一走了之？于是，他让17岁的大女儿陪同妻子回阳江治病，在阳江求学，其余四个年幼的子女留在他的身边教育和照顾。

初到兰州大学，教学上就遇上了极大的困难，没有教材，缺乏研究工作的必备条件。黄伯荣先生就利用自己多年学术研究和积累，编写了《现代汉语》《语言学概论》，解决教材不足的问题。在黄伯荣先生的指导和带领下，兰州大学的汉语言教学开展得如火如荼，黄伯荣先生成为我国汉语言教学的领跑者、西北地区现代汉语教学与研究的开拓者和奠基人，在国内外有着重大的影响。

离家数十载　乡情未有改

黄伯荣先生虽然身在兰州，心却没有离开过家乡阳江。他对阳江话的研究自始至终没有放弃过。早在中大学习期间，他就研究阳江方言，《阳江话词汇研究》就是他的本科毕业论文。每次回到阳江，黄伯荣先生都马不停蹄地开展田野调查，深入家乡山村、圩镇，与老农聊天，搜集地方语言第一手素材。他最喜欢到渡头、村头、田头走访农民乡亲，每有发现，就用小纸条记下来，回到大学里再做研究。黄伯荣先生对家乡的方言念念不忘，平日里，他要求家人在外讲普通话，在家里就可以用阳江话交流，保持对阳江话的一份忠诚。他认为，阳江方言是一种小众语言，如果不搜集整理和保护，恐怕今后会消失。因此，他花了很多精力，研究阳江方言，并取得巨大成就。黄伯荣先生虽然身处远方，对家乡总是不时地回望。1990年之后，黄伯荣先生常回阳江过年，利用休息时间，走访他曾经入学读过书的阳江一小和阳江一中、两阳中学，与师生们见面，开展学术交流与讲学，讲述他在汉语言研究方面的体会和对阳江方言的研究情况。2006年，"全国高师现代汉语教学研讨会第十一届年会暨教学研讨会议"即将举行，黄伯荣先生想尽了办法，将这个学术研讨会拉回阳江海陵岛闸坡举行，到会的代表有很多是全国语言学的泰斗，有许多是年纪较大的长者，车舟颠簸，行动上存在诸多不便，而黄伯荣先生也克服自己年事已高的困难，倾尽热情，协助阳江职业技术学院做好接招工作，使会议顺利召开。（图3）会议期间，黄伯荣先生见缝插针，向与会学者专家推介阳江和海陵岛，给与会者留下深刻的印象。

图3　全国高师现代汉语教学研究会第十一届年会暨教学研讨会议合影

　　黄伯荣先生在阳江期间，家乡人的热情令他念念不忘，家乡的风土人情、家的年味使他激动不已。最让黄伯荣先生难以忘记的是家乡风味中的一道盘龙鳝，回到大学里，他依然叨念着那盘龙鳝的风味，盘龙鳝成为他回家乡时的必点之菜。

　　生活中的黄伯荣先生不仅是一位治学严谨的学者专家，还是一个富有生活情趣爱好的普通人。他对学术研究很投入，伏案时间很长。每当用脑过度，他就会停下来，转而思考其他问题。他也常常教导女儿，要学会统筹使用时间，要通过转移兴趣，让大脑得到休息，恢复思考的能力。黄伯荣兴趣广泛，很喜欢广东音乐，每有空闲，就轻吟一段《平湖秋月》《雨打芭蕉》等粤曲小调，有时也会用小提琴拉上一段，只是到了兰州之后，工作实在太忙，身边又没有小提琴，才没有拉过。

　　黄伯荣先生对家人有着浓浓的亲情。他很喜欢子女，每有闲暇，就陪子女们玩耍。他曾在北京昆明湖教儿女们学游泳，曾带孩子们在黄河边钓鱼。有一回，三女儿见到别人弹秦琴很好听，就想父亲给她买一把秦琴，可家里没有富余的钱。黄伯荣先生就自己动手，为三女儿自制了一把秦琴。他从门店里买了一个小洋鼓，把鼓身裁掉一部分，在鼓边上打了一个孔，把一条铁锹木柄剖开削好做琴柄，让三女儿吹口琴给琴柄上定音，刻下音槽，安上琴弦，就完成了一把秦琴的制作。三女儿拿着这把父亲为她制作的秦琴，学习弹奏乐曲，觉得快乐无比。

重道人谦和　居甘作人梯

黄伯荣先生学问渊博，淡泊名利。他与廖序东先生合作的《现代汉语》一书，他是主编，廖序东是副主编。他知道廖序东先生年纪比他大，署名时，他把廖序东的副主编改为主编。廖序东先生对黄伯荣的礼让谦逊非常感动，真切地感受到黄伯荣先生胸怀豁达、甘为人梯的高贵品质。

有一次，黄伯荣先生带他的学生李炜拜访语言学泰斗王力先生。黄伯荣先生向王力先生介绍学生李炜之后，就垂手站着听王力先生与李炜交谈。王力先生由于太过投入，一时忘记了黄伯荣还站在一旁。他发现后就招呼："伯荣，你也坐！"黄伯荣先生这才坐到一张椅子上，摘下帽子，身体微倾，全神贯注地倾听王力先生与李炜的交谈。李炜见到老师如此谦和，如坐针毡，深感内疚，深深为老师的尊师重道的品质所折服。

李炜是黄伯荣先生的得意学生之一，他长期与老师相处做学问，对老师的学风师范印象特别深刻。黄伯荣先生在学问研究上一丝不苟，以身作则。他常常为一个句读、一个发音、一个出处废寝忘食、殚精竭虑，翻阅大量典籍，认真考证。这种学风，让学生们为之感动。黄伯荣先生身边很多学生，深感老师对他们的影响。李炜后来也走上教坛，成为一名大学教授，在语言教学和研究上多有建树，做出了杰出的贡献。黄伯荣先生与同事、学生合影见图4、图5。

图4　黄伯荣先生与同事、学生在一起

（前排左起：班兴彩、黄伯荣、刘朗熙；后排左起：张文元、刘汉城）

图5 1956年与汉语教研室同仁在颐和园合影

（左起：黄伯荣、林焘、周祖谟、魏建功、朱德熙、王力、杨伯峻、唐作潘）

生活很平凡 人生贡献大

黄伯荣先生在兰州30年，是他人生最宝贵的时光，也是他潜心汉语言研究、学术成果丰硕的30年。而黄伯荣先生自始至终坚守在教学工作的第一线，在平凡工作岗位上默默奉献。在教学研究工作之中，黄伯荣先生与廖序东先生主编的《现代汉语》奠定了他在全国汉语言研究的地位，此书也成为全国高校教材中发行量最大的一本书，时至今天，全国高等教育的汉语言教学仍然还在使用这本教材。

此外，他发表了《广州方言语法的几个特点》《阳江话的几种句式》《兰州方言》等文章，在地方方言研究领域成就卓著。1961年，有学者赴日本参加学术活动，向与会者推介了黄伯荣先生的阳江方言著述《阳江音系》，在日本引起轰动。该文刊登在日本《亚非语言的计数研究》杂志上。有学者称黄伯荣先生是"把阳江话带到世界的人"。最令黄伯荣先生满意的作品是由他主

编完成的《汉语方言语法类编》（青岛出版社，1996年），这是一部辞典式巨著，收集了全国300多个方言点的语法现象，加以分析和解释，全书180万字。著名语言学家、时任国家语委副主任王均教授亲自为该书作序，认为"这是一件开创性的工作，非伯荣先生这样理论修养有素，并有统揽全局、辨析入里的能力的专家，是很难办到的"。该书影响巨大，是汉语方言语法研究不可或缺的重要参考文献，其姊妹篇《汉语方言语法调查手册》一书填补了汉语方言语法调查空白，也获得学界很高的评价。黄伯荣先生从事高等院校教学工作60余年，致力于现代汉语和汉语方言的研究，在现代汉语的语音、文字、词汇、语法及汉语方言等方面著述丰富。教育部，甘肃省、山东省、青岛市等省市，以及青岛大学分别授予他社科优秀成果一等奖五项、二等奖两项、三等奖三项。1993年，黄伯荣先生获得国务院特殊津贴；英国剑桥"国际名人传记中心"（IBC）授予他"1995年度国际名人"荣誉称号，并将他的业绩收入《国际名人传记辞典》（第23卷）；国内《中国现代语言学家》等许多名人辞典都有他的事迹。

　　黄伯荣先生逝世后，中山大学中文系为他成立了治丧小组，向全国发出讣告，几天里收到来自北京大学、兰州大学、四川大学、青岛大学等单位和个人的唁电50余封。这些唁电高度评价黄伯荣先生的学术成就及其高尚的品格。著名现代汉语语法学家、北京大学中文系教授陆俭明、马真夫妇称黄伯荣先生"一生从事现代汉语研究与教学工作，为不断推进和发展现代汉语研究和教学事业献出了毕生的精力，做出了巨大的贡献。黄伯荣先生的逝世是我国语言学界尤其是现代汉语语法学界的巨大损失"。广东省中国语言学会会长邵敬敏教授在唁电中评价："黄先生为我国的教育事业奋斗了一辈子，他从年轻时起就投身于高教领域，从中山大学到北京大学，再到兰州大学、青岛大学，从南方到北方，从西边到东边，处处留下了他辛勤的足迹，培养了许许多多的栋梁之材，为祖国的教育事业做出了杰出的贡献。"

纪念语言学家黄伯荣先生

伍彩云*

筚路蓝缕，以启山林。在百余年办学的风雨历程中，有这样一批"大先生"，他们坚守奋斗、默默躬耕，"捧着一颗心来，不带半棵草去"；他们品格高尚，如竹似兰像菊，虚心淡泊高雅；他们栉风沐雨，甘当人梯，甘当铺路石；他们潜心科研，勇攀科学高峰；他们醉心教学，留得芬芳桃李；他们精神不朽，源远流长。中国著名语言学家黄伯荣教授，就是这样的"大先生"。

黄伯荣，新中国现代汉语教学与研究的主要开创者、著名语言学家，教育家。1951 年中山大学语言学研究生毕业，1954 年因高等院校专业合并调入北京大学中文系任教。1958—1987 年，黄伯荣响应支援西北号召，分别在西北师范大学中文系、兰州大学中文系任教，是西北地区现代汉语学科建设的奠基人。他曾任中国语言协会理事、中国修辞学会顾问、语文现代化学会顾问，全国高师现代汉语研究会顾问；获国务院政府特殊津贴，英国剑桥"国际名人传记中心"授予他"1995 年度国际名人"荣誉称号，并收入《国际名人传记辞典》（第 23 卷）。

黄伯荣从事高等院校教学工作几十年，主要致力于现代汉语和汉语方言的研究，至 2001 年，黄老先生在现代汉语的语音、文字、词汇、语法及汉语方言等方面，已有著作 21 部、论文 40 多篇。

黄伯荣先生说，他与现代汉语有缘。1951 年刚刚研究生毕业时，恩师王力、岑麒祥两位先生就安排他参加现代汉语课程的教学工作，并参编我国第一部现代汉语讲义，他的研究精力大都花在现代汉语课和教材建设上。20 世纪 50 年代，黄伯荣响应"支援大西北"的号召，欣然接受北京大学的指派，不讲任何条件，举家搬迁，离开美丽繁华的首都北京，来到了当时干旱荒凉的兰州。与北京大学相比，兰州大学在教学条件上相差甚远，生活水平更是没法比，每个月粮食指标中有三成是苞谷面，大米只有两斤，这对一个南方人来说是一个严峻的考验。但是黄伯荣无怨无悔，潜心研究，认真执教，笔耕不辍。作为兰大学术带头人、校系两级学术委员会委员，他积极领导大家开展研究工

---

* 本文作者时任阳东区教育局党委委员。

作。初到兰大的头一年，几个月他就编成了《现代汉语》和《语言学概论》两部教材，解决了兰大长期缺乏自编教材的问题。1963年，黄伯荣在兰大第一次开设语法研究课，把学生引入语法研究的殿堂。以往兰大中文系语言课内容还比较陈旧，讲语法只涉及词法，不讲句法。黄伯荣语法研究课的开设，引领中文系在语言学学科的发展之路上迈进了一大步。黄伯荣的研究开创了兰大语言学科的新局面。

在汉字教学与研究方面，黄伯荣著有《祖国的文字》（1954）、语文常识小丛书《汉字常识》（1959），以及《几种念法的字》（1961）等。在普通话语音方面，他著有《北京语音学习》（1956）一书。黄伯荣教授对汉语语法的历史也做过探讨。他在《汉语语法的研究》一文中，认为汉语语法的研究大致可分为四个阶段：自发阶段、模仿西洋语法教科书阶段、搬用西洋语法理论阶段、从汉语实际出发的汉语语法学初步建立的阶段。

黄伯荣教授的论著中，有不少是有关方言研究的，对方言与普通话在语音、语法方面的比较都做了深入的研究，如《汉语方言语法类编》（1996）、《汉语方言语法调查手册》（合著，2001）、《广州人怎样学习普通话》（1957），论文包括《广州话和普通话的语音比较》（《方言与普通话集刊》，1集，1958）、《广州话补语宾语的词序》（《中国语文》，1959）。1960年，即来到兰大的第二年，黄伯荣撰写了研究兰州方言的系列论文，发表了与赵浚等人合著的《兰州方言概说》，这是历史上第一次用现代语言学的理论和方法对兰州方言做的全面系统的论述，受到国内外语言学界的广泛关注和引用。

作为一名广东阳江人，黄伯荣对于自己的母语阳江话，做了60多年的深入研究。先后发表了《阳江话"入声非声"实验报告》（《甘肃师大学报》，1960）、《阳江音系》、《谈谈阳江语法的两个特点》、《广东阳江话物量词的语法特点》（《中国语文》，1959）、《广东阳江的形容词》（《语言文字学术论文集——庆祝王力先生学术活动五十周年》，1989）、《阳江话动词的动态》（《第二届国际粤方言研讨会论文集》，1990）等文章。

在汉语方言研究中，方言语法研究是薄弱的一环，黄伯荣重视并长期从事方言语法的研究，特别注意方言与普通话的句法比较。这样做不论从汉语方言的深入研究，还是从推广普通话来看都是很有意义的。他关于方言的研究和为普通话推广而撰写的专著和论文，对于推动普通话方言研究，帮助粤方言地区人们说好普通话，更好地加快全国各地区语言文化的交流和理解，起到了重要的桥梁和纽带作用。黄老先生对方言的研究，也是对方言的一种保护与传承，让越来越多的人可以理解、学习并走进方言的世界。

在日常生活中，黄伯荣绝非古板之人。他很有生活情趣，喜欢打猎和徒手捕鱼。他的弟子李炜回忆中曾提及当年自己读研时，经常跟着老师到全国各地出差，老师便在火车上给他上课，偶尔会和他谈谈打猎和捕鱼。但这并不多见，多数时候李炜要认真听讲，忽略窗外的"大好河山"。

在生活态度上，黄伯荣为人豁达，胸怀宽阔。"文革"期间，他也受到冲击，多次裸露膝盖跪板凳，导致两个膝盖化脓，但他从未怨天尤人。"文革"平反时，有一次专案组找到他，要对一个殴打过他的人进行调查取证。黄伯荣说："他不就是某些人的棍子吗？我的身体是受到了伤害，但是他连灵魂都没有。一个没有灵魂的人更可怜，放过他吧！"

"文革"结束以后，一系列政策的落实使黄伯荣精神振奋，活力焕发。他经常都是白天上课，晚上伏案著书。他建立了兰大中文系首批硕士点，旋即投入硕士生的培养工作并连年招生。同时，他还利用假期举办现代汉语讲习班和研讨会，每期近百名学员，授课专家都是国内有名望的前辈，为我国培养了一大批汉语工作者。黄老先生默默耕耘了60多年，为多所高校培养了诸多语言学方面的学术骨干、学术带头人，其中知名专家教授15人，他培养的学生遍布内地和港澳地区。身为中国语言学界的元老，他谦和地和自己的学生，以及学生的学生共处一室，倾听他们的创作想法，和他们讨论这些想法，乐此不疲。在学术上，黄先生能坚持自己的主见，且十分细密周严，但在为人处世方面，他一般不计较小事，甚至大大咧咧。

黄伯荣不仅是著名的语言学家，还是一位著名的教育家、卓越的导师和学术带头人。黄伯荣先生在培养学子的同时，自己对于学术的研究和探索也从未停歇。黄老先生在编《现代汉语》时，在追求教材语言精练的同时注重简明晓畅，能够用日常语言表述清楚的内容尽量不用术语。要编好教材，了解使用情况，培养提高教师的水平和发挥教材的作用，一种很好的办法就是，组织使用教材的教师和有关专家及编者，共同召开教材的培训和研讨会。这样的会黄先生几乎每年假期都要召开，不仅他和专家亲自讲课，还让大家就教学中遇到的重要问题开展讨论，以提高广大使用教材的教师的水平，也让编者了解教学第一线的实际情况，为教材修订准备条件。所以凡参加的人都有收获，都感到满意，自然也提高了教材的知名度，扩大了使用量。

晚年的黄伯荣仍关注着现代汉语教材教学的新动向，他多次说道："我对现有的教材质和量仍未满足，希望在新编的教材里，打破30多年旧框架的限制，试着实现我教材改革的梦想，更主要的是贯彻我编教材的新主张。"据了解，我国高校推行课程改革以来，学时普遍减少，当时流行的现代汉语教材几乎没有一本可以在规定课时内讲完，有的又因内容陈旧而不便使用。随着形势的发展和教改的深入，使用教材的学生也从本科扩大到专科，从中文扩大到其

他如新闻、文秘等专业，不同学校和不同专业规定的学时也有很大差异。对此，黄老先生接下此重担，不辞辛苦再编了一本精简本，便于本科之外的以及其他专业的学生使用。

2008 年 5 月，已 86 岁高龄的黄伯荣先生带领中山大学及相关院校的 20 位教师，在原教材的基础上，耗时三年编写出了《现代汉语》（中大本）。新版本的篇幅较小，但必要的内容和分量并不因此而削弱，黄先生管这叫"瘦身不瘦脑"。虽然在编辑体例上力求创新，但对于编者来说，改变自己过去熟悉的套路，是一件很艰难甚至是很痛苦的事。在主持新编《现代汉语》工作的同时，黄先生还在继续旧版教材的修订，他打了个比方：有个老人有两个儿子，长子年过而立，已经闻名全国且独占鳌头，幼子新生，需要倍加关照与呵护。老人希望幼子也像兄长一样，为国家做出更大的贡献，甚至超过兄长，毕竟后来居上也是常情。

退休后，黄伯荣先生长居家乡广东阳江，为了配合教材的编写工作，86 岁的他又学习了很多新技术，他用相机拍下自己的手稿，通过电子邮件发给身在广州的其他编写成员。在编写期间，虽然已近 90 岁高龄，但他仍然每天 12 点睡觉，4 点就起床工作。黄老先生不是挂名主编，是真正参与了教材的编写。他认真到极致，甚至会对教材例句是用"秋天来了"还是"春天来了"都再三斟酌。

黄伯荣临终前，弟子李炜与同事到阳江看望老师，并带去了新出版的中大本《现代汉语》的课后习题答案，这也是这套教材首个出版周期的收尾工程。黄伯荣看到教材，情绪很是激动，尽管已无法准确发声，但仍不断地叫着李炜的名字。由此可见，黄老先生兢兢业业、默默耕耘，他甘坐冷板凳，主编《现代汉语》几十年，精益求精，不断进取，是真正的君子。他的研究以现代汉语开始，以现代汉语结束，从没跑过题。

在世界上，没有什么东西可以代替坚韧不拔的意志，拥有这种意志力的人没有沮丧的眼泪，不论面对怎样的困境，受到多大的打击，他们总是埋头苦干，从不轻言放弃，黄老先生正是这样的人。曾有学者这样评价他："先生视野开阔、思想活跃，对学术发展、学术建设总能审时度势、深思熟虑、恰当把握。无论是学术研究还是人格培养，都对后辈有深刻的启发。"总之，黄伯荣先生在自身学术研究上一丝不苟、兢兢业业，在教育上言传身教，为学生树立了诚实做人、严谨治学、乐观向上、不断进取的人生榜样。

黄伯荣教授二三事

刘裔清*

　　黄伯荣，1922 年 8 月 12 日生于阳江渔陵岛那洋村。1951 年于中山大学语言系研究生毕业后留校任教。1954 年因高等院校合并，调入北京大学中文系任讲师。1958 年响应支援西北的号召，先后任西北师范大学中文系讲师，兰州大学中文系副教授、教授。1987 年后任山东青岛大学教授直至退休。

　　黄伯荣教授是中国著名的语言学家、教育家，享受国务院政策特殊津贴。他独著和主编汉语言著作 23 部，发表论文 40 多篇，与廖序东合编大学统编教材《现代汉语》，自 1979 年出版后，至今发表量超过 1000 万册，获教育部 1987 年优秀教材二等奖，1999 年列为全国重点教材，2011 年评为第二届山东省高等学校教材一等奖。

永葆青春　系着乡愁

　　黄伯荣教授足迹遍及祖国东南西北，站在教授坛上说的是普通话，但是他始终是乡音不改，永远记住阳江方言是阳江人的母语。早在中山大学就读时，他的毕业论文就是以阳江方言为研究对象。2000 年版《阳江县志》的方言编是黄教授撰写的，阳江话的拼音方案也是他始创的。阳江话中的"我""牛"等字，用普通话的声母是拼不出来的，黄教授就借助国际音标 ŋ 作为声母。又如"苏""些"等字，他就借用国际音标 ɬ（息）作为声母，创造了一套完整的阳江话拼音方案。

　　黄教授热爱家乡，关心阳江的发展。2003 年，他从自己的稿费中拿出 2 万元，捐献给阳江第一中学和两阳中学，并向这两所学校捐献图书，用自己的著作充实学校的图书馆。

　　黄教授还有一个遗愿：在阳江建"黄伯荣语言文化纪念馆"。他对女儿黄绮仙说："阳江如果建好这个语言纪念馆，一定会招揽千千万万学子慕名来旅

---

* 本文作者系《阳江方言字典》编著者，中华诗词学会会员、广东中华诗词学会理事、阳西县诗词学会常务副会长兼秘书长。

游，既弘扬了祖国的语言文化，又提升了阳江的文化底蕴；既能促进家乡的经济发展，又能激励后人勇于进取。这是功在当代，利在千秋的好事啊。"黄教授一生淡泊名利，提议建纪念馆并非炫耀自己，而是爱国爱乡之心使然。黄教授的梦想终于成为现实，语言学家黄伯荣纪念馆于 2016 年在海陵那洋村建成了，黄教授的著作在馆中悉数展出，供游人阅览和观赏。

俯首甘为孺子牛

党和国家的需要就是黄教授的意愿。他生于阳江，长在南方，最喜欢吃海鲜，在中山大学任教是再合适不过的了。但是，几年后高等院校合并，他又去了北京大学。南方人怕冷，北京是雪压冰封的寒冷地带。黄教授却不怕冷，强迫自己适应环境，安下心来，好好工作。刚刚适应北京的环境，时隔四年的光景，又一个响应支援西北的号召，黄教授爽爽快快地去了甘肃兰州。黄教授在甘肃工作长达 30 年之久，且那段时间正是国家经济困难时期，生活的艰难可想而知。黄教授挺过去了，且是"三十年如一日，勤勤恳恳培育新人"（中共兰州大学委员会语）。黄教授恰如鲁迅先生说的"俯首甘为孺子牛"，哪里有需要，就到哪里去。1987 年，山东建青岛大学，需要支援，黄教授又从西北到了华北。好种子不论种到什么地方都能发芽、生长、开花、结果。在青岛，黄教授的"框架核心分析法"获第十四次青岛市社会科学优秀成果二等奖。

坚韧不拔　智渡时艰

1958 年，党中央发出支援大西北的号召，黄伯荣教授踊跃报名西迁，不讲任何条件。到了甘肃兰州城里，困难接踵而来。没有家属楼，厨房是临时搭建的，要到老远的地方提水煮饭，黄教授一个七口之家，只住两间房。那阵子是国家困难时期，口粮大减，肉菜油糖缺乏，很多人饿肿了脚。黄教授白天上课，做教学研究；晚饭后利用一点空余时间带领家小开荒种地，种玉米、甜菜、马铃薯、向日葵等，种出的甜菜大过拳头，玉米比胳膊还粗。所以，在最困难的岁月，他的家人不饿，更不会脚肿，平安地度过了困难时期。

在兰州，黄夫人身体不好，有高原反应症，黄教授无怨无悔，安排一个女儿陪妻子回家乡阳江治病。他自己则坚定不移地做教学工作，心无杂念，毫不动摇。

黄教授治学严谨，刻苦耐劳，坚韧不拔，备受尊重。他与廖序东主编的《现代汉语》教材先后修改了十次，力求精益求精。他年近九旬，尚笔耕不辍，竭力完成了他人生最后一部著作——《广东阳江方言研究》，造福乡梓，有功于人类。

黄伯荣先生　后学的楷模

容慧华*

黄伯荣先生是中国著名语言学家、教育家，1922 年出生于阳江市海陵岛那洋村，先后在阳江县城模范小学、阳江县立中学、广东省立两阳中学、广东省文理学院等学校读书，在中山大学研究生毕业后留校任教，后辗转于北京大学、兰州大学、甘肃师范大学和青岛大学等高等院校，主要致力于现代汉语和汉语方言的研究。他一生兢兢业业，诲人不倦，治学严谨，造诣高深，著述丰硕，成果卓著，为现代汉语和民族文化的发展做出了重要贡献，在学术界、教育界拥有崇高的威望，是后学者不二的学习楷模。

学生求学的典范

黄伯荣出生于书香家庭，他在家里排行第三，可惜年幼失父，母亲是偏房，目不识丁。可幸的是，母亲虽没文化，但深知读书的重要性，决心力承重任，好好培养儿子。黄伯荣也很争气，从小就刻苦读书，立志成才，做个有出息的人。

在村里上完初小和私塾后，黄伯荣考上了全县最好的小学——模范小学（今阳江市江城一小）。学校离家上百里，当时的海陵岛是个四面环海、闭塞落后的孤岛，交通很不发达，道路崎岖难行。年幼的黄伯荣从海陵岛上到阳江县城读书，要步行、转车，还要两度转船，长途跋涉，辗转颠簸，耗时费力；学校不提供住宿，他还要在县城里租房独居自理，每天在学校与住处间往返，学习生活极其艰辛。可这一切并没有难倒黄伯荣，母亲的教诲他牢记心头。在模范小学读书的两年时间里，他自觉自律，上课认真听课，努力学习；课余时间总是泡在藏书丰富的图书馆里如饥似渴地涉猎群书。他的学识日渐增长，各科成绩也总是拔尖。据悉，当时学校有规定，总成绩排在全班前三名的学生，德智体中每得一个甲等就可免交一块银圆的学费，三项都得甲等就全免学费。黄伯荣四个学期的学习成绩都排名第二，德智体屡次得甲等，因此，黄伯荣多

* 本文作者系阳江职业技术学院中文系副教授、副主任。

次得到学校减免学费的奖励，全校闻名。

1937 年，黄伯荣考入阳江县立中学（今阳江一中）读初中。1940 年，他以优异的成绩考进省立两阳中学读高中。1937 年 7 月卢沟桥事变爆发，中国开始了全面抗战，两所中学均因战争影响而一再迁移校址，师生也跟着迁徙，在兵荒马乱中，黄伯荣度过了六年颠沛流离的中学生活。苦难的生活更能磨砺人的意志，这句话在黄伯荣身上得到了最好的体现。他倍加珍惜宝贵的学习机会，争分夺秒，认真刻苦地学习，课余时间大量阅读一些进步书籍，学会思考社会问题和人生价值，也更清楚自己的追求，他决定要考取中国最著名的高等学府之一的国立中山大学。可遗憾的是，由于战乱等原因，他错过了考期，不能如愿。正当沮丧失意之时，他意外地收到了到处觅罗优秀人才的广东省文理学院的入学通知书。在亲友们的劝说下，他到罗定山区的文理学院报到入学。1945 年 8 月日本投降，抗战胜利，旧梦重燃，已读了一年大学的黄伯荣毅然放弃了文理学院的学籍，重整旗鼓，复习报考中山大学，并以优异的成绩成功考入中山大学中文系，终于实现了自己的中大梦，成为中大人。

在中大校园，众多的名师、丰富的藏书、浓厚的学术氛围，为黄伯荣创造了良好的学习环境。从中文系到语言学系，从本科到研究生，他一如既往地勤勉自律，严谨治学，潜心修炼，坚韧不拔，在当代著名语言学家王力、岑麒祥、商承祚等名师的引领与培育下，他一步步迈入学术殿堂，深入语言学领域，找到了为之奋斗终身的专业研究方向。1951 年，研究生毕业的他，因成绩优异，被安排留校，在中山大学语言学系任助教，开始了长达 50 多年的教学生涯。

苦难的岁月、明确的目标、坚强的意志、坚定的信念、优异的成绩，这是黄伯荣求学历程的写照。处于和平年代、富足生活的当代学子，应以黄伯荣为榜样，早树目标，刻苦学习，意志坚定，不折不挠，奋发图强，挑战自我，让自己的青春绽放异彩，让自己的青春无怨无悔。

为师从教的模范

黄伯荣教授是辛勤的园丁，从事高等院校教学和研究工作 60 多年，忠诚于党的教育事业，从中山大学到并入北京大学，到响应国家支援大西北建设的号召，举家西迁到兰州大学，再到晚年支援新建的青岛大学，他都绝无二话，无条件服从党和国家的组织安排，兢兢业业，全心全意，精心育人，甘为人梯，培养了大批骨干教师。他先后为高校、科研和出版部门等培养出语言学方面的骨干、学科带头人 50 多位，其中知名的专家、教授 15 人；他担任我国首

批硕士研究生导师，培养硕士生 13 名。他还应邀到全国 18 个省、自治区、直辖市 40 多所高等院校讲学并做专题报告，听课学生多达万名。为了提高中青年教师现代汉语的业务水平，他先后主持举办了庐山、开封、敦煌、承德、青岛等五期中青年教师现代汉语讲习班和研讨会，共培训学员 900 多人。他培养的学生遍布内地和港澳地区，桃李满天下。

兰州大学中文系赵浚教授曾撰文写道，黄伯荣先生的课总是最受欢迎的，1963 年他第一次开设"语法研究"选修课，学生基本上全部参加，鲜有缺席。该课程没有教材，是黄先生自己整理的讲义，不厚，但提纲挈领，系统清晰。讲授时，他依纲对语法领域的知识内容进行概括性阐述，依次梳理各家观点的异同，并加以评述，表达自己的看法。他的课程能让学生了解语法体系的概貌与各家论争的焦点所在，从而激发语言学习兴趣，最终促使包括赵浚在内的许多学生也走上了语言教学与研究的道路。在此过程中，黄伯荣教授的言传身教起到了潜移默化的示范引领作用。

青岛大学中文系戚晓杰教授回忆自己的导师时，称誉黄伯荣先生诚实做人，严谨治学，乐观向上，不断进取。对于自己的学生，他非常严格，并以身作则，为学生树立了学术人生榜样。他谦逊待人，讲究民主，从不要求学生盲从自己，学生可以畅所欲言，当面跟他讨论问题，争论某一学术观点，哪怕错了，他也会理解包容，着眼于使学生通过研讨、争论得到对问题的深切感悟。黄伯荣先生以他特有的方式关怀着自己的学生，他可以为学生字斟句酌、不遗余力地修改文章，细致耐心地解答学生提出的各种学术问题，但绝不凭借个人的影响力来为学生拉关系、走后门。他注重培养学生真正的科研兴趣与能力，以求其将来能自由驰骋于语言学天地，享受探索钻研的乐趣。

他最得意的弟子之一——已故中山大学中文系李炜教授生前曾跟朋友聊起与恩师间的小故事，说导师对他的要求很严格，即便是有一次考试时他突然流鼻血了，黄伯荣先生也仅是让他走出教室去洗干净，然后用棉花堵住鼻孔，回来继续答题。李炜读研期间，黄伯荣工作很忙，外出开会、巡讲，他都带着李炜，跑遍了全国各地，却从没有落下一节课。课堂因地制宜，有时是会场，有时是宾馆房间，甚至在火车上。学累了，黄伯荣会给他讲打猎和捉鱼的技巧，以调节、舒缓他的压力。严与爱的结合，让彼此既是师生，又若父子，建立了深厚的感情。从导师身上，李炜不仅学到精深的专业知识，更学到一代名师为人和治学的态度，最终他也成为在语言学界独领风骚，备受学生爱戴的中大名师。

1986—1987 年，黄伯荣先生不辞劳苦到全国各地讲学，为使用黄廖本《现代汉语》的师生释疑解惑。他的女儿黄绮仙老师说，黄廖本《现代汉语》

问世后，经历了多次修订，经常有学者来访来电来函咨询问题，即便后来他退休回到阳江养老，也是如是。他总是来者不拒，耐心解释回复，有问必答，一丝不苟。笔者也曾因语言方面的问题前往其阳江的寓所登门求教，对于像我这样寂寂无闻的普通学者，黄先生也是欣然邀我入座，仔细倾听，然后拿起纸笔，旁征博引，为我指点迷津。这一幕至今依然记忆犹新，让人感动不已。

黄伯荣先生爱生如子，惠及他人，以身作则，言传身教，兢兢业业，无私奉献，对学生既严格要求，又民主包容，孜孜不倦为学生释疑解惑，想方设法促学生成长成才，树立了师者典范，延续了杏坛风尚，是当代青年教师学习的楷模。

学者治学的榜样

黄伯荣先生最卓著的贡献在于他丰硕的学术成果，突出表现在现代汉语教材建设上。黄伯荣毕业留校后，中大文学院工作调整，王力负责语言学系，黄伯荣在其直接领导下担任现代汉语课程部分教学任务。其间，他参与王力主持的《现代汉语》讲义的编写工作，这奠定了他后来主编黄廖本《现代汉语》的扎实基础。1954 年 8 月初，因全国高校院系调整，黄伯荣与王力、岑麒祥、周达夫教授以及近百名学生，被调往北京大学，安排在中文系汉语教研室工作，他负责教授现代汉语课程。当时，该课程没有教材，黄伯荣在北大上课的讲义就是在中山大学现代汉语讲义的基础上改编而成的。后来，黄先生在兼教新闻专业等外系现代汉语课时，在北大朱德熙先生的指导下自编了外系现代汉语讲义。1958 年，他支援大西北建设，到兰州大学工作，带领中文系部分师生编写了《现代汉语》《语言学概论》两部教材。上述经历让黄伯荣积累了丰富的现代汉语素材和教材编写经验。

业余时间，他博览群书，大量搜集与汉语相关的资料，结合鲜活的语言材料进行比照分析。接下来的三年时间，他在《语文学习》《语文知识》等刊物上发表了大量的论文，还出版了专著，著述丰硕。如 1955 年的《评〈语法学习〉》《简体字的结构》《〈关于再论汉语的词类分别〉的例证问题》《连词"和"与副动词"和"的区别》《并列结构中的一些特殊格式的连写问题》等；1956 年的《对〈汉语拼音方案（草案）〉的意见》《子音、母音和声母、韵母的区别》《"些"字的用法》《形容词和副词的界限》等；1957 年发表了《关于划分词类问题的考察》，还出版了专著《陈述句、疑问句、祈使句、感叹句》。其研究范围涉及现代汉语的语音、词汇和语法等各个方面，尤其是语法方面。1960 年，他在《西北师大学报》（社会科学版）上专门发表《汉语

语法的研究》，1963 年又出版了语法专著《句子的分析与辨析》，树立了他在语言学界的声誉与地位。这些都为后来黄廖本教材的成功编写奠定了坚实的学术基础。

"文革"十年，天使折翼，黄伯荣一家度过了暗无天日、忍辱负重的挨斗岁月。身心的创伤可以治疗，可惜的是，许多呕心沥血写就的学术成果被无情销毁，难以复回。可幸他生性乐观，初心不改，在黑暗无助中仍然坚持探索研究，乐此不疲。1976 年"四人帮"倒台，黄伯荣有如劫后重生，欣喜不已。他迅速整理手稿，在随后的两年分别出版了《趣味的中国文字》和《语法修辞》两部巨著，完善了原本的现代汉语理论体系。

扎实的理论基础、丰硕的研究成果、丰富的汉语教材编写经验，让他在众多同行中脱颖而出，被推选为全国高校现代汉语教材第一方案的主编。他欣然受命，主持制定了现代汉语教学提纲、编写大纲和语法学体系，与廖序东教授一起组织协调编写团队的任务分工，落实具体责任，仅用了一年时间就完成了黄廖本《现代汉语》的编写，并顺利定稿，交付甘肃人民出版社印刷试用本。1980 年，经教育部组织专家审定，该教材被推荐为全国高校文科统编教材。该书一问世，就发行了 10 万册，随后风行全国，最高峰时全国八成以上高校中文系选用此书作为教材，创造了高校同类教材的最高发行纪录。

此后的几十年，黄伯荣自觉对黄廖本《现代汉语》教材负起了全责。一方面承担着为使用者释疑解惑的义务，另一方面多途并进，广泛听取各方意见和建议，比如在青岛、广州、阳江等地先后组织了多次现代汉语修订研讨会，收集人们对黄廖本教材所提出的不同观点，吸取最新的研究成果，不断改版更新，精益求精，以期让黄廖本《现代汉语》能与时俱进，质量不断提升，满足教学的需求。即使年逾八十，黄伯荣先生仍致力于现代汉语教材的改进完善工作中，还主持完成了中大版《现代汉语》的编写出版。生命不息，研究不止，这种专注与执着令人动容！

当代青年学者当向黄伯荣先生学习！学习他不甘平庸，敢于拼搏，南征北战，开疆拓土；学习他以严谨治学的态度对待科研工作，执着专注，厚积薄发；学习他在逆境中依然坚持初衷，坚守信念，此志不渝；学习他勇挑大梁创佳绩，虚怀若谷求精进。黄伯荣先生是当代学者一辈子的学习楷模！

乡人语用的表率

黄伯荣先生的贡献还体现在对国家通用语言普通话的推广传播和对地方方言的研究保护与实际运用方面。

1949—1951年，他在中大读研，师从著名语言学家岑麒祥教授，主攻语言学，有着扎实的语言研究功底。毕业留校任教的当年，他即根据自己在广州求学期间对广州话的研究分析，在《光明日报》语言文字副刊发表了《广州方言语法的几个特点》，并于1957年出版专著《广州人怎样学习普通话》，意在帮助广州人认识自己的语言特点，并引导他们扬长避短，有效地学好普通话，以便于对外交流。黄伯荣先生是我国最早利用语言学知识研究广东方言并积极进行推广普通话工作的专家学者之一。

黄伯荣来自粤西地区，从小讲阳江话，有深厚的桑梓情怀和灵敏的语言感受力，其研究生毕业论文就是以母语为研究对象的《阳江话词汇研究》。他梳理了阳江话的声韵调，率先用国际音标记录了3000多个阳江方言词汇，并将阳江话词汇与普通话词汇进行了比较，整理出阳江话的同音词、同义词、反义词以及来自古汉语和外族语的方言词。在研究的过程中，黄伯荣留意到阳江各地词汇的分歧，并敏感地发现阳江话语音与词汇在不断地变化和发展中，由此充分意识到方言记录与研究的意义，这是他坚持不懈地记录、探究家乡话特点和不管到哪个地方工作都关注、研究当地方言的动力所在。黄伯荣先生是我国最早也是态度最坚决的语言保护专家之一。

黄伯荣先生毕生都在践行对家乡话的保护与传承。他举家迁至北京后，当发现放学回到家的几个孩子用普通话吵闹的时候，即严肃指出问题，严格要求家人在外或有外人在场的时候，自觉讲普通话，但在家里和没有外人在场的情况下，一家人必须要用阳江话来交流，要牢记自己是阳江人。鲜明的语言态度和做法，是使他们一家虽然在外工作生活大半辈子，却能乡音不改，乡情如炽，最终回归故里，继续为家乡文化事业做贡献的原因所在。

反观当前，在推广普通话的大环境下，学校要求学生在校园里使用普通话，阳江本地许多年轻的父母文化自信意识不强，甚至鄙夷阳江话的老土，为了让孩子不输在起跑线上，从小跟孩子讲普通话，在家里不教也不讲阳江话。在外成家立业，尤其是配偶为外地人的许多阳江人，更是从一开始就放弃了家乡话。如今，阳江城区，会讲阳江话的孩子越来越少，阳江话与普通话杂糅的现象也越来越明显。

语言是文化的基石。地方语言反映一个地方的特征，它不仅包含着该地域

的历史和文化背景，而且蕴藏着该区域人民对人生的看法、生活方式和思维方式。方言的传承，实际上是地方文化的传承。方言在自然的交汇融合中变化发展，这是语言发展的正常规律，但因人为的放弃造成地方语言的急剧衰退，必将对地方文化的传承造成一定的影响，这需引起各方的重视与警醒。

"推普""保方"是黄伯荣先生鲜明的语言态度和语用立场。他以身作则，为人们树立了如何正确地使用语言工具与人交际交流的典范。乡人当学他，内外有别，旗帜鲜明。对外自觉使用普通话，以示对交流方的尊重，达到语言交际的畅通无阻；在家，须自觉使用家乡话，以铭记宗源，培养亲情，传承家乡文化。

书香常在

——纪念黄伯荣先生

陈 琳[*]

黄伯荣先生和廖序东先生主编的《现代汉语》教材多次出版，在全国已发行了 1000 多万册，成为汉语教材界的一大奇迹，被用作北京大学、兰州大学、中山大学等高校的汉语学科主要教学用书。很多高校汉语学科在创立之初，都有着黄伯荣先生的付出，他是我国中国语言学发展的元老。许多人都习惯将黄伯荣先生的一生用四个字来总结，那就是"现代汉语"。

生于乱世 专注学术

1922 年 8 月，黄伯荣先生在阳江市海陵岛的一个书香门第中出生，父亲是清末的秀才，所以他自小就深受文学氛围的熏陶，在 11 岁时就曾在当时的阳江县城读高小，而中学时又遭遇国难，到大学时期又遇到内战。尽管黄伯荣先生出生于这样的乱世，但是依旧不忘学术，将自己的精力和时间都奉献于语言学研究。黄伯荣先生在中大语言系毕业之后就留在了中大语言系任教，成为现代汉语研究的主力军。

在 1951 年中大设立了新的课程——"现代汉语"，王力和岑麒祥两位老师安排黄伯荣先生作为"现代汉语"的学科教师。当时并没有完整的现代汉语学科教学体系，也没有成熟的教材，于是黄伯荣先生就只能一边参与课堂教学，一边又与其他的同事编写了第一版《现代汉语》教材，也就是黄廖本《现代汉语》教材的前身。黄伯荣先生的学生曾经提到，当时整个中文系现代汉语的课程安排得十分紧凑，黄伯荣先生几乎每天都没有太多的休息时间，他只能在讲完一章的内容之后就立刻手刻一份教材并发放给中文系的学生。当时黄伯荣先生就已经力求以引发学生学习兴趣为主。而 1954 年国家对高校专业再次进行调整，中大的中文系被合并至北大。1954 年 8 月，32 岁的黄伯荣与

---

[*] 本文作者系阳江职业技术学院中文系副教授。

岑麒祥和王力一同带领中文系学生前往北大并依旧作为现代汉语课程的讲师。在随后的多年间，黄伯荣先生先后到青岛大学、甘肃师范大学、兰州大学担任现代汉语课程的教师，这也意味着黄伯荣先生参与了我国至少四所高校的中国语言学课程的创办与发展。

《现代汉语》闻名天下

再后来就有了我们熟知的黄廖本《现代汉语》这本教材。中大中文系原主任李炜曾经谈到自己的恩师黄伯荣先生一生十分单纯，总结起来就是"现代汉语"这四个字。正如同李炜所说，黄伯荣先生将建设现代汉语这门学科作为自己的人生责任，黄伯荣先生一生独立撰写、合作撰写或主编专著教材23部，发表研究论文40多篇，主要涉及语音、文字、语法、词汇、修辞等与语言学相关的各个领域知识。在这之中，黄伯荣先生将语法作为主要的研究对象。可以说，没有黄伯荣先生的努力，就没有黄廖本《现代汉语》这本教材。对于黄伯荣先生来说，他这一生当中最为耀眼的成果就是在1979年与廖序东教授共同主编的高校文学教材《现代汉语》。这本教材自1978年出版以来再版了11次，在全国总共发行了1000多万册，每年这本教材的发行量都位居国内同类教材之首，创造了我国中文系教材发行量的奇迹。这套《现代汉语》的教材曾经被我国教育部称作最受欢迎的现代汉语教材，也是我国大部分高等院校文科的重点推荐教材。有千千万万中文学子，都是在《现代汉语》这套教材的影响下，才走上了漫漫汉语研究和汉语教学之路。有很多人都认为《现代汉语》这本教材影响十分深远且范围十分广泛，可以说，有大半的文科大学学生都是受黄伯荣先生影响的。

晚年光阴　笔耕不辍

直至晚年，黄伯荣先生依旧十分关注《现代汉语》教材教学动向。他曾经多次讲道："我对现有的教材质和量仍未满足，希望在新编的教材里打破30多年旧框架的限制，试着实现我教材改革的梦想，更主要的是贯彻我编新教材的主张。"早在2008年，黄伯荣先生带领中大中文系的教授联合相关中文院校教师，用三年的时间编写了全新的《现代汉语》教材，这本新版本的《现代汉语》教材篇幅相对较小，但是并没有对必要的知识点和内容进行删减，黄先生称这本教材是"瘦身不瘦脑"。

在编写中大版本《现代汉语》期间，黄伯荣先生曾经在扬州开展教材编写工作，而其他学者则在广州。为了能够加强与编写团队之间的联系，黄伯荣先生特地学习了新的拍摄技术，学会了用相机拍摄自己的手稿，并将手稿用电子邮件发送给其他的同仁。直到现在，当年的编写团队依旧保留着上百封与黄伯荣先生之间的手书传递资料。现在看来，这份手书资料非常珍贵，它记录了当年多名学者为《现代汉语》教材编写的辛勤付出。

当时，黄伯荣先生已是 90 岁高龄，但是依旧坚持每天晚上编写教材至 1 点才睡觉，而凌晨四五点就又起床开始教材编写工作。于是，黄太太深夜喊黄伯荣老先生去睡觉成了最为艰巨的任务。黄太太曾说："每晚喊他去睡觉，我的嗓子喊破了他都听不见。后来他见我力竭声嘶，又怕叨扰邻居，就买来小摇铃，我摇着这个来提醒他睡觉。"由此可见，晚年的黄伯荣先生对我国现代汉语建设事业有多么重视。

临终前夕　不忘书稿

据黄伯荣先生学生李炜所说，黄伯荣先生十分重视中华礼仪，李炜评价说他有入骨的知识分子的谦卑和礼仪。李炜说，有一次《现代汉语》教材编写需要邀请中国现代语言学奠基人之一王力题写书名，当时黄伯荣先生十分恭敬地回答王力的问题。十几分钟之后，黄伯荣先生依旧笔直地立于一旁继续答问。李炜十分感慨，老一辈知识分子对老师的尊敬，在黄伯荣先生身上得到了充分的体现，而这也正是黄伯荣先生能够将学问做到极致的原因。黄伯荣先生在教材编写过程中选择例句时也十分斟酌，比如"秋天来了"还是"春天来了"，黄伯荣先生斟酌再三，最终李炜以"春天来了"更加积极说服了黄伯荣先生。在黄伯荣先生临终前几日，李炜与自己的同僚来到阳江看望自己的老师，并带去了当前最新出版的中大版《现代汉语》课后习题和答案，这也正是整个教材出版周期的最后收尾之作。黄伯荣先生看到这版教材之后，十分激动并努力睁开双眼想再看一眼书稿。李炜形容黄伯荣先生当时双眼都是放光的。在这之后，黄伯荣先生状态一直不佳，也再也没有说过话，直至他离世。

黄伯荣先生退休之后，就带着夫人回到阳江定居，并对阳江当地的方言进行了深入研究。黄伯荣先生虽已经年过九十，但绝非古板之人，也十分具有生活情趣。黄伯荣老先生为人十分豁达，有着异常宽阔的胸怀，尽管在"文革"时曾经受到巨大的冲击，但是他从未怨过什么，也不认为是谁害了自己，而是坦然地原谅了一切。

黄先生与中大之间有着非常深厚的感情。2011 年参与全国《现代汉语》教材教法研讨会时，黄先生看到中山大学编写团队的老师穿着印有中大中文系字样的 Polo 衫，就主动问志愿者要了一件。

在我国现代汉语研究中，方言语法研究是较为薄弱的部分。黄伯荣先生则非常重视方言语法研究，并特别注意将方言语法与普通话语法相对比。这不仅能够对汉语方言进行深入的研究，还能够进一步推广普通话，对于我国汉语文字学的发展具有非常深远的意义。

黄伯荣先生不仅对阳江的方言做了许多深入的研究，同时对兰州当地方言语法也有着颇多深入的见解。在与赵浚合作撰写的《兰州方言概说》当中，他对兰州话的语法、语音、词汇都进行了概括性的介绍。黄伯荣先生可以说是我国现代汉语发展过程当中的领军人物。

黄伯荣教授的“两中情”

冯保志[*]

对于两阳中学师生来说，黄伯荣教授是广东两阳中学著名校友这事，现在已经是无人不知了。但是，在 2000 年之前的，知道的人却很少。我是 1997 年大学毕业到两中工作的，但也是到了 2000 年的时候才知道黄教授原来是两中 1944 届校友。

2000 年秋季的某一天，黄教授归宁两中的消息不胫而走。当我听到这个消息的时候，既感到意外，也感到非常的兴奋。因为我大学读的是汉语言文学教育专业，“现代汉语”专业课的教材用的就是黄教授主编的《现代汉语》，而且这门课程又是为数不多让我感兴趣的课程之一，所以对黄教授的名字和他的《现代汉语》，印象特别深刻。而令我感到意外而惊讶的是，没想到黄教授竟然还是我们学校的校友。因此，我也为即将可以近距离地见到黄教授而兴奋不已。

记得那一天，学校领导在办公楼的会议室和黄教授举行了一个见面交流会。忘记了是什么缘由，我也去参加了会议。当时这对我来说，可算是个非常难得而荣幸的机会，也自然在会上见到了黄教授。

在会议室里，黄教授和学校领导坐在会议桌的一边，学校的中层干部坐在会议桌的另一边，我和其他的教师代表坐在中层干部后面的一些座位上。黄教授居中而坐，身穿一件白衬衫，神态显得很是慈祥和蔼，也很有大学者的儒雅之气。

交流刚开始的时候，氛围还显得比较严肃，大家在这么一位重量级大师的面前，都凝神静气且满怀敬意，难免有点拘束。当学校领导向大家介绍了黄教授之后，黄教授就开始讲述他在两中读书时的一些经历和情景，语速平缓，语调也不高，却满满的都是回忆。既有当年在阳春松柏临时办学点读书时艰苦求学的经历，也有对当年人和事的眷念，还有对两中母校的真情。记得他还说，此前曾经有两次返乡时经过学校（髻山校址）门口，都很有想进校园来看看的冲动，但由于离乡太久，人事疏生，近乡而情怯，最终都没有踏进母校的大

---

* 本文作者时任广东两阳中学教研处主任。

门。到了 1995 年春季在阳江休假期间受邀给江门教育学院在两中设点开办的中文班上课的时候，他才在毕业后第一次跨入两中校园。而这一次，还是因为受到甘喜章校长（当年校长）到青岛拜访时的热情邀请，才有机会在时隔 5 年后再度归宁母校。当时，我们都全神贯注地听着黄教授讲话，也都被黄教授作为一名学术泰斗却对高中母校朴素而真切的感情所感染、感动，因此心中对黄教授的敬意就更加强烈，并且自然而然地生出了不少的亲切感。随后，交流也就欢快了起来。

见面会之后，黄教授还在学校的大会议室举行了一个关于现代汉语的专题讲座。当时，我和全校的语文老师以及一些其他学科的老师，都慕名前往聆听。印象中，黄教授时而坐着讲，时而站着讲，还非常认真地在黑板上书写板书。他既讲述了自己研究现代汉语语法的背景和初衷，以及《现代汉语》的成书过程，还讲解了现代汉语语法与语文教学方面的知识，有理论的阐述，也举了很多具体的例子。而且他还强调，现代汉语虽然是大学的课程，但在高中阶段让学生基本掌握现代汉语的基本语法，对学生今后的语文学习，有着非常重要的作用。

讲座结束之后，学校还请黄教授题了字。当时，笔墨纸是提前准备好的，但由于没有专门题字的书桌和毛毡，于是就在会议室讲台上垫上几张旧报纸，再铺上宣纸就开始题字了。黄教授提笔稍作思考，先是横着在宣纸的左上角写了"母校留念"四个小一点的字，接着在纸的正中，横着题了"自强不息 奉献不止"八个大字，然后在下边也是横着题了落款：黄伯荣书于千禧年。黄教授的题字，虽然没有书法名家的功力和讲究，但字的笔画和结构却颇为大方有度，而且柔中蓄力，结体周正。据了解，黄教授的这幅题字，应该是他留在阳江的唯一一幅题字，非常珍贵，并且也成了黄教授对两中母校挚厚感情的永恒记忆。

黄教授第三次归宁两中是 2003 年 10 月 31 日。当时，他受学校邀请，再度回到母校给在校师生举行一场庆祝两中百年校庆的专题讲座。当年 11 月 9 日，黄教授第四次归宁两中，应邀出席了两中百年校庆的庆典活动。在庆典大会上，黄教授坐在主席台的第一排，他的座位被安排在市五套领导班子主要领导的旁边，排在其他副职领导之前。因为当年两中百年校庆庆典活动是由市政府主办，庆典大会主席台的座次也是市里安排的，可见当时市领导对黄教授是非常敬重的。而黄教授对两中母校的百年庆典也是非常支持的，他之前还从自己的稿费中捐出了一万元，用于百年校庆活动的筹备经费。在当年，对于一位教授来说，这一万元也算是很大的一笔钱了。

2011 年秋，黄教授虽然已经年近 90 岁高龄，但仍欣然应邀出席了两中新校区的奠基仪式。印象中，这是黄教授最后一次出席母校两中的大型活动。当时，黄教授依然是在主席台就坐，精神饱满，神态端然，面带微笑，就如出席自家喜事一般。

2013 年黄教授因病辞世后，市里在第二届书香节的展览中安排了一个展位，开设了"语言学家黄伯荣学术主题馆"。展览结束后，黄教授的女儿黄绮仙女士考虑到黄教授生前对两中的深厚感情，就将用于展出的黄教授的几本《现代汉语》，以及展位的展柜、展板等，全部捐给了两中。

现在，毫无疑问，黄教授已经成为两中杰出校友中实至名归的楷模，成为学校光芒耀眼的文化符号，也成为两中学子自强不息的引路明灯。对于两中全校师生和历届校友来说，即便未能如我一样，有幸得以和黄教授有过近距离的接触，亲身感受过黄教授的儒雅豁达的气度，以及他对母校朴素而真挚的感情，但他们对黄教授的名字和他作为两中校友、语言泰斗的身份，必定已经不再陌生，并为此深受鼓舞，深感自豪。

以上这些零散的记忆，是黄教授与广东两阳中学的情事当中，我有幸经历的一些片段。如今，在黄教授一百周年诞辰的时候，再一点点勉强捡拾拼凑起来，心情颇为复杂。其中，有为自己未能更深刻、更细致地记起当时的一些细节而深感自责；也有为自己未能更早整理记录当年的经历，以至于现在回忆起来可能会有违实情而忐忑不安；还有，作为一名学过黄教授《现代汉语》的中文系毕业生，也为虽然很想但却未能更准确表达出黄教授对母校两中的情感而颇感愧疚。现在，我也只能以如此蹩脚而杂碎的文字，在他一百周年诞辰的时候，心怀愧意地向黄教授崇高而伟大的灵魂致敬！

像黄伯荣教授那样守护阳江话

林良富*

那是 1995 年的 2 月 23 日，我国著名的语言学家、青岛大学教授黄伯荣先生借春节返家休假之际，回到久别的母校——广东两阳中学，给两中指导工作，并给在两中设点开班的江门教育学院中文班上语言课，受到师生们的热烈欢迎。

黄伯荣教授曾于 1941—1944 年在两阳中学读书，1944 年入读广东省立文理学院中文系，1945 年转入中山大学中文系。这天早上大约 9 点多，一身朴素、身穿中山装的黄教授在家人的陪同下，神采奕奕地来到两阳中学。当时，阮世伦校长在学校办公室接待了黄教授，并向黄老介绍了两中在教育教学方面所取得的成绩。黄教授听后频频点头，赞扬学校大有进步，教学条件比当年他们读书的那个艰苦时代不知要好上多少倍。随后，他把自己编写的《现代汉语》赠送给母校图书馆。过后，黄教授在欧德球教务主任的陪同下来到江门教育学院在两中设点开办的中文班讲汉语语法课，主讲的内容是句子成分解析。记得黄教授用阳江歌谣形式生动地讲解道："主谓宾来定状补，六种成分要记好，定语位于主宾前，补语修饰程度高。"黄教授的普通话夹杂着浓浓的阳江乡音，但同学们都为黄教授的认真劲而深深感动。

黄教授身居北国四十载，乡音未改，时刻不忘家乡情，多次回乡探亲和讲学，对阳江方言不断进行调查研究，曾受聘为阳江市地方志顾问，受委托独自完成《阳江县志·方言篇》。他还写了大量有关阳江话的著作，如与北京大学同事合作写成的《汉语方言字汇》、《汉语方言词汇》（阳江话部分）和早期在日本刊物发表的《阳江音系》等。这些著作的发表，提高了阳江话在国内外的知名度。黄教授退休后，仍勤耕不辍，著书立说，还修改补充 30 万字的《阳江方言》书稿，令人仰望。

阳江是文化之乡，黄教授曾在不同场合说过，纵观阳江话，其保持了古汉语的特征，甚至可以说，阳江话是古汉语遗落在阳江的最后一块活化石。因此，我们要像黄伯荣教授那样孜孜不倦地热爱阳江母语。曾经有人说，越是地

---

* 本文作者系广东两阳中学教师。

方性的，越是有世界性。在阳江话被普通话日渐同化的当下，我们也应该大胆地讲阳江话，说阳江话与说普通话并不矛盾，也是弘扬地方文化、坚持文化自信的一个重要方面。黄伯荣教授不管是在中大还是青岛大学任教，均坚守着家乡的阳江话，这令我们后辈为之敬仰。

阳江日报社黄仁兴社长说，黄教授穿着十分朴素，平时突然忆起有关阳江话的材料便用小纸条记下，放在口袋里。教授去世后，留下一麻包袋关于阳江话的宝贵材料，后来在他的得意学生李炜和女儿黄绮仙的帮助下，黄教授的遗作《广东阳江方言研究》终于面世。这为抢救阳江话做出了重大贡献。

如果现在的孩子们不讲阳江话，那么他们的下一代将更不会说阳江话。如此经过几代人之后，可能就没有多少阳江人会说阳江话了。笔者认为，这并非危言耸听，推广普通话与传承阳江话并不矛盾。

阳江话是祖先留给我们阳江人的宝贵财产，我们要好好地传承并不断发扬光大。学校要责无旁贷地推广普通话，因为这是人们用来交流的统一的语言工具，是必须掌握的。但是在推广普通话的同时，阳江话也不应该被丢弃，这两者并不矛盾。阳江话是我们的母语，具有一定的地域性，在非正式场合如家里或熟人小圈子范围内，用阳江话交流也未尝不可，反而会增加亲切感。

在阳江话推广使用方面，笔者认为黄伯荣教授、关山月大师、曾庆存院士等就是最好的典范。曾记得，黄伯荣教授回母校两中主讲现代汉语那节课时，他的普通话就夹杂着浓浓的阳江话乡音，但学生们依然听得津津有味，觉得十分亲切且生动有趣，绝不影响其教学效果。曾庆存院士回阳江家乡开全国气象会议时，可谓规格上档次，可他仍然用阳江话说"吃晚未""刹黑都"。阳江日报社黄仁兴社长说，到北京拜访曾庆存院士时，他家中还有阳江产的竹椅子呢，并用阳江话跟大家打招呼，"阳江佬来了"，乡音无改。可以自豪地说，阳江话是我们的母语，是我们的根。我也曾有过深刻的体会，有一次我主持小区晚会，开始时说普通话，发觉上了年纪的老人根本听不懂我在说什么。后来我改用阳江话主持节目和串讲台词时，街坊邻里感到很接地气，竟然收到了意想不到的效果。我们到外面学习或工作，在车站候车时如果听到一句阳江乡音，那感觉就如他乡遇亲人般兴奋。

在正式场合，我们还是会拿捏使用普通话交流这个度的。其实，学生们在学校非课堂场合使用阳江话交流也是可以的，这并不会影响普通话的推广，毕竟普通话从幼儿园时期甚至更早的时候就开始推广了。小孩子的模仿能力和悟性是很高的，只要有语言环境，就一定能掌握。早些年，阳江电台邀请对阳江话颇有研究的陈慎光老师主讲的《阳江人阳江话》栏目就是对阳江话一个很好的传承。据说，街坊公仔婆仔要听完这档阳江话内容才回家煮饭，连的士司

机也一边开着车，一边收听。可见，阳江话在百姓中依然有强大的生命力。记得当年我的理科老师讲到难以理解的物理、化学概念公式时，就会用阳江话再来讲解一番，使之更加通俗易懂。今天我书房的案台上依然放着当年谢绍祯老师编辑的《阳江方言注》；在学校的文学课和校庆晚会上，我也会用阳江话演唱阳江童谣和阳江山歌，大家都十分喜欢。

推广普通话与传承阳江话并不矛盾，因为阳江话是我们的根，绝对不能丢弃。我们要像黄伯荣教授那样，继续坚守阳江话，让阳江话不断发扬光大。

感受阳江方言的魅力

——黄伯荣先生文章读后感

陈泽满[*]

收藏阳江地方文化书籍和地方专家学者的著作论述及相关资料是我的兴趣爱好。黄伯荣先生是中国著名语言学家，是我最为敬慕的阳江名人之一。是他，以主编一套《现代汉语》教材享誉全国；是他，以一篇篇方言论文让阳江话引起了学术界的关注，让世界知道了阳江。

我很早就开始收藏黄伯荣先生的著作资料了，至今，收集到他从 1951 年到 2018 年的论文、著作、参考资料及相关报道共 100 多份。其中，让我最感兴趣的还是他发表在各类刊物上的关于阳江话的研究作品，如《阳江话的几种句式》《广东阳江话的形容词》《阳江话动词的动态》等论文以及他的遗著《广东阳江方言研究》。这些著作让我深深地感受到阳江话的与众不同。

李炜先生是黄伯荣先生的得意门生。在阳江日报社举行的《广东阳江方言研究》首发式上，李炜先生出席会议，在发言中细致具体地描述了长期在外工作生活的黄伯荣先生对乡土乡音的眷恋，他终其一生来记录和研究阳江话，并以此来教育影响他的学生。与在场听众一样，我为黄伯荣先生对家乡方言文化的热爱而深受感动。回到家，我马上翻出所收藏的黄伯荣先生所写的阳江话研究论著，重温阳江话的独特风貌，深入感受黄伯荣先生的家乡情怀。

一本 1959 年的《中国语文》是我不久前购得的。书中载有黄伯荣先生发表的一篇文章——《广东阳江话物量词的语法特点》，其列举的例子，如"大大个""细细个""条仔""大张"等，让我倍感亲切。文章中，黄伯荣先生把阳江话的方言结构讲述得深刻到位，通过与广州话、北京话的对比，阐明了阳江话在任何条件下都不能省去"一""果、那"，双音量词不能有各种重叠式，而且不能放在名词的后面。文中强调"阳江话量词的变化后有一定的语音结构规律"。阳江话的量词有着自身的独特魅力，吸引着黄先生对其进行细

---

[*] 本文作者系乡土栈阳江藏书楼主人。

细考究，它是黄伯荣先生几天几夜都阐述不尽的学说。

1966 年的《中国语文》中黄伯荣先生的一篇文章——《阳江话的几种句式》也深深吸引了我，完善了我对阳江话的理解，也促使我这个门外汉开始研究和琢磨阳江话。在句式方面，阳江话和普通话差别比较大，造成了阳江方言句式的独特性。"得"字的口语化普遍，大部分动词后面都用了"得"字；在双宾语句中，阳江方言语词序跟普通话不同，其性质和意义显而易见；在宾语和数量补语的句式中，宾语和补语的位置可以互为先后；句式中的正反问句可以在动词谓语前面用"有"字，句末否定词可用"无"或"未"等。黄伯荣先生运用语言学知识，一丝不苟、抽丝剥茧地把阳江话的几种句式分列呈现，并举例论证，引起语言学界对阳江话的关注。

"开始态""短时态""中途态""反复态""普通态"等是黄伯荣先生《阳江话动词的动态》一文中对阳江方言动词动态的概括，共 11 种动态，该文可参见 1990 年 12 月暨南大学出版社出版的《第二届国际粤方言研讨会论文集》。《阳江话动词的动态》一文体现了阳江方言研究中承传与保护兼备的精神，立论新颖，内容论证充实，把阳江方言的动词动态与音系的声调相结合，证明阳江方言动词的动态至少有 10 种。黄伯荣先生对阳江话语言特点的研究让越来越多的人对阳江话产生兴趣。

我的藏品中，一本黄伯荣先生校对的《汉语方言词汇》，带我更全面深入地认识了阳江方言。该书集中了包括阳江市在内的中国十多个城市的方言词汇，并标注了各个城市对某字或词组的方言读音，互相比对。其中，阳江话词汇由黄伯荣先生负责提供，他对每个词的阳江话读音进行了编排和辑录。每个城市有每个城市的方言，彼此有同有异，体现了中国语言的博大精深。

随着藏品的日渐丰富，我发现，黄伯荣先生不仅在国内知名刊物上发表对阳江话的研究论文，在国外刊物上也发表了有关阳江方言的学术文章。1986年日本刊物《亚非语言计数研究》刊登了黄伯荣先生的力作《阳江音系》，这是第一篇在国外刊物上发表的描述阳江方言的文章。读后我倍感自豪，对黄伯荣先生的家国情怀感受更深。黄伯荣先生对阳江话的深入研究，使阳江方言不但在城内"开花"，还香飘四里，吸引城外"蜜蜂"前往"采蜜"。在弘扬阳江本土语言文化及至中华文化方面，黄伯荣先生功劳卓著。

在研究阳江方言方面，黄伯荣先生是走在最前沿的一位学者，从年青到年老都没有放下笔杆，初心不改、矢志不渝，默默耕耘。特别是 2018 年他的遗作《广东阳江方言研究》的出版，更是力证。厚厚的一本书，是黄伯荣先生在阳江话语音、词汇、语法和熟语、儿歌等方面的研究成果，凝聚了黄先生毕生的心血。

　　一遍又一遍地品读黄伯荣先生的阳江话作品，我一次比一次深刻地体会到阳江话的独特魅力。希望更多的阳江人能像黄伯荣先生那样热爱阳江这片热土，热爱我们的家乡话，保护和传承祖祖辈辈留传下来的阳江地方文化。祈愿更多的人能像黄伯荣先生那样，用语言学知识继续研究和传播阳江方言，更广泛深入地展现阳江话的独特魅力。

浅谈黄伯荣《现代汉语》的影响

陈月花[*]

　　黄伯荣先生，1922 年出生于广东省阳江市海陵岛那洋村，是我国著名的语言学家和教育家。1949 年毕业于中山大学语言学系，从事高等院校教育工作几十载。其最重要成就是主编了《现代汉语》一书，而这本书不仅有利于学生们更好地学习和理解现代汉语，了解中国文字的奥妙，对中国的语言发展也有着重大影响。

　　1979 年，由黄伯荣先生和廖序东先生主编的《现代汉语》出版发行，在全国高等院校内盛行，引起巨大关注，其范围之广、影响之大，可以说是一大奇迹。之后，黄伯荣先生还与时俱进，扬长避短，通过听取各方意见，将这本教材修订了 11 次，使之更为适应新时代发展要求，更加适合学生们学习。在黄伯荣先生的晚年时期，88 岁高龄的他还答应母校母系的邀请，扛起重担，领导组建了中大版《现代汉语》的编写团队。在他的带领下，中山大学联合其他相关院校及相关专业的十余位老师，艰苦奋斗三年，终于编写出中大版的《现代汉语》，并于 2012 年 3 月在北京大学出版社出版。

　　黄伯荣先生能够取得这么重大的成就与他的老师们不无关系。他在中山大学就读时，因久闻语言学泰斗王力教授之名，经过一年的艰苦奋斗、不懈努力后转入该系就读，师从王力、岑麒祥、商承祚、王光炜、杨树、严学宭、吴三立等大师。并在毕业后因为成绩优异，得到了导师岑麒祥的赏识，留在中山大学文学院任教，从此走上了现代汉语的教学与研究之路。

　　黄伯荣先生从事高校教学与研究工作六十余载，他治学严谨，桃李满天下，为国家培养了大批优秀人才。北京大学出版社汉语言编辑室主任王飙说，偌大的中国，超过半数的文科大学生都是黄伯荣的学生，因为很多人都从这套书中吸收了丰富的营养，并在这套书的影响下走上现代汉语教学和研究之路。这其中便有中山大学中文系系主任李炜。李炜是黄伯荣先生培养出来的研究生。黄伯荣先生对他非常严格，在他求学期间，黄伯荣先生带着他在全国四处奔走，参加《现代汉语》教材会议，巡讲并听取意见，忙得脚不沾地，但课

---

* 本文作者系阳江职业技术学院中文系 21 语教 1 班学生。

一节也没有落下。因为出差时，黄伯荣先生会将课堂搬到火车上，在车上给他讲课。之后，他与黄伯荣先生主编了中大版《现代汉语》，并在 2012 年正式出版。

黄伯荣先生和廖序东先生主编的《现代汉语》，让学生们对现代汉语有了系统的了解。这套教材被列为"十二五"普通高等教育本科国家级规划教材。这本教材不仅可以作为本科的必修教材使用，也可以作为专科的选修教材使用，即可供本科生和专科生学习。这套教材分为上下两册，上册的内容包括绪论、语音、文字、词汇，下册的内容包括语法、修辞，两册加起来共有六章。每节前设有"目的要求"，有利于学生课前了解本节所要学习的内容，有重点地掌握本节知识；而节后又设有"思考和练习"，有利于学生了解自己对本节内容的掌握情况，又可以对本节内容进行复习。这种设置不仅有利于学生的学习，还可以加深学生的理解并训练其基本技能。笔者认为这套教材有以下三大特色。

（1）熟悉原理，纠正发音。这套教材的语音部分有关于普通话的正确发音，详细说明了发音部位和发音方法。比如 m 是双唇音，由上唇和下唇阻塞气流而形成，发音时口腔中的发音部位完全闭塞，软腭下降，打开鼻腔通路，气流振动声带，从鼻腔通过发音。教材开头便设置了语音部分，是为了让学生先学好普通话，因为普通话是全国的通用语言，学好普通话就可以消除语言交际障碍，走遍全国。而教材如此详细地说明普通话的发音原理，是为了让学生熟悉发音原理，纠正发音，讲好普通话，响应国家让普通话成为全国通用语言的号召。

（2）重复讲述，温故知新。这套教材与中学的语文教材有些内容是重复的。比如句法成分，中学已经讲了主语、谓语、宾语、定语、状语、补语六大成分，大学里还是反复、详细地讲述这些。又如复句，中学讲了十几种复句的类型，大学还要再讲一遍，并且讲得更为详细。我认为这套教材这么设置既可以保持教材的系统性，又可以让学生温故而知新。虽然学生在中学就已经学习过句法成分和复句的类型，但只是一知半解，有些同学仅仅知道一些皮毛，并没有深入了解。而这套教材不仅系统而详细地讲述这些，还加入了一些新的分类，这样不仅可以加深学生的理解，还可以让他们学习到新的知识。

（3）由易到难，帮助理解。这套教材对每一个知识点所做的解释都是由浅到深、由易到难的。比如绪论先讲解现代汉语的概念，让学生知道现代汉语究竟是什么，再正式开始讲现代汉语的内容。又如在词类划分方面，先划分为实词和虚词两大类，又在此基础上加以细分，进行详细的说明。并且每个知识点都有清晰的定义和简单明了的解释，都是由小单位到大单位，层层递进，一

环扣一环，让学生更容易学习与理解。

黄伯荣先生、廖序东先生主编的《现代汉语》注重系统性与知识性相结合，语言严谨简洁，解释清晰明了；对普通话发音的研究深入透彻，详细说明了普通话的发音部位和发音方法，让普通话的学习更加简单，同时也响应了国家将普通话推行的全国的号召；重复讲述与中学有关的知识点，让学生能够温故而知新，加深印象、加深理解；知识点的设置由浅到深、由易到难，吸引学生去探究，帮助学生进行理解，更好地去学习。

漠阳之子黄伯荣：将阳江话带到世界的人

——纪念黄伯荣先生一百周年诞辰

曾子茵[*]

一城一故事，一城一方言。每一座城都有每一座城的故事，方言便是述说故事的古老方式。

阳江地处南海之滨，山清水秀，人杰地灵，孕育出了一代又一代的风流人物。从漠阳江畔，走出了岭南圣母冼夫人、南国诗人阮退之、国画大师关山月、音乐家何士德、革命烈士王德符等名人。其中，中国现代汉语泰斗、著名语言学家、教育家黄伯荣先生，就是阳江人民引以为傲的一员。今年是黄伯荣先生诞辰 100 周年，让我们走入他波澜壮阔的人生历程，缅怀这位将阳江话带到世界的漠阳之子。

纪念，要追忆到 70 多年前。出身于广东阳江一个书香世家的黄伯荣先生，以优异的成绩考取了中山大学，成为我国语言学泰斗王力教授的学生。他的一生都在为教育奔波。1951 年秋，黄伯荣先生研究生毕业后，便留在中大文学院中文系任教，从此正式走上了现代汉语教学与研究之路；1954 年，国家对高校院系学科进行调整，将中大语言学系并入北大中文系，黄伯荣先生也被调到北京大学中文系任教；1958 年 2 月，为支援大西北建设，黄伯荣先生毅然举家西迁，到兰州大学中文系工作；1987 年 6 月，临近退休的黄老教授又一次工作调动，支援新建的青岛大学。从 1951 年走上讲台到 1991 年退休，正如北京大学出版社给黄伯荣先生的挽联所写的，"由中大而北大而兰大而青岛，执教南北东西，一部教材成圭臬；从初版到再版到五版到新编，考求春秋冬夏，万千学子仰宗风"。黄老教授先后在四所大学的讲台上整整耕耘了 40 个春秋。纪念黄伯荣先生，不仅是敬仰其经纶才学和卓然大师之范，我辈更应如先生一般，将家国情怀铭记心中，不遗余力，建设美好的家园。

纪念，要追念到那一张张薄薄的载满方言的纸条上。黄伯荣先生曾任中国语言学会理事、中国修辞学会顾问、中国语言文字现代化学会顾问、甘肃省和

---

[*] 本文作者系阳江职业技术学院中文系 21 语教 3 班学生。

山东省语言学会副会长。即便远离故土，他也会背上装有阳江方言纸条的行囊。每当黄伯荣先生回到自己的家乡阳江时，便抓紧一切可利用的时机对阳江话进行调研。在村子里，他就看准当地一些年纪比较大的人，扎进去跟他们交谈。在市区时，他时常钻到河堤的夜市小吃摊上吃田螺，当看见哪一些比较对眼的老汉时，他就蹲在那儿与老汉一边吃一边聊，巧妙而自然地将话题引到他想调查的方言字句上来，然后抓紧时间把有用的东西记下来。在他的行囊里有一个大信封，里面装着300多张长短不一、宽窄不齐的小纸条，每张小纸条上都记着阳江方言词汇，这是他调查时随手留下的记录。这一张张薄薄的纸条承载着浓浓的乡土情怀，极具研究价值。

纪念，要追想到这一卷两尺多高还未成书的手稿。对家乡情感和家乡方言，黄伯荣先生是执着的。黄伯荣先生曾说，一定要为自己家乡的方言出一本书。他利用业余时间调查研究阳江方言，积累了大量研究手稿。但遗憾的是，因为重新编写《现代汉语》教材的需要，黄老先生到2013年病逝都未能让《广东阳江方言研究》面世，只是留下了两尺多高未成书的手稿。为实现老人遗愿，黄伯荣之女黄绮仙女士决定为父亲整理手稿，让其面世。这些手稿有些是钢板蜡纸刻写的，有些是纸张发黄的手抄稿，其时间跨度超过了半个世纪，部分字迹非常模糊。为了让这一部遗著的内容尽可能全面、系统，出版质量尽可能高，不少志士仁人纷纷伸出援助之手。阳江日报社黄仁兴社长为此还组织了一个包括容慧华、黄茂松、曾宪勇、林耀棠、廖绍其在内的五人小组来协调整理，并帮助解决编辑出版的经费问题。五人小组各尽所能，在词汇表中还增加了一些地方特色的词汇及部分原有词汇的解释。为了尊重原作者和整理者，按照整理遗作的规矩，把新增加的内容用米字符号或仿宋字做了标记。这本书的封面也很是讲究，采用版画的形式。其中有河流，代表语言文化源远流长；有山有水有树，代表根植在家乡的土地上开花散叶；有阳江地标性建筑——北山北塔；有阳江特色语言，阳江气息浓厚。书名则是由黄茂松先生题字。也正是因为得到各方的帮助，《广东阳江方言研究》这本书终于在五年后的2018年年初定稿并交给出版社。这本书收录阳江方言的语音、词汇、语法、儿歌四个方面的内容。值得一提的是，这本书还用了国际音标注音，更是在词汇表中将北京、广州、阳江三地的词语进行对照，本意就是让阳江方言与国际接轨。它全面分析了阳江方言的特点，专业水准高，学术性强，是目前阳江方言研究最齐全、最完备的书籍。黄伯荣先生曾说："阳江话使用的地域虽窄，但它却是汉语言的活化石。麻雀虽小，五脏俱全。"这是一部凝聚了黄老先生大半生心血的文稿，它不单承载着一位将毕生精力奉献给祖国语言文字研究事业的学者的精神，还饱含着一位语言学家对家乡方言的酷爱之情。

在时代的巨变下，方言正在被越来越多人所遗忘和放弃，正在慢慢失去传播途径和群众基础。目前，不少保存方言和地方性文化的项目都在陆续启动。黄伯荣先生作为新中国成立以来首批研究阳江方言的学者之一，已经为方言语法研究开了个好头，同时也身体力行地将阳江话带进了国内外同行们的视野，使得阳江话语法的研究受到更多研究方言语法的专家们的关注。黄伯荣先生既是中国语言界的一个标志，也是阳江一张有深远影响的文化名片，其留下的著作展示了语言的独特魅力与芬芳，更浸满了新中国知识分子对家国的挚爱，其崇高品格和辉煌业绩将与世长存！

　　缅怀，铭记。

论文选登

"框架核心分析法"解读[*]

戚晓杰

【提　要】"框架核心分析法"是黄伯荣先生晚年创建并大力倡导的一种分析句子的方法，已开始在他与廖序东先生所主编的黄廖本《现代汉语》教材中实施运用。"框架核心分析法"可以说是一种既讲核心又讲层次、既讲框架又讲位次的分析句子的方法。它简明、实用，有自己的句法理论、析句程序与符号，并考虑到计算机析句法基础的问题，显示了黄伯荣先生深远的学术眼光。本文拟对"框架核心分析法"的产生、基本思想及其发展演变加以介绍，以使人们对此有全面了解和深入认知，以利应用，进而吸收其合理内核，发扬光大，由此推动汉语句法研究向前迈进。

【关键词】析句法　框架　核心　位次　计算机析句法基础

　　"框架核心分析法"是黄伯荣先生晚年提出的一种分析句子的方法，黄先生曾多次撰文大力倡导，并在他与廖序东先生所主编的黄廖本《现代汉语》教材中加以实施运用。析句法是指把句子结构加以分解，并对其分解出来的单位加以定名，由此了解句子的格局、归纳句型，以利应用的方法。^① 析句法是语法体系的重要组成部分，比较语法体系的异同常常从析句法入手。析句法是建立在对语言性质认识的基础上而产生的。"对语言性质的感性认识的大量积累，可以升华为对语言性质的理性认识（即形成'假说'），并导致一种分析方法的产生。而一种比较正确、合理的语言分析方法又可以帮助我们深入、系统地揭示语言的某种性质。"（史有为，1984：263）"框架核心分析法"是经过深思熟虑、精心设计而成的，体现了黄伯荣先生新的语法观与析句法思想。"框架核心分析法"内涵丰富，语法思想深邃，不经过系统梳理，难以理解其

---

　　* 本文原载于《东方论坛》2017年第3期。本文的主体内容，黄伯荣先生生前曾多次审阅、修改，特此说明。

　　① 析句法包括切分法和定名法两部分。与此无关的分析方法不能视为析句法。黄伯荣先生认为，变换分析实际上只是一种语法结构的鉴别法，用于检验一些构成成分上有共同点的语法形式是否真正同构，不能算作析句法。

真谛；甚至会产生误会，让人觉得"框架核心分析法"其实就是中心词分析法，没有什么新意。本文意在全面解读"框架核心分析法"，以使人们对此有全面了解、深入认知，以利推广运用；进而吸收其合理内核，发扬光大，由此推动汉语句法研究向前迈进。

一、"框架核心分析法"的前期探索

黄伯荣先生在黄廖本《现代汉语》的编写与修订过程中，一直想寻找一套能很好地说明汉语句法结构、能解决汉语实际问题的理想的析句法，并进行了长期锲而不舍的努力与探索。这从黄廖本《现代汉语》对其析句法的不断修改中可以看出。（戚晓杰，2002）

（一）1979 年试用本

黄廖试用本《现代汉语》，更多体现的是中心词分析法的特点，即结合了层次分析法（又称"直接成分分析法"或"二分法"）因素的中心词分析法（又称"多分法"）。它在传统的多分法的基础上，吸取层次分析法的合理因素，按照结构层次，让尽可能多的词组充当句子成分，在对句子进行分析时，既注意结构关系，又照顾到结构层次。这比不重视结构层次，让不同平面上的句子成分杂乱地平列在一个层面上的多分法，无疑是前进了一大步，让人更便于了解句子的格局及其意义。黄廖试用本析句法"从大到小，基本二分"，体现了句子的层次性；"寻枝求干"就是找出枝叶成分（定语、状语、补语）和主干成分（主语、谓语、宾语）；"最后多分"就是用多分法术语给各中心成分命名，把分析结果平列在一个平面上。它用层次分析法的层次性简化了多分法的分析程序，分析句子到找出附加成分定语、状语、补语和主干成分主语、谓语、宾语为止，便于显示句子格局，又不会把句子分析得过于烦琐。特别是为了简化分析手续和成分符号，黄廖试用本还采用并改造了已有的简易符号标记法来标记句子成分。由于这种分析方法具有很强的合理性，能与中学语法教学接轨，所以接受起来比较容易，运用起来也得心应手。这也许正是黄廖试用本问世之后风行全国，发行量一跃而为同类教材之冠的重要原因之一。

（二）1983 年修订本

1981—1982 年，我国语言学界为配合教学语法《暂拟系统》的修订，展开了一场析句法的论争，对多分法和二分法这两种析句方法进行了比较深入的

讨论。大多数学者认为这两种析句方法各有长短，层次分析法更能反映语言的层次性，两者应该结合。至于两者应该如何结合，意见还不太一致。但在语言结构具有层次性、所有词组都可以和词一样充当句子成分等问题上达成了共识。在此情况下，黄廖1983年修订本也做了修改，基本采用层次分析法，即"结合少量中心词分析法因素的层次分析法"，具体表现为以下三个方面。①让所有词组一律平等，都可整体充当句子成分，不加人为限制来规定某些词组能或不能充当什么成分。②简化术语，将两套析句术语改为一套句子成分。把主语部分改为主语，谓语部分改为谓语，谓语动词部分改为述语①，宾语部分改为宾语。设立三个中心（主语中心、谓语中心、宾语中心），作为主谓句的三个主干，这也是后来"中学提要"设立的三个主干。③明确认定一般句子成分有八个：主语、谓语、述语、宾语、中心语、定、状、补语。这八种句子成分不在一个平面上，它们是配对共存共现的：主语与谓语相对，述语与宾语相对，定语与它的中心语、状语与它的中心语、补语与它的中心语分别相对。

（三）1990年增订版（包括1996年增订二版、2001年增订三版）②

1990年黄廖增订版所采用的析句法仍属于结合中心词分析法的层次分析法，在定名法和析句手续上有所变动。①为了与中学教学语法术语接轨，将"词组"改为"短语"，采用传统和《中学教学语法系统提要（试用）》中的"动宾短语"一名，但不采用"动词＋宾语"的说法，为了"语"对"语"，改为"动语＋宾语"的说法，即把修订本中的"述语"改称为"动语"，限定只与宾语配对，不与补语配对。②在切分手续上，对于可以做两种切分法的状动宾结构，由以前的一般先宾后状，即先切分出宾语，再切分出状语，改为一

---

① 黄廖本教材中的"述语"与黎锦熙《新著国语文法》中的"述语"、朱德熙《语法讲义》中的"述语"名同实异。黎锦熙《新著国语文法》中的"述语"与主语相对，相当于他后来著作中的"谓语"。朱德熙《语法讲义》中的"述语"是"述宾结构""述补结构"的前项，可以与宾语相对，也可以与补语相对。黄廖本的"述语"只与宾语相配对。

② 黄廖本《现代汉语》1996年增订二版、2001年增订三版的析句法与1990年增订版大致相同，没有什么大的变化，故不单列。

般先状后宾，即先切分出状语，再切分出宾语，以求更切合汉语结构层次的实际①。在一些句式的分析上也做了新的调整。对双宾格式，黄廖增订版采用了二分法，先切远宾语，后切近宾语②，对"拿出书来"格式的切分，黄廖修订本认为"出"和"来"是一个补语，中间插进一个宾语，"出来"在一个层次上；增订本改为"出"和"来"是在两个层次上，切分时首先切出补语"来"，最后切出补语"出"。对"暂拟系统"定名为"称代复指"的格式（如"青春，这是多么美好的时刻"）③，黄廖本为少立名目，将句首的被复指成分看作陈述对象，定名为一般成分主语，后头是主谓谓语。对"暂拟系统"定名为"总分复指"的格式（如"他的两个妹妹，一个是医生，一个是工人"）④，黄廖增订版称总说部分为主语，后头分说部分是谓语，谓语是一个复句形式。

　　综观增订三版以前（包括 2001 年增订三版）黄廖本《现代汉语》析句法的变化，我们可以看出，黄廖本教材析句法与整个汉语学界句法研究紧密相连，汉语句法研究的新成果都可以在黄廖本教材中得到体现。黄廖本教材析句法并非对现成的析句法加以照搬，而是在吸收前人合理内核的基础上，综合各方面的因素，融会贯通，发展成为一种具有超前创新意识、可以为大多数人认可的析句法。黄廖本教材析句法的变化，体现了我国 30 年来汉语学界句法的发展，同时也折射出汉语析句法的演变，这就是由典型的多分法逐渐向二分法靠拢，按照句子结构的层次，让越来越多的词组充当句子成分；再到吸收多分法的合理成分，重视语法结构关系，实行层次分析法的二分，把多分法与层次分析法的优点集于一身。

　　但这种分析方法并非完美无缺，仍存有一定的问题。①黄廖增订版《现代汉语》析句法基本上是层次分析法，层次分析法是不找核心的。由于它着

---

　　①　为便于理解掌握此分析程序，黄廖本教材用以下口诀加以概括：一、以动为心（先找出动词，作为短语的中心）；二、先切动前（先切出动词前头的状语）；三、后切动后（后切出动词后头的宾语）；四、先远后近（如果动词前头有不止一个状语，先切远的，后切近的；如果动词后头的成分有几个，也是先远后近。也可以说是先外后内，先外层后内层）。参见黄伯荣、廖序东《〈现代汉语〉教学参考与自学辅导》，高等教育出版社 1998 年版，第 33～34 页。

　　②　胡裕树《现代汉语》（1984）认为双宾语句"送我一本书"做层次分析时可以分析为〔（送＋我）＋一本书〕，见该书 358 页。

　　③　胡裕树《现代汉语》（1984）将《暂拟系统》的句首被复指的成分定名为"提示成分"，有的书改名为"外位语"。

　　④　胡裕树《现代汉语》（1984）把句首的总说部分称为"提示成分"。

重层次分析，不找核心，因而无法说明核心成分和向核成分之间的语法关系；且分析程序上层层二分，分析出来的结果不易显示主干，不便于显示句型，如果是复杂一点的句子，分析七八层，最后切成几十个成分，就如一棵树砍成了几十个碎片，像一堆柴火，使人看不清是什么树形。②这种分析方法不便于实际应用，目前黄廖本教材语病分析，实际上都是借助中心词分析法的找中心来加以弥补的①，句子分析与实际应用不相吻合，有偷梁换柱的感觉。如黄廖本教材讲"主语和谓语搭配不当"，实际上讲的都是主语中心和谓语中心搭配不当；"动语与宾语搭配不当"，也多是讲动词与宾语中心搭配不当的。为此，黄伯荣先生在此基础上，又试图探索一种新的解释力强、简明实用的析句方法。这可以说是黄伯荣先生提出"框架核心分析法"的初衷。

二、"框架核心分析法"的提出及其基本思想

1999 年黄伯荣先生在《汉语学习》第 6 期发表《框架核心分析法》一文，明确提出"框架核心分析法"的析句理念，倡导他的框架核心句法思想。

"框架核心分析法"可以说是一种既讲核心又讲层次、既讲框架又讲位次的分析句子的方法。它尽最大可能把不同层次的几个句法成分放在同一线性平面上，便于细致地显示各种句型框架，便于显示句型框架核心以及核心与向核成分之间的语义关系，因而便于讲解句式变换和格语法。例如：

①我们厂[1] ［最近］[2] 试制[4] 〈成功〉了[3] 几种新产品。
　主位　　状位　　动词　补位　　　　宾位　　（框架位次）

例①依次共切分四次。第一刀切在主谓之间，在主语底下画双横线。主语以外的词语都是谓语，谓语符号（"▁"）省去不画。未画符号的部分再一分为二，切出状语和中心语，用方括号（"［　］"）表示状语，中心语符号（"。。。。"）省去不画。未画部分再一分为二，第三刀切在动宾之间，在宾语底下画浪线，动语符号（"→"）省去不画。未画部分最后切分出中心语和补语，用尖括号（"〈　〉"）标明补语，中心语符号省去不画，只画核心符号（"⊙⊙"）。这时找到核心动词，句型已显露，句子分析到此为止。如果需做

---

①　黄廖本《现代汉语》设立"动语"这一术语，而不称为"谓语"或"述语"，是有着意的，可以变相地体现动词的核心地位。

短语分析，到词为止。"框架核心分析法"的句子成分有"带核成分""向核成分"之分。谓语、中心语、动语三者都可以把核心包含在它的内部，叫"带核成分"；主语、状语、宾语、补语四者都跟"带核成分"相配对，是向着核心的成分，叫"向核成分"。在分析句子的时候，只给"向核成分"画上相关符号，而"带核成分"则不画，这样就做到了"符号减半"。

"框架核心分析法"有以下五个特点值得我们注意。

（1）重视句子核心的地位，句子分析到找出核心为止。所谓核心，是指句中关系到句型、决定全句性质、意义上和结构上联系最广泛的词语，句中的其他成分都与它发生直接或间接的关系。抽出核心，句子成分就会失去联系而散了架①。如前面例①，核心为"试制"，它可以分别同主语、状语和补语、宾语相关联，构成"我们厂试制""最近试制"和"试制成功""试制几种新产品"等简单框架。在这个句子里，如果抽掉了"试制"这个核心，整个句子就会失去交际功能；而抽出核心之外的任何一个成分之后都仍成结构。

（2）重视句子的结构框架。所谓框架即语言单位（句子、短语等）的格式、模式。如例①的"主位·状位·动词·补位·宾位"就是汉语动句的基本框架，它由简单框架复合而成。句子的基本框架是句子生成变化的基础。它可简可繁，构成不同的变体形式。儿童学话就是在不断充实词语库的同时逐渐形成从简单到复杂的框架，学会往框架里填充合适的词语，就可生成从未说过的句子②。

（3）重视语法结构的层次性。"框架核心分析法"把不同平面的切分结果置于同一线性平面上加以显现，它的分析过程仍具有层次性。例①的1、2、

---

① 核心与中心不同。核心对全句来说，是全句各成分联系的中心；中心对结构来说，它相对于句子的修饰成分定语、状语、补语而言，有定语、状语、补语，就必须有被修饰、限制、补充说明的成分中心语。句子的核心通常只有一个（多核句除外），而句子的中心语可以有几个，如主语中心、谓语中心、动语中心、宾语中心等。

② 关于"结构框架"，王希杰先生（1996：178）也从修辞学的角度对其重要性加以阐明："现代心理学告诉我们，人们的心理并不是一块什么东西也没有的'白板'。人们在感知对象的时候，意识中事先就有了一个感知的模式，正是这个感知的模式决定了人们的感知活动的方向。在人们的感知活动中，有一条基本的规则：整体大于部分。在我们听话或者阅读的时候，我们并不是一个音节一个音节地或一个汉字一个汉字地进行我们的解码活动，而是抓住一些主要的特征，及时形成自己的模式或框架，再用这样的模式或框架来同对方的话语相匹配。如果匹配了，就感觉到顺利通畅；如果不能匹配，就或者是怀疑自己的模式或框架有毛病，或者怀疑对方的话语有了问题，暂时地中断解码活动。"

3、4就是层次的切分顺序，分别表示四个不同的切分层次。如果需要，"框架核心分析法"也可以展开做层次描写。

（4）重视句中各成分的位次。"框架核心分析法"认为，各配对而共存的句子成分在句中有固定的位次。框架中的各个位次都有自己的构成成分。各个位次的词语是互相制约的，牵一发而动全身。一个位次用了不同性质的词语，另一位次就应做相应的改变。

（5）强调八个一般句子成分配对而共存共现。标出主语，其后必有谓语，谓语不画自明。有宾语其前必有动语，有状语、补语就必有各自的中心语。总之，标出向核成分，不标的就是带核成分①。遇到省略，必要时把省略的成分补出。

"框架核心分析法"的最大优点是简单、方便、管用，能在不违背句法构造层次性的条件下快速抓住主干，显示句型，像吕叔湘先生《现代汉语八百词》中所列句型，都可以清晰地体现出来。各种句子抓住核心及与之相关联的向核成分，框架类型一目了然。

"框架核心分析法"比流行析句法更易表现出格语法这种普遍语法理论所揭示的格关系，便于做句子的语义分析。"框架核心分析法"框架里的位次加上"施""受"等汉字和字母符号，可以表示不同的格。这种格的分析对于辨别同形异构框架现象起到重要作用。如"鸡不吃了"，在主语下加上"施"或"受"可以分化其多义。

三、"框架核心分析法"的发展与完善

黄伯荣先生框架核心析句法思想并非一成不变的，而是在不断地发展和完善。2005年，他又发表《框架核心分析法答客问》一文，对"框架核心分析法"做进一步的阐释；2010年，他还发表了《三论框架核心分析法》一文；2012年撰写《谈谈〈中学教学语法系统提要〉的析句法》（提纲），以求使"框架核心分析法"的理论和具体分析更加严谨、周密，可操作性更强。概括起来主要表现在以下九个方面。

（1）谈到定语的处理问题。认为不与核心直接发生语法关系的定语是"非直接组成成分"，是成分内的成分，它与动句类型无关，可以不做分析。简单的定语也可在原句画上符号，例如"(我们)厂"和"(几种)(新)产

---

① 如此处理，其理论依据有二：一个理论依据是"句子成分是一个二分对立的共存共现系统"，"还有一个理论依据，那就是有标记原则"。（刘汉城，2005：42）

品"，复杂的定语则可根据需要抽出来另行分析，分析到实词为止。

（2）谈到虚词的处理方法。认为虚词（连词、助词、语气词等）不做句法成分，它和独立语一样，是句法成分以外的"零碎"，独立语是实词成分，用"△"表示，虚词不用符号表示。

（3）提出"框架核心分析法"的口诀与分析步骤，分析程序更加明确。指明运用"框架核心分析法"分析动句，可以记住下面口诀："动前有主、状，动后有补、宾"（及物动词句）；"动前有主、状，动后有补无宾"（不及物动词句）。"框架核心分析法"分析句子结构可分三个步骤：①找核心；②找出核心前后的向核成分定句型；③如果需要，分析向核成分内部的成分，到词为止。

（4）核心符号由空心圆内加实心圆点，改为下划横线加实心圆点；后来，随着"框架核心分析法"的全面实践与运用，黄先生又提出，下划横线也可以不必出现。如此处理，主要是为了打字方便（实心圆点可用着重号体现），如此便于句子分析的实际操作，计算机信息处理简便、快捷。例如：

②我们厂 ‖ ［最近］　试制　〈成功〉了　几种新产品　。
　　主语　　状语　　核心　补语　　　宾语

（5）分析范围也在不断扩展，由动句，扩展到形句、名句、主谓谓语句，认为形句、名句、主谓谓语句也可用"符号减半法"表示。例如：

③西湖 ［的确］ 美 得 〈很〉。（形句）
④小李（黄）头发。（名句）
⑤（好大）的 胆子！（名句）
⑥他 胆子 大。
⑦这件事　他　心中　有 数。

（6）核心不是句子成分名称，但充当核心的动词、形容词、名词总是以句子成分的身份出现。它可以充当句子的谓语、动语、中心语等。例如：

⑧谁来？——我 来。
⑨他 去 北京。
⑩我 ［很］ 高兴。
⑪我们 吃 〈完〉了 饭。

⑫（一个）（春天）的 早晨。

（7）表示"框架位次"的"主位""状位""动词""补位""宾位"改为"主语""状语""核心""补语""宾语"，名称、术语合二为一，更加简化。

（8）说明句子有单核句和多核句，复句是多核句，单句多数是单核句，只有连谓句、兼语句和核心里有联合结构的句子才为多核句。

（9）提出"适用于电脑使用"的计算机析句法基础问题。"框架核心分析法"是为人脑分析句子而设计的析句法，是为教学语法服务的；与此同时，黄伯荣先生（2005）还谈到"适用于电脑使用"的计算机析句法基础的研究思路，并开始思考核心成分确定的可操作性问题。如此也显示了黄伯荣先生高瞻远瞩的学术眼光，可以说这也是黄伯荣先生构建"框架核心分析法"努力的方向。

鉴于"框架核心分析法"科学实用、可操作性强，黄伯荣先生在黄廖本《现代汉语》2006 年增订四版已开始渗透框架核心的析句法思想，他以"太阳系图"来打比方，说明核心动词在汉语基本句式中的作用。"恒星太阳是核心，行星主语、宾语环绕太阳转，可以易位。少数状语、补语也可易位。"（黄伯荣、廖序东，2006）

通过语言事实的大量实践与检验，黄伯荣先生"框架核心分析法"的理论体系和操作程序已基本成熟，已在黄廖本《现代汉语》2012 年增订五版开始实施运用，主要体现于语法章第一节的"语法单位和句法成分"部分（句子分析增加了"核心""核心位置"的指称）、第五节的"句法成分小结及例解"部分（仍以"太阳系图"打比方，指明恒星太阳是核心动词，行星主语、宾语等环绕太阳转，各有各的位置，各自能回答一定的问题，包括谁做、做什么、怎么做、做得怎样等）和第六节"单句"部分［用加注方式表明汉字底下的着重号（即实心圆点——引者注）——表示核心，谓语中心］等。（黄伯荣、廖序东，2012：6、79～83、86～87）

四、"框架核心分析法"体现汉语析句法发展与句法研究总趋势

黄伯荣先生"框架核心分析法"的出现绝非偶然，它是在多年探索黄廖本教材析句法的基础上，吸收各种核心法以及框架语法思想的合理内核，融会贯通、推陈出新而形成的，体现了汉语析句法发展与句法研究的总趋势。

在我国，核心法的历史并不久长。吕叔湘先生主编的《现代汉语八百词》、张志公先生主编的《现代汉语》《中学教学语法系统提要》虽然都没有明确提出"核心"这一名称和有关理论，而只用分析例子的办法来体现，但它们的语法观对后出的核心法的产生有很大的启发和影响。我们不妨把它们视作核心法产生的主要源头。明确提出核心法观点的是陆丙甫先生的《对成分分析法和层次分析法相结合的一些看法》、史有为先生的《语言的多重性与层—核分析法》。钱乃荣先生主编的《现代汉语》的语法部分也贯穿了核心法的分析原则，钱先生称之为"向心多分析句法"①。邵霭吉、冯寿忠先生的《现代汉语概论》使用的"向心切分析句法"，也是核心分析法的一种（主谓双核心分析法）。特别是近些年的对外汉语教材，在对语法点的阐述上，有的也采用核心法观点（黄政澄，1997），产生了很好的教学效果。分析句子寻找核心，语法阐释重视句子核心的地位，代表了我国近些年来析句法发展演变与句法研究的一种倾向②。吕叔湘先生在"句型和动词学术讨论会"开幕词中曾经指出，"动词是句子的中心、核心、重心"。李临定先生（1989）曾就句子的总格局提出了区分"两个平面"的观点来进行分析："一个是主语（话题）、谓语（说明、叙述）平面，另一个是以动词为中心的平面。作者认为应该把分析的重点放在以动词为中心的平面上，特别是对非汉族人研究、学习汉语来说更应该如此。因为这样便于观察、揭示句子构造的具体规律及特征。动词在句子里是处于中心地位。其他成分都和它发生关系。"

　　在印欧语（如英语、法语）中，动词的句子核心地位更加突出。"实际上，印欧语有定性范畴的核心是谓语动词，每一个句子必须有一个定式动词，而且也只允许有一个定式动词，它的时、式、体等必须是有定的，而主语却可以是无定的，甚至可以出现如 it，there 这样的虚位主语。印欧语的语法理论之所以有生命力和解释例，基本的原因就是它的各种语法理论，不管是传统的还是现代的，基本上都是以有定性的谓语动词为中心建立起来的，因而取得了成功，对世界上其他地区的语法研究产生了深远的影响。"（徐

---

　　① 钱乃荣先生（2005：20）曾表明："而且，可喜的是，我们看到青岛大学黄伯荣先生最近经深思熟虑而提出的'框架核心析句法'和我们的'向心多分析句法'相比，尽管在对句子结构的理论分析上略有差异，但析句的结果是相同的。"

　　② 不过，总的来看，以往的核心法，"从总名到成分切分法和成分定名法都有差异，对多成分动词短语的层次问题最为分歧"（黄伯荣，1999）。"框架核心分析法"与以往的各核心法均有所不同。可以说，"框架核心分析法"是经过严密的逻辑思考而形成的一种与框架、核心理论相结合的析句体系。

通锵，1999：179）从这一角度看，析句方法向着找寻框架核心的方向发展符合人类语言的普遍规律。不过，就汉语而言，汉语句子可以无动词核心，宾语可以易位，主语可以省略，由此形成汉语中的形句、名句①、主谓谓语句、零句等。就这一点来说，"框架核心分析法"的创建还具有一定的语言类型学意义。

目前，汉语计算机处理进展缓慢，人机对话不尽如人意，计算机造出的句子五花八门，不易合乎规范。究其原因，这与我们的词类划分、句子分析法还存有一定的不切合汉语实际之处密切相关。②"框架核心分析法"的位次理论为汉语词类的划分提供了基点，把位次与词类的划分联系起来，按位次确定词类，有助于解决汉语词类划分问题；以动词为核心，在框架中说明每一个动词所连带的左邻右舍的各种成分，便于计算机从形式上识别汉语语法。"框架核心分析法"的提出对于探讨一种真正切合汉语实际、能与计算机语法接轨的析句法，具有积极的推动意义。冯志伟先生（2005：16～17）从自然语言计算机处理的角度，对"框架核心分析法"给予很高评价："可见，黄伯荣教授的框架核心语法把层次分析法和中心词分析法巧妙地结合起来，发挥了短语结构语法的优点，弥补了短语结构语法的不足，在语言的理论上是很有深度的。我们有可能把框架核心语法发展成一个具有简单性、高效率和解释力的优秀的

---

① 甚至形成"枯藤老树昏鸦，小桥流水人家，古道西风瘦马"这样的一连串名词的组合。

② "目前我国在汉语自动分析中主要采用层次分析法，层次分析法的理论基础是美国语言学家乔姆斯基（N. Chomsky）的短语结构语法（Phrase Structure Grammar，简称PSG）。"（冯志伟，2005：15）从自然语言计算机处理角度看，一种好的形式语法应该满足三个条件：解释力、简单性、高效率。"简单性和高效率是短语结构语法的最大优点"，"然而，在对语言描述的解释力方面，短语结构语法却不尽如人意"。主要问题有两点。"第一，乔姆斯基的短语结构语法中的树形图是单标记的（如词类标记 N、V，词组类型标记 NP、VP、S 等），这使得短语结构语法难以表达纷繁复杂的自然语言现象，分析能力过弱，生成能力过强。""第二，乔姆斯基的短语结构语法的另一个问题是没有提出确定句子和词组中核心成分的方法，这使得分析的结果中，句子的主干不明确。特别是当汉语句子中出现多个动词的时候，如何确定中心动词，往往使得自然语言处理的研究人员进退维谷，束手无策。"（冯志伟，2005：16）而这与目前我国通常所采用的析句法所存在的问题是一致的。

形式语法。"①

五、结语

"框架核心分析法"是黄伯荣先生多年探索黄廖本教材理想析句法的最终结果,是一种真正融以往多种析句法(特别是中心词分析法、层次分析法)合理内核为一体、充分体现汉语句法结构自然纹理的分析句子的方法。它简明、实用、易学,与人们的直觉思维一致,便于归纳句子的格局、总结句型,便于称说、修改语病,并考虑到计算机析句法基础的问题,具有很好的学术前景。

当然,任何一种析句法的提出,在它创立之初都不可能完美无缺,"框架核心分析法"亦是如此②。一种析句法矛盾或遗漏的现象越少,解释力就越强,寻找解释力强、切合汉语实际、便于归纳句型,特别是能与计算机接轨的析句法,是当今汉语语法研究者共同面临的任务。也许随着人们对汉语认识的不断深入,"框架核心分析法"所提出的一些具体方法会有所改变,但"框架核心分析法"所提出的分析句子重核心、重框架、重层次、重位次的思路只会更加清晰、完备,绝不会被否定。

【参考文献】

[1] 黄伯荣. 框架核心分析法［J］. 汉语学习, 1999 (6).
[2] 黄伯荣. 框架核心分析法答客问［M］//汉语教学与研究文集. 北京:高等教育出版社, 2005.

---

①　冯志伟先生(2005:17)从应用于自然语言的计算机处理角度,提出框架核心析句法还应做如下两方面工作。"第一,在框架核心语法的基础上,进一步研究确定核心成分的可计算、可操作的规则,运用形式化的规则来提高确定结构中核心成分的准确性,从而加强框架核心语法对于语言现象的解释力。""第二,在框架核心语法的基础上,构建立足于多标记的语法语义标记系统。……计算机显然不能直接从词类标记计算出句法功能标记,词类标记与句法功能标记之间,存在着极为错综的关系,其运算和求解机制是非常复杂的。如果核心框架法能够进一步研究这样的错综复杂的关系,定出严格的对应规则,建立完整的多标记系统,那么,框架核心语法一定会在自然语言的计算机处理中发挥作用,为我国计算语言学的发展做出贡献。"

②　刘汉城先生(2005:40)就曾指出,"框架核心分析法"重视"核心"在句子结构中的作用,"但却不是句子中的成分,这使句子成分概念和句子分析趋于复杂化","避开这一问题的简易方法就是承认核心仍是句子成分,如称带核谓语或有核谓语,相应的,也就有不带核谓语或无核谓语"。

［3］黄伯荣. 三论框架核心分析法［J］. 盐城师范学院学报，2010（6）.

［4］黄伯荣. 十二年来汉语析句法的发展变化［J］. 语文建设，1990（6）.

［5］黄伯荣. 谈句法分析［J］. 中国语文，1981（5）.

［6］黄伯荣. 谈谈《中学教学语法系统提要》的析句法（提纲）［Z］. 第十三届全国高等
师范院校现代汉语教学研究会暨会员代表大会.

［7］戚晓杰. 评框架核心分析法［J］. 青岛教育学院学报，2001（2）.

［8］戚晓杰. 从黄廖本教材析句法的演变看汉语析句法的发展趋势［J］. 东方论坛，2002
（1）.

［9］刘汉城. 《框架核心分析法》解读［M］//汉语教学与研究文集. 北京：高等教育出
版社，2005.

［10］冯志伟. 框架核心语法与自然语言的计算机处理［M］//汉语教学与研究文集. 北
京：高等教育出版社，2005.

［11］刘泽民. 与框架核心分析法相关的几个问题［J］. 兰州大学学报，2002（4）.

［12］高明乐. 试谈框架核心分析法和格理论［J］. 东方论坛，2002（2）.

［13］邵霭吉. 框架核心分析法与句框架问题［J］. 青岛大学师范学院学报，2006（1）.

［14］钱乃荣. 论向心多分析句法［M］//汉语教学与研究文集. 北京：高等教育出版
社，2005.

［15］陆丙甫. 主干成分分析法［J］. 语文研究，1981（1）.

［16］邵霭吉，冯寿忠. 现代汉语概论［M］. 北京：中国社会科学出版社，2009.

［17］邵霭吉. 论"向心切分析句法"：《现代汉语概论》的析句法［J］. 盐城师范学院学
报，2010（2）.

［18］史有为. 语言的多重性与层—核分析法［M］//汉语析句方法讨论集. 上海：上海教
育出版社，1984.

［19］陆丙甫. 对成分分析法和层次分析法相结合的一些看法［J］. 中国语文，1981（4）.

［20］李临定. 如何分析句子［J］. 语言教学与研究，1989（2）.

［21］吕叔湘. 句型和动词学术讨论会开幕词［M］//中国社会科学院语言研究所现代汉
语研究室. 句型和动词. 北京：语文出版社，1987.

［22］吕叔湘. 现代汉语八百词［M］. 北京：商务印书馆，2010.

［23］黎锦熙. 新著国语文法［M］. 北京：商务印书馆，1998.

［24］黄伯荣，廖序东. 现代汉语［M］. 试用本. 兰州：甘肃人民出版社，1979.

［25］黄伯荣，廖序东. 现代汉语［M］. 修订本. 兰州：甘肃人民出版社，1983.

［26］黄伯荣，廖序东. 现代汉语［M］. 增订版. 兰州：甘肃人民出版社，1990.

［27］黄伯荣，廖序东. 现代汉语［M］. 增订2版. 北京：高等教育出版社，1996.

［28］黄伯荣，廖序东. 现代汉语［M］. 增订3版. 北京：高等教育出版社，2001.

［29］黄伯荣，廖序东. 现代汉语［M］. 增订4版. 北京：高等教育出版社，2006.

［30］黄伯荣，廖序东. 现代汉语［M］. 增订5版. 北京：高等教育出版社，2010.

［31］黄伯荣，廖序东. 现代汉语［M］. 增订6版. 北京：高等教育出版社，2017.

［32］钱乃荣. 现代汉语［M］. 南京：江苏教育出版社，2001.

［33］钱乃荣. 论向心多分析句法［M］//汉语教学与研究文集. 北京：高等教育出版社，2005.

［34］邵霭吉. 现代汉语概论［M］. 北京：中国社会科学出版社，2009.

［35］黄政澄. 标准汉语教程［M］. 北京：北京大学出版社，1997.

［36］王希杰. 修辞学通论［M］. 南京：南京大学出版社，1996.

［37］徐通锵. 说"本位"［M］//汉语现状与历史的研究. 北京：中国社会科学出版社，1999.

［38］黄伯荣. 12 年来汉语析句方法的发展变化［J］. 语文建设，1990（6）.

［39］江蓝生，侯精一. 汉语现状与历史的研究［M］. 北京：中国社会科学出版社，1999.

独立思考　创新思路[*]

——简议存现句的争论和定论

王　森^{**}

【提　要】存现句是主谓句还是无主句？语法学界曾长期争论不休，30 年才得到解决。问题的关键在思路。原思路是静止的、孤立的，而所得信息也是单一的、对立无用的。我们转换思路，辩证地引进多种相关句型，获得多种相关综合信息，从而释放、凸显出了"台上"之类的若干隐匿的主语功能。"存现句是主谓句"便得以确立。简言之，即大家已公认的几种主谓句的主语，也适用于存现句，所以存现句也是主谓句。

【关键词】创新思路　存现句是主谓句

一　背景：问题的提出和解决

20 世纪 50 年代语法学界为了编写中学《汉语》课本的语法部分，而解决语法分歧现象，由语言学家张志公牵头，经过大家反复讨论，制定了《暂拟汉语教学语法系统》。其中，把存现句暂定为"无主句"（即把存现句句首的处所词看作状语）。由此，引发了语法学界"主语说"和"状语说"争辩双方 20 多年的长期争论。直到 1981 年 7 月，仍由张志公牵头，在哈尔滨召开"全国语法和语法教学讨论会"，目的是对 50 年代的《暂拟系统》进行修订。会上，我们的参会论文《试谈"台上坐着主席团"的句首方位词或处所词》认为是主语的观点，得到了与会者的肯定。后又被写进人民教育出版社中学语文室编辑定稿、人民教育出版社 1984 年出版的《中学教学语法系统提要（试用）》。

该参会论文的写作，黄伯荣先生曾有多次专函指导，请见本文后的"附录"。该参会论文在《兰州大学学报》1982 年第 2 期发表。其"主语说"的

---

*　本文是 2021 年 7 月青岛大学文学与新闻传播学院主办的"现代汉语教材建设暨黄伯荣先生百年诞辰学术研讨会"上的发言稿。

**　本文作者系兰州大学文学院教授。

观点也被黄伯荣、廖序东先生主编的《现代汉语》（甘肃人民出版社 1983 年第 3 版）采纳至今。

至此，我们的"主语说"以其解释力、可信度成功地说服了"状语说"，30 年的争论圆满结束。

今天，在恩师黄伯荣先生百年华诞之际，学生专程参会，谨以本文深表怀念！

二　我们为什么能成功

我们的成功，原因有二：一是舍弃大多人采用的旧思路；二是独立思考，采用新思路。下面分述。

1．我们的发现

我们发现，此前的作者思路太窄，表现在以下三点。

（1）争辩双方都只盯着该存现句句首的处所词，而这个位置却是主语、状语都常可出现的共用句法位置，不具有排他性、唯一性。

（2）争辩双方的观点是静止的、孤立的。就是说，都只就该单句——存现句而论，不肯做一点动态的，扩展的，融合、渗透的引进，所获信息单一。

（3）争辩双方都偏重对定义的套用，各执一词。如"状语说"者常以"处所词不能回答谁、什么"指责对方，"主语说"者则常以"处所词可做'是'谓句、形谓句的主语"自卫等。

2．我们的思考和做法

我们转换思路，设想着把存现句句首的处所词放在只有主语才能出现的位置上做考察。按照这个思路，我们果然收集到一大批多种句型中相应预期的典型例句，从而释放、凸显出了"台上"之类的若干隐匿的主语功能。详述如下。

（1）确立处所词只做主语而不做状语的观点，并找出尽可能多的这样的句法位置。据逻辑推理可知，这是由已知的公认的事实做论据，推出新结论。已知的公认的事实是正确的，则新结论也是正确的。

（2）我们的具体做法，涉及一般单句、特殊句式的单句——兼语句、一般复句、承宾省主式的复句，等等。黄伯荣先生编写的《现代汉语语法研究（讲义）》中曾对"句型转换"等研究方法多有涉及，我们下面的做法应是对黄先生当年教导的一种融会贯通。

A．主宾换位法。即单句中的主语和宾语可交换位置，交换后原主成了

宾，原宾成了主。此法也适用于存现句。例如：

	原句	换位句
①一般句	我想你。	①一般句：你想我。
②处所词做宾句	微风吹过湖面。	②存现句：湖面吹过微风。
		村口就在江边。

B. 兼语句是单句中的一种特殊句式。它的谓语是由动宾短语套接主谓短语构成的。动宾短语的"动"表示使令的意思，如"使""叫""让""请""派""命令""禁止"等。动宾短语的"宾"充当主谓短语的主语。

兼语句也适用于存现句。其中的"兼语"也是"宾"兼"主"。例如：

一般句　　　　　　　　　　　　存现句
让我们都有钱。　　　　　　　　让世界充满爱。
　　　　　　　　　　　　　特殊句：有一幢楼的窗口垂下一幅标语。

C. 在复句中，如果已知多个分句共用一个处所主语，那么，这个处所主语就也应是其中某存现分句的共用处所主语。否则，析句时将无所适从。例如：

①院内清雅、幽静，古树参天，安放着石桌石凳，是学习的好环境。
②手心摩擦得火辣辣的，出了血泡，生疼生疼。

请看，例①有四个分句，其中已知第一、第二、第四分句的共用主语是"院内"，那么，这个"院内"也理应是第三分句即存现句"安放着……"的主语，而如要硬析为状语，则将无法操作。同理，例②的"手心"也应是存现句"出了血泡"的主语。

D. 承宾省主句。在复句中，已知前一分句带宾语，后一分句中这一宾语却没有再出现，但全句的语义却仍清晰无误，这就是承宾省主句。它也适用于存现句。由此可知，后一分句是承宾语省略了主语。所省的处所词在前一分句做处所宾语，这是已知的；它在后一分句做存现句的主语，这是由已知前提推出的结论。后分句所省略的概念与前分句做宾语的概念是全然同一的重复成分，省略后显得简明流畅。例如：

③她望了望东边，有她的父亲。

④我仰望着天空，湛蓝湛蓝，布满了繁星。

⑤成……乃强起扶杖，执图诣寺后，有古陵蔚起。（蒲松龄《促织》）

E. 有的词兼指事物和处所，既可回答"什么"，也能回答"哪里"，从哪个角度提问题都可以。对此，析句时，成分界限又何在呢？例如：

⑥搪瓷缸外壳被烟火熏黑了。

"外壳"可同时回答"什么""哪里"："什么被熏黑了——缸子外壳"，"哪里被熏黑了？——缸子外壳"。这个"外壳"做何成分？单依回答内容来看，界限是不确定的，是模棱两可的。

附录

黄伯荣先生的来信（之一）

王希杰同志：

　　　你的教材我已见到，很好很好，冬烘也可付印。

　　　版刊进行很好，寄了信没有收到吧，因来信未号

　　　……之本栏，也没及时出作表示感谢。至此，一併表示谢

　　　意吧。

　　　你的文章材料很丰富，论点又有特色，早日写完好

　　　不好。

　　　　　　即

　　　顺好

　　　　　　　　　　　　黄伯荣　'80.8.21

　　　笔书善求印刷

黄伯荣先生的来信（之二）

20×15=300　　　　　第　　页

·201·

"开始"的表体用法

刘街生 刘侠飞[*]

【提　要】"开始"的核心意义是"起点实现"。当"开始"事件与后接事件构成体相宏事件时，"开始"与句子的论元无关，只表达"起点实现"意义，是专职的表体用法。构成体相宏事件时，"开始"可以是主动词，要求副事件必须是完整事件，表达副事件的起点实现；"开始"可以是语法化了的卫星成分，不管副事件是否有起点，都赋予副事件以起点实现意义。

【关键词】"开始"　体动词　起点实现　体相宏事件　卫星成分

一、引言

（一）"开始"的前人研究

"开始"一词的意义具有基本性，各种语言通常都有这种词，但其用法却比较复杂。《现代汉语八百词》就收了这个词，列了两种动词用法："从头起，从某一点起。可带'了'。可带名词宾语""着手进行。可带动词宾语"（吕叔湘，1999［1980］：330）。《现代汉语词典》（第7版第725页）基本承继《现代汉语八百词》的说法，但增加了一个名词义项——"开始的阶段"。

陶媛、陶红印（2009）讨论了"开始"一词的动词、准副词、后置介词、准形容词、名词等各种用法，并以此为例说明词类范畴的动态性。陈明舒（2010）对比"开始V"和"V起来"，关注到了"开始"的体意义。宋作艳（2015：71～76）在体动词名下关注到"开始"对后面宾语的事件性要求。温宾利、陆志军（2017）和陆志军、温宾利（2018）研究汉语中的体动词，认为"开始"后接的子句所指涉事件获得了状态起始的体意义，不过他们没有讨论表体用法背后的机制。

＊　本文作者刘街生系中山大学中文系教授、博士生导师，刘侠飞系中山大学毕业研究生。

（二）"开始"的各种用法

"开始"的核心意义是"起点实现"。"起点实现"本质上是时间意义，因此可纯粹描述时间，如"暑假开始了"。不过，"起点实现"的时间意义绝大多数时候依托事件来表达，描述事件的"起点实现"，如"表演开始了"中，主语"表演"是表达事件的成分。"电影开始了""噩运开始了"中，主语是具有［＋事件/时间］特征的名词性成分"电影""噩运"。

"起点实现"蕴含"以某一参考点为起点"，参考点经常在"开始"句中出现，如"新生活就从这里开始"。"从＋R（参考点）＋开始"类构式可以表达虚拟运动事件，如"刻在洞壁上的内容，以一对男女的浮雕开始""话题就是从周仁是不是随父母去香港开始的"中，主语中心语"内容""话题"所指与参考点所指具有整体与部分的关系，谓语部分描述的是由一个部分到另一个部分的虚拟运动。这样的结构，其主语可以没有［＋事件/时间］特征。表示虚拟运动、主语本身没有［＋事件/时间］特征的"从＋R（参考点）＋开始"类构式，通常突显"以某一参考点为起点"，动态意义比较弱，因此很容易表示背景，充当状语从句。如"从什么开始，你们变得联系密切了""从村头开始，我领他逛了大半个村子"。陶媛、陶红印（2009：342～343）认为这种用法的"开始"像后置介词。

"开始"最常见的用法是与后接谓词表示的事件构成体相宏事件，这是本文的主要关注对象。"开始"还有两种名词用法。一种是表示"起点的实现"，如"他们的事业因此而有了一个新的开始"中的"开始"。这种用法由主、宾语位置上的"开始"自指化演变而来，一般处在主、宾语位置包括介词宾语位置上，可受数量结构、属性或领有定语修饰。另一种是表示"开始的阶段"，如"开始他很生气""我和他，打从开始，便知道没有结果"中的"开始"，这种用法相当于"开始的时候"，通常做状语，也可处于介词宾语位置上，可以受领有定语修饰，但不能受属性定语、数量结构修饰。这种用法的"开始"还可隐喻扩展为"起点实现的部分"，如"这篇小说的一开始"。

"开始"的各种用法，都是在表"起点实现"基础上，与具体语境中具体功能相结合的结果。

（三）"开始"表体用法

"开始"后的直接成分为谓词或以谓词为核心构成的结构体时，它与后接谓词表示的事件构成体相宏事件（参见 Talmy，2000：230～232）①。"开始"事件作为主事件，为宏事件提供概念框架，即提供"起点实现"的时间框架，其后谓词性成分表达的副事件则为"起点实现"充当基底，填充时间框架的概念区域。这也就是"开始"后接的子句所指涉事件获得了状态起始体意义的机制所在。比如"我们开始研究语言学"中，"开始"提供"起点实现"的时间框架，"我们研究语言学"则为这个时间框架填充具体概念内容。句子整体的意义是事件"他研究这个问题"的起点实现。构成体相宏事件时，"开始"只提供"起点实现"的意义，与句子的论元无关。此时句子主语"我们"是"研究"的论元，"语言学"也是"研究"的论元，与"开始"没关系。构成体相宏事件时，"开始"不为句子提供论元，只为句子提供"起点实现"的意义，可视为专职表体的成分。

　　表达宏事件的单句，在有的语言中，主事件核心图式用主动词编码，这种语言称为"动词框架语言"；有的语言中，主事件核心图式用动词卫星成分编码，这种语言称为"卫星框架语言"。"开始"构成体相宏事件时，有的"开始"像主动词，有的"开始"像卫星成分。像卫星成分的"开始"就是主动词"开始"语法化的结果。"开始"的性质不一样，它们的表体用法也有差异，这是本文的主要内容。后面的内容主要探讨这个问题。本文符合语法的实例皆取自北大语料库。

---

　　① 根据 Talmy（2000）的事件融合的理论，宏事件由主事件和副事件构成。主事件即框架事件组成一个特殊的事件图式，由焦点实体、背景实体、激活过程和关联功能四部分构成。激活过程即焦点实体相对于背景实体转变或不变的过程，关联功能即焦点实体相对于背景实体的特定关系。关联功能或它再加上背景实体是框架事件的图式化核心。框架事件为整个宏事件提供整体概念框架。副事件对框架事件起支撑作用，它可以补充、阐释、增容或激发框架事件。体相宏事件的框架事件是体事件，焦点实体是事件的展示度，背景实体是某一参考点（多为时间参考点或时间段）。对于"开始"事件而言，焦点实体相对背景实体有变化，焦点实体相对背景实体的特定关系是"起点实现"，这是"开始"事件的图式化核心。具体的副事件与主副件之间的支撑关系是构成关系，为"起点实现"充当基底，填充时间框架的概念区域。"开始"事件把自己的时间框架"起点实现"强加在副事件上。（参见 Talmy，2000：216～221；伦纳德·泰尔米，2019：216～222）

二、主动词"开始"及其体意义表达

(一) 从"开始（了）VP"格式看主动词"开始"对宾动词的限制

构成体相宏事件时，"开始"可以是主动词。我们以"开始（了）VP"表示"开始"带上"了"或能带"了"，再接谓词或以谓词为核心的成分。这一格式中，"开始"是主动词，后接成分是宾语，"开始"对 VP 宾语有重要影响。

第一，后接成分，其核心谓词的修饰语，绝大多数是定语，只有少数情况是状语。例如：

①新中国成立以后，中国开始了大规模有计划的社会主义工业化建设。
②在 12 月底以前，日本就开始了对仰光的空袭。
③台州新的一代企业家，已经开始了靠科技、靠新的经营方略闯市场了。

例①"大规模有计划的社会主义工业化建设"中，"建设"前的"大规模""有计划的""社会主义工业化"是三个定语。例②"对仰光的空袭"中，"空袭"前的介宾短语"对仰光"也是定语。一般印象中介词短语在谓词性成分前是充当状语的，但"开始"后宾语位置上介词短语做定语修饰谓词性成分是相当自由的。例③"靠科技、靠新的经营方略闯市场"中，"闯市场"前并列的介词短语"靠科技、靠新的经营方略"是状语。我们随意抽取100 条谓词性成分前带修饰语的例子，其中带定语的为 94 条，带状语仅有 6条。一些形式上单独可以做别的结构解读的成分，在"开始了"后也可做或宜做定中结构解读。例如：

④索尼开始了在华投资，包括跟一系列的国家机关打交道，以及与中方伙伴打交道。
⑤学习十月革命后的俄国，开始了国共合作，导致北伐战争的胜利。

例④中的"在华投资"可做状中解读，例⑤中的"国共合作"可做主谓解读，但在"开始了"后都可做或宜做定中解读。

第二，后接成分，修饰语只能由词汇词性成分充当，凡是语法化而来的成分都不能充当核心谓词的修饰限制成分。例如：

⑥锦江集团已开始了以全新的经营管理机制和国际饭店管理集团接轨。

⑦上海纺织行业开始了艰难而大胆地探索。

⑧国民党勾结日本的特务部门，在军火连连被盗的同时，开始了大肆搜捕。

例⑥、例⑦、例⑧中的"以全新的经营管理机制和国际饭店管理集团接轨""艰难而大胆地探索""大肆搜捕"，核心谓词前的修饰语分别由介词短语、形容词性的联合短语、描摹性副词充当，它们都是词汇词性的成分。核心谓词的修饰限制成分不能由语法化而来的成分充当。具体地说，就是后接的谓词成分中不能出现表示体、否定、情态、评价、（语法化副词表示的）时间、语气的修饰限制成分。例如：

⑨＊他开始了在写诗。

⑩＊他开始了不吃饭。

⑪＊他开始了能/可以讲话。

⑫＊办公室所有成员开始了经常加班。

⑬＊人们在欣喜之余，对选美之风的盛行开始了确实思考。

上述限制都是相当刚性的限制。不过对于"不"有个别例外。语料库中有"开始了持续三年的不景气""开始了 1 天 24 小时不关门闭店"的例子，这可能与否定成分前有时间修饰语相关，没有这些时间修饰语，"开始了不景气""开始了不关门闭店"是不能说的。

第三，后接成分中，谓词性成分一般是表活动的，除了极少数例外，不能是表示状态、结果、完结的成分。例如：

⑭隔桌对面而坐，开始了"动真章儿"的谈判和较量。

⑮茶点过后，费尔法克斯太太开始了编织。

⑯＊无线通信、磁卡电话、可视电话等崭新的通信方式，也开始了出现。

⑰？警方认为凶手不会逃得很远，因为一发现尸体警方就开始了
侦破。

⑱＊她刚刚开始了愉快，马上又陷入了痛苦！

例⑭、例⑮中的"谈判和较量""编织"是表示活动的谓词性成分。
例⑯、例⑰、例⑱虽都是语料库中的例子，但语感上可接受度成疑，原因在于
"开始了"后的"出现""侦破""愉快"分别是表示结果、完结和状态的谓
词。它们通常是不能出现在"开始了"后充当宾语的。相关例子得说成"开
始出现""开始了侦破工作""开始愉快起来"才合格。

不过，从语料库来看，仍有"削弱""推进""撤退"等几个词汇化了的
动结式复合词构成的短语出现在"开始了"后，如"主要意义在于它开始了
对欧洲霸权的削弱""俄国开始了在远东的下一步推进""一边开始了有计划
的向境内撤退""开始了向相反方向的掘进"。可能的原因在于，这些完结动
词可突显过程的动态进行，与活动动词比较相似。"开始了"后没有典型动结
式或带"得"动补式出现，反证了这一点。语料库中也有一些"因为父亲的
举动而开始了对家庭的惊慌""使他重新开始了对爱情本质的认识"这样的例
子，但其可接受度是有问题的。

第四，后接成分，如果不是修饰结构，可以是单个动词、动宾短语、联合
短语，但单个动词不可以是单音节的，短语不可以是动补短语、主谓短语，兼
语短语、连动短语也极受限制。例如：

⑲他悄悄开始了写作。
⑳山东省邹城市看庄镇又开始了整治荒山。
㉑于是努尔哈赤又开始了东征（东海女真）、北讨（黑龙江女真），
并且征服了蒙古。
㉒＊他开始了跑/写/唱。
㉓＊各种条条框框开始了打破/变得很多。
㉔＊说完苏杭转身走入厨房，开始了他慢吞吞地刷牙和洗脸。
㉕＊书记开始了强迫他们写一份检查。
㉖＊从那天起，他就开始了去老金那儿学打铁手艺。

例⑲～㉑中的"写作""整治荒山""东征（东海女真）、北讨（黑龙江
女真）"分别是单个动词、动宾短语、联合短语。例㉒不能说，是因为"开始
了"后是单个单音节动词，动宾式排斥音节上的 2＋1 式或 3＋1 式。例㉓不能

说，是因为"开始了"后的"打破/变得很多"是典型动补短语。例㉔虽是语料库的实例，但语感上把"地"改成"的"同时把"他慢吞吞的刷牙和洗脸"解读成定中结构才成立。例㉕、例㉖不能说，是因为"开始了"后是比较复杂的兼语短语和连动短语。不过，"开始了"后接兼语短语、连动短语，语料库中是有少数实例的。例如：

㉗首先摸清了这批陶瓷珍品的大致生产数量及流失民间的情况，然后便开始了上门收购。

㉘在领导和同行业的大力支持下，他们开始了"借台唱戏"。

㉙他翻开了一卷又一卷的经文，开始教我识字，也同时开始了教我认识百草。

除了例㉗、例㉘，语料库中"开始了"后接连动短语的例子还有"开始了伏案著述""开始了移土围堤""开始了上网购物""开始了骑车旅行"等十多个。它们共同的特征就是"开始了"后接的连动短语"上门收购""借台唱戏""伏案著述""移土围堤""上网购物""骑车旅行"都相当短小，名词无指且并入动词，整体上与一个活动动词相当。"开始了"后接兼语短语除了例㉙中"教我认识百草"，几乎找不到其他实例，原因可能在于兼语通常是定指的，不能并入动词，兼语结构动作性强。

（二）为什么主动词"开始"对宾动词有如此的限制

从语义整合的角度来看，"开始"事件预先决定了宾动词事件的时间参考点与"开始"事件是紧接的，也决定了宾动词事件的实施者与"开始"事件的实施者是一样的，而且两个事件之间的界限几乎消失，整合成一个宏观整体事件（详见 Cristofaro，2003：109 ～122 ）。

从控制度角度来看，"开始"的主语论元就是宾动词的主语论元，"开始"事件和宾动词事件是同时的，"开始"的主语对宾动词主语的控制总是成功的，"开始"小句和宾动词小句关系紧密，形式上结合得很紧（详见王冬梅，2003）。

"开始"小句和宾动词小句语义整合程度高，关系密切，结合得很紧。"开始"与宾动词之间的不对称性很强，要求它们之间的语法性质呈现差异。"开始"为主动词，其结果就是宾语小句深度去范畴化，有名词化倾向，形式上多是定中结构形式，一些状中结构可解读为定中结构。由于"开始"小句和宾动词小句共主语，同时主谓结构陈述性强，主谓结构一般不能出现在

"开始了"之后，一些主谓结构、定中结构两解的结构在"开始了"之后只能解读为定中结构。至于连动结构、兼语结构受限制，原因在于这类结构陈述性强，不符合宾动词小句名词化的倾向，只有"伏案著述""移土围堤""上网购物""骑车旅行""上门收购""借台唱戏"这类相当短小、名词无指且并入动词的连动短语，陈述性可以弱一些，可以出现在"开始了"后。兼语短语的兼语项一般是定指成分，不能并入动词，所以谓词性强、陈述性强，极难进入"开始了"后的位置。

从小句结合角度看，"开始（了）VP"是两个小句核心层面以主从方式连接的结合体，小句是个分层结构，以动词为核心，核心层面还包括此层面相应的修饰限制成分，比如方式状语、体标记等（参见 Dik，1997：49～55；Van Valin 和 Lapolla，2002［1997］：478～80；Van Valin，2005：208～209）。一方面由语法化成分表达的否定、情态、评价、（语法化副词表示的）时间、语气等方面的修饰限制成分，属于小句核心层面以外的成分；另一方面由于语法化成分修饰限制的成分陈述性强，语法化成分即便是表体的也不能充当"开始"后接宾语的修饰限制语。

虽然不是所有动宾式"开始 VP"中间都可插入"了"，不能以能否插入"了"来鉴定"开始 VP"是不是动宾式，但是如果"开始"后的"VP"受到与"开始（了）VP"的"VP"一样的限制，那我们就可以确定其前的"开始"为主动词。比如"一＋开始＋VP"，如果"一开始"和"VP"之间不是状中关系，其后的 VP 则与"开始（了）VP"中的"VP"受到一样的限制，比如只能是活动动词，"VP"的修饰语不能由语法化的成分充当，"VP"不可以是动补短语、主谓短语，由兼语短语、连动短语充当也极受限制，VP 中不能出现体标记等，这些情况表明此时的"开始"也是主动词①。

（三）主动词"开始"体意义的呈现

主动词"开始"对宾动词的影响表现为：在形式上要求宾动词深度去范畴化、具有名词化倾向；在语义上要求宾动词表达一个完整事件，因为只有表达完整事件的成分才容易名词化。一个完整的事件包括起点、续段、终点（Freed，1979：30），只有活动谓词起点、续段、终点明确（参见郭锐，1993），这就是后接成分一般是活动谓词的原因。少数例外应该是整个构式压制的结果，也就是说，少数词汇化了的动结式复合词或一些表状态的谓词能出

---

① "一开始"与"开始了"也有些差异。比如，"一开始"后可接单音节动词，如"只要一开始走，他就决不会停下来"，而"开始了"不行。

现在"开始（了）"之后，它们应该临时获得了完整事件意义。

"开始"为主动词时，宾动词是表示完整事体的成分，具有起点、续段、终点。"开始"事件把自己的时间框架"起点实现"强加在宾动词表示的副事件上，其结果自然是表示宾动词事件的起点实现。此时即便"开始"后出现"了"，整个句子也是突显宾动词事件起点实现的。主动词"开始"与英语中"start"的功能类似，"start"一般也要求其后接谓词是活动谓词。整个结构表示宾动词事件起点实现。（参见 Freed，1979：71）

三、卫星成分"开始"及其体意义表达

（一）"开始 VP"和卫星成分"开始"

我们以"开始 VP"表示"开始"后不能出现"了"，而直接接谓词性成分这种情形。当"开始"后不能出现"了"时，其后接谓词性成分的各类限制被大大地放松。

第一，后接谓词性成分，可以是表活动的，也可以是表示状态、结果、完结的成分。例如：

㉚吴婉的身子已经开始在发抖。
㉛丽琳开始相信自己确是神经过敏了。
㉜联合国开始成立与行星防御有关的各种机构。
㉝近年来，由政府包揽办学的格局已经开始打破。

例㉚～例㉝"开始"后的"在发抖""相信自己确是神经过敏了""成立与行星防御有关的各种机构""打破"分别是表示活动、状态、结果、完结的成分。

第二，后接谓词性成分，如果不是修饰结构，形式上除了单个动词、动宾短语、联合短语外，可以是各种连动短语、兼语短语、动补短语，甚至可以是主谓结构，单个动词也可以是单音节的。例如：

㉞老袁拉我坐条凳上，伸手推给我一碗，他就开始吃。
㉟村民们开始去后山的半山腰的一眼泉水取水来喝了。
㊱她开始强迫我离开她，强迫我去找寻自己的幸福。
㊲澳大利亚政府也开始变得颐指气使。

例㉞～例㉟中"开始"后分别为单音节动词"吃"、连动短语"去后山的半山腰的一眼泉水取水来喝"、兼语短语的并列式"强迫我离开她，强迫我去找寻自己的幸福"、带得动补短语"变得颐指气使"。这些成分是不能出现在"开始了"后的。

㊳我刚去体校那会儿，大家过得挺顺。后来就开始大家计较了，用掉别人一点热水就会拳来脚往的，人是这样的。

例㊳中"开始"后的"大家计较"是主谓结构。当然，这是比较特殊的例子。

第三，后接谓词性成分，修饰限制成分除了词汇词性成分外，还可以是语法化而来的成分，比如表体、否定、动力情态的成分以及一些表示时间、频度的副词性成分。例如：

㊴车子开始从山顶风驰电掣地转下山坡，再走向南区。
㊵天已经亮了，他走到外面，开始朝草地那边走去。
㊶当地的人开始在拆桥了。
㊷他们都开始不说话，看着赵刺猬。
㊸我开始能够好好地、从头至尾地想想我自己、我所经历和感到的一切了。
㊹他的眼睛开始经常在村里的年轻女子中寻找暖暖的身影了。

例㊴、例㊵中"开始"后接成分的修饰语"从山顶""风驰电掣""朝草地那边"仍由介词短语和熟语等词汇词性的成分充当。但例㊶中"开始"后的成分有"在"表示进行体。"开始"后接成分中表体的成分可以多样，后面再详述。例㊷中"开始"后的成分有"不"表否定。"开始"后的成分中表否定的成分一般是"不"。例㊸中"开始"后的成分有"能够"表示动力情态。"能""会""可以""能够""想""要"等都可以在"开始"后的成分中表示动力情态。例㊹中"开始"后的成分有"经常"表示频度。"经常""常常""又""一直""偶尔"等语法化而来的表示时间、频度的副词性成分都可出现在"开始"后的成分中充当状语。另外，"开始"后的成分，状语还可以由表程度的成分充当，如"开始有些后悔了""开始很害怕孤单""开始有点不安了"中的"有些""很""有点"。

与"开始（了）VP"相比，"开始VP"中"开始"后接谓词性成分的限制大大放松，可以是各种体类的成分，可以是各种类型的短语，修饰限制成分可以由语法化而来的成分充当。很明显，这一限制的放松不能从主动词对宾动词的限制角度获得解释。另外，"开始VP"中"开始"后接的成分仍然保有一些限制，比如状语不能由表定位的时间词语，表道义、认识情态的成分，表语气的成分充当。例如：

　　㊺这项合同已经开始启动了。— ＊这项合同开始已经启动了。
　　㊻……会议明天开始在珠海陆续举行。— ＊……会议开始明天在珠海陆续举行。
　　㊼我们现在就应该开始行动。— ＊我们现在就开始应该行动。
　　㊽各地的太守也一定开始跟蓝迪尔一样尽最大限的努力追捕盗贼了。— ＊各地的太守也开始一定跟蓝迪尔一样尽最大限的努力追捕盗贼了。
　　㊾他确实开始对沈辰这个"娃娃上将"刮目相看了。— ＊他开始确实对沈辰这个"娃娃上将"刮目相看了。

　　例㊺～例㊾中，时间副词"已经"、时间名词"明天"、道义情态助动词"应该"、认识情态助动词"一定"、实然副词"确实"可以在"开始"前充当状语，但不能在"开始"后充当状语。"开始VP"中VP的这些限制，也不可能从主动词对宾动词的控制角度获得解释。

　　虽然不能以不能出现"了"就判定"开始VP"与"开始（了）VP"结构不一样，但如果"开始VP"中的VP是状态、结果或完成谓词，或是各种复杂的连动短语、兼语短语、动补短语，或是VP本身带语法化的限制成分，这样的VP是不能出现在"开始（了）"后面的，这些特征说明此时的"开始"已经向动词的卫星成分语法化了，其后接谓词成分已成全句的主动词。"开始"后接成分的限制，不再是主动词"开始"对宾动词的限制，而是卫星成分"开始"的辖域限制。这也是"开始VP"背后形式限制放松和不放松背后的原因。当"开始"为卫星成分时，其后的成分是全句的主动词，自然可以是单音节的，可以是各种体类、各种形式的谓词性成分，修饰语都是状语、修饰限制成分可以是"开始"辖域中的各种成分，包括语法化成分充当的修饰限制成分。当"开始"为表体的卫星成分时，如果小句构造是个分层结构的话，表时间、表语气、表道义/认识情态的修饰限制语在小句构造中处于体的外层，所以"开始"后不能出现它们，它们得出现在"开始"的左边，它们的辖域涵盖体，而不是相反。这就解释了"开始VP"中"开始"后接成分

仍保有限制。

主动词带谓词性宾语时，主动词语法化成为宾动词的形态成分，宾动词成为全句的主动词，从跨语言角度来看，是常规路径。"开始"表达"起点实现"，是一种时间意义，同时表达框架事件，因此语法化为卫星成分是一件相当自然的事情。

（二）卫星成分"开始"的体意义的呈现

卫星成分"开始"不能像主动词那样约束其后的成分，要求其后成分一般为活动谓词，卫星成分"开始"后的 VP，可以是表示状态、结果或完结的谓词性成分。不管 VP 是否有起点，卫星成分"开始"的作用就是赋予辖域内成分以"起点实现"的意义，这个"起点实现"与 VP 的体特征结合，衍生出整个结构的体意义。

> ⑤他已经开始在喝酒。
> ⑤我就是从那时候开始喜欢韦志远的。
> ⑤她开始成为人上之人了吧！
> ⑤各房间里，开始传出乒乒乓乓砸门撬锁和翻箱倒柜的声音。
> ⑤回到家里我马上开始写这篇访谈录。

例⑤"开始"的"起点实现"与为表活动的"在喝酒"的起点结合，表示活动的起点实现。例⑤"开始"的"起点实现"与表示状态的"喜欢韦志远"结合，赋予状态以起点，表示状态的起点实现。例⑤"开始"的"起点实现"与表结果的"成为人上之人"结合，以结果成分的终点为起点，其后情况延续。例⑤"开始"的"起点实现"与表完结的"传出乒乒乓乓砸门撬锁和翻箱倒柜的声音"结合，以完结成分的终点为起点，其后情况延续。例⑤较特殊，"开始"的"起点实现"与派生的完结谓词"写这篇访谈录"结合，表示"写这篇访谈录"的起点实现，而不是表示以与量化宾语赋予整个结构的终点为起点①。

对比来看，构成体相宏事件时，主动词"开始"后的 VP 本身一般表示一个完整事件，"开始"表示动后事件起点的实现。卫星成分"开始"后的 VP

---

① 这表明"写这篇访谈录"这类派生完结谓词与"传出"类完结谓词是有差异的。孙英杰（2007：92）认为，"写这篇访谈录"这类结构的终点是可能终点，在语境中是可以取消的；而"传出"这类结构的终点是实际终点，是不可以取消的。

本身可以是一个完整事件，“开始”表示动后事件起点的实现，如例(50)、例(54)中的“在喝酒”“开始写这篇访谈录”。当 VP 为结果、完结谓词时，“开始”赋予的起点与结果、完结谓词的终点重合，起点之后情况延续，如例(52)、例(53)，这里“开始成为人上之人”“开始传出乒乒乓乓砸门撬锁和翻箱倒柜的声音”表示的是一个更大事件的起点。可以说，主动词“开始”只能表示完整事件起点的实现，卫星成分“开始”除此之外，还能表示更大事件起点的实现，它们的起点意义之别类似英语中 start 和 begin 的起点意义之别（参见 Freed，1979：71）。

卫星成分“开始”的后接成分，只要跟“起点实现”的体意义不冲突，可出现各种表体成分。例如：

(55)＊曾经开始打过这东西的主意。

(56)＊他开始吃了饭。

(57)可是现在她忽然发现自己仿佛已经开始有了烦恼。

(58)他又开始在练习那些奇秘而怪异的动作。

(59)那条看不见的鞭子，又开始不停地抽打着他。

(60)金一趟又开始烦躁起来。

(61)夜色渐深，餐厅里依然宾客满座，外面的川流的车阵毕竟开始寥落了下来。

(62)果然，天边的晨光开始暗下去。

例(55)中“开始”的后接成分有“过”，“开始”的起点义与“过”的结束义相冲突，这一例不能说。例(56)中“开始”后接“吃了饭”，“吃饭”是活动谓词，“开始”的起点义应与活动的起点重合，但其中的“了”突显终止点，此时“开始”与“了”的体意义冲突，这一例也不能接受。其他情况下，“开始”的后接成分是可以出现“了”的，如例(57)中“开始”后接的“有烦恼”是状态谓词，带上“了”，表示起点的实现，与“开始”的起点义重合，“开始”与“了”共现。例(58)、例(59)“在练习那些奇秘而怪异的动作”“不停地抽打着他”表示动作的进行，“开始”再赋予它们起点，“开始”分别与“在”“着”共现。例(60)“开始”与“起来”的起点义重合，可共现。例(61)“寥落了下来”固有终点义，“了”突出终点义，“开始”视终点为起点，“开始”与“下来”“了”共现。例(62)“开始”赋予延续态“暗下去”起点，“开始”与表体的“下去”也能共现。总的看来，体副词“开始”的后接成分，表体的修饰限制语，除了“过”、部分“了”外，可由“着”“在”“起/起来”

"下来""下去"等充当。之所以如此，是因为"开始"在动词的前面，"过""了""着""起/起来""下来""下去"则紧接在动词后面，"开始"的辖域涵盖动后体标记辖域。只要动后体标记的语义不与"开始"冲突，便可共现。

"开始"后接表活动的谓词性成分时，后接成分通常不能带"了"，但有个别反例。例如：

⑥③这一天他有了自己的办公室，而且在经理和同事们的指导下开始做了工作。

⑥④可是这些根开始变了颜色，慢慢松脱、抓不住泥土了。

例⑥③、例⑥④中"了"赋予"做工作""变颜色"任意终点，"开始"赋予的起点与这个任意终点重合。"开始"本来突显"做工作""变颜色"活动的起点，"了"却赋予它们终点义，相互是冲突的，"开始"必须调整为视这个终点为起点。所以这是特殊情况，语料库中用例极少。

前面说到"开始"后接"写这篇文章"时，"开始"赋予的起点义并不与量化宾语赋予的隐性终点重合，而是仍然与它本身的起点重合。当"写这篇文章"这类派生完结谓词带上"了"时，"了"突显量化宾语赋予的终点，当它们前面还有"开始"时，"开始"一般赋予终点以起点意义。例如：

⑥⑤看见五皇子病情好转，只有微烧，开始吃了一点白糖稀粥，并能在奶母怀中用微弱的声音向他叫一声"父皇"。

⑥⑥她在圈中的地位直线上升，手下也开始招了些女孩，自己做起了生意。

例⑥⑤、例⑥⑥中，"开始"赋予"吃了一点白糖稀粥""招了些女孩"的终点以起点意义，"吃了一点白糖稀粥""招了些女孩"是更大事件的起点。

另外"开始"和"在"都在动词前，谁在前，谁的辖域大。通常"开始"在"在"前，"开始"为表示活动的"在VP"赋予起点实现的体意义。但"在"也可以在"开始"前，"在"把"开始VP"视为有续段的过程。例如：

⑥⑦外面又开始在下雪。

⑥⑧它的旧时封建体制已经在开始崩溃，君权在开始扩张，过渡性的专制政体在开始形成。

四、表体的"开始"和其他体动词比较

"开始"被归为体动词，我们把它与直觉上最易认为是体动词的"继续""持续""进行""停止""终止""结束""完成"等词做一个简单对比，以便更好地认识"开始"的用法。对比仅限于它们和后接成分构成体相宏事件的情形。这几个词中，"继续""持续"在构成宏事件时和"开始"一样，有卫星成分用法，学者们视之为副词用法（邢福义，2003［1981］：58～63；杨宽仁，1982）。卫星成分"继续"后已可带"地"，"持续"后则经常带"地"，将这样的卫星成分"继续""持续"看成是副词，完全是可以的。例如：

⑥务必使同志们继续地保持谦虚、谨慎、不骄、不躁的作风，务必使同志们继续地保持艰苦奋斗的作风。

⑦先从最重要的那一项工作做起，并持续地做下去，直到完成该项工作为止。

例⑥、例⑦中，"继续""持续"后带"地"，标明它们是副词用法。做卫星成分的"开始"后尚不能出现状语标记"地"，但无疑语法化的方向是向副词演化。不过，"开始"后不能带"地"，其语法化的程度可能没有"继续""持续"那样高。正因为副词化的程度还不够高，有时究竟是主动词"开始"，还是副词"开始"，难以分清。比如"什么时候开始出现这种情况的"中的"开始"应该是卫星成分，可是答句"昨天开始的"中"开始"后的谓词可省略，通常动宾结构省略宾语是常见的，而状中结构的中心语通常是不能省略的，那答句中的"开始"究竟是动词还是副词呢，似乎难以界定。

"进行""停止""终止""结束""完成"构成宏事件时，只有主动词用法，后接的谓词性成分通常只能是表示活动的成分。例如：

⑦特别要防止坏人用黄色书刊和淫秽录像对初中生进行腐蚀和毒害。

⑦她一进来，大脸的眼睛就没停止过上下打量她，弄得她浑身不自在。

⑦8月初，美国国会决定暂时终止向国际空间站美属居住舱的研制工作拨款。

⑦对于幼树则需采取措施提早或适时结束生长，避免冬春冻害。

⑦⑤只能刹那间在心理上既完成结合，又完成转化。

例⑦①~例⑦⑤中，"进行""停止""终止""结束""完成"后接的"腐蚀和毒害""上下打量她""向国际空间站美属居住舱的研制工作拨款""生长""结合""转化"都是活动谓词。

"开始""继续""持续"的卫星成分用法，应都是主动词语法化的结果。三个词的语法化路径，都是在主动词位置上语法化为卫星成分，宾动词成为全句的主动词。它们语法化的具体语境，就是后接成分突破宾动词须是活动谓词的限制。语法化的动因，就是"开始""继续""持续"表示框架事件，为副事件提供时间框架，表达体意义。更深层次的原因是，强词汇性意义的成分成为主动词，弱词汇意义的成分语法化。

从历时语料来看，"开始""继续"在清末，其后接成分出现单音节动词或非活动谓词，产生出卫星成分用法。例如：

⑦⑥我的癣疾又已经开始发了，幸亏还不甚为害，听它去。（《曾国藩家书》）
⑦⑦兀自挣扎着，继续说下去道……（《八仙得道》）

而现在最常用作副词的"持续"在北大的古代汉语语料库中尚无副词用法的例子，也就是说，它在现代汉语中才出现卫星成分的用法。

为什么只有"开始""继续""持续"演化出卫星成分用法，而"进行""停止""终止""结束""完成"却只有主动词用法呢？陆丙甫（2012），陆丙甫、刘小川（2015：36）认为，"结束"表明终点，其后为完整事件，而"开始"表明起点，其后不是完整事件，表完整事件的成分名词性更强。按此逻辑，后接成分名词性强，前面的"结束"自然为全句的主动词。"停止""终止""完成"与"结束"语义类似，都表完成义，后接的成分表达完整事件，名词性强，不易突破宾动词的限制，所以未能演化出卫星成分用法。然而，这却不能解释"进行"为什么也未能演变出副词用法，反而后接成分甚至比"停止""终止"后接成分的名词性更强。

英语当中也是"开始""继续"类词后接谓词性成分的体类，比"结束"类词后接谓词性成分的体类自由（Freed, 1979：158），这一点看来具有跨语言的共性。

五、结语

"开始"的核心意义是"起点实现"。构成体相宏事件时，"开始"不为句子论元负责，只表示"起点实现"的意义，是专职的表体成分。与英语中"start""begin"总是全句的主动词不一样，"开始"一些情况下是主动词，要求副事件必须是完整事件，表达副事件的起点实现；另一些情况是语法化的卫星成分，不管副事件是否有起点，都赋予副事件以起点实现意义。这两种不同性质的"开始"，可以依据后接成分的不同限制区别开来，不同性质的"开始"，体用法有差别。

"开始"构成体相宏事件时，既可以动词框架模式表达，也可以卫星框架模式表达。这样的事实提示我们，同一语言构成宏事件时可以存在不同的模式。

"开始"与后面的 VP 构成体相宏事件时，"开始"后可出现语法化程度高的视点体标记（陈前瑞，2008：271），但整个格式的体意义并不由这些体标记决定，而由"开始"、VP 的情状类型及各种表体成分共同决定。这提示考察体意义，可以像 Croft（2012：107～110）一样，把最终着眼点放在句子整体的体意义上，而不是专门的体标记上。这可以说是体研究的一个新视角。

【参考文献】

[1] 曹道根. 事物化和事态：再论自指和转指 [J]. 中国语文，2019（4）.

[2] 陈明舒. 表示起始义的"开始 V"与"V 起来"研究 [J]. 湖南大学学报（社科版），2010（5）.

[3] 陈前瑞. 汉语体貌研究的类型学视野 [M]. 北京：商务印书馆，2008.

[4] 郭锐. 动词的过程结构 [J]. 中国语文，1993（3）.

[5] 寇鑫，袁毓林. 论事件属性名词与自指"的"字结构的选择限制 [J]. 当代语言学，2017（3）.

[6] 陆丙甫. 汉、英主要"事件名词"语义特征 [J]. 当代语言学，2012（1）.

[7] 陆丙甫，刘小川. 语法分析的第二个初始起点及语言象似性 [J]. 语言教学与研究，2015（4）.

[8] 陆志军，温宾利. 基于动词语义学的汉语体动词分析 [J]. 解放军外国语学院学报，2018（2）.

[9] 吕叔湘. 现代汉语八百词 [M]. 增订本. 北京：商务印书馆，1999.

[10] 沈家煊. 转指和转喻 [J]. 当代语言学，1999（1）.

[11] 宋作艳. 生成词库理论与汉语事件强迫现象研究 [M]. 北京：北京大学出版

社，2015.

［12］孙英杰. 现代汉语体系统研究［M］. 哈尔滨：黑龙江人民出版社，2007.

［13］陶媛，陶红印. 从"开始"看词类范畴与论元结构的动态特征［J］. 语言学论丛：
第四十辑，2009.

［14］王冬梅. 动词的控制度与谓宾的名物化之间的共变关系［J］. 中国语文，2003（4）.

［15］温宾利，陆志军，汉语体动词的句法语义分析［J］. 广东外语外贸大学学报，2017
（3）.

［16］邢福义. 词类辨难［M］. 北京：商务印书馆，2003.

［17］杨宽仁. 论《继续 + 动》［J］. 南充师院学报，1982（2）.

［18］朱德熙. 自指和转指［J］. 方言，1983（1）.

［19］泰尔米. 认知语义学：卷 2［M］. 李福印，等译. 北京：北京大学出版社，2019.

［20］CRISTOFARO, SONIA. Subordination ［M］. Cambridge：Cambridge University
Press, 2003.

［21］CROFT, WILLIAM. Verbs：aspect and Causal structure ［M］. Cambridge：Cambridge
University Press, 2012.

［22］DIK, SIMON C. The theory of functional grammar ［M］. Vol. 1, 2. Berlin, New York：
Mouton de Gruyter, 1997.

［23］FREED A. The Semantics of English aspectual complementation ［M］. Netherlands：D.
Reidel Publishing Company, 1979.

［24］TALMY, LEONARD. Toward a cognitive semantics ［M］. Vol. 2. Cambridge, Massa-
chusetts, London, England：The MIT Press, 2000.

［25］VAN VALIN, RPOBERT D. & LAPOLLA, RANDY J. Syntax：structure, meaning and
function ［M］. Peking：Peking University Press, 2002.

［26］VAN VALIN. Exploring the syntax-semantics interface ［M］. Cambridge：Cambridge Uni-
versity Press, 2005.

重论"我唱给你听"*

李 炜 黄燕旋 王 琳**

【提 要】文章针对部分学者把"我唱给你听"作为使役句的观点，指出此观点的立论基于两点：一是汉语中没有"$V_d + N_3 + 给 + N_2$"句式，二是"给"在"$V_d + N_3 + 给 + N_2 + V_2$"句式中做使役动词。本文结合清代官话语料及相关方言事实，对上述两点进行质疑，提出"我唱给你听"是模拟给予句加挂动词，仍属复杂给予句，其中"给"是标记接受者的弱化动词，不是使役动词。

【关键词】"给" 使役 模拟给予句

一

目前学界对"我唱给你听"这类句式进行过深入讨论的主要有朱德熙（1983）和赵金铭（1992）。二位先生均认为"我唱给你听"的结构层次为"（我唱）＋（给你听）"。

朱德熙（1979）把与"给"相关的给予义句式分为以下四种[①]：

S_1：$N_1 + V + 给 + N_2 + N_3$　　　我送给他一本书。
S_2：$N_1 + V + N_3 + 给 + N_2$　　　我送一本书给他。
S_3：$N_1 + 给 + N_2 + V + N_3$　　　我给他写一封信。
S_4：$N_1 + V + N_2 + N_3$　　　　　我送他一本书。

朱德熙（1979）指出，能够在S_1和S_4出现的动词为给予义动词V_a，能够

＊ 本文为国家社科基金重大项目"海外珍藏汉语文献与南方明清汉语研究"（The overseas rare Chinese Literature and the study of Ming and Qing Southern Chinese）（项目编号：12&ZD178）的研究成果，原载于《华文教学与研究》2019年第2期。

＊＊ 本文作者黄燕旋系中山大学中文系副教授，王琳系北京华文学院副教授。

① N_1为原文的N_s，N_2为原文的N'，N_3为原文的N。

在 S_2 出现的动词为给予义动词 V_a、取得类动词 V_b 和制作义动词 V_c，能够在 S_3 出现的动词为取得类动词 V_b 和制作义动词 V_c。

朱德熙（1983）讨论了在 $S_1 \sim S_4$ 后面加上一个动词或动词结构（记为 V_2）的句式，即：

S'_1：$N_1 + V_1 + 给 + N_2 + N_3 + V_2$　　我送给他一本书看。
S'_2：$N_1 + V_1 + N_3 + 给 + N_2 + V_2$　　我送一本书给他看。
S'_3：$N_1 + 给 + N_2 + V_1 + N_3 + V_2$　　我给他买辆车骑。
S'_4：$N_1 + V_1 + N_2 + N_3 + V_2$　　我送他一本书看。

并涉及与 S'_2 同构的句式：

S'_5：我唱（一个歌）给你听。
S'_6：【你以为我不会骑马】我骑给你看。

朱德熙（1983）认为，“唱一个歌给你听”形式上跟“炒一个菜给你吃”一样，但实际上不同。“唱”属于 V_a、V_b、V_c 以外的一类动词，记为 V_d，而“炒”属于 V_c 类动词，虽然所带的宾语都是结果宾语（object of result），这种宾语所指的事物在动作发生以前不存在，只是随着动作的完成才出现的，但 V_c 的宾语是实体的事物，而 V_d 的宾语所指的事物都不是实体，不能“给予”。因此，朱先生认为“只能有：$V_c + N_3 + 给 + N_2$，不能有：$*V_d + N_3 + 给 + N_2$”：

　　*唱个歌给我　　　　　　*讲个笑话给我

继而推出这类句式的构造不是（$V_1 + N_3 + 给 + N_2$）$+ V_2$，而是（$V_1 + N_3$）$+$（给 $+ N_2 + V_2$）。

赵金铭（1992）明确指出“唱”类动词的动作不产生物质的结果，其所涉及的事物“歌”不能作为“给予”的对象。“我唱给你听”的结构层次是“我唱/给你听”，其语义分析形式是“我唱（　）+ 让你听（　）”。因此，赵先生也认为这类句式的结构是 $V_1 +$（给 $+ N_2 + V_2$），并指出这种句型的特别之处主要体现在“给”上，“给”在这里相当于并可替换为“让（叫）”，赋予句子使役的含义。

二位先生的立论基于两点：一是现代汉语中没有“V_d（$+ N_3$）$+ 给 + N_2$”

的句式，二是"给"在"V_d（＋N_3）＋给＋N_2＋V_2"句式中做使役动词。我们对两位先生的分析表示怀疑。经过考察发现，这两点均不成立。

鉴于二位先生已经对 V_1 为 V_a、V_b、V_c 类动词的句式做了探讨，均认为是简单给予句加挂 V_2 的复杂给予句，我们表示同意，因此，我们这里主要谈 V_1 为 V_d 类动词的这类句式。

二

清代北京官话作品《红楼梦》（以下简称《红》）、《儿女英雄传》（以下简称《儿》）中就出现了不少"V_d（＋N_3）＋给＋N_2"的实例，例如：

①明儿我说给他们，凡要茶要水送东送西的事，咱们都别动，只叫他去便是了。（《红》第24回，第342页）

[试比较：如今新兴的，外头听了村话来，也说给我听，看了混帐书，也来拿我取笑儿。（《红》第26回，第367页）]①

②代儒往前揭了一篇，指给宝玉。（《红》第82回，第1179页）

[试比较：那人便怀内掏出赏格来，指给门上人瞧，……（《红》第95回，第1349页）]

③你略歇歇儿就先回去，把这话说给你娘，并致意你岳父、岳母，叫他二位好放心。（《儿》第12回，第191页）

当今的北京话和普通话中也存在"V_d（＋N_3）＋给＋N_2"句式，例如：

④苏叶子回到家，想唱给奶奶，但奶奶已经睡熟了。（北大语料库·白天光《歌殇》）

⑤她要把女儿童年的欢歌笑语通过巧妙的语言，绘声绘色地讲给病床上的女儿，减轻女儿的痛苦，直到梦乡……（北大语料库·孙黎平《母爱》）

⑥哪儿不经打先声明，经打肉厚的地方都指给我。（王朔《玩的就是心跳》，第159页）

[试比较：你给我们指条明道吧，这回我们听你的。（王朔《顽

---

① 为了忠实反映语言现象，我们做对比时遵循唐钰明（1995）提出的"提取性原则"，即尽可能从现存文献中提取例证。

主》，第 128 页）]

现代汉语中这类句子虽然不多，但"V_d＋给＋N_2"加"的"的情况却比较普遍，有以下两种情况。

（1）"V_d＋给＋N_2＋的＋N_3"，即由"V_d＋给＋N_2"充当关系小句（relative clause），修饰 N_3，例如：

⑦"呗"为古梵语的音译，意为赞叹、赞颂，是佛教举行宗教仪式时，教徒唱给佛与菩萨的颂歌。（北大语料库·《新华社 2004 年新闻稿》）

（试比较："呗"为古梵语的音译，意为赞叹、赞颂，是佛教举行宗教仪式时，教徒唱给佛与菩萨听的颂歌。）

⑧夏呵，在你的这些色彩中，鸣叫中，温馨中，我仿佛听到你说给我的灼热的情话，又像第一缕晨光洒在我身上，觉察到你的骄傲，你的强烈，你的自信。（北大语料库·《人民日报》1993 年）

⑨这一年，他完成了《即兴诗人》、《讲给孩子们的故事》。[北大语料库·《读者（合订本）》]

（2）"V_d＋给＋N_2＋的"，即将"V_d＋给＋N_2"名物化（nominalization），"V_d＋给＋N_2"名物化后指的是 N_3，例如：

⑩旋律悠扬，是唱给报社、书刊社以及社会上所有充满爱心的人们的，是唱给家长的，也是唱给他们自己的。（北大语料库·当代报刊《市场报》1994 年）

（试比较：旋律悠扬，是唱给报社、书刊社以及社会上所有充满爱心的人们听的，是唱给家长听的，也是唱给他们自己听的。）

⑪"今天早点儿回来。"这一句话是说给阿荣的。（北大语料库·《生为女人》）

⑫"我懂。并不要你做什么。"这个回答，是讲给他的，也是讲给自己的。[北大语料库·《读者（合订本）》]

以上例子中的 V_1 均属于 V_d 类动词，而它们进入了"V_d（＋N_3）＋给＋N_2"句式。这说明无论是历时文献，还是当今的北京话和普通话，"V_d（＋N_3）＋给＋N_2"句式都是存在的，我们不能以个人的语感去衡量句子格式的成立与否。

我们把"V_d（$+N_3$）$+给+N_2$"句式称为"模拟给予句"。模拟给予句与典型给予句的差别在于：朱德熙（1979）定义的典型给予句存在着实物的所有权转移，即给予物 N_3 由 N_1 转移至 N_2，在这样的框架中，一定有作为可供转移之物 N_3 存在或者蒙前省略；而模拟给予句的 N_3 并非实体，不能发生实物的所有权转移，通常情况下只能靠视觉、听觉来感受，因此，模拟给予句后加挂的 V_2 一般是感官类动词。

可见，V_d 类动词和非实体的宾语也能进入"V_1（$+N_3$）$+给+N_2$"句式，当宾语是非实体的事物时，它不是像赵先生所说的行为动作不产生结果，而是通过动词 V_d 产生可被感知的结果，从而作为信息具备［$+$转移］的语义特征，能被 N_2 所接受、所感知。可见，认为"V_d（$+N_3$）$+给+N_2$"的句式不存在的观点是有失偏颇的。

三

接下来我们来考察一下"V_d（$+N_3$）$+给+N_2+V_2$"句式中的"给"是否如赵先生所说的是一个使役动词，相当于并可替换为"让（叫）"。

首先，"V_d（$+N_3$）$+给+N_2+V_2$"句式中的"给"可以省略，例如：

⑬你念来我听。（《红》第 84 回，第 1208 页）

　　［试比较："我念给你听听。"（《红》第 74 回，第 1059 页）］

⑭"买了雀儿你顽，省得天天闷闷的无个开心。我先顽个你看。"（《红》第 36 回，第 494 页）

⑮妙却妙，只是不知怎么个变法，你先变个我们瞧瞧。（《红》第 19 回，第 275 页）

⑯我唱个《小两口儿争被窝》你听。（《儿》第 4 回，第 61 页）

不仅如此，即便是 V_1 为 V_a、V_b、V_c 的给予句加挂动词构成的复杂给予句，其中的"给"也同样是可省略的，例如：

⑰阿弥陀佛，你来的好，且把那茶倒半碗我喝。（《红》第 77 回，第 1108 页）

　　［试比较："倒茶给师父们喝。"（《红》第 115 回，第 1569 页）］

而使役句中的使役动词不能省略，例如：

⑱周瑞家的便道："既是女孩子的东西全在这里，奶奶且请到别处去罢，也让姑娘好安寝。"（《红》第 74 回，第 1055 页）

*周瑞家的便道："既是女孩子的东西全在这里，奶奶且请到别处去罢，也姑娘好安寝。"

⑲紫鹃道："我们这里才沏了茶，索性让他喝了再去。"（《红》第 82 回，第 1176 页）

*紫鹃道："我们这里才沏了茶，索性他喝了再去。"

⑳老爷也强为欢笑，说："闹了这许多天了，实在也乏了，且让我歇一歇儿，慢慢的再计议罢。"（《儿》第 1 回，第 20 页）

*老爷也强为欢笑，说："闹了这许多天了，实在也乏了，且我歇一歇儿，慢慢的再计议罢。"

其次，"V_d（$+N_3$）$+$给$+N_2+V_2$"句式中"给"后的 N_2 不能省略，例如：

㉑我唱给你听。

*我唱给听。

而使役句中使役动词后的 N_2 能省略，例如：

㉒我心里很喜欢。一面儿就叫收拾下酒菜，一面儿又叫拢了一盆子炭火。（《语言自迩集》，第 279 页）

㉓门上的拿着小额的片子，上去一回待了半天，带出话来，说是这两天没功夫，让转请高明吧。（《小额》，第 338 页）

最后，"V_d（$+N_3$）$+$给$+N_2+V_2$"句式的 V_2 后不能再带宾语，而使役句 V_2 后还能带宾语，例如：

㉔人民把钱发给你让你培养革命后代。（《王朔文集·顽主》，第 5314 页）

从以上对比可以看出，"V_d（$+N_3$）$+$给$+N_2+V_2$"中的"给"并不是一个使役动词，"V_d（$+N_3$）$+$给$+N_2+V_2$"不是使役句，它与使役句之间的差异如表 1 所示：

表1　"Vd（+N3）+给+N2+V2"句式与使役句的差异

	使役动词/"给"能否省略	N_2 能否省略	V_2 后能否带宾语
V_d（+N_3）+给+N_2+V_2	+	−	−
使役句	−	+	+

　　"V_d（+N_3）+给+N_2+V_2"句式与使役句存在如此显著的差异，为什么赵先生会把它误解为使役句呢？这与"给"可兼表使役有关。如果与给予动词同形的词不表使役，那么这种误解就不会产生。西南官话文献《华西官话汉法词典》①（1893 年，以下简称《华西》）中的"跟"正好为我们提供了这方面的坚实例证。

　　《华西》中的给予动词及其相应的弱化动词②是"跟"，例如：

　　㉕要跟你的工钱。（要给你的工钱。）（《华西》，第 206 页）
　　㉖还没有付钱跟他。（还没有付钱给他。）（《华西》，第 57 页）

　　与北京话的"$V_{a/b/c}$（+N_3）+给+N_2"句式一样，《华西》中的"$V_{a/b/c}$（+N_3）+跟+N_2"可加挂 V_2 构成复杂给予句，例如：

　　㉗我拿一点辣子汤跟他吃。（我拿一点儿辣子汤给他喝。）（《华西》，第 304 页）
　　㉘拿五十吊钱跟你做本钱。（拿五十吊钱给你做本钱。）（《华西》，第 425 页）

---

　　①　出版于 1893 年的《华西官话汉法词典》（*Dictionnare Chinois-Français de la Langue Mandarin Parlée*）是"由在四川生活了数年的传教士们和当地的教士们合作编写的，它收纳了生活在四川、云南和贵州的农村人和城市人的日常口语"（引自该词典前言），为我们展现了 100 多年前西南官话的语音、词汇和语法面貌。

　　②　用于主要动词之后的给予动词（如"送一本书给他"中的"给"）语音上只能弱读，不能重读，前面不能出现副词（包括否定副词"不""没"），后面不能出现动态助词（如"了""过"），我们认为它是处于动词与介词之间的弱化动词，详见李炜（1995），李炜等（2015）。

当 V_1 为 V_d 时，该句式仍用"跟"，例如：

㉙我还有一句肺腑的话说跟你听。（我还有一句肺腑的话说给你听。）
（《华西》，第46页）

㉚你指跟我看，你指我做。（你指给我看，你指我做。）（《华西》，第
521页）

根据李炜、石佩璇（2015、2017），李炜、刘亚男（2015）等的研究，汉语官话在语法层面存在南、北、中三种类型：南部官话的给予动词可兼做使役动词和被动介词；北部官话的给予动词可兼做部分与事介词（表示服务义、意志义和顺指义）；而中部官话的给予动词可兼做与事介词和并列连词，相当于古代汉语的"与"。

20世纪90年代以后，由于受到南方官话的影响，北京话中的"给"可表使役（李炜，2004），复杂的句法环境使得"我唱给你听"中的"给"可能被误解为使役动词，而西南官话的"跟"在"我唱跟你听"中只有一种理解，即表给予，与使役无涉。我们做过相关的调查，西南官话母语者不会把"我唱跟你听"中的"跟"误解为使役动词。

北京话的"我唱给你听"和西南官话的"我唱跟你听"，无论在语义上还是在结构上都是相同的。作为同样的句式，如果"我唱跟你听"中的"跟"不是使役动词，那么"我唱给你听"中的"给"也不可能是使役动词。至此，我们可以肯定地说，把"V_d（ $+N_3$ ）$+给+N_2+V_2$"中的"给"当作使役动词是一种误解，这种误解有可能是由典型的南方方言在官话层面上的负迁移所造成的。

综上所述，我们认为有关"我唱给你听"是使役句的立论是不成立的，汉语中存在"V_d（ $+N_3$ ）$+给+N_2$"句式；"给"不是使役动词，"V_d（ $+N_3$ ）$+给+N_2+V_2$"句式与"$V_{a/b/c}$（ $+N_3$ ）$+给+N_2+V_2$"句式的结构层次一样，都是简单给予句加挂 V_2 的复杂给予句，并不是所谓的使役句。

四

既然"V_d（ $+N_3$ ）$+给+N_2+V_2$"并非使役句，那么，为什么有人会觉得句中有不同程度的"使役感"的存在呢？

首先，我们肯定这种"使役感"不是"给"带来的。18世纪具有南方方

言特征的琉球官话课本①《人中画》（简称琉本《人》）改写自啸花轩本《人中画》（约 1650 年，简称啸本《人》）。我们在琉本《人》中发现了不少由啸本《人》中不含"与"②的复杂给予句改写而来的含"给"的复杂给予句，例如：

㉛商春茂道："小小年纪，一味会说大话，你既说他文字不好，你有本事，明<u>指出他那里不好来我看</u>，莫要这等狂言无实，坏了我商府读书体面!"（《啸/寒/一》）③

㉜他若果然有意，你能<u>设法我再会他一会</u>，我再谢你五十两，决不爽信!（《啸/终/一》）

此两例在琉本《人》中分别被改写为：

㉝商春茂说："小小年纪，会说大话，你既说他文章不好，你有本事，就<u>指出他那里不好来给我看看</u>。不要这样狂话，坏了我商府读书的体面!"（《琉/寒/一》）

㉞他果然有意，你<u>设个方法给我会他一会</u>，我再谢你五十两，断不骗你!（《琉/终/一》）

琉本《人》与母本啸本《人》的句子含义相同，如果认为琉本《人》中含"给"的句子的"使役感"是由"给"带来的，那么，啸本《人》中不含"与"的句子的"使役感"又从何而来呢？

在当今典型的南方方言中，这种"给"④可有可无的现象更是常见，例如：

粤语广州话：

㉟我唱支歌（畀）你听。（我唱支歌给你听。）

---

① 琉球官话课本即清朝时期琉球国人学习汉语官话的课本，主要作于 18 世纪，包括日本天理大学藏本《官话问答便语》和《白姓官话》、琉球写本《人中画》和《学官话》等。

② 啸本《人》属于近代汉语语法层次，给予动词主要使用"与"。

③ 《人中画》由五个故事组成，包括《风流配》《自作孽》《狭路逢》《终有报》《寒彻骨》。为行文方便，均以首字简称。

④ 为了表达简洁，粤、客、闽、吴方言的给予动词及其弱化动词均用"给"表示，不一一列举方言用字。

㊱ 我话（畀）你知。（我告诉你。）

客家梅州话：
㊲ 𠊎讲只笑话（分）佢听。（我讲个笑话给他听。）
㊳ 𠊎讲（分）佢听。（我讲给他听。）

闽语福州话：
㊴ 我讲个笑话（乞）汝听。（我讲个笑话给你听。）
㊵ 我讲（乞）汝听。（我讲给你。）

吴语上海话：
㊶ 我唱支歌（拨）耐听。（我唱支歌给你听。）
㊷ 耐如何做法，阿好先说（拨）我听听？（你怎么做的，先说给我听一下好不好？）

据我们调查，这些句子无论有没有"畀""分""乞""拨"，意义都没有任何改变，给人的所谓"使役感"也不受影响。

另外，把"给""畀""分""乞""拨"换成"送"，句子同样有些许"使役感"，例如：

㊸ 我也得了一包好的，送你擦脸。（《红》第 60 回，第 840 页）

因此，此类句子的"使役感"并非来自"给""畀""分""乞""拨"或"送"。我们认为是结构的双重语义关系给句子带来了"使役感"。一个句子里存在一个名词同时充当两种语义角色，就会产生或多或少的"使役感"。"V_d（ $+N_3$ ） $+$ 给 $+N_2+V_2$"句式中， N_2 扮演了两种语义角色，既是 V_1 [V_d（ $+N_3$ ）]的与事，又是 V_2 的施事，这是句子产生"使役感"的根本原因。

事实上，即便是 V_1 为 V_a 、 V_b 、 V_c 的复杂给予句，由于结构的双重语义关系，同样带有所谓的"使役感"，例如：

我送本书给他看。| 我偷本书给他看。| 我炒碟菜给他吃。……

这些句子朱、赵两位先生也认为是给予句，而非使役句，但它们同样给人以"使役感"，因此我们不能把所有带"使役感"的句子都看成使役句。

　　江蓝生（2000：221）指出，"所谓使役，是指动词有使令、致使、容许、任凭等意义"。刘永耕（2000：93）对使令类动词的表述是，"施事者以一定的行为支配受事者，意欲促使受事者发出某行为或接受某变化"。可见，在使役句里，N_2 是 V_1 的受事（patient），这是界定使役句的语义标准。因此，把"V_d（$+N_3$）$+$ 给 $+N_2+V_2$"中的 N_2 看成受事还是与事是判定句子是使役句还是复杂给予句的关键。我们认为这里的 N_2 是与事。试看下面两个句子：

　　㊹A：你站起来走几步<u>给我</u>看看。（《我是你爸爸》，第 139 页）
　　　B：你起来<u>给我</u>走上几步看看。（《我是你爸爸》，第 139 页）

　　A、B 两句表达同一个意思，虽然"给我"的位置有所不同，但是"给"的功能都是引出受益对象，整个句子表示要求听话者为说话者走几步。B 句中的"给"是表服务义的与事介词，"我"是与事不会有争议；A 句中的"给"是一个介于动词与介词之间且十分接近介词的弱化动词，并且有向介词靠拢的趋势，作为一个十分接近介词的弱化动词，A 句中"给"的功能和 B 句中的"给"一样，也是用来标记与事的。
　　认知语言学认为人类语言有观念距离象似性，句法结构能体现语义关系距离（详见 Croft，1990；张敏，1998），"语义关系紧密的成分在句法结构上也更加紧密。比如人类语言通常让与动词关系最密切的施事和受事分别占据直接格即主宾语位置，而让其他题元成为间接格状语，用介词一类标记引出"（刘丹青，2001：389）。也就是说，施事和受事是动词直接的、无标记（unmarked）的题元，而与事及其他题元则是间接的、有标记（marked）的题元，如汉语须由介词引出。因此，从语义角度看，与事和施/受事并不在一个语义层次上，从句法角度看，与格和主/宾格也不在一个结构层次上。
　　使役句里的 N_2 既是 V_1 的受事，又是 V_2 的施事，施事和受事都与动词的关系密切，且在同一层次上。

　　复杂给予句里的 N_2 是与事，属于间接题元，与施事无论在语义上还是在句法上都不在同一层次上，而弱化动词"给"的功能是标记与事，与动词 V_1、V_2 也不在同一层次上，因此，"给"首先与与事 N_2 结合，再与 V_1 结合，最后

与 V$_2$ 结合。

故此,使役句的 N$_2$ 前后都不能切分,也不能以"让 + N$_2$"结句:

＊妈妈不让/我去。

＊妈妈不让我/去。

＊妈妈不让我。

而复杂给予句能在 N$_2$ 后切分,也能以"给 + N$_2$"结句:

我唱给你/听。

指条明路给你。

通过以上语义角色及结构层次的分析,我们看到"V$_d$(+ N$_3$) + 给 + N$_2$ + V$_2$"与使役句的本质区别。

无论是相关文献,还是当今方言,都证明"我唱给你听"相关句式并非使役句。通过与西南官话中的"跟"的对比,我们更加肯定:"给"不是一个使役动词,而是一个标记与事的弱化动词,与之相关的"我唱给你听"不能分析为"我唱/给你听",而应分析为"我唱给你/听"。复杂给予句确实带有些许"使役感",但是这种"使役感"是由于结构的双重语义关系造成的,不仅复杂给予句,其他具有双重语义关系的结构同样带有不同程度的"使役感",但不是所有带"使役感"的句子都是使役句。

【参考文献】

[1] 江蓝生. 汉语使役与被动兼用探源 [M] //近代汉语探源. 北京:商务印书馆, 2000.

[2] 李炜. 句子给予义的表达 [J]. 中山大学学报(社会科学版), 1995 (2).

[3] 李炜, 刘亚男. 西南官话的"跟":从《华西官话汉法词典》说起 [J]. 中国语文, 2015 (6).

[4] 李炜, 石佩璇. 北京话与事介词"给"、"跟"的语法化及汉语与事系统 [J]. 语言研

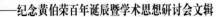
究，2015（1）.

［5］李炜，石佩璇，刘亚男，黄燕旋. 清代琉球官话课本语法研究［M］. 北京：北京大学
出版社，2015.

［6］李炜，石佩璇. 从给予句 S2、S3 的选择看汉语语法地域类型差异［J］. 中国语文，
2017（6）.

［7］刘丹青. 汉语给予类双及物结构的类型学考察［J］. 中国语文，2001（5）.

［8］刘永耕. 使令类动词和致使词［J］. 新疆大学学报（社会科学版），2000（1）.

［9］唐钰明. 古汉语语法研究中的"变换"问题［J］. 中国语文，1995（3）.

［10］吴福祥. 尝试态助词"看"的历史考察［J］. 语言研究，1995（2）.

［11］张敏. 认知语言学与汉语名词短语［M］. 北京：中国社会科学出版社，1998.

［12］赵金铭. "我唱给你听"及相关句式［J］. 中国语文，1992（1）.

［13］朱德熙. 与动词"给"相关的句法问题［J］. 方言，1979（2）.

［14］朱德熙. 包含动词"给"的复杂句式［J］. 中国语文，1983（3）.

［15］Croft，William. Typology and Universals［M］. Cambridge：Cambridge University
Press，1990.

［16］曹雪芹，高鹗. 红楼梦［M］. 北京：人民文学出版社，1982.

［17］文康. 儿女英雄传［M］. 北京：人民文学出版社，1983.

［18］威妥玛. 语言自迩集：19 世纪中期的北京话［M］. 张卫东，译. 北京：北京大学出
版社，2002.

［19］松友梅. 小额［M］. 刘一之，标点/注释. 北京：世界图书出版社，2011.

［20］王朔. 王朔文集［M］. 昆明：云南人民出版社，2002.

浅谈黄廖本《现代汉语》教材的特点[*]

刘小南[**]

我与黄廖二师是在编教材时相识的。今天我们来纪念黄廖本《现代汉语》教材出版40周年，可以说喜悦中含有悲伤，辉煌中暗透惋惜。虽然我们的两位主编在前几年先后去世了，但我们殷殷相连的情丝却依然不断。

谈起黄廖本辉煌的40年，可以说光环叠加、佳话通宵。该书1986年3月荣获中共甘肃省委和甘肃省人民政府颁发的优秀图书奖，1987年荣获甘肃省教育厅颁发的高校优秀教材奖，1988年2月荣获国家教委颁发的高校优秀教材二等奖，1999年5月教育部公布教材为首批重点推荐使用的中国语言文学专业七门主要课程30种教材之一，2005年7月被江苏省教育厅评为"江苏省高等学校精品教材"，2006年被教育部评为"普通教育十一五国家级规划教材"，2011年10月荣获"山东省高等学校优秀教材"一等奖，2011年11月被教育部评为"普通高等教育精品教材"，2012年12月被教育部评为"十二五普通高等教育本科国家级规划教材"。

这样一部频频得奖的好教材，自1979年出版发行以来，风行40载，总发行量已超过1000万册，哺育了好几代学子，产生了广泛影响。这风行40年的黄廖本《现代汉语》教材，堪与1924年出版、风行30年的黎锦熙《新著国语文法》相媲美。可以说，黄廖本《现代汉语》已经创造了我国当代《现代汉语》教材的奇迹。最新版本——增订六版发行以来，"风势"仍涨不衰，这预示着黄廖本教材仍然有一个灿烂的未来。

为什么黄廖本不仅有辉煌的过去，还会有灿烂的未来呢？我认为主因在教材本身，教材有四大特点。

---

[*] 本文原载《黄廖本〈现代汉语〉教材出版四十周年研讨会文集》，经戚晓杰教授推荐及编委会研究，增加于此。

[**] 本文作者系哈尔滨师范大学中文系教授。

一、与时俱进，吸收稳定的新鲜的科研成果

与时俱进，吸收稳定、新鲜的科研成果，是 40 年来黄廖本修改教材的一贯做法。这样做能使教材内容常讲常新，有鲜活感、时代感。1991 年 3 月，发行的增订四版开始吸收语法三个层面（句法、语义、语用）的新理论，并认定这个理论能把语法研究从静态研究推向动态研究，从结构研究推向语义研究、表达研究，拓宽了语法研究的视野，增强了语法研究的解释力。所以教材已经把它上升为四大特点之一。

关于教材是否要吸收三个层面的新理论，编者们曾经展开过激烈的辩论。由于汉语语法的系统研究始于 100 多年前的《马氏文通》，所以此后的学者较多重视对句法的分析，而对语义分析、语用分析不太重视。受此影响的编者多不同意吸收三个层面的理论。但也有一部分编者从 20 世纪 80 年代开始，受到国外语法新理论，如生成语法、格语法、功能语法、认知语法，特别是受符号学的启发，结合汉语语法研究的实际，明确提出并认可语法研究三个层面的新理论，所以他们要求吸收三个层面的理论。由于双方争论不休，旗鼓相当，主编不得已，只有发扬学术民主精神，投票解决，以投票多者获胜。

另外，增订六版的分隔号"/"，是吸收了国家 2011 年新颁布的《标点符号用法》而增加上去的。"汉字的整理""词典和字典""常见的以西文字母开头的词"等，也都更新了内容，反映了最新成果。黄廖本《现代汉语》从 1979 年到 2018 年期间，共计出版 10 个版本。无论哪个版本进行修订，"与时俱进，吸收稳定、新鲜的科研成果"都是必不可少的必要原则。

二、句子分析法适用且先进，既有历史的传承感，又有现实的创新感

从教学语法的角度看，自《马氏文通》以来，传承下来的句子分析法不少，但常见的有中心词分析法、层次分析法、层次中心分析法三种。黄廖二师的成分符号减半法当属层次中心分析法。为了历史地展示它们之间的联系与区别，说明成分符号减半法适用、先进的原因，我们有必要介绍一下这三种分析法。

（一）中心词分析法

中心词分析法也叫"句子成分分析法"。它是汉语语法研究中最早使用的

分析方法。我国最早使用这种方法的是黎锦熙先生的《新著国语文法》（1924）。受其影响使用这种方法并略加过改良的是《暂拟汉语教学语法系统》（1956，简称《暂拟系统》）等。

中心词分析法要求首先找出全句的两个中心词，即主语和谓语，让其他成分分别依附于主语、谓语；如果谓语是及物动词而且带有宾语，就接着找出谓语后面的连带成分宾语；最后再找出附加在主语、宾语之前的附加成分定语、附加在谓语之前的附加成分状语，以及附加在谓语之后的补语。下面的句子结合这三步应该这样分析：

我们的　　学生　已经　　做　　好了　充分的　　准备。
定语　　　主语　状语　谓语　补语　定语　　　宾语

中心词分析法在汉语语法研究、汉语语法教学中起过积极的作用，对建立汉语语法学、普及汉语语法知识做出了巨大历史贡献，但这种分析法有很大的局限性。1981 年《中国语文》第 3 期发表了陆俭明先生的文章，文章深刻而全面地指出了中心词分析法的四大局限：①这种分析法只适用于句法，不适用于词法；②这种分析法虽适用于句法，但也只适用于单句的分析，不适用于复句的分析；③即使适用于单句的分析，也有很大的局限性；④这种分析法严重忽视句法构造的层次性，无法分化歧义句式。

（二）层次分析法

层次分析法也叫"直接成分分析法"。这种方法对语法结构逐层二分（遇到需要多分的结构时才多分），顺次找出结构的直接组成成分，通常分析到不能再切分为止。如"全国人民学习宪法"，先分为"全国人民"和"学习宪法"两个成分，然后前一部分"全国人民"再分两个成分——"全国"和"人民"，后一部分"学习宪法"再分两个成分——"学习"和"宪法"。

这种分析法最早是由美国描写语言学家布龙菲尔德提出来的，初心是为了揭示语言构造的固有属性层次性，排斥像中心词分析法那样把句子分析成一个简单的词的线性排列。中国最早运用这种方法的是中国科学院语言研究所语法

小组丁声树等先生著的《现代汉语语法讲话》（1961）。20世纪70年代后期，汉语语法学者在运用层次分析法的过程中充分注意到了汉语的特点，改变了美国描写语言学派只讲结构层次、不讲结构关系的做法，从而充实了层次分析法的内容。层次分析法符合语言的语法构造特点，运用面广。它既可用来分析单句结构，也可用来分析复句、合成词结构，还能分化歧义句式。当然，层次分析法也有局限性，它只能揭示句子内部的构造层次和显性的语法关系，而不能揭示句法结构内部的隐性语法关系。与中心词分析法相比，层次分析法是不找中心词的，它不便于将句子分为句子成分并归纳句型，而中心词分析法提纲挈领，便于看清句子成分并归纳句型。

（三）层次中心分析法

我把《中学教学语法系统提要》（1984，简称《提要》）和黄廖本使用的析句法归于"层次中心分析法"。正如戚晓杰教授评论黄廖本析句法时所说的，这种析句法"基本采用层次分析法"，又"结合少量中心词分析法因素"（《现代汉语教学与自学参考》增订五版，黄伯荣、廖序东主编，高等教育出版社2011年版，第382页），是一种既吸收层次分析法长处又不舍弃中心词分析法优点的析句法。

1. 《提要》分析句子的方法

《提要》分析句子的方法有三种，即符号法、框式图解法、提取主干法。由于框式图解法实际上是以短语为分析对象的，所以这里主要讲符号法和提取主干法。

（1）符号法。《提要》分析主谓句的符号是：用"‖"表示主谓句，"‖"之前是主语，之后是谓语。主谓短语做其他短语的成分时，主语下边画"＿"，谓语下边画"＿"。用"⌇"表示宾语，"（　）"表示定语，"［　］"表示状语，"〈　〉"表示补语，"（　）""［　］""〈　〉"三个符号同时起压缩句子、显示主干的作用。

《提要》分析非主谓句的符号是用"｜"表示非主谓句。非主谓句的结构关系是多种的，有偏正、动宾、动补等。这些关系的名称可在"｜"上注明。

廖序东先生在《论句子的图解》中评论《提要》的图解法说，"以'‖'别主谓，这就分清了第一个大层次"（《汉语学习》1986年第1期）。可见，《提要》是先用层次分析法切分出主谓句的"第一个大层次"，后再在主语、谓语中分别找主语中心、谓语中心的。同样，对非主谓句则以"｜"分出"第一个大层次"，然后再做进一步的分析。

下面就用这种符号法分析主谓句和非主谓句。

　①（他）的父亲‖来了。

　②（北面）的天边‖出现了（墨似的）乌云。

　③（乌鸦）的翅膀‖［绝对］遮〈不住〉（太阳）的光辉。

　④（哥哥）的老师‖［不］去。

　⑤<u>分析能力强</u>‖是（这个青年同志）的优点。

　⑥多么壮丽的｜山河啊！（偏正式非主谓句）

　⑦当心｜油漆！（动宾式非主谓句）

　（2）提取主干法。《提要》说："所有的单句，不论多么复杂，如果把它逐层压缩，就越来越简单，最后剩下的是这个句子的主干。一般地说主干就是把所有的定语、状语、补语都压缩下来之后余下的部分。"另外，还着重指出："宾语是动词短语的组成部分。在短语里，动词是主体，是中心。不过有些宾语在意思上和动词的关系很紧密，可以不把宾语或者作宾语的名词短语的中心词压缩下来，留在主干部分。否定句，在摘出主干时候把否定词一起摘出来。"

　这种提取主干的方法在语文教学中是有实用意义的。遇到很复杂的句子，先把它的主干找出来，对于理解全句的意思是有帮助的。例如：

　①乌鸦的翅膀绝对遮不住太阳的光辉。（主干句为："翅膀遮不住光辉。"）

　②北面的天边出现了墨似的乌云。（主干句为："天边出现了乌云。"）

　③鲁迅先生小心地翻阅着方志敏同志利用敌人要他写"自白书"的笔墨写成的文稿：一篇《清贫》，一篇《可爱的中国》。（主干句为："鲁迅先生翻阅着文稿。"）

　《暂拟系统》的符号法，见于1957—1958年出版使用的初中《汉语》课本，以及根据这套《汉语》课本编写的《汉语知识》（张志公主编，1959）一书中。但符号不多，因而需用同一个符号标示两种或三种句子成分。黄廖本《现代汉语》增订五版下册第82页注解说："《暂拟系统》规定的符号是：<u>主语</u>、<u>谓语</u>、宾语、定语、状语、补语。"说的正是这种符号法。下面用这种符号法对例①进行分析：

　①<u>乌鸦</u>的<u>翅膀</u>‖绝对<u>遮</u>不住太阳的<u>光辉</u>。（《暂拟系统》）

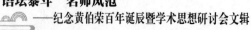
为了显示《暂拟系统》时期的分析结果跟《提要》的分析结果的异同，我们下面采用黄廖本《现代汉语》增订五版下册第82页、第83页的做法，用《提要》的句子成分符号，标示《暂拟系统》和《提要》对上面第一例句的分析结果：

① （乌鸦）的翅膀 ［绝对］遮〈不住〉（太阳）的光辉。（《暂拟系统》）

② （乌鸦）的翅膀 ‖ ［绝对］遮〈不住〉（太阳）的光辉。（《提要》）

从比较中可以看出，《暂拟系统》时期的分析结果跟《提要》的分析结果，是有较大差别的。主要差别在于：《暂拟系统》认为"翅膀"是主语，《提要》认为"乌鸦的翅膀"是主语；《暂拟系统》认为"遮"是谓语，《提要》认为"绝对遮不住太阳的光辉"是谓语；《暂拟系统》认为"光辉"是宾语，《提要》认为"太阳的光辉"是宾语。

为什么《提要》的分析结果和《暂拟系统》的分析结果不同？从本质上看，主要是两种分析方法不同造成的。《暂拟系统》分析句子采用的是中心词分析法，它不承认短语可以充当句法成分，而只承认句法成分是由词充当的，所以才在短语里找中心词，确认这个中心词是句法成分。这样，"乌鸦的翅膀绝对遮不住太阳的光辉"这个句子，主语自然就是名词短语的中心词"翅膀"，谓语就是动词短语的中心词"遮"，宾语则是名词短语的中心词"光辉"了。

《提要》采用的符号法则不同，它这套线性排列的符号，本质上是层次分析法的反映。首先，把句子分为主语和谓语，主语是名词短语，谓语是动词短语。这是第一层。主语是名词短语的，再分为定语和中心语；谓语是动词短语的，再分为状语和中心语。这是第二层。中心语是动宾短语的，再分为动语和宾语。这是第三层。动语是动补短语的，再分为动词和补语；宾语是个名词性定中短语的，再分为定语和中心语。这是第四层。

以上是《暂拟系统》和《提要》在符号法方面的不同。下面是《暂拟系统》的中心词分析法找中心，和《提要》的提取主干法找主干的对比：

① 他的父亲来了。

a. 父亲来　　　　　　　　　　（《暂拟系统》）

b. 父亲来　　　　　　　　　　（《提要》）

②哥哥的老师不去。

a. 老师去　　　　　　　　（《暂拟系统》）

b. 老师不去　　　　　　　（《提要》）

③日夜商店大大方便了群众。

a. 商店方便　　　　　　　（《暂拟系统》）

b. 商店方便群众　　　　　（《提要》）

④乌鸦的翅膀绝对遮不住太阳的光辉。

a. 翅膀遮　　　　　　　　（《暂拟系统》）

b. 翅膀遮不住光辉　　　　（《提要》）

通过对比可以看出，《暂拟系统》的找中心和《提要》的找主干，只有小部分相同，大部分是不同的。它们在不带宾语的动词谓语句里是相同的（如例①），这说明它们之间是有传承关系的，但在否定句、带宾句的分析上是不同的（如例②、例③、例④）。这说明《提要》的分析是符合原意的、合理的。所以我们才说，《提要》的提取主干分析法是在《暂拟系统》中心词分析法找中心的基础上，为表意完整而有所修正和补充的更加完善的方法。

综上所述，用《提要》的符号法分析句子具有层次性，用《提要》提取主干法分析句子具有传承性，所以《提要》分析句子是吸收了层次分析法的长处，又不舍弃中心词分析法的优点，是两种方法相结合的层次中心分析法。

毋庸讳言，《提要》分析句子的方法也有局限性。先看符号法的局限：①规定主谓短语的符号有叠床架屋之嫌；②规定的符号不全，没有规定连动句、兼语句、单个的词构成的非主谓句以及带附属成分的句子用什么符号；③符号法的样例有些问题值得商榷。再看提取主干法的局限：①有些句子提取主干，反而不通；②有些句子原是病句，提取主干后却变成正确的句子；③有些句子保留了否定词，还是与原意相左；④提取主干，忽略语气，句类发生变化；⑤有些句子，比如主谓短语做句法成分的句子、兼语句、双宾句等，不宜提取主干。

2. 黄廖本的成分符号减半法

黄廖本的成分符号减半法，我认为也是既讲层次也讲中心的层次中心分析法。增订五版通过对"全体同学都做完了语法作业"这个样例的层次分析和成分符号减半分析法的符号标示，精要地说明了什么是成分符号减半法。成分符号减半法是这样分析这个句子的：

主语位置　　状语位置　核心位置　补语位置　　宾语位置

(全体) 同学 ‖　[都]　　做　　〈完〉了　(语法) 作业。

　　上面句子画了主语符号，就表示主语右边全是谓语，谓语符号不画自明，主语、谓语之间用符号"‖"表示，这是第一层。主语中画了定语符号"（　）"，谓语中画了状语符号"［　］"，就减去中心语符号"○○○○○○"，这是第二层。画了宾语符号，就省去了它前面的动语符号，这是第三层。宾语中画了定语符号，省去了中心语符号，动语中画了补语符号"〈　〉"，凸显了动词中心语的核心位置，这是第四层。这时找到核心动词，句型已显露，句子分析到此为止。可见，成分符号减半法是用成分符号减半的方法找出句子核心，以显现句型的分析法。这种分析法为的是避免符号重叠，把几层句法成分和它的符号用线性排列出来，显示核心动词和它前后成分的位置。

　　成分符号减半法有以下几个方面的特征。

　　（1）讲层次：吸收了层次分析法的长处。

　　（2）讲中心：成分符号减半法讲的中心是全句的中心，即句子的中心，即核心。《暂拟系统》中心词分析法找的中心是中心词，即词中心，用它充当句子成分；《提要》提取主干分析法找的主干是短语的中心，不是句子的中心。中心词分析法、提取主干分析法找中心，是着眼于句子的局部；成分符号减半法找中心，是着眼于句子的整体。它们虽然都讲找"中心"，但"中心"的概念、层次、地位、目的是不同的。从句子分析法的发展脉络看，这三种"中心"既有联系的传承关系，又有不同层面等的相异关系。

　　（3）正因为成分符号减半法是既讲层次又讲中心的分析法，所以我们也将它归入层次中心分析法之列。

　　既然成分符号减半法是层次中心分析法，《提要》也是层次中心分析法，那么这两种分析法哪种更好一些呢？

　　我认为，无论从适用的角度看，还是从先进的角度看，成分符号减半法更好些。

　　（1）从适用的角度看，成分符号减半法的适用面更宽。

　　《提要》的符号法、提取主干法，解决不了的连动句、兼语句问题，成分符号减半法可以解决。例如：

　　①他‖上街买菜。
　　②我们‖选他当代表。

　　这些句子之所以能够进行分析，是因为成分符号减半法不但考虑到了向心结构句子的单核分析，而且还考虑到了向心结构句子的多核分析。多核分析也可以认为句子是由有关结构的各成分和词语作为一个相关实体共同决定句型。

（2）从先进的角度看，成分符号减半法的发展方向是框架核心分析法，它是便于和计算机语法接轨的析句法。

增订五版下册第6页有文字暗示出这样的发展方向。五版在分析基础句"全体同学都做完了语法作业"这个句子时，分别在主语、状语、动词核心、补语、宾语的上面用汉字标明了它们的位次，即"主语位置、状语位置、核心位置、补语位置、宾语位置"。这个各成分的相对位置就是语言成分的格式，也就是框架。根据框架核心分析法既讲核心又讲层次、既讲框架又讲位次的理念，成分符号减半法主要讲了层次和核心，但核心讲得比较简单，并未展开；至于框架、位次问题，仅是"行文暗示"，正式论述不够。所以成分符号减半法只能说是框架核心分析法的前身，但并不是框架核心分析法的本身，只有待到时机成熟时，它才会应运而生。成分符号减半法虽不能代替框架核心分析法，但框架核心分析法的"四讲"理念，它都触摸到了，这是以往析句法很少有的具有创新的亮点。所以从某种意义上说，成分符号减半法也是一种承前启后的析句法。它传承了先于它的中心词分析法讲中心、层次分析法讲层次的优点，又开启了后起的框架核心分析法的"四讲"理念基础。开启的框架核心分析法既然是一种想和计算机挂钩的析句法，那么它的前身——成分符号减半法也应当是一种先进的析句法。

成分符号减半法的符号在运用中还有一定的模糊性需要解决。如用成分符号减半法分析"他走"这个句子的谓语答案不一、模棱两可，就值得研究。

三、理论联系实际，开启正反结合、内外结合的新模式

"理论联系实际"的"理论"，指的是教材从正面传授的基础知识；"实际"，指的是理解、消化、解决知识难点、重点的实践活动。理论联系实际是黄廖本《现代汉语》教材自始至终贯彻的指导思想。践行这种指导思想的途径和方法就是正反结合、内外结合。

（一）正反结合

正反结合有三种表现形式。

（1）教材内容上的正反结合。黄廖本教材内容分布上的最大特点就是正面传授知识和反面传授纠正错误知识的结合。这可以从现代汉语教材的五大主体部分看出。①语音章有语音与正音。正音部分是声母辨正、韵母辨正、语音规范、整理现行汉字的读音等。②文字章有文字与正字。正字部分是笔顺易错的字、整理异体字、规范印刷体字形、更改生僻地名用字、统一计量单位名称

用字、纠正错别字等。③词汇章有词汇与用词。用词部分是词义的误解与误用、异形词、异序词、外来词、方言词、古语词的规范，避免生造词，维护现有词语使用的规范等。④语法章有析句与造句。造句部分容易犯的错误是词类的误用，单句、复句在运用中出现的失误等。⑤修辞章有修辞与表达。修辞部分设有修辞常见的失误与评改等。可见，黄廖本教材内容上做到了正反结合，反面传授纠正错误的知识是均衡的、系统的，五大主体部分都有的。而不少通用教材却不是这样，它们的特点是重正轻反，重语法轻其他，不但极不平衡、不成系统，甚至还有缺位现象。所以从反面传授纠正错误知识的角度看，黄廖本教材不能不说是做到了同类教材之冠。

（2）习题上的正反结合。"习题上的正反"中的"正"是指对正面、正确知识的传授，"反"是指对反面、错误知识的纠正。为达到此目的，教材特别重视对习题的训练，不仅每节后都有习题的训练，而且还嫌不够，并有补充习题的训练。这些习题有相当数量都是对反面、错误知识的纠正。据统计，黄廖本教材练习题、补充练习题共530题，反面、改错练习题142题，反面练习题占习题总数的27%。一般的通行教材习题总数最多不过237题，反面练习题30题，反面练习题占习题总数的13%。其习题总量、反面习题总数、反面习题占习题总数的百分比，都不足黄廖本教材的一半。尤其是反面练习题，黄廖本的数量竟高达通行教材反面练习题的4.7倍。可见，从习题正反结合的角度看，尤其是从反面习题的数量上看，黄廖本教材也当之无愧是同类教材之首。

黄廖本为什么用这么多的改错习题训练学生呢？原因就是使学生熟能生巧，从而能够敏感地捕捉到错误根源，快速地总结出产生错误的规律，纠正错误，从反面加深对正确知识的理解，达到学以致用的目的。没有反面意识对反作用力的超强冲击作用的认识，是不会这样做的。为什么一般通用教材设计的反面习题这么少呢？这主要是设计者的反面设计意识不强，对反面习题的地位及重要性认识不足，对其积极的巨大反作用力没有察觉造成的。

（3）附录上的正反结合。附录是附在正文后面的、与正文有关的文章或参考资料。黄廖本的附录有两种，一种是节附录，一种是章附录。据统计，增订六版全书的节附录20个、章附录3个，共计23个。附录的内容也是正反结合的，多数是从正面提供的参考资料，少数是从反面提供的纠错资料，以警示别犯类似的错误，如附录常见的别字、容易读错的字等。这种后附附录的做法省去了学生不少重新查找参考资料的时间，受到了普遍欢迎。一般通行的教材多数不设附录，少数设附录的也很少超过3个，而从反面设纠错附录的几乎为零。所以从设附录之多、正反结合覆盖面之广来说，黄廖本的附录也居同类教材之最。

（二）内外结合

前面谈的正反结合多是在课堂内进行的。但是有些院校受课堂内正反结合的启发，已经把纠正错误知识的行为发展到课外甚至社会上了。比如，由课堂内讲的拼音、写字错误发展到调查某些商店、日杂店、服装店、企事业单位名称等的拼音、写字错误，由课堂内讲的词汇在用词方面的错误发展到实习时批改作文的用词不当及病句修改，由课堂内讲的修辞与表达发展到纠正口语、书面语表达不清、效果不佳的毛病，等等。这种由课内向课外、由学校向社会纠错的延伸，已经引起了有关部门的关注。这样不仅推进了课堂内正反结合的广度和深度，而且还促进了社会对现代汉语规范化的重视和推广。

四、文风朴实，文字浅显易懂，口味雅俗共赏，应用范围广泛

文风朴实，是指教材使用语言文字的作风朴素无华，不浓艳、不浮夸，叙述语言事实不夸大、不缩小，真实可信，平实、谨严。如对语义场的分析，不同性质的义场之间界限分明，文字叙述平实、质朴。其他章节也多是这种风格的外溢。之所以有这样的文风，是和主编领导下的编辑团队的思想修养和文化素质比较高有关系的，是"文如其人"的体现。另外，这本教材已经历经了风风雨雨40年的考验，所以即使风格稍有不同，经过反复修改、多次打磨，也早已锻造出统一的风格了。

文字浅显易懂，是指把深奥的道理浅显化，让人接受得舒心。如中心词分析法和层次分析法的区别不能说不高深，但黄廖本用下面一句话就说得明明白白、清清楚楚："凡是名词性偏正短语不能作主语、宾语的，或动词性短语不能作谓语的，都是成分分析法的一种，绝不是层次分析法，因为层次分析法的特点是任何短语和实词都可作一定的句法成分的。"（见增订六版下册第82页）同样，词和短语的区分，用比拟的方法把"扩展法"也介绍得明白如水、饶有风趣。（见增订六版下册第58页）

有人认为，浅显易懂容易做到，是低级的，深奥难解不容易做到，是高级的。这种看法是不公平的。事实上，面对语言这种复杂的事物，既要讲出它的学术性，又要讲得浅显易懂是很难的。没有比较高的语言学理论修养和善于表达的语言艺术，是不可能有这样驾驭语言的能力，做到浅显易懂的。我们这样说，并不是抬高教材"浅显易懂"的身价，而是说要通过这样的方式达到实现教材有可读性的目的。

口味雅俗共赏，应用范围广泛，是指教材各层次的人都愿意看，各类学校

都愿意用。教材确实适合各方口味和需要。水平高的人愿意读，水平低的人也愿意读，中等水平的人也愿意读。大家都说"众口难调"，可黄廖本教材做到了"众口皆宜"。为什么会这样呢？这和参与黄廖本教材编写的高校多、教师多有关。据统计，有 31 所不同类型、不同层次的高校参加，有 44 位不同类型、不同层次的高校教师参与。不管单位怎么多，不管教师怎么多，大家都希望编一部适合各种类型学校使用的教材，愿望是共同的、一致的。这样就要求这部教材必须将本科、专科、各种类型学校所要讲的主要内容都汇聚在一起，并以此为基础，根据不同教学对象实行弹性原则，灵活增加各种教学内容，解决各方的不同需求。正因为教材恪守各方各层次各类型需要的、必不可少的、既稳妥又完备的现代汉语基础知识，所以教材才呈现出本科用、专科也用，综合大学用、师范院校也用，全日制学生用、自考生函授生也用，留学生用、华文学生也用的繁荣似锦的景象。

论闽、粤、客方言的保护传承问题[*]

庄初升[**]

【提 要】闽、粤、客方言的"大本营"都在我国南方，它们近几百年来随着华人华侨的足迹播迁到境外多个国家和地区，成为台港澳及海外华人社区文化认同和文化传承的重要纽带。闽、粤、客方言在境外的实际应用还经常与意识形态问题交织在一起，台湾地区和香港地区特别值得关注。闽、粤、客方言在可以预见的未来尽管没有整体消亡之虞，但是边界方言的濒危境地，以及包括广州、潮州、厦门、漳州、泉州、梅州这类城市权威方言在内的核心区方言所表现出来的各种衰变迹象不能不引起我们高度的警惕。对闽、粤、客方言加强保护传承和维持其语言活力在我国的语言战略上具有重要的现实意义。本文还就保护传承策略方面提出了一些建议。

【关键词】闽方言 粤方言 客家方言 语言战略 方言保护

一、引 言

语言是人类区别于动物的最主要特征，是一种非常复杂的社会现象，其与社会生活和精神世界的方方面面都有紧密的联系，因此语言既是人类最重要的交际工具，也是人类最重要的思维工具和文化载体。如果仅仅从交际功能来理解语言习得和语言使用，那么全中国只需学习和使用普通话，甚至全世界只需学习和使用英语就足够了，语言多样性、文化多元化将是无稽之谈，母语传承、语言保护、文化认同等问题也将不复存在。如所周知，最近几十年来在全球化、信息化和现代化的浪潮中，人类语言的多样性遭遇前所未有的挑战，语言濒危成为全球性的问题，这已引起国际社会的广泛关注。我们唯有抛开语言

＊ 本文是浙江省哲学社会科学领军人才培育专项课题"吴、闽、徽语音像资源语料库建设与综合比较研究"的阶段性成果，承蒙李宇明、罗骥、严修鸿等先生指教，谨此致谢。本文删节本发表于《语言战略研究》2022 年第 5 期。

＊＊ 本文作者系浙江大学文学院教授、博士生导师、汉语史研究中心研究人员，兼任浙江大学国家语言文字推广基地执行主任。

的"唯工具论"，才能真正理解当前语言濒危的严重性和语言保护的迫切性。

对于方言区的人民来说，方言就是他们的语言，所以从这个意义上说，方言与语言并没有本质的区别。当前所说的方言濒危、方言保护问题，本质上也是语言濒危、语言保护的问题。《中国语言地图集》把汉语方言分为十个大区，其中，闽、粤、客三大方言除了分布在我国南方，近几百年来还沿着"海上丝绸之路"播迁到境外多个国家和地区，至今还是全世界各大主要华人社区的主要交际语言。具体而言，闽方言分布在我国的福建、台湾、广东、海南、浙江等省区以及东南亚多个国家；粤方言分布在我国的两广、港澳地区以及东南亚、澳洲、美洲和非洲等多个国家；客方言分布在我国的广东、福建、江西三省的接合部和广西、四川、湖南、海南、香港、台湾等省区的部分地区，以及东南亚、南亚、非洲和美洲等多个国家。

整体而言，当前闽、粤、客方言都不是严格意义上的濒危方言，好像不存在语言保护的现实问题。但实际上，闽、粤、客各大方言内部差异性较大，如闽方言就有闽南话、闽东话、莆仙话、闽中话、闽北话等次方言之分，而且在地理空间上的分布十分广泛，它们都已出现了程度不等的衰变迹象，有的位于边界的次方言甚至已经走向了濒危境地，所以语言保护传承问题并非空穴来风。我们认为，闽、粤、客方言在我国的语言战略和语言生活中具有特殊的地位，是极为宝贵的语言资源和文化资源，闽、粤、客方言的衰变迹象不能不引起我们的警惕。当前，我们要积极行动起来，有意识、有组织地对闽、粤、客方言进行保护传承，阻止其颓势进一步加剧。

二、闽、粤、客方言在我国语言战略和语言生活中的特殊地位

闽、粤、客方言的"大本营"都在我国南方，它们还有一个共同特点就是近几百年来随着华人华侨的足迹播迁到境外多个国家和地区，成为台港澳地区及海外华人社区文化认同和文化传承的重要纽带。郭熙（2020：24）针对新时代的海外华文教育事业发展提了若干建议，其中一条是"重视海外汉语方言的作用"，他指出："在海外华语传承中，人们似乎把注意力完全集中在中文标准语的教学和推广上，对方言在海外华人社会维系和中华文化传承的作用没有予以足够的重视；一些地方或人士甚至把方言看作华语学习的负担和障碍。"

台湾的汉人有"本省人"和"外省人"之分，"本省人"指明末清初以来一直到1945年台湾光复之前主要从福建、广东移居台湾的闽南人和客家人，基本上使用闽南话和客家话；"外省人"指1945年台湾光复之后移居台湾的

大陆人民，尤其是 1949 年后因国共内战失利而随国民政府迁台的大陆军民，总数有几百万之多，早期使用各地方言和国语，目前许多人兼通闽南话。香港的华人主要是 20 世纪 30 年代至 80 年代初从内地移居香港的人士及其后裔，也有香港沦为英国殖民地之前一直居住在现时新界地区的"原居民"，包括"围头人""客家人""疍家人"和"福佬人"等。早期香港华人使用的方言五花八门，但是由于来自珠江三角洲说粤方言的广府人占大部分，加上来香港定居的广府人中不乏商人和知识分子等上流社会人物，因此以广州话为标准的粤方言很快成为香港市区的通用语，其他方言目前仅限于在部分家庭内部使用。澳门在 16 世纪中叶葡萄牙人登陆之前，主要有闽南籍的渔民居住；此后人口增长较快，这些人主要来自邻近的广东省粤方言区，因此直至今天，澳门华人的通用语言仍然是粤方言。

海外有闽、粤、客方言的国家和地区不少，如新加坡、菲律宾、文莱等以福建闽南话为主，泰国、老挝、柬埔寨等以潮汕闽南话为主，澳洲、美洲、越南等以粤方言为主，毛里求斯、苏里南等以客家话为主（客家话还是苏里南的法定语言），马来西亚、印度尼西亚则闽、粤、客三大方言的使用人口都为数不少。马来西亚早期以闽南话较为强势，近几十年来逐渐让位于粤方言。尼古拉斯·奥斯特勒（2005/2016：135）根据 Grimes（2000）的统计指出："闽方言、客家话和粤语这些东南地区的方言至今仍在海外华人中占据着主导地位。"罗福腾（2019：135）根据维基百科网页以及马来西亚 2001 年政府统计局的数据，列表统计了南洋各个国家的人口规模、华族人口与官方语言、方言的基本情况，援引如下（见表 1）。

表 1　南洋各国总人口与华族人口的比例、国家语言政策的简况

国家	总人口	华族人口	国语/官方语言	华语方言
新加坡	550 万	370 万，占 74.2%	马来语、华语、淡米尔语、英语	福建话、潮州话、广府话、客家话
马来西亚	3000 万	569 万，占 24%	马来语、英语	福建话、客家话、广东话
印度尼西亚	2.58 亿	880 万，占 3.7%	印尼语（以马来语为基础）	泉漳闽南语、客家语、潮州语、闽东语、粤语
菲律宾	1 亿	250 万，占 2.5%	菲律宾语、英语	泉漳闽南话、广州话、潮州话

续上表

国家	总人口	华族人口	国语/官方语言	华语方言
文莱	41 万	4.5 万，占 11.2%	马来语、英语	闽南话

　　表 1 表右的"华语方言"一栏，"福建话""潮州话""泉漳闽南语""闽东语""闽南话"都是闽方言（实际上还有海南话没被统计进去），"广府话""广东话""粤语""广州话"都是粤方言，"客家话""客家语"都是客家方言。

　　总之，不论是在近代还是现代，台港澳地区及海外华人社区所使用的方言都以闽、粤、客三大方言占绝大多数，闽、粤、客方言无疑成为台港澳同胞及海外华人华侨重要的族群标志。如所周知，闽、粤、客方言在境外的实际应用还经常与意识形态问题交织在一起，台湾地区和香港地区特别值得关注。

　　在台湾，日据后期日本侵略者在竭力推广日语的同时禁止闽南话；光复之后，国民政府大力推广国语，削弱包括闽南话在内的各种本土方言，特别是 20 世纪 60 年代中期以后更是严令学校、媒体和电影等禁止方言；1987 年之后从允许课外学习方言到允许学校进行母语教育，到了 1996 年以后包括闽南话、客家话等在内的乡土语言甚至登堂入室，作为选修课被正式纳入学校课程。民进党上台之后，2001 年秋季开始规定国小必修、国中选修乡土语言课程，国小一至六年级学生必须从闽南话、客家话、原住民语三种乡土语言中选择一种进行学习。2003 年 3 月，台湾教育部门通令各级学校废止实行 30 年的"国语推行办法"，企图取消国语的共同语地位，利用"台语"等所谓的乡土语言来与大陆的普通话进行切割。2016 年，重掌政权的民进党延续乡土语言的"国家语言"定位，企图在语言生活层面实施"渐进式台独"策略，消除中国认同，所有这些动向都值得我们高度警惕。

　　上述所谓"台语"其实就是闽南话，如果追溯这个概念的来源，不难看出它是台湾旧殖民时代的产物。中日甲午战争之后日本侵占台湾，出于殖民统治的需要，组织编纂了大量闽南话与日语对照的词典、课本等，其中以台湾总督府编、小川尚义主修的《日台大辞典》和《台湾大辞典》影响最大，"'台语'或'台湾语'的称谓由此占据了整个'日据时代'，开始在称谓上同福建闽南话进行'切割'"（李佳，2018：78）。早在 1999 年，时任全国政协副主席张克辉就发表《警惕台湾有人利用语言文化分裂祖国的图谋》一文，批判时任台北市长陈水扁推行所谓"乡土教育"，企图用"台语"代替"国语"、削弱台湾地区青少年中华民族意识的"台独"行径（李佳，2018：78）。钱奠

香、李如龙（2002：29）则指出："最早提出'台语'这个概念的是普遍受到台湾语言学家敬重的中国第一代语言学家李方桂先生。他所说的'台语'是包括泰国国语在内的侗台语族，或称为壮侗语族。这个术语早已被世界各国的研究汉藏系语言的专家们所认同。把台湾的闽南话称为'台语'只会造成混乱。事实上，连鼓吹'台语'名称的郑良伟教授也承认：'整个台湾话的形成和厦门话的形成极为相似两者都由来自泉州、漳州的移民混和而成。今日都是不泉不漳，又泉又漳。因此大陆的闽南话当中最靠近台湾话的是厦门话。'""如果把'台语'作为'台湾岛上的语言'的简称，那么台湾岛内还有客家话、普遍通行的'国语'，以及含有各种部落方言的原住民语言。这就更是一个不伦不类的名称了。近来，有些客家学者竟把台湾的客家话也称为'客台语'，在学理上也是说不通的。"由此可见，民进党当局利用"台语"这个概念进行政治操弄，不过是借尸还魂而已。

在香港，英国殖民者管制时期英文是唯一的法定语文，包括粤方言在内的中国语言文字并没有宪制地位。香港教育界及大专学生从 20 世纪 70 年起开始争取香港人最常用的中文成为法定语文。港英政府于 1974 年正式修改《法定语文条例》，中文获立为法定语文。1997 年香港回归之后，根据《中华人民共和国香港特别行政区基本法》第 9 条和《法定语文条例》第 5 章第 3 条第 1 节，中文和英文都是法定语文。由于法律条文里的"中文"并无明确指定使用哪一种口语，由此便衍生出政府所推行的"两文三语"政策，即以中文、英文为书写文字，广东话（粤方言）、普通话和英语为口语的方针。"目前在香港近 700 万的人口中，操粤语的人为 600 万左右，占全部人口的 90%，这是粤语流通的客观存在。"（田小琳，2011/2012：28）最近几年来，香港部分别有用心的人从宣传"本土意识"开始，继而采取行动企图在政治、经济、社会等方面与中国大陆脱离关系，有的人利用所谓广东话（香港粤方言的俗称）大做文章，借机表达对于内地的一切人和事的排斥态度。据报道，前几年香港特区政府教育局网站刊登的一篇专栏文章提到广东话属"一种不是法定语言的中国方言"，结果有所谓"本土派"人士批评这是政府有"阴谋地矮化广东话"，激进派政客则上纲上线地无端指责这是要使香港"大陆化"，甚至有不明真相的网民发起一人一信向教育局进行施压。

众所周知，台湾的闽南话和客家话都来自大陆原乡，闽南话主要有"漳腔"（来自旧漳州府）、"泉腔"（来自旧泉州府）以及混合腔，后者主要是漳、泉的混合，与厦门腔基本相同，目前是台湾最主流的口音；客家话则有四县（来自旧嘉应州的程乡等四县）、海陆［来自海丰县、陆丰县（今陆丰市）］、大埔、饶平、诏安等多种口音，还有一种称为"四海腔"的口音属混合口音，流行较广。如上所述，台湾有人把当地闽南话称为"台语"，客家话称为"客语"或"台客语"，有的可能是人云亦云，有的则是故意使之与大陆闽南话、客家话进行切割，企图为"文化台独"鸣锣开道，本质上是极端错误的。在香港，粤方言一般称为"广东话"，也有径直称为"粤语"，很少称为"粤方言"，因为在很多人心目中，该方言就是一种独立的语言，而不仅仅是汉语的一种方言，这都是有意无意地为"本土化"寻找语言方面的依据。

综上所述，不难看出闽、粤、客方言并非普通的汉语方言，而是在我国语言战略中具有特殊的地位。当前，我们一方面要积极开展海峡两岸及香港、澳门闽、粤、客方言的比较研究，从学理的层面阐明台湾闽南话、客家话与大陆原乡闽南话、客家话的源流关系，以及香港粤方言与广东粤方言的源流关系，正本清源而不是本末倒置，使那些别有用心的人借用方言问题进行"文化台独""文化港独"的企图落空；另一方面，在大力推广普通话的同时，我们要更加积极稳妥地保护闽、粤、客方言的语言生态，有效维持海峡两岸及香港、澳门同声同气的语言文化联系。否则，如果任由内地的闽、粤、客方言流失乃至最终消亡，海峡两岸及香港、澳门天然的语言文化纽带将会中断，无形中会为那些别有用心的人进行"文化台独""文化港独"提供口实，从长远来说其危害非常巨大。

闽、粤、客方言在我国的经济社会中也显得与众不同，在早期经济特区和当下粤港澳大湾区的语言生活中都扮演着非常重要的角色。张振兴（1996）曾经认为闽南话和粤语这类方言也是投资环境，因为对于早期福建和广东的经济特区来说，外商多是侨胞和港澳台胞，他们选择的投资地点大多是故乡和方言相通的地方。李莉亚，黄年丰（2017：84）在对广东省经济特区语言生活进行广泛、深入调查的基础上指出："经济特区居民一方面高度认同普通话作为我国通用语言的法律地位和在实际社会生活中的功用，另一方面也普遍乐于在私人的、非正式的场合使用自小习得的母语方言，外来移民为了融入本土圈子也愿意尝试学习和使用当地方言。经济特区居民语言能力普遍较高，掌握和使用双言甚至多言正成为当地语言生活的新常态。"最近，陈恩泉先生在《语言战略研究》2021年第2期的"卷首语"《发挥粤港澳大湾区的双语双言功能》中提出："在粤港澳大湾区实行普－方双言和汉－英双语策略应该是比较明智的抉择。因为，粤港澳大湾区内部，存在着以粤方言为主、潮客方言为辅的普－方双言现象，以及英语为主，法、葡等语言为辅的汉－英双语现象，所以其语言文字政策应该全面实行双言双语制——普－方为主、汉－英为辅的语言文字策略，让普－方双言现象和汉－英双语现象的社会经济文化功能，在社会交际、经济贸易和文化交流等领域充分发挥作用，使人类命运共同体互动交

流的渠道畅通无阻。"

三、闽、粤、客方言的衰变迹象

近十几年来，濒危汉语方言引起学界甚至社会大众的广泛关注。应该说，当前汉语方言濒危问题最突出的还是那些归属未明的土话以及各种以岛状分布的小方言（庄初升、邹晓玲主编，2016）。比如岭南地区，除了几大方言之外，还分布着一些语言特色鲜明、文化内涵丰富的弱势方言，它们大部分已经呈现出高度濒危的态势，包括广东北部的"韶州土话"（现在一般称为"粤北土话"）和"军声"、东部的"蛇声""占米话""军声"和"畲话"等，珠江三角洲的"疍家话"、西部的"旧时正话""山瑶话""东话"等，香港新界的"围头话""疍家话"等，广西东部的"本地话""都话""铺门话""鸬鹚话"、北部的"伶话"等，海南东南部的儋州话、南部的"迈话"以及沿海多处的"疍家话""军话"等。如果不加以特别的保护，任由这些弱势方言流失、消亡，则不久的将来岭南地区方言文化的多样性将大打折扣，许多与这些方言土语相关的口头传统将被连根拔起，永远失去生存的土壤（庄初升，2017）。可是，这类濒危方言数量多、人口少、功能弱、影响小，要逐一加以保护使其永远不至于流失实际上是非常不现实的，甚至是根本做不到的。因此，针对这类濒危方言（包括濒危语言）学界多主张采取记录、保存策略（如参见曹志耘，2009；李宇明，2012；道布，2018）。

闽、粤、客方言都属于汉语的大区方言，使用人口都多达几千万，在可以预见的未来并没有消亡之虞，因此整体上不存在濒危的问题。实际上，如果具体问题具体分析就不难看出这三大类方言也面临着不少危机，特别是一些边界次方言或地点方言，甚至在不久的将来即将遭遇"灭顶之灾"。笔者十几年前在闽北建阳市（今南平市建阳区）调查，发现市区已经很难找到能够说一口地道建阳话的发音合作人，普通话已经基本取代了建阳话成为主要的交际用语。在闽西南和粤东，有一条几百公里长的闽、客方言分界线，随着闽南话的步步"进逼"，这条分界线正在逐渐向客家话的腹地推移，客家话的地盘将越来越小，以闽南话为主、客家话为辅的那些村落将逐渐演变成单纯说闽南话的村落，以客家话为主、闽南话为辅的那些村落则过渡到以闽南话为主、客家话为辅的村落，而处于纯客家话边缘的村落则逐渐变成以客家话为主、闽南话为辅的双方言村落（庄初升，1994）。珠江口西岸东莞市的本土粤方言内部差异悬殊，都处在急剧的消失之中。姚琼姿、庄初升（2016：130）在调查了东莞市所有镇街代表性方言点之后指出："由于地缘接触和商业往来的关系，东莞各地方言受到广府片粤语的广泛影响和渗透。特别是改革开放以来，广州话、香港话的广播、影视、音乐铺天盖地，对东莞语言生活的各个方面都产生极大的影响。我们在调查中发现，几乎每个东莞人都能讲广州话，他们与我们这些非本地人交流的时候，往往首选广州话。在我们的一些调查条目上，甚至连老年人有时候也分不清楚本地方言和广州话说法的不同。……不可避免地，普通话也促使东莞方言逐渐发生蜕变。当代东莞各地方言深受广州话为代表的广府片粤语和普通话的双重夹击，急剧地发生变化，甚至很快后继乏人，岌岌可危了。"

以上处于濒危状态的闽、粤、客方言都是边界方言和弱势方言，因为频繁的语言接触而逐渐走向衰亡似乎是摆脱不了的宿命，我们只有徒增"无可奈何花落去"的叹息！然而，闽、粤、客的一些城市方言和权威方言，近几十年内也在急剧地衰变，而且速度越来越快，这就要引起我们特别的关注和警惕了。

在闽、粤、客三大方言中，广州话是公认的最为强势的方言。可是，单韵鸣、李胜（2018：37）通过问卷调查后指出："52.8%的广州人认为'粤语的使用人数将逐渐减少，活力将逐渐丧失'；26.2%认为'粤语的使用人数将逐渐增加，活力将逐渐增强'；21%认为'粤语将保持现在的状态不变'。超过一半的广州人对粤语的未来持悲观态度。对比不同年龄段后发现，中年人比青年人相对乐观，更多青年人对粤语的未来持悲观态度。"他们所说的粤语其实就是广州话。

广东潮汕地区属于闽方言区，长期以来当地居民的方言意识十分强烈，方言文化相当发达，但是不少"00后"的孩子也出现了方言断层的现象，他们不论是在课堂上还是课堂之外已经更习惯于说普通话，甚至于他们的祖辈为了将就他们，也愿意说很不标准的普通话。在这样的情形之下，孩子的方言母语丢失了，普通话也不见得说得特别好，实在是得不偿失。

就是在闽方言的核心区福州、厦门，许多"70后""80后"的年轻人不太经常说当地方言，而许多"90后""00后"的孩子甚至已经不会说当地方言了。早在2002年，徐睿渊、侯小英在厦门有效调查了224个父母都说闽南话的学生和幼儿，得出会说闽南话的比例：高中93.62%、初中100%、小学97.87%、幼儿80.56%。她们统计其他调查数据之后得出的一个结论是："对厦门当地掌握闽南话的少年儿童来说，闽南话更多是在家庭中，在亲人、朋友或同学之间，在涉及日常生活的交谈中使用。……闽南话的使用范围也就可能因此缩小，甚至在某些领域完全为普通话所替代。"（徐睿渊、侯小英，2002：3）

随着月港的崛起，漳州话在明清两代的影响力一直非常强劲，从菲律宾到

马来西亚等国，漳州话的海外传播非常广泛①。时至今天，本土的漳州话却已开始出现衰变的迹象，在漳州市区甚至已经比较严重。林晓峰、吴晓芳（2015：247）通过调查指出："以漳州芗城区为例，初步调查显示：漳州城区大部分中小学生最先学会的语言是普通话，大部分人听不懂闽南话，不会讲闽南话。孩子跟闽南籍父母讲普通话，闽南籍父母跟孩子也讲普通话，家庭语言为普通话。孩子、家长对闽南方言是否流失漠不关心，家长不会有意识地传承闽南方言。"

闽南农村的闽南话则还保持较强的语言活力，但也并非毫无问题。付义荣、胡萍（2020：67）的一项针对厦门、漳州、泉州闽南农村语言生活的调查显示，普通话的普及虽然造就了大量兼说闽南话与普通话的双言人，但并未威胁到闽南话的生存和优势地位，"即便如此，我们也不能对闽南话的未来掉以轻心。……闽南话水平随着年龄的递减而递减，而且 35 岁以下的年轻人，其闽南话水平已经开始不如普通话了。如果放任这种情况，那么若干年后，闽南话还能不能保持现状就很难说了"。

梅州市被称为"世界客都"，梅县话是客家方言的标准语，具有较高的权威性。根据王秋珺（2011）的调查，在梅县方言区内还在使用梅县话的人口比例较高，但是，30 岁以下的人群中有接近三成的人认为梅县话会被普通话取代，30 岁以上的人群则有超过四成的人具有相同的观感。可见，梅县话在当地客家人心目中的权威地位已经在动摇。就方言本体而言，"梅县话在青少年一代的使用中正处于弱化、退化的状态，它的部分方言成分正逐渐消失，而普通话的成分日益增多，向普通话靠拢的趋势明显；另外，粤方言的影响也在扩大"（王秋珺，2011：61/62）。侯小英（2018：5）进一步验证了梅县话衰变的事实："在有'世界客都'之称的梅州，客家话目前虽仍占主导地位，但也呈现出明显的萎缩趋势，就是被视为客方言代表的梅县话，其活力与前景也不容乐观。这一现象集中体现在当地青少年儿童身上。2015 年 12 月，梅州电视台《服务 900》栏目连续播出两期关于'丢失的客家话'的报道，主题分别是'标准的客家话，梅州的小朋友还会多少''梅州的学生朋友，你为何"抛

---

① 目前所能见到的最早的闽南方言字典是英国伦敦会传教士麦都思（Walter Henry Medhurst，1796—1857）于 1832 年出版的《福建方言字典》（*A Dictionary of the Hok-këèn Dialect of the Chinese Language*）。麦都思在序言中说明《福建方言字典》的编写参考了漳州方言韵书《汇集雅俗通十五音》，同时清楚表明《福建方言字典》所代表的方言是漳州话（更确切地说是漳浦话）。另外，英国伦敦会传教士戴尔（Samuel Dyer，1804—1843）编写的《福建漳州方言词汇》（*Vocabulary of the Hok-keen Dialect as Spoken in the County of Tsheang-tshew*）于 1838 年出版。由此可见，历史上漳州话在南洋的影响很大。

弃"客家话'，从中可见梅州城区的中小学生对很多地道的客方言语词，已不会说或读不准。这与身居梅城多年的笔者的感受相符。"作为客家方言标准语的梅县话尚且如此，其他地区的客家方言更是可想而知了。

如上所述，在可以预见的未来，闽、粤、客方言整体上尽管没有消亡之虞，但是边界方言的濒危境地以及包括广州、潮州、厦门、漳州、泉州、梅州这类城市权威方言在内的核心区方言所表现出来的各种衰变迹象，不能不引起我们高度的警惕。就像一个很强壮的人已经出现了健康问题，尽管在短期内没有致命的危险，但是不能不引以为戒，因为必要的医疗可以使之更加健康长寿。以历史的眼光来看，许多方言都经历了产生、发展、式微和消亡的过程，似乎与自然界的所有生命体一样既有茁壮成长，也会生死病老，但是不能因为"人固有一死"的宿命论而漠视健康、糟蹋生命。社会语言学的奠基者之一费什曼（J. A. Fishman）针对为什么要保护濒危语言的问题就曾打了个比方，医生们尽管都知道他们的病人终将离开人世，但是医生们还是尽力延长病人的生命；现代医学的进步不仅仅在于对抗疾病，还在于培养健康意识。

当前一般谈论濒危汉语方言的现象，不论是公众还是学者，较少人会去特别关注闽、粤、客这类大方言的保护问题，尽管如前所述，它们已经出现了衰变的迹象。陈燕玲、林华东（2011：131）在对福建泉州、厦门、漳州和台湾，以及潮汕地区进行实地调查的基础上，指出："城镇的孩子接触方言普遍偏少，方言能力较弱。""大部分闽南人认为应该学习和传承闽南方言；他们还认为自己的下一代或者是在闽南语区工作生活的非闽南人也应该学习闽南方言。"李莉亚、黄年丰（2017：82）在针对广东省经济特区语言生活广泛、深入调查的基础上指出："在'本地方言是否应该得以使用和传承'的问题上，大部分经济特区居民持肯定态度，尤其是珠海和汕头地区，均有超过 3 /4 的受访者认为应该鼓励当地方言'在一定场合使用并得到传承'。"

我们认为深层次的方言保护，既要对高度濒危的弱小方言实行"临终关怀"，也要对各大方言的发展态势进行动态监测，防患于未然，采取各种有效的方式阻止其颓势进一步加剧。特别是对于闽、粤、客这三类大方言而言，加强保护传承和维持语言活力在语言战略上更是具有重要的现实意义。

四、闽、粤、客方言的保护传承策略

既然闽、粤、客方言在我国语言战略和语言生活中具有特殊的地位，而且当前这三大方言都已出现衰变的迹象，健康的语言生态受到威胁，因此加强保护传承时不我待。此前有的学者已经分别就闽、粤、客的传承情况做过一些调

查研究，而且提出了若干确实可行的保护策略，如陈燕玲、林华东（2011），陈燕玲（2012），林晓峰、吴晓芳（2015），单韵鸣、李胜（2018），温昌衍（2011），侯小英（2018）等，他们论及实施方言保护的几个要素（如政府、社会、家庭、学校、教材、媒体等），如单韵鸣、李胜（2018：40）提出："粤语传承需多方合力。政府政策引导，媒体舆论积极配合；中小学校需肩负起对学龄儿童导入地域方言文化的部分责任，充分尊重粤语在校内课余时间的使用；家庭是传承方言的最佳起点，鼓励家长坚持对下一代的母语教育。"

总结过去，展望未来，有关闽、粤、客三大方言的保护传承策略，笔者认为如下三个方面特别需要得到重视。

第一，凝聚广泛的社会共识，提供有力的法律保障。闽、粤、客三大方言的保护传承不仅仅是一个学术问题，更重要的是一个具有语言战略高度的社会现实问题。首先，在学理的层面上迫切需要形成共识，正如李宇明在《语言战略研究》2018年第2期的"卷首语"《海峡两岸及香港、澳门共同梳理百年语言学史》中，就积极倡导海峡两岸及香港、澳门学人有必要坐下来对百年中国语言学史进行梳理，在梳理中不断增加共识，逐渐形成共同的或相近的语言史观，其中重要的思想理论成果就包括方言保护等。其次，继续加大各类媒体和各级学校的宣传、教育力度，使得汉语方言的语言资源观、语言生态观深得人心。有关这方面学界已经有不少论述，这里不再赘言。再次，地方语言立法还比较薄弱，有识之士早就指出："各地除了关于国家通用语言文字管理立法之外，还应重视民族语言和方言的管理立法。……汉语的一些方言也明显式微，这将对我国语言多样性生态带来不利影响，需要国家和各地政府结合当地实际，有针对性地采取一定的法律措施保障它们的健康发展。"（赵世举主编，2015：226）目前当务之急是要以党的十八大及十七届六中全会关于"建设优秀传统文化传承体系，弘扬中华优秀传统文化"和"科学保护各民族语言文字"的精神为指导，充分考虑福建、广东等省区在语言规划上涉台、涉港澳、涉侨和涉外的特殊性，对一些不合时宜的语文政策进行适当调整，为当地汉语方言的保护传承提供有力的法律保障，其实有关这个问题李如龙（2004：84）早就说过："语文政策必须与时俱进，不能因循守旧。""语文政策的变动要遵循语言发展变化的规律，也要切合不同地区、不同方面的社会生活的实际情况，求同存异，灵活处理，增加弹性，留有余地。"

第二，建立"从娃娃抓起"的母语传承体系，形成家庭、学校和社会的方言保护合力。如上所述，闽、粤、客方言的衰变迹象主要体现在青少年群体之中，方言传承已经出现了明显的断层，因此目前的保护工作要"从娃娃抓起"。实际上，能否"从娃娃抓起"关键在于幼儿的母亲和老师。可是，当代年轻妈妈和幼儿老师（幼儿老师以女性居多）的语言感情和语言态度不一定有利于幼儿的方言母语教育，单韵鸣、李胜（2018：40）前几年有关广州人语言态度与粤语认同传承的专项调查显示，"女性对普通话、英语的评价显著高于男性，她们的语言态度会对后代的语言教育产生潜在影响"。与此相关一个较为普遍的现象是，很多年轻妈妈在"不要输在起跑线上"之类观念的影响之下，生怕孩子学不好普通话和英语影响学业，于是从幼儿牙牙学语开始就故意回避方言母语而全部改用普通话，尽管有不小比例的年轻妈妈普通话说得并不标准。目前城乡的幼儿很多都有机会上幼儿园，但幼儿园老师的素质又良莠不齐，她们中的不少与部分年轻妈妈一样怀有偏见，对方言母语之于幼儿的重要性认识不足，这就进一步恶化了幼儿学习方言母语的语言环境，也断送了幼儿学习方言母语的最佳机遇期，势必造成幼儿从小时候起就习惯于只说普通话而不会说方言。基于以上的事实，如何矫正年轻妈妈和幼儿老师的误导，使之主动、积极地与幼儿说方言，是当前全社会需要认真思考和努力破解的一个难题①。方言保护传承是一个系统工程，幼儿的母亲和老师固然是最为重要的一环，也是最重要的开端，但是还是需要家庭、学校和社会形成合力，才能收到应有的效果。有关后者学界已经有一些有益的探讨，这里不再重复。

第三，纳入国家级文化生态保护区进行统筹管理和专门保护。最近十几年来，国家先后划定了若干个国家级文化生态保护实验区，其中与闽、客方言区直接相关的就有闽南文化生态保护实验区（2007）、客家文化（梅州）生态保护实验区（2010）、客家文化（赣南）生态保护实验区（2013）、客家文化（闽西）生态保护实验区（2017），可见国家的重视程度。此外，广东省还设立了九个省级文化生态保护实验区，初步涵盖了客家文化、广府文化、潮汕文化、雷州文化、瑶族文化、侨乡文化、粤剧粤曲文化等岭南代表性文化形态。闽南文化生态保护实验区（2007）是我国第一个国家级文化生态保护实验区，福建省人民政府印发的《闽南文化生态保护区总体规划》（规划实施的时间从2011年至2025年）第八部分提出："在推广、普及普通话的前提下，鼓励青少年学习闽南语，培养青少年闽南语应用能力；进一步发挥厦门卫视、泉州电视台、漳州电视台闽南语电视频道、栏目的作用，扩大闽南语的传播；鼓励公务员、服务业人员、外来务工人员学讲闽南语，形成有利于闽南文化保护的语言环境。"这对于闽南话的保护传承显然具有积极的意义，但是这些措施只是

---

① 新西兰毛利人案例中开发的"语言巢"（language nests）非常值得我们借鉴。这一母语教育模式为幼儿营造完全说毛利语的教育环境，促使幼儿在成长过程中自然习得本民族语言。

作为"营造有利于非物质文化遗产生存发展的社会环境"的举措之一而已，闽南话在具体的保护对象、保护内容方面并没有获得独立的地位。我们建议有关部门把闽、粤、客方言及其相关的非物质文化遗产作为一个整体进行统筹管理和专门保护，这样才能为方言保护建立一个长效机制，使各项保护工作落到实处而不是流于形式。

【参考文献】

[1] 曹志耘. 论语言保存 [J]. 语言教学与研究，2009 (1).

[2] 陈恩泉. 发挥粤港澳大湾区的双语双言功能 [J]. 语言战略研究，2021 (2).

[3] 陈燕玲. 闽南方言文化传承的问题与对策：以泉州青少年方言认知与习得为例 [J]. 东南学术，2012 (6).

[4] 陈燕玲，林华东. 闽南方言的现状与未来 [J]. 东南学术，2011 (4).

[5] 道布. "抢救（或保护）濒危语言"之我见 [J]. 语言战略研究，2018 (3).

[6] 付义荣，胡萍. 闽南农村语言状况调查：兼谈推普脱贫的对象问题 [J]. 语言战略研究，2020 (6).

[7] 郭熙. 新时代的海外华文教育与中国国家语言能力的提升 [J]. 语言文字应用，2020 (4).

[8] 侯小英. 关于编写客方言教材的思考：以梅州地区为例 [J]. 嘉应学院学报，2018 (6).

[9] 李佳. "粤语""闽南语"和"沪语"：汉语方言称"语"的三种形成模式 [J]. 语言战略研究，2018 (3).

[10] 李莉亚，黄年丰. 广东省经济特区居民语言态度调查分析 [J]. 语言文字应用，2017 (4).

[11] 李如龙. 华人地区语言生活和语文政策研究 [J]. 厦门大学学报，2004 (4).

[12] 李宇明. 科学保护各民族语言文字 [J]. 语言文字应用，2012 (2).

[13] 李宇明. 海峡两岸及香港、澳门共同梳理百年语言学史 [J]. 语言战略研究，2018 (2).

[14] 李宇明. 中国语言资源的理念与实践 [J]. 语言战略研究，2019 (3).

[15] 林晓峰，吴晓芳. 两岸交流视域中的厦漳泉闽南方言 [J]. 东南学术，2015 (6).

[16] 罗福腾. 保护还是放弃：南洋地区华人华侨和方言的生存状态 [M] //张世方. 语言资源：第 2 辑. 北京：语文出版社，2019.

[17] 尼古拉斯·奥斯特勒. 语言帝国：世界语言史 [M]. 章璐，等译. 上海：上海人民出版社，2016.

[18] 钱奠香，李如龙. 论闽台两省方言和文化的共同特点：兼评台湾的乡土语言教育 [J]. 语言文字应用，2002 (2).

[19] 单韵鸣，李胜. 广州人语言态度与粤语认同传承 [J]. 语言战略研究，2018 (3).

[20] 田小琳. 一国两制精神于香港语言政策 [M] //香港语言生活研究论集. 北京：人民

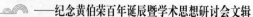

　　　　教育出版社，2012.

[21] 王秋珺. 梅县方言监测评估报告 [J]. 客家文博，2011 (2).

[22] 温昌衍. 论客家方言的保护 [J]. 嘉应学院学报，2011 (1).

[23] 徐睿渊，侯小英. 关于厦门市学生、幼儿说闽南话情况的调查 [Z]. 华人地区语文生活与语文计划国际学术研讨会，2002.

[24] 姚琼姿，庄初升. 关于东莞方言的调查和建档工作 [J]. 文化遗产，2016 (2).

[25] 张振兴. 汉语方言与海洋经济 [J]. 海洋开发与管理，1996 (2).

[26] 赵世举. 语言与国家 [M]. 北京：商务印书馆，2015.

[27] 庄初升. 闽南四县闽、客双方言现象探析 [M] //陈恩泉. 双语双方言：三. 香港：汉学出版社，1994.

[28] 庄初升. 濒危汉语方言与中国非物质文化遗产保护 [J]. 方言，2017 (2).

[29] 庄初升，邹晓玲. 濒危汉语方言研究 [M]. 广州：中山大学出版社，2016.

早期客话文献《客话读本》中的
双标式差比句及其相关问题[*]

石佩璇 李 炜[**]

【提 要】早期客话文献《客话读本》主要的差比句类型是双标式差比句"X + 比 + Y + 过 + A",两个比较标记"比""过"必须同时出现。双标式差比句广泛存在于当今不同地区的客话中,是客家方言的固有句式,并非从"A 过式"向"比 A 式"发展的过渡句式,某些客家方言存在的"A 过式"差比句是受粤语影响的后起句式。"比 A 式"的表达范围广于双标式,在普通话的影响下,客话地区的双标式差比句有被"比 A 式"取代的倾向。

【关键词】《客话读本》 客家方言 双标式 差比句

差比,是指两个对象在程度、数量或形状等属性上存在差异的语义范畴,通过句法手段表达这种语义关系的句子类型称为差比句。差比句一般由四个成分组成:比较主体 X、基准 Y、比较标记 M、比较结果 A。比较结果可以是动词性成分 VP,也可以是形容词 AP。汉语常见的差比句类型主要有两种:一是"比 A 式",即比较结果在基准之后/比较标记在比较结果之前,如"X + 比/强/赶 + Y + A"(比较标记以"比"为代表,简称"比 A 式");二是"A 过式",即比较结果在基准之前/比较标记在比较结果之后,且 A 不限于单音节形容词,还可以是双音节形容词或形容词短语、动宾短语及特定形容词的有标

---

* 本项研究受国家社科基金重大项目"海外珍藏汉语文献与南方明清汉语研究"(项目编号:12&ZD178)及广东省哲学社会科学规划项目"海外珍藏汉语文献与清代官话语法研究"(项目编号:GD13CZW15)的资助。本文曾在第二届全国中文学科博士生论坛宣读,修改中吸取了施其生、庄初升、刘街生、林华勇、陆烁等先生的宝贵意见,谨此致谢。本文原发表于《方言》2014 年第 3 期。

** 本文作者石佩璇系星海音乐学院人文社科部教师、星海音乐学院图书馆音乐和语言联合实验室负责人,时为中山大学在读博士。

记项（吴福祥，2010：239）①，如"X＋A＋过/起＋Y式"（比较标记以"过"为代表，简称"A过式"）。

在反映广东中、东部客家方言早期面貌的《客话读本》中（1936，以下简称《读》）② 出现了不同于以上两种类型的差比句，如："阿來比四妹過會③。（阿来比四妹懂事。）""中國比日本過大。（中国比日本大。）"这类差比句比较结果在基准之后，但句中同时采用两个比较标记"比"和"过"。我们将句中强制出现两个比较标记（比较标记可以是动词、介词、副词或其他成分）的差比句称为双标式差比句④，差比句中左边的比较标记称为"前标"，右边的比较标记成为"后标"。本文主要考察《读》以及现代客家方言中的双标式差比句。

一、《客话读本》中的双标式差比句

《读》的差比句有三种形式：双标式、A过式和比A式。我们以《读》前四册（共20.9万字）为样本进行统计，三种句式分别出现了31例、15例和6例，双标式差比句在数量上占优势。

《读》中双标式差比句的具体形式为"X＋比＋Y＋过＋A"。两个标记"比"和"过"必须强制出现，但是各有分工："比"标记基准，"过"标记

---

① 吴福祥（2010：239）认为，存在"A过式"表达式不等于存在"A过式"差比句类型，判断一个方言是否存在"A过式"差比句，必须同时满足以下参数：A可以是双音节形容词或形容词短语、动宾短语及特定形容词的有标记项，A前可以添加否定词构成否定式，格式后可以出现量化成分。并指出，按照这个标准，只有粤方言才存在"A过式"差比句类型。

② 《客话读本》是瑞士巴色会传教士经缇福（C. G. Kilpper）在1911—1936年间，用客家方言编写的用于客家话教学和传教工作的阅读课本，1936年在老隆出版。《客话读本》一共八册840篇，共约40万字，全部用汉字写成。内容以中国民俗故事、日常生活对话、基督教道理、客家风俗介绍为主，口语程度较高，较好地保留了当时广东中、东部客家话的实际情况。现藏于瑞士巴色会图书馆。笔者所有的《客话读本》是用微缩照相机拍摄的图片，由香港中文大学人类学朱大成教授、浙江大学中文系庄初升教授提供。谨向两位教授表示感谢！

③ 为最大程度呈现早期文献《客话读本》的原貌，本文援引《客话读本》例子时保留了文献中的繁体字和造字。下文《启蒙浅学》的引例亦如是。

④ 刘丹青（2008：203）将同时出现级标记和比较基准上前置词的差比句看作"双重标记的差比句"。本文借用"双重标记"的说法，但对"标记"的定义与刘先生不尽相同，详见下文。

比较结果。"过"所标记的比较结果 A 可以是形容词性成分 AP，也可以是动词性成分 VP。如：

①中國比日本過大。日本比中國過小。（中国比日本大。日本比中国小。）（《读》第 15 课）

②但係也有東西比舊年過貴介。（但是也有东西比去年贵的。）（《读》第 88 课）

③吾等今日還有這等米，都算比佢等過好。（我们现在还有这些米，也算比他们好。）（《读》第 280 课）

以上例句的比较结果是 AP。

④吾等現下所讀介白話文聖經，……比起以前譯倒介過有進步。（我们现在读的白话文圣经，……比以前翻译的进步。）（《读》第 401 课）

⑤轉到屋家，將寶貝拿來變賣，變倒好多錢，比先行還過發財。（回到家里，把宝贝拿去变卖，卖了很多钱，比以前还有钱。）（《读》第 667 课）

以上例句的比较结果为 VP。

此外，句中还可出现程度副词、数量成分。如：

⑥所以在街上買東西介人，比平時格外過多。（所以在街上买东西的人，比平时格外多。）（《读》第 44 课）

⑦樂善家裏好貧窮，但係佢有一隻鄰舍比佢又過窮。（乐善家里很穷，但是他有一个邻居比他还穷。）（《读》第 280 课）

⑧矮仔話："你雖然係唔知，比吾總過近等哩！"（矮子说："你虽然不知道，总是比我们更近些啊！"）（《读》第 328 课）

如果这些量化成分出现在比较结果的补语位置，一般是程度略高的量化成分，如例⑧的"等（一些）"①。

出现后标"过"是双标式差比句的特点，后标"过"究竟是什么呢？为

---

① 比较结果带高程度补语仅见一例："該等月餅店裏介生理，比往年就更過鬧熱得多。"（《读》第 674 课）

了说明后标"过"的性质问题，我们先考察"过"在《读》中的其他相关用法。

"过"在《读》的非差比句中，也可以在形容词或动词前做程度副词，表示程度略高。如：

⑨吾想到你怕過歡喜在尔貴國住？（我想你可能更喜欢住在自己国家？）（《读》第67课）

⑩佢行介路，係山路過多。（他走的路，山路多一些。）（《读》第180课）

⑪吾唔使咁好介，拿過便宜等子介来！（我不用那么好的，拿便宜些的！）（《读》第583课）

形容词后还可以带程度或数量成分，如例⑪"等子"（一些），但一般不能是表示量大的成分，如"﹡过便宜好多"。

"过"前还可加其他表示程度的副词，如"还""太""忒""更"等。如：

⑫人人都用錢，件件都用錢，還過方便。（人人都用钱，每件物品都用钱，更方便。）（《读》第42课）

⑬做春天介衫裤，吾狂太過薄！（做春天的衣服，我担心太薄了！）（《读》第160课）

⑭這頂忒過大，戴唔着！（这顶太大，戴着不合适。）（《读》第252课）

⑮改開幾尺深，看倒下背有一塊大石板，就更過歡喜。（挖了几尺深，看到下面有一块大石块，就更高兴了。）（《读》第168课）

另外，"过"可以出现在表示反向对比的差比关系复句中①。如：

⑯兩條路都去得着，不過這條路過近，該條路過遠。（两条路都到得了，不过这条路近一些，那条远一些。）（《读》第97课）

⑰好介就過貴，毛咁好介就過便宜！（好的就贵一些，没那么好的就便宜一些。）（《读》第118课）

---

① 差比关系除了可以通过语法手段，即差比句实现，还可以通过语用推理的手段实现。差比复句就是通过语用推理手段实现的其中一种形式。

⑱因為種佢就過難，挷佢就過容易。（因为种树难，绑着树压制它生长就容易。）（《读》第 299 课）

⑲又拿出四隻鐵球來，兩隻過大，兩隻過細。（又拿出四个铁球，两个大一些，两个小。）（《读》第 514 课）

值得注意的是，"过"在差比复句中，主要用于突显比较基准和比较主体在程度上的对立，因而差比复句的比较结果都只能是相对的，如"远—近""贵—便宜""难—容易""大—细"。"过"没有出现在表示程度差别的比较句中，比如："＊这条路近，该条路过近"（这条路近，那条路更近）。如果要表示比较双方在表达程度上的差别，在"过"前必须加上表示程度的副词"还""更""又"等。如：

⑳王："咁早起身啊！"龍："你還過早了！"（王："那么早起床啊！"龙："您更早！"）（《读》第 306 课）

㉑人唔單止愛追求物質介進步，更過愛追求靈性介進步。（人不但要追求物质上的进步，更要追求灵性上的进步。）（《读》第 258 课）

㉒人介肉身咁多病痛，儕儕都知冤枉，但係還有一樣心靈介罪病又還過凶。（肉身那么多病痛，人人都知道很惨，但是心灵上的病更惨。）（《读》第 543 课）

㉓吾平素唔歡喜多講多話介，更過唔肯講別人秘密介事介。（我向来不喜欢多嘴，更不会说别人的秘密。）（《读》第 582 课）

由此可见，在差比复句中，"过"并不能独立表示程度加深，必须借助其他程度副词如"还""又""更"来表达。在这种情况下，"过"的程度义已经减损，而用于强调比较双方的"对立"，显示出与程度副词不一样的功能，"比较"功能逐步突显。

根据以上例子"过"的语义差别，我们将《读》中"过"的用法分为"过₁"和"过₂"：强调程度义、用作程度副词的"过"记为"过₁"；强调差异对比的"过"记作"过₂"。我们发现，双标式差比句中的后标"过"和差比复句中的"过"都是"过₂"，在句中突显的是"对比"，而不表示程度增加，我们首先感受到的是"差比义"，而非"程度义"。和差比复句一样，双标式差比句如果要强调差别的程度，也必须借助其他程度副词"还""更"表示。如：

㉔（谜面）天高不算高，比天更過高。（谜底）夫。（谜面：天高不算高，比天还要高。谜底：夫。）（《读》第403课）

㉕這等石頭比海水還過重，吾等就埋在深坭肚裏，與世界隔絕。（这些石头比海水更重，我们就埋在深土里，与世界隔开。）（《读》第480课）

由此再次证明，《读》双标式差比句的"过"已经没有了程度义，不是程度副词"过₁"，而是强调比较功能的"过₂"。

根据《读》中"过"的用法，我们可以构拟出双标式差比句后标"过₂"的语法化路径："过₂"从"过₁"发展而来，在与程度副词"太""过""忒"连用的语境中，程度义减损；进入双标式这个结构后，"程度略高"语义被消解，而突显出"比较"的语义特征，语法化为"过₂"。因而，《读》中双标式差比句的准确表达式应该是"X + 比 + Y + 过₂ + A"。

二、双标式差比句在当今客家方言中的分布

双标式差比句不仅在反映广东中、东部地区早期客话情况的《读》中是优势句式，在现今的粤中、东、北地区，客家话也是优势句式，普遍存在于各地客家方言中。列举如下。

粤东、粤中、粤北客话①：

㉖a.　梅县：西瓜比哈密瓜过大一滴。（西瓜比哈密瓜大一些。）
　　　　　张三比李四过有钱。（张三比李四有钱。）

b.　五华：倻比你过高滴把哩。（我比你高一些。）
　　　　　张三开车开啊比李四过好。（张三比李四会开车。）

c.　梅州大埔：今日比昨晡日较冷。（今天比昨天冷。）（黄婷婷，2009：359）

d.　梅州丰顺：今天做乜个事都比成日手脚较猛。（今天做什么事都比平时动作快。）
　　　　　佢比你较细十岁/有兜呢！（他比你小十岁/很多！）
　　　　　（黄婷婷，2009：354）

---

① 广东地区的客话调研主要着眼于较为纯正的客家话。参考《广东统计年鉴》(2010) 及各县县志，选择客家人口占当地总人口80%以上的地区所使用的客话作为调查对象。除注明外，文中例句为笔者调研所得，调查合作人的简况附于文后。

　　e. 河源紫金：阿叔比阿哥过有钱。（叔叔比哥哥有钱。）

　　f. 河源龙川：西瓜比哈密瓜较大（一）滴。（西瓜比哈密瓜大一些。）

　　　　　　　　张三比李四较叻开车。（张三比李四会开车。）

　　g. 河源连平：西瓜比哈密瓜过大滴子。（西瓜比哈密瓜大一些。）

　　　　　　　　你比佢过有钱。（你比他有钱。）

　　h. 韶关新丰：𠊎比你较大。（我比你大。）（周日健，1990：174）

　　以上客话，双标式的前标都是"比"，后标的形式有"过"和"较"。我们发现，在这类客话区中，后标的语法化程度较高，所标记的比较结果可以是形容词或动词性成分，也可出现表程度的量化成分，有些地区（如丰顺客话）的量化成分还可以是高程度的。

　　根据其他学者的考察，其他省的客话也普遍使用双标式差比句。

　　刘纶鑫（2001）对江西赣州地区、安吉地区、九江地区等37个方言点的客家方言进行考察，认为，江西客话的语法特点是比较句用"比……过"的形式，且可在比较结果后加上数量补语。如：

　　㉗a. 渠比你较/过高。（他比你高。）

　　　b. 你比渠较/过能干。（你比他能干。）

　　　c. 今日个字写得比昨日个较/过好。（今天写的字比昨天写的好。）

　　　d. 你个纸比渠个较/过大一粒。（你的纸比他的厚。）

广西客话也用双标式表达差比：

　　㉘a. 广西来宾：佢比你过大。（他比你大。）①

　　　b. 广西贺州：张三比李四较会开车。（张三比李四会开车。）

台湾四县客话（罗肇锦，1984：282）也采用双标式：

　　㉙a. 今年比旧年较 [$k^h a^{55}$] 冷。（今年比去年冷。）

　　　b. 他做事比𠊎较 [$k^h a^{55}$] 细心。（他做事情比我细心。）

----

　　① 广西来宾客话的情况由柳州师专郑盛锦老师提供。

闽西和闽南客话中也普遍存在双标式：

㉚a. 宁化：佢老伯比佢较纳得苦。（他哥哥比他更能吃苦。）（张桃，
　　　2004：260）

　b. 连城：今晡比昨晡（较）冷。（今天比昨天冷。）（项梦冰，
　　　1997：425）①

　c. 上杭：的个比介个较好。（这个比那个好。）（邱锡凤，2007：
　　　164）

　d. 武平：禾刀子比磨镰□［kɔ⁴］好用。（禾刀比镰刀好用。）（林
　　　清书，2004：181）

　e. 平和：今日比昨日较寒。（今天比昨天冷。）（福建省地方志编
　　　纂委员会，1998：339）

湖南客话（黄伯荣，1996）也主要用双标式：

㉛a. 酃县：你比倕较高。（你比我高。）｜ 糖比梨较甜。（糖比
　　　梨甜。）

　b. 汝城：我比你唝［kɔŋ˧］壮。（我比你胖些。）｜ 今晡
　　　日比昨晡日唝冷。（今天比昨天冷些。）｜ 打軰脚比走较快。（跑比走
　　　快些。）

据兰玉英（2007、2005），四川成都东山客话也使用双标式②：

㉜a. 龙泉洛带：样个比该个过好。（这个比那个好。）
　b. 新都泰兴：样个比该个过好。（这个比那个好。）

　　广东、福建、广西、四川、台湾等不同地区的客家方言，差比句在后标
"过""较"的具体选择上虽有不同，但都是同时采用了前标"比"和后标
"过/较"两个比较标记。由此可见，双标式差比句是客家方言的常见句式。
　　双标式差比句不仅是客家方言的常见句式，而且在同时存在多种差比句类

---

　　① 连城客话的双标式差比句后标"较"加括号，是因为连城客话的"较"和数量词
只能二者择一，见项梦冰（1997：425）。
　　② 四川和台湾客话转引自吴福祥（2010：242）。

型的客话地区，双标式差比句也是优势句式。据黄婷婷（2009：358）的考察，粤东、闽西、赣南的客家方言中最普遍的句式是双标式差比句。刘纶鑫（1999、2001）也指出，存在双标式差比句是江西客方言区别于赣方言的语法特征。在客家人聚居的粤中和粤东北地区，双标式更是占绝对优势。从分布和使用频率的角度，我们可以说，双标式差比句是客家方言的语法特征之一。

值得注意的是，这些采用双标式差比句的客家方言，后标"过/较"的语义虚化程度是不同的。鄞县客话、连城客话中后标"较"的词汇义比较实在，连城客话的"较"和比较结果后的数量词不能共现（项梦冰，1997：425），这一类后标属于程度义明显的"过$_1$/较$_1$"；湖南汝城和广东梅县、紫金、新丰的客话中"过/较"虽有程度加深的意义，但比较结果可以加表示相差程度小的量化成分，后标"过/较"更倾向于表"比较"而非"程度"，但仍有"程度略高"的语义残留，介于"过$_1$/较$_1$"和"过$_2$/较$_2$"之间；江西、丰顺客家话的"较"程度义更虚，功能上也进一步泛化，可以带表示量大的程度补语和数量词，这类客家话的后标属于"过$_2$/较$_2$"，程度义在这个结构中已经被消解。

从以上的考察可以看出，当今不同地区的客话，双标式差比句后标"过/较"的语法化程度是不同的。这也在共时层面体现出后标"过/较"从"过$_1$/较$_1$"到"过$_2$/较$_2$"的语法化历程。"过/较"的语法化程度越高，比较的语义特征就越明显，双标式也越典型。当后标"过/较"为"过$_2$/较$_2$"时，"X＋比＋Y＋较/过＋A"是最典型的双标式差比句。

三、不使用双标式差比句的客话情况

双标式差比句是《读》的优势句式，但我们也注意到，《读》（第 1～4 册）有 15 例"A 过式"。如：

　㉝中國大過日本。（中国比日本大。）（《读》第 15 课）

　㉞這裏件件東西都差過北京介，總係北京打人就毛咁會。（这里每件东西都比北京的差，但北京打人没有那么厉害。）（《读》第 232 课）

　㉟交結朋友，愛交結倒贏過自己介來。（结交朋友，要结交那些比自己好的朋友。）（《读》第 366 课）

以上差比句中比较结果 A 仅限于单音节形容词，其中"赢过"就占五例，根据我们对"A 过式"差比句类型的界定标准，只能说《读》具有"A 过式"

的表达式，尚不能构成一个成熟的差比句类型。《读》的差比句类型仍是以双标式差比句为主。

然而，在反映香港新界客家方言的早期文献《启蒙浅学》（1880）（以下简称《启》）中，没有出现一例双标式差比句，而采用"A 过式"。如：

㊱幾唔多揀食，挨猪一樣，但係伶俐過猪。（它不太挑食，和猪一样，但是比猪干净。）（《启》第 148 课）

㊲獨獨係食菜虱，噲食多過圓亀仔。（只吃菜虱，比圆龟仔更能吃。）（《启》第 144 课）

㊳今下因爲你唔聽唯話，故此俇送俾姪子，佢係好過你好多。（现在因为你不听我的话，所以我送给侄子，他比你好多了。）（《启》第 200 课）

㊴今下俇知佢愛，也愛愛佢過父親。（现在我们知道他的爱，也要比爱父亲更爱他。）（《启》第 236 课）

以上差比句中，比较结果 A 可以是形容词（不限于单音节），如例㊱；也可以是动词短语，如例㊲；形容词可受副词修饰，格式后可以加上程度副词，如例㊳；而且比较主体可以做句子的宾语，如例㊴。由此可见，《启》的差比句是典型的"A 过式"。

同为客话，为何差比句的类型完全不同？我们认为，《读》的双标式差比句式是客话的固有句式，而早期香港新界客话《启》采用"A 过式"是与粤语接触过程中，受粤语影响的结果。在当今与粤语密切接触的珠三角客家方言中，也多采用与粤方言一致的"A 过式"差比句。比如中山客话采用的是"A 过式"，与粤方言同，没有双标式差比句（甘甲才，2003）。另据本人考察，在广东惠阳、广东增城、广东信宜思贺（细俇）①等粤客杂居、双方言交流频繁的地方，客话的差比句也不采用双标式，而采用"A 过式"，如：

广东惠阳：张三开车会过李四。（张三比李四会开车。）｜俇肥过佢。（我比他胖。）

广东增城：西瓜大过哈密瓜啲仔。（西瓜比哈密瓜大一些。）｜张三

---

①　据李如龙先生（1999）考察，粤西的粤方言和客方言居民都自发将当地客家话分为"大俇"和"细俇"两种，在粤客居民穿插杂居的地带，受粤语影响较大的客家话被称为"细俇"。

有钱过李四。（张三比李四有钱。）

广东信宜思贺（细侄）：□［ti^{31}］只大过个只。（这个比那个大）
（李如龙，1999：212）

凭借港澳地区独特的社会经济地位，粤方言作为强势方言，对珠三角地区其他方言的影响作用不能忽视。根据周柏胜、刘镇发（1998：231）的调查，香港新界十岁以下的小孩几乎没有人会讲客家话了，客家人从说客家话转移到说粤语的过程即将完成，粤语的势力也在香港及邻近的深圳、东莞、惠阳等客家话区扩张。《启》的客话以及中山、增城、惠阳、信宜客话所处的地理环境有一个共同之处，就是与粤方言密切接触。新界、中山、惠阳、增城、信宜等地的客家人与粤方言的居民杂处，客话处于粤语的包围中。我们不排除这些地区的客话采用与粤方言相同的"A过式"是客家方言受粤方言影响的结果，而这种影响早在100年前的早期客话文献中就存在。客方言固有的双标式差比句只有在客家地区腹地以及客家意识较为强烈的地区被保留下来。

另外，《读》（第1～4册）还出现了六例的"比A式"差比句，这六例"比A式"的比较结果A后均出现表示高程度补语。如：

㊵吾骑驴，比该隻推车介还赢得多。（我骑驴，比那推车的好多了。）（《读》第83课）

㊶人介智慧比鹏子大得多，都不能夠加先知得吉凶，莫话乌鸦，佢样般知得呢？（人的智慧比鸟大多了，尚且不能事先知道吉凶，更不用说乌鸦，它怎么能事先知道呢？）（《读》第105课）

㊷這个唔算光，比北京介月光還争好遠！（这个不算亮，比北京的月亮差多了！）（《读》第232课）

如上文所述，《读》双标式中比较结果如果出现量化成分，多是量小程度低的成分，高程度补语只出现过一例。在具体程度差别的表达上，《读》中"比A式"和双标式形成互补。

根据我们在梅县、五华、龙川、连平等地区的调研，在比较结果出现程度高的量化成分时，一般也不使用双标式而用"比A式"。但与《读》不同的是，"比A式"和双标式的使用情况在比较结果出现低程度的量化成分时，存在年龄上的差别：年长者倾向于使用双标式差比句，年轻人则同时使用"比A式"和双标式，部分甚至更倾向使用"比A式"。这是否预示着，这些客话地区的双标式在后标"过/较"完全虚化为"过$_2$/较$_2$"之前，将被"比A式"

取代？在双标式语义完全可以用"比 A 式"表达的前提下，双标式采用了两个比较标记，与语言的经济原则相悖，再加上普通话的强势影响，客话地区双标式被"比 A 式"取代是完全有可能的。对于这个问题，我们将持续关注。

四、余论

双标式差比句有两个比较标记，在形式上又分别与"A 过式"和"比 A 式"的比较标记"比""过"重合，因而有学者推测这是汉语从古代差比句"A 于/如/过式"向现代差比句"比 A 式"发展的过渡阶段在方言中的表现，称之为"混合式差比句"。

我们认为，这种推测是值得商榷的。首先，双标式差比句的"过"和"A 过式"的"过"只是同形词，而无语义或语法上的关联，前者的"过"是由程度副词发展而来，后者的"过"是从经过义动词虚化而来。其次，如果存在"X＋A＋过＋Y"向"X＋比＋Y＋A"过渡阶段的中间状态，用"比"将前者的宾语 Y 提至 A 前，"过"应该仍然是在 A 之后，合理的中间形态应该是"X＋比＋Y＋A＋过"而非"X＋比＋Y＋过＋A"。事实上，黄晓惠（1992）对差比句进行历时考察后，否定了"A 过式"发展至"比 A 式"这一路径的可能，因为在汉语史上并没有过渡形态。可见，双标式差比句不可能是从"A过式"向"比 A 式"发展的中间状态，即并非两个语序类型的"混合体"。

只是这种差比句为何同时采用两个比较标记？我们发现在福建闽语中，存在"我较高伊"的差比句类型，比较标记"较"直接加于比较结果前。更早期的客话是否以"我较高伊"为蓝本，后起的"比"将比较基准提前，而成为双标式？历史上，福建曾是客家人南迁入粤的重要中转站，客家话与福建闽南语有接触历史，我们也不排除这种可能。对双标式的来源问题，我们将进一步研究。

附一　主要调查合作人情况

广西贺州客话，叶建华，男，62 岁，教师，长年贺州市生活。

广东紫金客话，廖映新，女，31 岁，教师，长年在河源生活。

广东梅城客话，李惠萍，女，23 岁，学生，在梅城出生长大，19 岁后外出读书。

广东梅县客话，叶辉丽，女，31 岁，政府职员，在梅县出生长大，19 岁后外出读书。

广东五华客话，张嘉炜，男，20 岁，学生，在五华出生长大，19 岁后外出读书。

广东龙川客话，张戈，男，20 岁，学生，在龙川出生长大，19 岁后外出读书。

广东增城客话，蒋玉婷，女，26 岁，教师，在增城出生长大，19 岁后外出读书。

广东惠阳客话，黄女士，女，40 岁，文员，长期在惠州生活。

附二　本文使用的繁体字和造字表

说明：为最大程度呈现早期文献《客话读本》《启蒙浅学》原貌，本文援引的例子保留了文献中的繁体字和造字。现将本文出现的繁体字、造字列于附表 1、附表 2：

附表 1　本文使用的繁体字

繁体	使用次数	繁体	使用次数
過	40 次	來	5 次
國	5 次	舊	1 次
貴	3 次	還	9 次
這	6 次	現	1 次
讀	1 次	話	5 次
聖	1 次	譯	1 次
進	3 次	轉	1 次
將	1 次	寶	1 次
貝	1 次	變	2 次
錢	3 次	發	1 次
財	1 次	買	1 次
東	3 次	樂	1 次
裏	3 次	貧	1 次
窮	2 次	雖	1 次
總	2 次	會	2 次

续上表

繁体	使用次数	繁体	使用次数
隻	5次	該	2次
歡	3次	絕	1次
褲	1次	頂	1次
開	1次	幾	2次
塊	1次	條	3次
遠	2次	為	1次
種	1次	鐵	1次
細	1次	單	1次
愛	6次	質	1次
靈	2次	儕	2次
講	2次	高	3次
結	2次	揀	1次
獨	2次	聽	1次
龜	1次	親	1次
騎	1次	驢	1次
鵑	1次	烏	1次
鴉	1次	樣	2次
爭	1次		

附表2 本文使用的造字

造字	使用次数	造字	使用次数
坁	1次	偅	9次
悇	1次	挨	1次
噲	1次	嚕	1次
唄	1次	啲	1次

【参考文献】

[1] 福建省地方志编纂委员会. 福建省志·方言志 [M]. 北京：方志出版社，1998.

[2] 甘甲才. 中山客家话研究 [M]. 汕头：汕头大学出版社，2003.

[3] 黄伯荣. 汉语方言语法类编 [M]. 青岛：青岛出版社，1996.

[4] 黄婷婷. 广东丰顺客家方言的差比句 [J]. 方言，2009（4）.

[5] 黄晓惠. 现代汉语差比格式的来源及演变 [J]. 中国语文，1992（3）.

[6] 李蓝. 现代汉语方言差比句的语序类型 [J]. 方言，2003（3）.

[7] 李如龙，张双庆. 客赣方言调查报告 [M]. 厦门：厦门大学出版社，1992.

[8] 李如龙. 粤西客家方言调查报告 [M]. 广州：暨南大学出版社，1999.

[9] 李炜. 京 x 话：一级京兰话、京广话语法问题例析 [M] //陈恩泉. 双语双方言：二. 香港：彩虹出版社，1999.

[10] 刘丹青. 语法调查研究手册 [M]. 上海：上海教育出版社，2008.

[11] 刘纶鑫，等. 客赣方言比较研究 [M]. 北京：中国社会科学出版社，1999.

[12] 刘纶鑫. 江西客家方言概况 [M]. 南昌：江西人民出版社，2001.

[13] 吕叔湘. 现代汉语八百词 [M]. 北京：商务印书馆，1991.

[14] 施其生. 闽南方言的比较句 [J]. 方言，2012（1）.

[15] 吴福祥. 粤语差比式"X + A + 过 + Y"的类型学地位：比较方言学和区域类型学的视角 [J]. 中国语文，2010（3）.

[16] 项梦冰. 连城客家话语法研究 [M]. 北京：语文出版社，1997.

[17] 张赪. 明代差比句 [J]. 语言暨语言学，2004（5）.

[18] 张双庆，郭必之. 香港粤语两种差比句的交替 [J]. 中国语文，2005（3）.

[19] 张双庆，庄初升. 香港新界方言 [M]. 香港：商务印书馆，2003.

[20] 张桃. 宁化客家方言语法研究 [D]. 厦门：厦门大学，2004.

[21] 赵金铭. 汉语差比句的南北差异及其历史嬗变，[J]. 语言研究，2002（3）.

[22] 中国社会科学院，澳大利亚人文科学院. 中国语言地图集 [M]. 香港：香港朗文（远东）出版公司，1987.

[23] 温宪元，等. 广东客家 [M]. 桂林：广西师范大学出版社，2011.

[24] 周柏胜，刘镇发. 香港客家话向粤语转移的因素和趋势 [J]. 方言，1998（3）.

[25] 周日健. 新丰方言志 [M]. 广州：广东高等教育出版社，1990.

[26] 庄初升. 清末民初西洋人编写的客家方言文献 [J]. 语言研究，2010（1）.

[27] 庄初升，黄婷婷. 19 世纪香港新界的客家方言 [M]. 广州：广东人民出版社，2014.

清中叶以来北京官话反身代词的演变[*]

李丹丹[**]

【提　要】通过对清中叶以来的语料进行调查，发现北京官话反身代词系统先后有"自家"的消失、"各自"和"各自各儿"的出现、"自己个儿"和"自个儿"的出现等演变，并最终整合为"自己"和"自个儿"两种各有分工的形式。北京官话反身代词系统内部的演变，与北京话的减音等现象关系密切。

【关键词】反身代词　官话　北京官话　历时演变　减音

一、引　言

自吕叔湘先生撰写《近代汉语指代词》以来，对代词系统的研究就一直是近代汉语研究的一个热点，但相对于"咱""您""们"的激烈讨论，反身代词这一领域的成果却较为少见。似乎在近代汉语中，反身代词的系统较小，数量不多，争议较少，因而也缺乏研究的价值①。事实上，近代汉语反身代词既有地域的区别，在近代汉语演变为现代汉语的过程之中也发生过复杂的变

* 本文为国家社科基金项目"清代琉球官话系列课本语法研究"（项目编号：07BYY046）和广东高校优秀青年创新人才培育项目"从两种版本《人中画》看十七、十八世纪近代语法向现代语法的演变"（项目编号：WYM10083）的研究成果。本文原发表于《中山大学学报》（社会科学版）2013 年第 3 期。

** 本文作者系暨南大学华文学院副教授、硕士生导师。

① 近年来对汉语反身代词的研究主要是从生成语法的角度探讨"自己"的句法属性。由于"自己"具有的一些特性如"允许长距离约束""泛指用法"等，对 Chomsky 提出的"约束理论"形成挑战，因而学界提出种种理论来进行解释。如 Huang（1984）、Tang（1989）、Huang 和 Tang（1991）、Cole、Hermon 和 Sung（1990）、Cole 和 Sung（1994）、Xu（1993、1994）、Yu（1992、1996）和 Pan（1997）、Huang 和 Liu（1999）、Liu（1999）与 Huang（1999）等。其中引人注目的是程工（1999a、1999b）、董秀芳（2002）、朱冠明（2007），他们改变了过去从现代汉语共时平面寻求解释的思路，转而从历时角度即"自己"的来源上进行考察。

化。吴福祥就较早注意到反身代词的南北差异①，笔者也发现，北方官话，南方官话，吴、闽、客等南方方言本都使用"自家"作为反身代词的主要形式，但13世纪末至14世纪中叶时，由于北方第一人称复数包括式和排除式对立的出现，北方官话的反身代词的主要形式从"自家"演变为"自己"，而南方官话、南方方言的反身代词的主要形式则仍为"自家"②。在"自己"使用频率大增的同时，北方官话是否还存在其他的反身代词形式，它们又是怎么产生的？本文对清中叶以来北方官话的代表北京官话进行了调查。

二、"自家"的消失

调查发现，清中叶以后北京官话反身代词系统的第一个变化是"自家"的消失。这一方面的讨论，拙作曾专门讨论过③，下面简单提及。

《红楼梦》庚辰本④（简称《红》）的反身代词的主要形式为"自己"，出现478例；"自家"仅余三例，这三例为：

①那宝玉是个丈八的灯台——照见人家，照不见自家的。（《红》第19回）

②如今连他正紧（经）婆婆大太太都嫌了他，说他"雀儿拣着旺处飞，黑母鸡一窝儿，自家的事不管，倒替人家去瞎张罗"。（《红》第65回）

③虽然还有辐余的，但他们既辛苦闹一年，也要叫他们剩些，粘补粘补自家。（《红》第56回）

其中，例①、例②的"自家"出现在熟语中，不一定代表当时的实际语言现象；例③的"自家"可理解为反身代词或"自己家"，从其所在句子的整体意义来看，似乎更接近于"自己家"。即便为反身代词，《红》庚辰本的"自家"与"自己"相比，也数量极少。

---

① 参见吴福祥《敦煌变文的人称代词"自己""自家"》，载《古汉语研究》1994年第4期，第33～37页。

② 参见李丹丹《〈人中画〉琉球写本的"自家"——兼论汉语南北双方反身代词发展轨迹》，载《中国语学》2008年总第255期，第78～94页。

③ 参见李丹丹《〈人中画〉琉球写本的"自家"——兼论汉语南北双方反身代词发展轨迹》，载《中国语学》2008年总第255期，第78～94页。

④ 《脂砚斋重评石头记》（庚辰本），本文称《红楼梦》庚辰本，见《古本小说集成》，上海古籍出版社1994年版。

之后"自家"在《儿女英雄传》① 中出现八例，在《语言自迩集》② 中出现两例，在《官话指南》③ 中已经消失。表1是相关数据。

表1　清中叶北京官话材料中反身代词"自家""自己"的使用情况

编写时代	作品	自家	自己
18 世纪中叶	《红楼梦》庚辰本	3 例	478 例
19 世纪中期	《儿女英雄传》	8 例	588 例
19 世纪后半期	《语言自迩集》	2 例	43 例
19 世纪末	《官话指南》	0 例	29 例

二、"各自"的发展和"各自各儿"的出现

在"自家"濒临消失的同时，《红》中又出现了一个类似于反身代词的新形式"各自"：

④你的意思我却知道，守着旧旧姨爹住着，未免拘紧了你，不如你各自住着，好任意施为。（《红》第 4 回）

⑤宝玉不待说完，便答道："正是呢，我们却有个家塾，合族中有不能延师的，便可入塾读书，子弟们中亦有亲戚在内可以附读。我因业师上年回家去了，也现荒废着呢。家父之意，亦欲暂送我去温习旧书，待明年业师上来，再各自在家里读。"（《红》第 7 回）

⑥宝玉见他这样，还认作是昨日中晌的事，那知晚间的这段公案，还打恭作揖的。林黛玉正眼也不看，各自出了院门，一直找别的姊妹去了。（《红》第 27 回）

⑦宝钗满心的委屈气忿，待要怎样，又怕他母亲不安，少不得含泪别了母亲，各自回来，到房里整哭了一夜。（《红》第 34 回）

---

① 《儿女英雄传》，见《古本小说集成》，上海古籍出版社 1994 年版。

② *Yü-yen tzǔ-erh chi*，a progressive course designed to assist the student of colloquial Chinese as spoken in the capital and the metropolitan department in eight parts Secretary to H. B. M. Legation at Peking. 京都大学文学部藏本。

③ 《官话指南》，京都大学文学部藏本，文求堂，1903 年。

⑧贾蓉还要抬往赖家去赴席，薛蟠百般央告，又命他不要告诉人，贾蓉方依允了，让他各自回家，贾蓉仍往赖家回复贾珍。（《红》第47回）

⑨谁知兰小子这一个新进来的奶子也十分的妖乔，我也不喜欢他。我也说与你嫂子了，好不好叫他各自去罢。（《红》第78回）

⑩薛蟠再来找宝蟾，已无踪迹了，于是恨的只骂香菱。至晚饭后，已吃得醺醺然，洗澡时不防水略热了些，烫了脚，便说香菱有意害他，赤条精光赶着香菱踢打了两下。香菱虽没受过这气苦，既到此时，也说不得了，只好自悲自怨，各自走开。（《红》第80回）

这里的"各自"不是"各人"的意思，而是"自己"的意思，例④的"你各自"是指薛蟠自己，例⑤的"各自"是宝玉自己（而不是族中子弟各人，否则就不会在家读，而是在家塾中读了），例⑥的"各自"是林黛玉自己（而不是林黛玉和贾宝玉两人各人），例⑦的"各自"是宝钗自己，例⑧的"他各自"是薛蟠自己，例⑨的"他各自"是奶子自己，例⑩的"各自"是香菱自己。《红》中还有"各自"表"各人"的例子：

⑪宝玉、黛玉、湘云、探春四个人也都解了，各自暗暗的写了半日。（《红》第22回）

可以看出例⑪的"各自"与例④～例⑩的"各自"不一样，例④～例⑩的"各自"可以出现在单数的人称代词"你"（例④）、"他"（例⑧、例⑨）之后，表示复指，也可以单现，功能与意义都如反身代词。"各自"的这种用法，不仅出现于北京官话材料，还出现于其他北方官话材料，比如刊行于1761年的《老乞大新释》①：

⑫我这里茶饭么，因我家店小儿新近出去了，委实没人料理。你客人们各自做饭吃罢。（《老乞大新释》）

《老乞大新释》有多个版本，例⑫的"各自"，在刊行于15世纪初的《古本老乞大》② 和16世纪初的《老乞大谚解》③ 中都作"自"：

---

① 《老乞大新释》，韩国奎章阁藏书4871号。

② 《元代汉语本〈老乞大〉》，韩国庆北大学校出版社2000年版。

③ 《老乞大谚解》，韩国奎章阁丛书，韩国京城大学法文学部1994年版。

⑬茶饭呵，俺店里小主人家新近出去了，委实无人打火。你客人每自做饭吃。（《古本老乞大》）

⑭我店里家小新近出去了，委实没人整治。你客人们自做饭吃。（《老乞大谚解》）

这可以说明例⑫的"各自"表示"自己"，而非"各人"①。再往前追溯，我们发现 17 世纪中叶的《醒世姻缘传》② 和反映更早年代语言面貌的《朴通事谚解》③ 中都有表"自己"的"各自"。如：

⑮叫我在坟上修行，守着爹娘坟墓，你也各自焚修，此话更好。（《醒世姻缘传》第 93 回）

⑯童奶奶道："有个薄礼，我各自封着哩，二位爷没有甚么相倍呀？"（《醒世姻缘传》第 81 回）

⑰我嘱付你，到那里各自省睡些个，黑夜用心好生看着，我慢慢的跟驾去。（《朴通事谚解》）

调查发现，类似反身代词的"各自"只见于北方材料，虽与"自己"相比数量不多，但在清中叶时得到较大的发展，从《朴通事谚解》的一例、《醒世姻缘传》的两例发展到《红楼梦》庚辰本的 12 例，已超越了同时期的"自家"（三例），但在之后的北京官话材料中则较为少见。

那么，这个类似于反身代词的"各自"是否在北京官话中消失了呢？调查发现，编写于 18 世纪末的《红楼复梦》④ 中，有一个出现在指人名词和代词之后、表示复指的"各自各儿"与类似于反身代词的"各自"功能一致，共两例：

⑱就将姑娘们各自各儿的屋子做新房，做过亲等满月后，一箍脑儿回去，你想这该省下多少事？（《红楼复梦》第 86 回）

---

① 例⑫是店主人家对前来借住的朝鲜商人说的，文中下一句为商人们回答店主人的"我们若自己做饭吃，锅竈椀碟都有么？"，也从另一个角度印证了例⑫的"各自"就是"自己"的意思。

② 《醒世姻缘传》，见《古本小说集成》，上海古籍出版社 1994 年版。

③ 《朴通事谚解》，见《朝鲜时代汉语教科书丛刊》，中华书局 2005 年版。

④ 《红楼复梦》，见《古本小说集成》，上海古籍出版社 1994 年版。

⑲我原先怕鬼怕贼，忽然胆壮，膂力一天长似一天，端着百十斤的东西就像是二三斤的玩意。我<u>各自各儿</u>也说不出这个理来。（《红楼复梦》第 87 回）

我们认为"各自各儿"应是"各自"在口语中加上了"各儿"而成的，可以看作"各自"的一个形式变体。在 19 世纪后半期的北京官话课本《语言自迩集——19 世纪中期的北京话》①（简称《语言自迩集》）中，我们找到这样的注解：

⑳"各自各儿"就是自己一个人。这个事情得你<u>各自各儿</u>去。那房子就是他<u>各自各儿</u>住著。（《语言自迩集》第 89 页）

这非常清楚地解释了"各自各儿"的意义和用法，该书还有其他两处"各自各儿"：

㉑这打更的白日里没事，到夜里就一点空儿也没有。他就在那小房子里<u>各自各儿</u>住著，也没女人也没儿子。（《语言自迩集》第 92 页）

㉒弟兄们是一个母亲肚子里生的；小的时候儿，在一块儿吃、一块儿玩儿，不分彼此。何等样儿亲热来着？后来长大了，渐渐儿的生分的缘故，大约是听了妻妾的挑唆，就争家产，或是听了傍人离间的话，<u>各自各儿</u>怀着异心的，很多。（《语言自迩集》第 226 页）

该书中并没有类似于反身代词的"各自"的例子，可见约在 19 世纪后半期，类似于反身代词的"各自"已经消失，"各自各儿"取代了"各自"，这就是 19 世纪中期后"各自"少见的原因。"各自各儿"在 19 世纪末的《侠女奇缘》②中还能找到用例：

㉓此是生死机关，你须<u>各自各儿</u>拿定主意，免生后悔。（《侠女奇缘》第 70 回）

---

① ［英］威妥玛（Thomas Francis Wade）著，张卫东译：《语言自迩集——19 世纪中期的北京话》，北京大学出版社 2002 年版。
② 《侠女奇缘》，北京燕山出版社 2007 年版。

三、"自己个儿"和"自个儿"的出现

此外，《儿女英雄传》中还出现了反身代词的另一个新形式"自己个儿"：

㉔经官动府，听审随衙，也说不了。这咱们可讲得是各由天命。要是你自己个儿招些邪魔外祟来，弄的受了累，那我可全不知道。（《儿女英雄传》第 5 回）

㉕难道还改得口哇？改了也是造孽。我自己个儿造孽倒有其限，这是我为人家姑娘许的，那不给姑娘添罪过哪？（《儿女英雄传》第 21 回）

这种用法也不是北京官话所独有的，在 1883 年刊行的朝鲜官话课本《华音启蒙谚解》①中也出现了"自己个儿"。

㉖我自己个儿有好茶叶，你先倒一碗开水来，把茶叶搁得碗里头，盖上碗盖多闷一候儿，别教他出气罢。（《华音启蒙谚解》）

之后，"自各儿"在《官话指南》中也出现了。

㉗你赶紧的拿茶叶去，我自各儿沏上罢。（《官话指南》第 2 章）

㉘哼，给你钥匙，你自各儿开罢，那衣架子上挂着的那些个皮袄，皮褂子，斗篷，是得在背阴儿地方晾晾。（《官话指南》第 10 章）

19 世纪末 20 世纪初，"自各儿"开始流行，因为除北京官话作品外，在《小五义》②等北方官话材料中也能见到该用法，连江苏常熟人曾朴的作品《孽海花》③中都能见到不少用例（六例），可能其青年时期在北京游历和应考，学会了这个新的用法。值得注意的是，《官话指南》记作"自各儿"，其他书也记作"自个"或"自个儿"：

㉙艾虎看毕，自个又奔了北边夹道，重新再夺魏犴门，绕了一个四方

---

① 《华音启蒙谚解》，见《朝鲜时代汉语教科书丛刊》，中华书局 2005 年版。
② 《小五义》，见《古本小说集成》，上海古籍出版社 1994 年版。
③ 《孽海花》，浙江古籍出版社 2011 年版。

的弯儿。(《小五义》第 71 回)

㉚现在没人能管我，我自个儿又管不了，若硬把我留在这里，保不定要闹出不好听的笑话。(《孽海花》第 26 回)

上面这两例的功能和意义与例㉗、例㉘是一致的，可见，"自各儿"和"自个儿""自个"是同一个词的不同记法，"各儿"也等于"个儿"或"个"。因此，"自己个儿"和"自各（个）儿"的"各（个）儿"应该是同一个构词成分的不同记法。为称述方便，我们下面记为"个儿"。"自己个儿"和"自个儿"的出现年代有先后之分，"自个儿"很有可能是由"自己个儿"减音而成的。

四、现代北京官话反身代词系统的整合与讨论

从清中叶以来，北京官话除"自家""自己"外又新产生了"自己个儿""自个儿"等反身代词。词汇系统有着经济性的特点，要求最大限度地避免重复①，上述反身代词功能的重合，是与这种特点相悖的。从语法化的角度来看，能表达同一语法功能的多种并存形式经过筛选和淘汰，最终会缩减到一两种②，因此北京官话的反身代词系统必将进行整合。

从周一民先生 1998 年出版的《北京口语语法》③ 可知，20 世纪末北京口语中的反身代词有"自个儿""自己""自己个儿""个个儿"（原书按：多用"自个儿"；"自己个儿""个个儿"显得比较土气，有减少的趋势）。可见，清中叶后产生的"各自""各自各儿"在 20 世纪末已经消失。而据我们的调查④，"自己"和"自个儿"是目前北京口语最常用的反身代词，"自己个儿"偶尔还能听到但年轻人多不说，而"个个儿"年轻人大都没有听说过。也就是说，当代北京官话反身代词的主要形式只剩下"自己"和"自个儿"。

文章至此，我们基本理清了清中叶以来北京话反身代词系统的演变过程，

① George Kingsley Zipf. *Human Behavior and the Principle of Least Effort.* Cambridge Addison-Wesley Press，1949，p. 19.

② Paul J. Hopper，On some principles of grammaticalization，in Elizabeth Closs Traugott and Bernd Heine（ed.），*Approaches to Grammaticalization*，vol. 1，1991，pp. 17 – 36.

③ 周一民：《北京口语语法》，语文出版社 1998 年版，第 154 ～ 190 页。

④ 2010 年 8 月，我们对北京《瞭望东方周刊》杂志社与《每日电讯》报社北京籍（父辈或祖辈开始在北京生活）的 20 位工作人员进行了调查。青年组年龄 25 ～ 35 岁的有 9 人，中年组 35 ～ 55 岁的有 11 人，调查协助人为新华社高雪梅女士，特此鸣谢。

但尚有如下问题需要探讨：①"自己个儿"为何演变为"自个儿"？②"各自各儿"为何消失？③"各自"和"各自各儿"是否进入了北京官话的反身代词系统？

关于问题①，江蓝生先生对北京话的减音现象有着非常准确的观察，"多音节词语快读时往往发生减音现象是北京话口语的一个特点"①。江先生提出的例子"也不知是"在口语中减音读为"也不是"再变成"也不"，"可惜了儿"减音读为"可了儿"，《北京方言词典》记录的"不差么儿"是"不差什么"的减音形式。这说明了北京话口语的多音节减音是有规律的，而并非随意的。北京话口语中三音节及三音节以上的词容易双音节化。"自己个儿"作为反身代词，经常出现在代词和指人名词的后面表示复指，会形成由四个或四个以上的音节构成的短语（如"我自己个儿"），而北京口语中多音节词语快读时往往发生减音现象，因此在实际读音中读作"自个儿"。《官话指南》如实记录了这种实际读音，但这种实际读音出现的年代应该更早。

关于问题②，上文提到周一民记录的 20 世纪末北京口语中的反身代词还有一个"个个儿"。这个"个个儿"是什么呢？我们认为，"个个儿"是"各自各儿"减音减去了"自"字而成②。把"自己个儿"和"各自各儿"放在一起，可发现它们的演变阶段完全一样：

	加上"个/各儿"	减去第二个音
自己	自己个儿（19 世纪中期）	自个儿（19 世纪末）
各自	各自各儿（18 世纪末）	各各儿（即：个个儿）

"自己"和"各自"后面加上"个/各儿"，后又都省去了第二个音节"己"和"自"，变成了"自个儿"和"各各儿"（即"个个儿"）。因此，"各自各儿"并没有在北京话中消失，而是减音成了"个个儿"并一直沿用到20 世纪末。

---

① 江蓝生：《〈燕京妇语〉所反映的清末北京话特色（上）》，载《语文研究》1994年第 4 期，第 19 页。

② 《汉语方言词汇》（北京大学中文系语言学教研室编，语文出版社 1995 年第 2 版）将其记为"各个儿"，可见，因为这个说法相当口语化，记法也有多种。

关于问题③，从上文可看出"各自"的功能和意义不仅与反身代词高度相似，而且经历了和反身代词"自己"一样的演变历程。"个个儿"在 20 世纪末仍是北京口语的反身代词，因此，其前身"各自各儿"和"各自"在清代也应属于北京官话的反身代词。

论汉语方言语法比较研究的"效度"问题[*]

彭小川^{**}

【提　要】"效度"原是计量学中的一个重要概念，文章借用该术语来探讨汉语方言语法比较研究如何提高其有效程度的问题。文章指出，"准确度"与"深度"这两个因素直接影响着比较研究效度的高低，必须注意在这两方面下功夫。只有这样，方言语法比较研究才能真正达到其目的，并使研究成果具有更高的价值。

【关键词】方言语法　比较　效度　准确度　深度

比较研究是语言研究的一种基本的方法，在汉语方言语法研究中也是最常用且最重要的方法之一。

关于"比较"在汉语方言语法研究中的重要性以及应如何运用该方法，吕叔湘（1992）、朱德熙（1993）、詹伯慧（2004）、邢福义（1992）、李如龙（2000a、2000b）、张振兴（2003）、刘丹青（2001a）、汪国胜（2000）、邢向东（2002）、彭兰玉与吴启主（2002）等先生都有过非常精辟的论述。汉语方言语法学界也非常重视运用此方法，并取得了不少有益的成果。

本文拟从另一个角度，就汉语方言语法比较研究中如何提高研究"效度"的问题做有针对性的探讨。

"效度"原是计量学中的一个重要概念，20 世纪 30 年代被引入语言测试领域，现在语言测试领域运用得非常广泛。本文将该术语借用到方言语法的比较研究中来，用其指称比较研究的有效程度。

众所周知，比较研究仅仅是方言语法研究的一个重要手段，而非终极目标。要想使我们的方言语法研究能真正达到目的，能真正揭示方言语法事实的客观规律，并使研究成果具有更高的价值，摆在我们面前的一个不容忽视的问题就是：我们应该如何去提高方言语法比较研究的效度？

笔者认为，有两个方面的因素直接影响着我们比较研究的效度的高低，这

---

　*　本文原发表于《语文研究》2006 年第 2 期。

　**　本文作者系暨南大学华文学院应用语言学系教授、博士生导师。

就是比较研究的准确度与深度。下面分述之。

一、准确度

"万丈高楼平地起",根基坚实,大楼才能牢固。方言语法比较研究的根基是什么呢? 就是准确。如果所做的比较不够准确,那么研究的效度势必会大打折扣。因此,我们首先追求的应是准确。

一般而言,从所比较的对象的情况分,方言语法的比较大抵可分三类:一是研究者正着重研究的方言(往往是自己的母语方言或比较熟知的重点研究的方言)内部的比较;二是将研究者正着重研究的方言,与民族共同语或其他方言或古近代汉语做比较;三是着眼于某一范畴或某个语法项目,将不同的几个方言(或几个次方言)进行比较。这样,研究者用于比较的内容的来源,不外乎是两种情况:一种是自己的研究成果,另一种是别人的研究成果。我们认为,准确度的问题与这两方面的因素都有关。

(一)研究者研究所得结论的准确度

研究者研究所得结论的准确与否非常重要,它是自己所将要进行的比较的基础,直接影响到比较的效度的高低;同时,作为研究的成果,它也往往有可能被别的研究者作为引用的对象,对别人所做的比较研究的效度产生影响。因此,我们每位研究者对自己所做的比较研究都应在准确性上下功夫。那么,如何才能提高准确度?

1. 对研究对象要做全面的调查

如前所述,我们所研究的往往是自己的母语方言或比较熟知的方言。我们认为,即便如此,也必须做全面的深入的调查,包括采取内省的方法向自己做调查,切不可仅凭几个例句便轻易地下结论。否则,所得的结论有可能会不正确。

比如,关于广州话双宾语句中间接宾语和直接宾语的语序,高华年先生的《广州方言研究》(1980)有过这样的论述:广州话"这两个宾语的位置和普通话的双宾语的位置相反。广州话的直接宾语放在间接宾语的前面,普通话的间接宾语放在直接宾语的前面"。那么,该论著对广州话双宾语句语序特点的描写归纳,也即比较的基础,到底准确不准确呢?

先看该书所举的例子:

佢_他畀_给咗_了把遮_伞我。 → 他给了我一把伞。

我送一支笔佢。 → 我送他一支笔。

从例句看，好像没有什么问题。但再一分析，不难发现，两句的动词都是含给予义的。动词含有别的语义特征的其他双宾语句，情况是否还是如此呢？稍全面点儿观察，就会发现问题。

李新魁等（1995）指出，普通话的双宾语句一定是直接宾语在后，间接宾语在前。广州话的双宾语句有两种格式：含着有意识的"予"义的，直接宾语在前，间接宾语在后；大部分动词不含有意识的"予"义的，则与普通话相同，如"收"类、"问"类、"教"类、"欠"类、"赢"类等。

显然，李新魁等先生之结论的准确度要比高华年先生的高得多。（当然前者的结论还有需完善之处，详见下文第二部分）可见，高书的调查有欠全面，这直接影响了结论的准确性，再用该结论去与普通话进行比较，怎么可能正确地揭示两者的异同呢？相反，只会给人们造成一种错觉，以为广州话所有的双宾语句中两个宾语的位置和普通话的正好相反。

需要附带指出的是，在制定方言语法调查手册时，由于客观的原因，我们往往采用一个调查项目设计一个例句的方式，而双宾语例句的动词又往往是"给"（如"他给我一本书"），这同样容易造成结论的片面性。类似这种情况，最好能多列举一两个例句，其中的动词应是含有其他语义特征的。

2．对研究对象要做细致的分析

有时候，我们对所研究的对象似乎已做了比较全面的调查，收集到了比较多的例句，但仍不能掉以轻心，还必须做比较细致的分析。

例如，广州话有一个非常有特色的谓词后置成分"晒"。主要有两种用法。第一种：啲人走晒。人都走了。／几年冇见，佢啲头发白晒。几年没见，他的头发全白了。第二种：唔该晒！十分感谢！

对于它的第一种用法（第二种用法是由第一种用法虚化而来的），学界比较一致的看法是，"晒"表示总括，相当于普通话的副词"都""全"。它置于谓词后，正好与广州话有一批副词状语后置于动词（如"你行先你先走""食碗添再吃一碗"）的特点相吻合。乍一看，结论似乎是无可挑剔的，普通话的译句中确实出现了"都"或"全"，而且广州话又的确是有副词状语后置的特点。也许正是因为如此，该结论也就颇具迷惑性，在相当长一段时间内似乎成了定

论，只要谈到广州话副词状语后置的问题，所举的例子一般都有"晒"①。另外，也有些学者认为它还可表"完""光"。

但只要做仔细的分析便可知道，其实该结论是不够准确的。彭小川等（2004）指出，普通话副词"都""全"或"完""光"在广州话中并非都能说成"晒"。如：

> ①——听日你哋边个去爬山啊？明天你们谁去爬山呀？
>   ——a. ＊我哋个个去晒爬山。
>   b. 我哋个个都去爬山。我们全都去爬山。
> ②——琴日点解揾唔倒你哋嘅？昨天怎么找不到你们呢？
>   ——我哋个个去晒爬山。我们全都去爬山了。
> ③a. 开完会我去揾你。开完会我去找你。
>   b. ＊开晒会我去揾你。
> ④a. 做完功课未啊？做完功课没有？
>   b. 做（完）晒功课未啊？功课都做完了吗？

显然，"晒"具有特殊性。它既不等同于"都""全"，也不等同于"完""光"，而是一身兼二任，即涵盖了"总括""完成"这两重含义，应该概括为：表示含全称量的动作或情状的完成。当强调无一例外时，它大致相当于普通话的"都/全……了"②；当强调没剩下时，它大致相当于普通话的"（都/全）……完了"。另外，它还可用于补语后。因此，"晒"应定性为兼表总括的准动态助词，它并不属于副词状语后置的那一类。

可见，要提高比较研究的准确度，细致的分析是必不可少的。

（二）研究者所引用的材料的准确度

我们在进行方言比较时，免不了要引用前人的研究成果。而引用别人的材料，也同样存在是否准确的问题。这里有两重含义。

---

① 当然，也有过不同的看法。张洪年（1972）就曾指出"晒"是一个独特的虚字眼，介乎补语和词尾之间。但在语法意义上，他也认为"它所代表的是概括的意思"。这就容易给人一个印象，"晒"是相当于共同语的"都"。另外，彭小川（2004）一文发表后，又发现刘丹青（2001b）已明确指出"晒"不是后置状语。但该文不是具体研究"晒"的，故没有具体展开论述。另外，可能因该文在香港发表，没能广泛为内地学者所知。

② 这里的"都……了"不含"都大学生了"那一类，因为前者的"了"是"了1"，后者的是"了2"。

1．所引用的材料是否准确

学术研究中通常会碰到这样的情况，或者是对同一个对象有不同的看法，如对广州话的动态助词"住"，就有"持续体""进行体""存续体"这么几种观点，而且即便是同一种提法，有的描写概括得也不尽相同；或者是对某个语法意义或某个语法次范畴所对应的语法形式有多种说法，如广州话的"紧""住""开""Ｖ Ｖ 下""Ｖ 下 Ｖ 下"，分别有学者将其视为表示"进行体"。显然，这么多种看法中肯定有正误之别。这就提醒我们，在需要引用其他方言的材料进行比较研究时，不能随便拿到一个材料就用，而应尽可能地广泛收集前人有关的研究成果，特别是要注意前人的观点有无分歧之处，做好鉴别工作。

如果前人对同一语法形式所表示的语法意义的看法有分歧，切忌只根据研究者的知名度去决定取舍，而应对他们的论述进行比较鉴别，从中选取论证有力、分析深入、言之成理的观点与确凿可靠的材料。

如果前人对某个语法意义所对应的语法形式的看法有分歧，则应注意区分：有可能这种意义只对应于一种形式，那么也应像前面提到的那样，从几种分歧意见中做出鉴别取舍；也有可能这种意义会对应于各家所提到的多种形式中的某几种，那么，我们同样应注意认真阅读思考前人的论述，或请教研究该方言的专家，以期弄清该意义在下位层次上分别与这几种形式的"一对一"①的关系（如表"持续"义，其下位可能有"静态持续"与"动态持续"之别，分别有不同的形式与它们相对应，详见下文第二部分），从而使自己在做比较研究时所选作比较的内容能对应得准确无误，以免错将不同层面或不完全对应的东西拿来比较。

2．材料引用得是否准确

有时候所引用的方言材料所描写的现象的确是该方言所具有的，但用于与自己所研究的对象做比较时，由于对所引用的方言现象的性质理解有误，也会造成所做的比较不够准确。

比如，语言学大师朱德熙先生（1961）曾提出一个著名的论断：北京话里有三个"的"。后来，他又在《北京话、广州话、文水话和福州话里的"的"字》（1980）一文中，通过列举广州话、文水话和福州话的材料，来支持他对北京话的"的"所做的分析。他在文中明确地指出，"'的1、的2、的3'三分的局面以广州话表现得最清楚"，广州话里分别跟三个"的"相当

---

① 参见饶长溶（1995）。

的语法成分是：咁［kɐm³⁵］①、哋［tei³⁵］、嘅［kɛ³³］。另外，朱先生（1993）再次指出，本文作者 1961 年写《说"的"》，花了很大的力气说明"的"字应该三分。要是当时讨论的不是北京话，而是某种方言，比如说是广州话，那么不费吹灰之力就可以得到同样的结论。因为广州话三个"的"不同音，一眼就可以看清楚。

应该说，朱先生反复强调汉语方言语法研究的重要性，大力倡导并身体力行认真实践方言语法与标准语语法的比较研究，至今仍具有极其深远的指导意义。但就其所做的具体的比较而言，不能不说存在着令人遗憾之处，那就是广州话的"哋"并非对应于朱先生所说的北京话的"的 2"。

彭小川（2003）从分布环境、语法意义、语法功能几个方面论证了"哋［tei³⁵］"与"的 2"的不同之处。这里不展开论述，只简单提一提。

朱先生前后所举的全部例子都是"AA⁽*⁾哋"式的：高高哋、肥肥哋、咸咸哋、饿饿哋、轻轻哋、慢慢哋、好好哋、长长哋、酸酸哋。应该说，广州话的确有这种说法，但"哋［tei³⁵］"只附于单音节形容词重叠式 AA⁽*⁾②之后，起减弱程度的作用。即"AA⁽*⁾哋"表示的是"有点儿 A""略微 A"。朱先生所列出的"的 2"的分布环境除了 AA 式外，还有 AABB、ABB、AXYZ 等式，而广州话形容词的这几种重叠式都不能与"哋"同现。

这样，将并非对应于北京话"的 2"的"哋"视为对应于"的 2"，以此证明"的"字应该三分，说服力就显得不够强了。这不能不说是引用方言材料的疏漏之处。

以上种种情况说明，我们在做比较研究时，对所引用的别的方言材料务必要注意做好鉴别与核实工作，以防因准确度不够高而影响所得结论的效度。

二、深度

准确是比较研究的前提、基础，比较研究要想达到高效度，还必须重视比较的深度。这里特别需要指出的是，准确度与深度并非毫无联系的两个方面。准确的本身也有深度的问题。在做基础性的调查研究与比较分析时，观察得越

---

① 此处的"咁"粤语学界一般写作"噉"［tɐm³⁵］。"噉"做指代词时，它与另一指代词"咁"［kɐm³³］同源，但现读音有异，语法功能也不相同："噉"放在动词前指代方式，如"噉写这样写""噉讲那样说"；而"咁"放在形容词前指代程度，如"咁快这么快""咁小气那么小气"。朱先生这儿提到的［kɐm³⁵］应从俗写作"噉"。

② 后一个 A 如属低调或中调，要变高升调。

细致，描写得越充分，挖掘得越深，所得出的结论也就越准确。这就要求方言语法研究者必须注意扩大视野，努力学习并掌握现代汉语语法研究以及西方语言学的先进的理论与方法，从中吸取营养，并运用到自己的研究中来。在此基础上，我们还可在进一步增强自己所做的比较研究的深度上下功夫。下面仅列举几点，并非全面的。

（一）　对通过比较所揭示出的现象或规律做进一步的解释

再如广州话双宾语句中间接宾语和直接宾语的语序问题。上文第一部分第（一）点提到李新魁等（1995）指出，只有动词含有意识的"予"义的，直接宾语才在间接宾语前，而非"予"义的大部分动词，两者的语序与普通话相同。这就是说，从类型学的角度看，广州话双宾语句两个宾语的语序与普通话并不构成截然对立的两类。那么，为何唯独含"给予"义的语序与普通话相异呢？

邓思颖（2003）对此做了深入的探讨。他指出①，粤语里直接宾语和间接宾语都能出现的句子有三种类型：

a.	动词	直接宾语	介词	间接宾语　（与格结构）
b.	动词	间接宾语	直接宾语	（双宾语结构）
c.	动词	直接宾语	间接宾语	（倒置双宾语结构）

并且敏锐地发现，"畀给"类动词包括"畀""送""奖"等，这类动词中也只有"畀"能够允许所谓倒置双宾语的语序，"送"的接受度就没有那么高了，如：我送咗一本书佢。这样，允许所谓倒置双宾语语序的动词的范围就窄之又窄了。那么，"我畀咗一本书佢"这种说法的成因是什么？

邓先生在做了大量的分析论证的基础上，进一步指出，"我畀咗一本书佢"（即类型 c）由"我畀咗一本书畀佢"（类型 a）省略了介词"畀"而来。粤语的所谓倒置双宾语结构，实际上是从与格结构经过介词省略推导出来的，所谓倒置双宾语就是与格结构的一部分。介词省略的一个充分条件是避免音韵

---

①　以下的概括凡有与邓思颖先生原意不符的，一律由本人负责。

上的重复①。

笔者认为，邓先生的结论是言之成理的。该结论不仅解释了粤语"我界咗一本书佢"这种说法的成因，而且在更大的层面上，解释了粤语双宾语句与普通话双宾语句语序大体相同，只有个别不同这种不太协调的现象形成之原因。这样的比较分析很有深度。

（二）从语言类型学的角度进行分析比较

刘丹青的《粤语句法的类型学特点》（2001）一文，从语言类型学的角度来比较粤语和普通话，写得很精彩。其中非常值得称道的一点是在前人或自己所做的多个单项比较研究的基础上，把看似没有什么联系的若干个特点，放到更广阔的汉语类型背景来考察研究，找出它们在更高层面上的共同点，即类型特点，并在该层面上与普通话进行更深层次的比较。

例如，粤语的主要句法特点中有这么几条：

第一，粤语受事前置的"将"字句远不如普通话相应的"把"字句常见，更多地倾向于 VO 句式。如：〈粤〉食晒啲饭佢。～〈普〉把这些饭吃光。

第二，位移动词"来""去"直接位于处所宾语前，如"嚟_来_香港""去广州"。而地道的老北京话中，这种结构基本不出现；上海话则完全没有这种结构。

第三，有更多的后置副词状语。如"你行先_你先走_""食一碗添_再吃一碗_""买少啲啦_少买些_"。

这几个特点前人均揭示过，但都仅仅是单项的比较研究。刘文借助类型学研究的现有成果来观照这些特点，找出了它们的共同点——都体现了粤语的强 VO 倾向，并在语言类型的层面上，通过进一步的比较，论证了粤语是 SVO 特点比普通话更强的方言。例如第三个特点，刘文指出，VO 语言总体上倾向于核心在前。在粤语中，有一批副词状语后置于动词，而且这批后置副词状语都是极其常用的；而在普通话中，动词后只有补语，没有副词性状语。因此，这一特点也反映了粤语更接近典型的 VO 语言。显然，这样的研究也颇有深度。

（三）透过共时的语法现象理清历时的演变轨迹

第一，在对多个方言共时差异的比较的基础上理清它们形成的不同层次。

---

① 无独有偶，彭兰玉等（2002）也有类似的看法：有学者由衡阳话"你明日买来，我就得钱你"得出结论，认为衡阳话双宾语的位置与普通话不同。其实，"衡阳话的双宾结构并不特殊"，"'得钱你'是'得钱得你'在一定语境之中的不固定的省略说法"。当然，粤语与衡阳话在这点上还有一些细微的差别。

朱德熙先生《"V – neg – VO"与"VO – neg – V"两种反复问句在汉语方言里的分布》（1991）一文列举了不少方言点的材料，着重说明"V – neg – VO"和"VO – neg – V"两种句型在方言里的分布不同，前者主要见于南方方言，后者主要见于北方方言；在某些方言里，"V – neg – VO"经常紧缩成"VVO"的形式，紧缩的方式又分"省略式"和"融合式"两类。文章在进行了这种分析比较之后并没有就此打住，而是进一步做了"历史的回顾"，并继而理出了文中讨论过的不同方言区各种句式所形成的不同的层次。文章的深度也因此而不同寻常。

第二，在单一方言某个语法结构的共时现象与古代汉语比较的基础上，理清其历时演变的轨迹。

比如，广州话的"V 得（O）"结构用得很广泛，它所表示的语法意义有五项；而普通话使用这一结构则有很多限制，具体见表1[①]：

表1　广州话和普通话"V 得（O）"结构的使用

V 得（O）	A	B	C	D	E
	主客观条件是否允许实现某种动作	情理是否许可或准许不准许做某事	是否允许实现某种结果	动作实现并有结果	是否有能力或善于做某事
普通话	用得很少，且不能带宾语	＋（有条件）	－	－	－
广州话	＋	＋	＋	＋	＋

若再进一步与古代汉语做比较，就能看到更深层次的东西。杨平（1989）曾从汉语史角度考察了"V 得（O）"结构产生和发展的过程，指出该结构产生于汉末；唐宋元时期用得很多；明清时期有熟语化倾向，能产性较差；发展到当代，使用这一结构有很多限制，有些用法在普通话中已消失了。

结合汉语史的研究成果，不难理出广州话"V 得（O）"结构产生、演变的轨迹[②]：

---

① 参见彭小川（1998）。
② 参见彭小川（1998）。

得（V）→"得"用在 V →表示动作实现并有
　　　　后，表示动作　　结果
　　　　实现并有结果↘
　　　　（意义 D）　　　"V 得（O）"出现 →表示实现某种结果的
　　　　　　　　　　　　在非已然语境，表　　可能性
　　　　　　　　　　　　示实现某种结果的↘
　　　　　　　　　　　　可能性（意义 C）　 表示实现某动作的可
　　　　　　　　　　　　　　　　　　　　　 能性
　　　　　　　　　　　　　　　　　　　　　 （意义 A、B、E）

可见，广州话"V 得（O）"结构的五种用法，实际上是该结构产生演变的三个不同阶段集中在共时平面上的投影，其中一些用法保留了汉语史上较古老的而在普通话中早已消失了的语言现象。

（四）从语法范畴的角度进行分析比较

比如，广州话的"住"（动态助词）、"一直"（副词）、"V 下 V 下"、"喺处_{在这/那儿}"（由表处所的介词短语虚化而来）、"开"（动态助词）所表示的语法意义中都含有"持续"义。我们就可以在分别对它们进行过比较准确的研究的基础上，进一步将视角投向"持续"义这个语法范畴，在该范畴的框架下将它们逐一进行比较，从语义上对广州话的"持续"义做下位的分类，建立起广州话"持续"义的语义句法系统①。

表 2　广州话"持续"义的话义句法系统

类型	形式	主要功能	限制条件	是否体标志
静态的持续	住	主要表示动作尚未完成，但处于一种相对静止的持续的状态，或动作已完成，但其结果所遗留的状态仍存续着	—	持续体标记
	一路一直	主要表示心态的持续不变或关系的持续不变	—	否

---

① 参见彭小川（2001）。

续上表

类型	形式	主要功能	限制条件	是否体标志
动态的持续	V下V下	侧重于描述情状	—	持续体标记
	喺处	侧重于叙述事件	前面还要有表示时段的词语	准持续体标记 准进行体标记
	一路 一直	侧重于叙述事件，更强调时间的持续。使用的范围比"喺处"广	—	否
	开	通过说明动作已持续了一段时间，来表达希望该动作得以继续下去或该动作暂时还得进行下去这样一种倾向	—	始续体标记

三、余论

（一）方言基础性的比较研究不容忽视

比较无疑是很有用的一种研究方法。方言语法研究十分强调方言与方言之间、方言与普通话、古汉语以及少数民族语言之间的比较。这种比较可有层面的不同：一方面体现为站在类型学、范畴学等高度进行的综合性的比较，另一方面也应体现在大量的立足于各方言种种语法特点的基础性的个案比较研究中。综合性的比较研究固然重要，基础性的比较研究也不容忽视。这是因为尽管目前方言语法研究日益受到重视，但相对于方言语音研究而言，方言语法的研究起步较晚，基础比较薄弱，积累的材料还比较少。而只有在广泛地大量地挖掘方言语法宝藏的同时，将这种基础性的调查和比较研究工作做得扎实、深入、效度高，高层面的综合性的比较研究才有可能更上一层楼。

（二）比较这种方法应贯穿方言研究的始末

在开展基础性的方言语法的调查和比较研究工作时，比较这种方法能够帮助我们更深刻地认识所研究的对象的本质特点和规律。但我们不能仅仅把这种方法运用于研究的后期，而应把它贯穿于始末。在调查研究的前期，就应该充分地运用比较的方法，通过细致的比较分析，准确地挖掘、揭示出所研究对象的真正的特点和规律。这样才能为后期的比较打下良好的扎实的基础，使我们

的研究成果更具科学性、准确性，具有更高的效度。

（三）应重视方言文献资料的收集汇编工作，以提高方言比较研究的效度

鉴于方言语法比较研究往往需要引用前人的研究成果，而比较研究的效度的高低，又受到相关成果收集得是否广泛，选取得是否典型等问题的影响，建议方言学界重视方言文献资料的收集汇编工作，最好是能充分利用现代高科技手段，建立各方言的研究网站，以便能不断充实、及时更新，更充分地发挥文献目录的作用。例如，暨南大学汉语方言研究中心和香港大学语言学系共同建立了"粤方言研究网站"。第一阶段的内容有"粤方言研究目录索引""粤方言重要著述提要""粤方言研究评述""粤方言研究学者简介"等，为开展粤方言语法比较研究提供了很大的便利。

【参考文献】

[1] 邓思颖. 汉语方言语法的参数理论［M］. 北京：北京大学出版社，2003.

[2] 高华年. 广州方言研究［M］. 北京：商务印书馆，1980.

[3] 李如龙. 论汉语方言比较研究（上）：世纪之交谈汉语方言学［J］. 语文研究，2000（2）.

[4] 李如龙. 论汉语方言比较研究（下）：世纪之交谈汉语方言学［J］. 语文研究，2000（3）.

[5] 李小凡. 当前方言语法研究需要什么样的理论框架？［J］. 语文研究，2003（2）.

[6] 李新魁，等. 广州方言研究［M］. 广州：广东人民出版社，1995.

[7] 刘丹青. 汉语方言的语序类型比较［J］. 现代中国语研究（日本），2001（2）.

[8] 刘丹青. 粤语句法的类型学特点［J］. 亚太语文教育学报（香港），2001（2）.

[9] 吕叔湘，刘丹青. 通过对比研究语法［J］. 语言教学与研究，1992（2）.

[10] 彭兰玉，吴启主. 论汉语方言语法的研究［J］. 湖南师范大学社会科学学报，2002（5）.

[11] 彭小川. 广州话的"V 得（O）"结构［J］. 方言，1998（1）.

[12] 彭小川. 广州话表"持续"义的几种形式及其意义的对比分析［J］. 语文研究，2001（4）.

[13] 彭小川. 关于"的"的一些思考：从广州话没有三个"的"说起［C］//汉语方言语法研究和探索：首届国际汉语方言语法学术研讨会论文集. 哈尔滨：黑龙江人民出版社，2003.

[14] 彭小川，赵敏. 广州话虚词"晒"词义新解［J］. 学术研究，2004（6）.

[15] 饶长溶. 关于语法意义的层次性［M］//语法研究和探索：七. 北京：商务印书馆，1995.

[16] 汪国胜. 新时期以来的汉语方言语法研究［J］. 华中师范大学学报（人文社会科学版），2000（5）.

[17] 邢福义. 现代汉语语法研究的两个"三角"［M］//语法问题发掘集. 武汉：湖北教

育出版社，1992.

[18] 邢向东. 论加强汉语方言语法的历时比较研究［J］. 陕西师范大学学报（哲学社会科学版），2002（5）.

[19] 杨平. "动词＋得＋宾语"结构的产生和发展［J］. 中国语文，1989（2）.

[20] 詹伯慧. 汉语方言语法研究的回顾与前瞻［J］. 语言教学与研究，2004（2）.

[21] 张洪年. 香港粤语语法的研究［M］. 香港：香港中文大学，1972.

[22] 张振兴.《方言》与方言语法研究［C］//汉语方言语法研究和探索：首届国际汉语方言语法学术研讨会论文集. 哈尔滨：黑龙江人民出版社，2003.

[23] 赵成发. 谈语言测试的信度与效度［J］. 西安外国语学院学报，2000（1）.

[24] 朱德熙. 说"的"［J］. 中国语文，1961（12）.

[25] 朱德熙. 北京话、广州话、文水话和福州话里的"的"字［J］. 方言，1980（3）.

[26] 朱德熙. "V-neg-VO"与"VO-neg-V"两种反复问句在汉语方言里的分布［J］. 中国语文，1991（5）.

[27] 朱德熙. 从方言和历史看状态形容词的名词化［J］. 方言，1993（2）.

从廉江方言看粤语"佢"字处置句*

林华勇　李敏盈**

【提　要】广东廉江粤方言有"佢"字处置句，不存在发展成熟的介词型处置句及其混合形式。本文在对廉江方言"佢"字句的句法语义进行描写的基础上，比较广州话"佢"字句的异同，认为粤语"佢"字句的功能是为达成某结果或状态（非现实情况）进行主观处置，"佢"完成由代词向处置标记的演变。与"持拿"义动词的语法化相比，廉江方言"佢"字句的构式化程度较高。联系粤西及广西等边缘地区粤方言的处置句类型，本文认为粤方言典型的处置句应是"佢"字句，反映了其较强的 VO 型汉语方言的特点。

【关键词】粤方言　处置句　"佢"　语法化

一、引言

从目前的汉语方言研究情况看①，汉语处置句主要有两大基本类型：一是"介词型"，使用"把""共伊"（闽语）等介词或介宾型处置标记；二是常说的"复指型"，句末或句中使用第三人称单数代词形式如"他""佢"等，暂视为处置句。此外，方言中还存在上述两种基本类型的混合形式，即"介词型"标记（介词/介宾形式）与"复指型"标记形式配合使用，本文称为"混

＊　本文曾在中山大学首届"语言演变研究青年学者论坛"上宣读，与会者、《中国语文》审稿专家及编辑部提出了宝贵意见。本文使用了香港科技大学的"早期粤语标注语料库"、香港教育大学的"香港二十世纪中期粤语语料库"。在此一并表示感谢！本文原发表于《中国语文》2019 年第 1 期。

＊＊　本文作者林华勇系中山大学中文系教授、博士生导师，李敏盈时系中山大学在读博士生。

①　如上海（许宝华、汤珍珠，1988）、福建福州（陈泽平，1998）、连城（项梦冰，1997）、广东梅县（黄映琼，2006）、湖北孝感（殷何辉，2010）、河南浚县（辛永芬，2011）、湖南汨罗（陈山青、施其生，2011）、江西九江（干敏，2011）、广东揭阳（黄燕旋，2015）等方言。

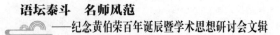
合型"。以广州为例：（下文有时用地名指该地方言）

①介词型：将张台搬走。（把桌子搬走。）
②复指型：张台搬走佢。（本文称为"佢"字句）
③混合型：将张台搬走佢。

学界谈到粤语"佢"字句时一般与混合型并谈，一是因为形式上两种句式的句末都含"佢"，二是因为两者句法语义特点相近（参见 Cheung，1992）。对"佢"字句及句末"佢"的性质，大致存在两种不同的观点。

一种观点认为"佢"字句不是处置句，句末的"佢"表祈使。如王力（1984：123）认为粤语尚未发展出处置式；饶秉才等（1981：112）认为"佢"在祈使句中有"命令的作用"；张双庆（1999：347）认为"佢"用于祈使句末加强命令语气，同时具有复指功能，应看作代名词。另一种观点认为"佢"字句是处置句，"佢"兼表复指和处置，如李新魁等（1995：571～572）；麦耘（2003）认为"佢"字句常用于祈使，但也可用于疑问，应表处置。也有学者如邓思颖（2003：114）认为"佢"字中的句末"佢"是"受影响标记"。

对"佢"字句的形成机制，Cheung（1992）和邓思颖（2003：114）分别提出复制删除和移位两种观点①。不管是复制删除说还是移位说都有个前提，就是先形成"将"字句，再进行句法操作（删除"将－O"或动词移位）。

粤语"佢"字句上述问题的讨论，都应建立在对"佢"字句准确的描写和分析上。廉江方言存在"佢"字句，不受"将"字处置句式干扰。从廉江方言出发，从比较的角度观察和讨论粤语"佢"字句的相关问题，易有所收获。例如：

---

① Cheung（1992）认为，"前及物动词句"（即"将"字句）产生机制是一个复制过程：原本的"S＋V＋O"结构经历了话题化，宾语得以提前并复制形成"S＋将－O＋V＋O"结构；句末宾语用"佢"代替，成为"S＋将－O＋V＋佢"结构；删除句末的"佢"，成为前及物结构"S＋将－O＋V"。该文认为，最后的删除并非强制，从而导致"S＋将－O＋V"和"S＋将－O＋V＋佢"两种格式并存；当一个前及物动词句逆向变回"V－O"语序时，"将－O"删除，句末的"佢"存留，形成"S＋V－X＋O＋佢"格式。邓思颖（2003：114）认为粤语的"佢"原本位于动词前，为"将＋宾语＋佢＋动词"格式，后来动词前移，"佢"出现在句末，形成"将＋宾语＋动词＋佢"格式；若粤语的处置句没有"将"，动词继续前移填补其空位，从而形成"动词＋宾语＋佢"的语序。

④廉江：a. 搬走啯张台仔佢。（把那张桌子搬走。）
　　　　b. ＊将啯张台仔搬走（佢）。

廉江与广州的"佢"字句还存在一些差异。例如：

⑤a. 廉江：饭食了嘚佢。（把饭吃完。）
　b. 广州：碗饭食晒（／咗）佢。（把这／那碗饭吃完／了。）

例⑤ a 中"了［liu²³］"为补语，"嘚［tɛ²¹］"相当于普通话的"了₂"（下文称"了₂"形式）。b 句广州话动词"食"后使用量化词"晒"或"咗"（了₁）。广州、廉江"佢"字句的表达形式并不完全一致。

与广州相比，廉江的"佢"字句有何特点？两地"佢"字句的差异反映了什么问题，对粤语的处置范畴有何启发？本文先对廉江"佢"字句进行详细的描写，再通过比较其与广州"佢"字句的异同，对粤语"佢"字句及"佢"的功能、性质进行说明；其次，考察廉江"持拿"义动词语法化的进程，比较其与"佢"字句的构式化程度。本文对粤语"佢"字句的形成、跨方言／语言范畴的描写与比较等问题有所启发。

二、廉江话"佢"字句的句法分布和功能

（一）廉江话"佢"字句的句法分布

1. 祈使句
普通话祈使句"把饭吃完！"在廉江有如下说法：

⑥廉江：a. 食了［liu²³］饭来［lɔi²¹］。（把饭吃完！）
　　　　b. 食了饭（来）佢［kʰei²³］。
　　　　c. 饭食了（来）佢。
　　　　d. ＊将饭食了（来）。｜＊将饭食了（来）佢。

例⑥ a 的"来"表示主观意愿上的实现，是位于句末的体貌助词；b、c 分别是受事做宾语、主语的"佢"字句，廉江没有介词型及混合型处置句（d）；"佢"可以紧跟"来"后并与之共现，句法层次比"来"还要高。需说明，a 的"来"不是处置标记。再如：

⑦廉江：a.　坐好位置来！（请坐好！）

　　　　b. ＊坐好位置佢！

例⑦a是祈使句，意为实现"坐好"这一状态的主观愿望（林华勇、郭必之，2010），不表处置。"来"不能替换成"佢"（b）。祈使语气中的"佢"字句再如：

⑧廉江：a.　冇好（/冇得）食了饭佢哇［ua^{33}］！（不要/不准把饭吃完啊！）

　　　　b.　冇好（/冇得）食了饭佢讲［kɔŋ^{25}］！（说是不要/不准把饭吃完啊！）

a句为直陈，b句为转述，使用了不同的言说性语气助词（林华勇、李敏盈，2017）。表商请祈使语气也常使用"佢"字句。例如：

⑨廉江：啯盆水我倒嘚佢，好吗？（这盆水我把它给倒了，好吗？）
⑩廉江：啯盆水我倒嘚佢哇［ua^{33}］。（这盆水我把它倒了。）

例⑨使用附加问的形式"好吗？"；例⑩使用了言说性语气助词"哇"——告知我要准备这样处理了，隐含着征求对方意见的意思。

2. 疑问句

普通话的"把"字句可用于对预期情况进行提问的句子中，而廉江"佢"字句不能。例如：

⑪普通话：把饭吃完了？
⑫廉江：a.　食了饭未？｜饭食了未？

　　　　b. ＊食了饭佢未？｜＊饭食了佢未？
⑬廉江：＊门关好佢未？｜＊关好门佢未？（把门关好了吗？）

"把饭吃完""把门关好"是预期的结果，例⑪～例⑬是对预期结果是否实现进行提问。如果是对反预期的结果进行提问，廉江"佢"字句出现在疑问句。例如：

⑭廉江：你冇留啲嘢你老弟，你想食了佢啊［a⁵⁵］？（你不留点儿给你弟弟，你想把它吃完吗？）

说话人看到对方要把东西都吃完的架势，于是说了上面的话，用于对即将发生或实现的反预期的情况进行提问或确认，有反诘的意味。再如：

⑮ a. 你打咁大力，想打死我嘢佢啊［a⁵⁵］？（你打这么大力，想把我打死吗？）

　　b. 你打咁大力，想打死我嘢佢么［mɔ⁵¹］？

⑯ a. 你抑＝［ɐt⁵］想做了嘢佢啊［a⁵⁵］？（难不成你想把它做完？）

　　b. 你抑＝想做了嘢佢么［mɔ⁵¹］？

例⑮、例⑯ a 组句末的"啊［a⁵⁵］"用于向对方求证，b 组句末使用表反诘的"么"。与 a 句相比，b 句的反诘语气更重。总之，"佢"字句用于疑问，是对意料之外（反预期）正在发生或将要产生的结果或变化进行带有主观倾向的提问。

3．陈述句

廉江话表现实的陈述句中，倾向于不使用"佢"字句。例如：

⑰廉江：我从＝日放走嗰几只雀仔嘢。（我昨天把这几只鸟放了。）

⑱廉江：我从＝日放走嗰几只雀仔佢嘢。

如果使用"准备""一阵""等""明日"等表将来时间的词语，陈述某种意愿，用"佢"字句则非常自然。例如：

⑲廉江：一阵仔我做了作业（嘢）<u>佢</u>。（一会儿我就把作业做完。）

⑳廉江：a. 等我回来就做了作业（嘢）<u>佢</u>。（等我回来就把作业做完。）

　　　　b. 我想做了作业（＊佢/＊嘢佢）正去书房。（我想把作业做完再去学校。）

以上两句都是非现实句。例⑳是个连动句，"佢"可出现于连动句末，前可出现"嘢"（a）；但不能出现在前项，其前也不可使用"嘢"（b）。例⑲、例⑳的"嘚"出现与否并不影响句意。再如虚拟句：

㉑从＝日抑＝冇做了啯呐作业（＊嘚）佢呢［ni⁵⁵］，今日就爱留堂略。（昨天要是不把这些作业做完啊，今天就要留堂了。）

也就是说，"佢"字句可用于非现实的表达意愿的陈述句中。此外，"佢"字句不用于感叹句，例如：

㉒ a.　靓到死嘚！（非常漂亮！）
　　b.　＊靓到死嘚佢！

4. "佢"字句可充当小句（做主语、宾语）

廉江"佢"字句可出现在主语位置。例如：

㉓廉江：a.　［食了啯呐饭佢］就得嘚。（把这些饭吃完就行了。）
　　　　b.　［啯呐饭食了佢］就得嘚。（同上）

句中的"饭"是定指的。例㉓中的"佢"字小句中不能出现"嘚₂"（了₂），即：

㉔廉江：a.　＊［食了啯呐饭嘚佢］就得嘚。
　　　　b.　＊［啯呐饭食了嘚佢］就得嘚。

单说"食了啯呐饭嘚佢"是可以的。从例㉓、例㉔的比较看，"佢"不能简单地认为是个与"嘚₂"（了₂）具有相同句法地位的句末助词。例㉑不能出现"嘚₂"（了₂），与例㉔"佢"字小句做主语时不能出现"嘚₂"的原因是一样的。

"佢"字句也可充当宾语小句，例如：

㉕我讲［食了啯呐饭（嘚₂）佢］，你听倒冇？（我说你把这些饭吃完，你听到了吗？）
㉖我吆你［食了啯呐饭（嘚₂）佢］。（我叫你把这些饭吃完。）

"佢"字小句在例㉕中做"讲"的宾语。例㉖是双宾句,"佢"字小句做远宾语,"嘑₂"可出现。

(三) 小结:"佢"字句的句法功能

从以上句法分布可以看出,廉江方言的"佢"字句不光用于祈使句,还可用于疑问句以及陈述句。从而印证了李新魁等(1995)、麦耘(2003)等的观点,粤语"佢"字句或"佢"的功能并非专表祈使语气。无论用于三种句类中的哪一种,甚至用作主语小句和宾语小句,"佢"字句都用于表非现实的句子。下面做个比较:

㉗祈使句:a. 啯盆水倒嘑佢。(这盆水把它给倒了。)

　　　　　b. #啯盆水倒嘑。(这盆水倒了。)【陈述句中可成立】

㉘疑问句:a. 你想食了嘑佢啊〔a⁵⁵〕?(你想把它全吃了吗?)

　　　　　b. #你想食了嘑啊〔a⁵⁵〕?〔(改变主意)你想吃完了吗?〕

㉙陈述句:a. 我想一阵仔做了嘑佢。(我想一会儿把它做完。)

　　　　　b. *我想一阵仔做了嘑。(我想一会儿做完了。)

　　　　　c. #一阵仔做了嘑。(一会儿做完了。)【现实句中可成立】

㉚小句:a. 食了啯啲饭佢就得嘑。(把这些饭吃完就行了。)

　　　　　b. 食了啯啲饭就得嘑。(吃完这些饭就行了。)

以上 a 句都是"佢"字句,b 句是删除 a 句中的"佢"后的表现:例㉗由祈使句变成了表现实的陈述句;例㉘ b 的意义发生了变化,原来不想吃完的,现在想吃完了;例㉚ b 句的处置义减弱;例㉙ b 句不成立,c 句变成了现实句,意义与 a 大不相同。通过以上最小比对说明,"佢"字句的功能主要是:表达非现实的主观处置,以实现某结果或状态的变化。因此,"佢"字句常用于祈使句中,易被认为表示祈使语气。

三、廉江话"佢"字句的句法语义特点①：与广州话比较

（一）受事成分的有定性

广州话和廉江话都要求受事是有定的，无定成分不能做受事。例如：

㉛廉江：a. 卖丢啯四斤菜（嘚）佢。（把这四斤菜卖了。）
　　　　b. ＊卖丢四斤菜（嘚）佢。

㉜广州：a. 食咗呢一碗饭佢。（把这一碗饭吃了。）
　　　　b. ＊食咗一碗饭佢。

廉江的光杆名词可表有定，这点与广州话的"量名"组合不同。例如：

㉝廉江：狗（/＊只狗）在呢＝过马路。（狗在那儿过马路。）
　广州：只狗（/＊狗）过紧马路。（这/那条狗正在过马路。）
㉞廉江：赶走狗嘚佢啊［a⁵⁵］？（把狗赶走吗？）
　广州：赶走只狗（/＊狗）佢咩？（把这/那条狗赶走吗？）

廉江方言"佢"字句的受事虽然形式上可以是光杆名词，但语义上是有定的，与广州话一致。上述例㉝、例㉞廉江例中的主语和宾语也可使用指示代词：

㉟廉江：a. 啯只狗在呢过马路。（这条狗在那过马路。）
　　　　b. 赶走哎［nu⁵⁵］只狗嘚佢啊［a⁵⁵］？（把那只狗赶走吗？）

---

① 以往对粤语"佢"字句句法语义特征的讨论集中在受事、谓语动词及句类等方面。如 Cheung（1992）指出"混合型"处置句只用第三人称单数，受事不能是第一、第二人称；"混合型"和"复指型"句法语义特点相似等。麦耘（2003）认为"复指型"具有以下句法语义特点：要有表示结果的成分；"佢"不一定在句末，但要在表结果的成分之后；施事可省，受事不能是第一、第二人称；"复指型"的状语放在动词前，"混合型"的状语放在"将"之前。冯雅琳（2009）观察到"佢"字句只表"未然"。卢旖维（2014）认为粤语"佢"字句存在高及物性的特点，体现为动词动作性强、施事性强、宾语受影响程度高的特点。

（二）三身代词充当受事的情况

廉江方言的第一、第二、第三人称单数形式都可以在"佢"字句中充当受事宾语。例如：

㊱打死佢（／＊我／＊你／＊佢哋）嘚佢！（把他打死！）

㊲打死我（／＊我哋／＊你／佢）嘚佢啊［a⁵⁵］？（要把我／他打死吗？）

㊳打死你（／我／＊你哋／佢）嘚佢讲哇。（说是要把你／我／他打死。）

廉江的人称代词可以充当受事，但有条件。第一，不能是复数形式。第二，从以上三例看，人称代词的使用与话语的现场性有关：例㊱是祈使句，语气最为强烈，一般不能要求对方把说话人双方打死（即不使用"你""我"），可用"佢"充当受事；例㊲是疑问句（向对方进行求证），"你"不能当受事，但可用"我"和"佢"；例㊳为转述句，信息的来源（说话人）不在现场，因此可使用代词"你""我""佢"充当受事。

广州话的第一、第二、第三人称代词都无法充当复指型处置句的受事，例如：

㊴广州：＊捉咗我（哋）／你（哋）／佢（哋）佢。［把我（们）／你（们）／他（们）抓了。］

但在混合型处置句中，广州话的第三人称代词可以充当受事，例如：

㊵广州：＊将我（哋）／你（哋）捉咗佢。［把我（们）／你（们）抓了。］

㊶广州：将佢（哋）捉咗佢。［把他（们）抓了。］

广州话的"将"字句则无此限制，可说：

㊷广州：将我（哋）／你（哋）／佢（哋）捉咗。［把我（们）／你（们）／他（们）抓了。］

这说明两个问题：第一，广州的"佢"字句、混合型及介词型（"将"字句）对代词充当受事的限制不一，不同形式的处置句存在差异；第二，相比广州而言，廉江的"佢"字句对代词充当受事的限制较少，这可以看作对廉江不存在介词型处置句的一种句法补偿。综合廉江、广州两地情况，三身代词单数可处置性高低的序列如下：

⑧佢（第三人称）＞我（第一人称）＞你（第二人称）

（三）受事成分的两个位置

廉江"佢"字句中的受事成分可出现在宾语位置，也可出现在主语位置。例如：

㊹ a. 你食了嗰碗饭（嘚）佢。（你把这碗饭吃了它。）
　　b. 嗰碗饭你食了（嘚）佢。

㊺ a. 你拧丢嗰袋垃圾（嘚）佢。（你把这袋垃圾扔了它。）
　　b. 嗰袋垃圾你拧去丢嘚佢。

两组 a 句的受事成分都处于 VC 之后做宾语，后头再加个"佢"；b 句处于主语位置，话题化了，其后的"佢"位置上像个宾语，但与真正的宾语存在本质区别［见第四部分第（一）点］。a、b 之间存在变换关系，句意不变，且"佢"出现在"嘚"之后，句法位置相同，应是同一个"佢"。

广州"佢"字句的受事成分也可出现在主、宾语两个位置。例如：

㊻广州：a. 道门你同我油红佢。（这/那道门你给我把它刷红了。）
　　　　　b. 你同我油红道门佢。

受事充当主语还是宾语，与受事形式有关。受事是代词时，不出现在主语/话题位置；当受事成分的形式较长时，则倾向于出现在主语/话题位置。例如：

㊼廉江：a. 打死佢嘚佢！（把他打死！）
　　　　　b. *佢打死嘚佢！

㊽廉江：a. 自己煮个饭你食了佢。（自己煮的饭你把它吃完。）
　　　　　b.？你食了自己煮个饭佢。

"佢"字句中，代词充当受事在广州话受到限制［见第三部分第（二）点］，但在廉江话中则相对较为自由。

（四）VP 的有界性

Man（1998）认为广州的"VP＋NP＋佢"句式是"有界"的，如动词后带完成体标记"咗"或补语"完"等。廉江"佢"字句中的动词一般是表示动作的自主动词。例如：

⑩廉江：a. 食了（/煲好）饭佢。（把饭吃完。）

　　　　b. 吆醒（/赶走）明仔嘚佢！（把小明叫醒/赶走！）

⑩廉江：a. ＊死一只鸡佢。

　　　　b. ＊喜欢（/＊识/＊明白）种菜佢！

　　　　c. ＊结婚嘚佢！

"死""喜欢""结婚"等不能用作廉江"佢"字句的主要动词。而广州话的"死""结婚"等动词可出现在"佢"字句中：

⑪广州：做人做成嗷，不如死咗佢好过嘞。（做人做成这个样子，不如死了算了。）

　　（秦剑执导《难兄难弟》，1960）

⑫广州：你哋几时结咗婚佢啊？（你们什么时候把婚结了？）

从主要动词看，广州"佢"字句比廉江的限制要少，更为灵活。

廉江"佢"字句动词后通常出现结果补语（含动相补语），如"食了""吆醒"等，是"有界"的一种表现。动词后如果不出现结果补语，句末则要出现"嘚$_2$"。以动词"食"为例：

⑬ a. 你食了啯碗饭（嘚）佢。（你把饭吃完。）

　　b. 你食啯碗饭嘚佢。（你把这碗饭吃完。）

"了［liu²³］""嘚［tɛ²¹］"可分别出现，也可共现。语流中"嘚"可读得很轻，甚至只有一个［t］的发音动作（用"［·嘚］"表示）：

⑭你食啯碗饭嘚（/［·嘚］）佢。［nei²³ sek² kɔ²⁵ un²⁵ faŋ²¹ tɛ²¹/·t

k^hei^{23}.]（你把这碗饭吃了。）

(55)你饮了嗰碗汤嘚（/[·嘚]）佢。[nei^{23} $ȵɐm^{25}$ liu^{23} $kɔ^{25}$ un^{25} $t^hɔŋ^{55}$ $tɛ^{21}$/·t k^hei^{23}.]（你把这碗汤喝完。）

(56)a. 你食（饭）嘚佢。（你把饭吃了。）

b. ＊你食佢。（你吃它。）

例(56)的宾语“饭”可不出现，“嘚”一般不弱读（例(56) a），更不能省去（例(56) b）。廉江话“了$_1$”“了$_2$”同形，“嘚”可能是“了$_1$”，也可能是“了$_2$”。但从句法位置上看，如“你食了嗰碗饭嘚佢”，“嘚”出现在VCO之后、“佢”之前，“嘚”只能是“了$_2$”。

也就是说，廉江“佢”字句要求动词或整个动词短语具有有界性。至此，将“佢”字句的句法语义功能的表述调整为：为达成某结果或状态（非现实情况）而进行主观处置。

（五）小结：廉江、广州两地“佢”字句的异同

廉江、广州两地“佢”字句大同小异。“大同”表现在：受事是定指的；对人称代词充当受事有所限制；受事成分可以出现在主、宾语的位置；动词一般是自主的，“VP＋佢”的VP是有界的。

但也存在“小异”：廉江的光杆名词可表有定，而广州表有定或定指需要用“量名”结构或指示代词；廉江可使用“你”、“我”、“佢”（他）做受事（但受现场性影响），而广州的三身代词一概不能做受事；廉江“佢”字句中的动词是表动作的自主动词，其后要添加有界性成分，包括“佢”前出现“了$_2$”形式，而广州的“死”“结婚”等不表动作的动词可用于“佢”字句，“了$_2$”形式（“喇”“嘞”）后不能出现处置标记“佢”。这些“小异”极其重要，为分析粤语“佢”字句及“佢”的功能、性质及形成机制提供了重要线索。

四、“佢”的语法化：从代词到处置标记

（一）从代词到处置标记

这里从语法化的角度讨论“佢”是否具有复指性的问题。我们认为，粤语“佢”字句的“佢”已完成由第三人称代词语法化为处置标记的过程，但仍存在过渡阶段。表现如下：

（1）与广州话一样，廉江“佢”字句的“佢”是单数形式，不能使用复数形式。例如：

(57)廉江：a. 嗰几只人你赶走佢（/＊佢哋）。
　　　　b. 你赶走嗰几只人佢（/＊佢哋）。

麦耘（2003）认为，广州话一般不用“佢哋”进行“复指”，但有例外：

(58)广州：将嗰班人唔理男女老幼咸巴冷赶晒佢（哋）落地庐。（把那帮人不论男女老幼全部都赶进地下室。）

例(58)“佢（哋）”的确用于复指，但该句并非本文的“佢”字句：一是“佢（哋）”不在句末；二是指代对象明确——“嗰班人”（那帮人），可说成“赶晒嗰班人落地庐”；三是删除后不影响句意。例(58)相同的意思廉江要说成：

(59)廉江：冇理男女老少，嗰班人冇都赶落地庐（嘚）佢（/＊佢哋）。

廉江不能用“佢哋”，且“佢”须出现在句尾，前可出现“嘚$_2$”。广州“佢”字句的情况类似：

(60)广州：捉咗嗰班人佢（/＊佢哋）！（把那帮人抓走！）
(61)广州：a. 食咗（/埋）呢两碗饭佢（/＊佢哋）。（把那碗饭吃了/把那碗饭也吃了。）
　　　　b. 呢两碗饭食咗（/埋）佢（/＊佢哋）。

这里要提一下广州和廉江“佢”字句的另一差异：广州话可用动态助词“咗”（了$_1$）表示有界，而廉江话要用补语或“嘚$_2$”（了$_2$），而不用“嘚$_1$”（了$_1$），这可能与廉江话的“嘚$_1$”不够成熟有关（不说“＊食嘚饭”，要说“食嘚两碗饭”）。试与上述两句广州话比较：

(60)’廉江：a. 捉走呶班人（嘚）佢！
　　　　　b. ＊捉嘚$_1$呶班人佢！
(61)’廉江：a. 食了呶两碗饭（嘚$_2$）佢。（把饭吃完。）
　　　　　b. ＊食嘚$_1$两碗饭佢。

（2）廉江"佢"字句的句末"佢"有时可两解——代词（"佢₁"）或处置标记（"佢₂"），这说明句末"佢"正处于语法化的过渡阶段。例如：

⑥廉江：a. 我放走嗰几只雀仔佢₁/₂（／＊佢哋）。（我要把这几只小鸟放跑了。）

    b. 嗰几只雀仔我放走佢₁/₂（／＊佢哋）。

受事"嗰几只雀仔"（这几只小鸟）在 a 句中充当宾语，在 b 句为充当主语（话题化）。两句句末的"佢"都不能替换成复数形式"佢哋"，说明代词的指代功能已开始弱化——可理解为代词"复指"受事，也可理解为充当处置标记。如果分别加上"嘚₂"（了₂），则变成：

⑥'廉江：a. 我放走嗰几只雀仔嘚佢₂。（我要把这几只鸟放跑了。）

    b. 嗰几只雀仔我放走嘚佢₂。

例⑥'的"佢"只能理解为"佢₂"，做处置标记。原因是廉江的"嘚₂"（了₂）后不再接宾语，且"嘚"可删去，意思不变。"佢"不再是真正的代词，或者说它是个"傀儡代词"。（例⑥ a、b）的"佢"可做重新分析（"佢₁"或"佢₂"），还有一个重要的理由——廉江两个"佢"都可以出现：

⑥廉江：a. 我放走嗰几只雀仔佢₁ 嘚佢₂。（我要把这几只鸟放跑了。）

    b. 嗰几只雀仔我放走佢₁ 嘚佢₂。

例⑥的"佢"如被认为是例⑥中的"佢₁"，则具有指代性；如被认为例⑥的"佢₂"则应看作处置标记。再如：

⑥廉江：a. （饭）食了佢₁/₂。（把饭吃完。）

    b. （饭）食了嘚佢₂。

    c. （饭）食了佢₁（嘚）佢₂。

    d. 食了饭（嘚）佢₂。

例⑥各句都可理解为要对受事"饭"进行处置。a 的"佢"可理解为"佢₁"或"佢₂"，d 中的"饭"实际上就是 c 中"佢₁"的位置。当然还有一

种理解，例⑫、例⑭ a 的"佢"被认为"佢$_{1+2}$"，兼做代词和处置标记。

广州的"食晒佢"与廉江的"食了佢"中的"佢"一样，可做重新分析（代词或处置标记）。比较可见，广州话"佢"字句的"佢"处于"人称代词 > 处置标记"的语法化过程中：

⑥⑤廉江：a. 食了佢。 < b. 食了佢$_1$（嘚）佢$_2$。

　　广州：a. 食晒佢。 < b. ＊食晒佢$_1$ 佢$_2$。

比较廉江话可见，广州例⑥⑤ a 中的"佢"也可看作两个"佢"的合音或"减省"（即 b)[①]。

（3）"佢$_1$ > 佢$_2$"的语法化在广州、廉江两地方言同中有异，已完成语法化过程。廉江话可在处置标记"佢"前加"嘚$_2$"（了$_2$），而广州话"佢"字句的主要动词可以是"死""结婚""做（亲戚）"等瞬间动词或不表具体动作的动词，此时，两地粤语"佢"字句中的"佢"语义上不具指代功能，只能看作一种语法标记（本文看作处置标记）。再如：

⑥⑥广州：好！大家饮死佢$_2$！（好！大家往死里喝！）（秦剑执导《难兄难弟》，1960）

　　廉江：＊大家饮死佢！

⑥⑦廉江：食了饭嘚佢$_2$。（把饭吃完！）

　　广州：＊食晒饭喇佢。

以上两例说明，广州、廉江话的"佢"字句虽存在重新分析的情况，但都已发展成熟；粤语处置标记"佢"由第三人称代词单数形式语法化而来，即："佢$_1$"（代词） > "佢$_2$"（处置标记）。

Cheung（1992）和邓思颖（2003：114）对粤语"动词 + 宾语 + 佢"语序的产生进行了阐释，都认为"将"字句的出现是该语序产生的一个必经过程。（见第 298 页脚注①）但由于考虑到廉江等粤西方言不存在"将"字句（见第六部分），粤语"动词 + 宾语 + 佢"语序的产生极可能不以"将"字句的出现为前提。有两点可以确认：第一，"佢"的语法化与"VC + 佢"密切相关；

---

① 两个相同形式一起出现时，常合并成一个形式。如普通话的句子"吃了"中的"了"实际上是两个（朱德熙，1982：210），减省了一个。施其生（2009）把这种现象归纳为"同质兼并"。

第二，处置标记"佢"是回指功能的代词"佢"进一步语法化的结果。

根据香港科技大学"早期粤语标注语料库"，早期粤语中的句末"佢"基本上用作代词，直接做宾语，例如：

　　⑱你搲嗰空嘅嚟装满<u>佢</u>。（你拿那个空的来把它装满。）（《散语四十章》，第八章，1877）

　　⑲搲嗰啲湿衣裳嚟晒干<u>佢</u>。（拿一些湿的衣服来晒干。）（《散语四十章》，第二十六章，1877）

　　⑳我嘅表坏咻，同我整好<u>佢</u>。（我的表坏了，给我把它修好。）（《英语不求人》，第39页，1888）

　　㉑呢啲系食物嚟，唔好挤落地整污糟<u>佢</u>。（这些是食物，不要掉地上弄脏喽。）[Fulton, *Progressive and Idiomatic Sentences in Cantonese Colloquial* (1931)，第十一课]

以上例中的"佢"虽处于句末，但还是代词用法，回指 VC 前面的名词或名词性短语（波浪下划线部分），直接做 VC 的受事宾语。值得注意的是，例⑲、例㉑的句末"佢"分别指代"嗰啲湿衣裳"（那些湿衣服）、"食物"。而且，以上早期粤语"佢"所处的句子，都是祈使句，"佢"虽有明显回指功能，也可理解为处置标记。

早期粤语句末"佢"的情况给我们带来一个启示："佢"的处置标记用法不一定与"VP＋NP＋佢"直接相关，但与"佢"的回指用法有关。

根据香港教育大学"香港二十世纪中期粤语语料库"，20 世纪中期"佢"做处置标记是常态，已完成语法化，如例㉖。再如：

　　㉒死？系嘛！死咗<u>佢</u>₂咪咩都可以解决喇！好！我去死！（死？是啊！死了不就什么都可以解决了！好！我去死！）（秦剑执导《难兄难弟》，1960）

　　㉓正所谓，门登户对，我哋唔啱做埋亲戚<u>佢</u>₂喇！好不好呀？（正所谓门当户对，我们要不做亲戚吧！好不好？）（梁琛执导《十月芥菜》，1952）

因此，发展成熟的"佢₂"是个处置标记，不再具回指或"复指"功能。因而与其说"佢"字句为"复指"型处置句，不如直接称之为"佢"字处置句（简称"佢"字句）。

（二）句末"佢"的性质

上述说明，包括广州、廉江等在内粤语"佢"字句的句末"佢₂"可看作一个句末助词，但更重要的是一个语法标记。"佢"的性质可借助句末助词"嘞""来""正"加以判断。上面说过，廉江的"佢"可位于句末助词"嘞"（了₂）之后。再如：

⑭ a. 食了饭嘞₂ 佢。
　　b. 食了饭来（嘞₂）佢。

"来""嘞₂""佢"三个句末助词的共性顺序是："来" >"嘞₂" >"佢"（">"：先于）。因而，从句法位置看，"佢"的句法位置比句末助词"来"（表主观意愿上的实现）、"嘞"（了₂）还要高。因而，"佢"是一个具有主观性的句末助词。另外，"佢"字句又可以充当主语或宾语小句，但"佢"字句做小句时，小句中不能出现"嘞""来"等句末助词（"嘞"见例⑭）。再如：

⑮ a. 食了饭来佢。（把饭吃完。）
　　b.［食了饭来］就得嘞。（把饭吃完了就行了。）
　　c. *［食了饭来佢］就得嘞。
　　d.［食了佢］就好嘞。（吃完了就好了。）

可见，"佢"字句可以做小句，但做小句时"来""嘞"不能共现。广州话的"佢"字句也可充当小句：

⑯广州：做咗亲戚佢咪皆大欢喜咯。（成了亲戚不就皆大欢喜了。）

因此，"佢₂"在广州、廉江话等方言中可视为句末助词，并已发展成为一个语法标记，起构式化（构成特定的处置句式）的作用。总而言之，本文把它看作"处置标记"的原因有二：一是从上文第二、三部分所描述的句法语义功能看，"佢"字句与普通话典型的"把"字句有相似的句法语义要求（如话题化、VP的有界性、受事的有定性等）；二是廉江等地粤方言语法系统中不存在成熟的介词型处置句，与广州介词型、"佢"字句及混合型并存的情况构成方言中处置形式的连续统，便于比较和处理。

五、廉江方言"持拿"义动词的语法化

上文提到廉江没有成熟的介词型处置句。但廉江话存在若干"持拿"义动词，具有不同的语法化程度，但未发展为成熟的介词。本节加以考察。

（一）廉江话的"持拿"义动词

廉江话"持拿"义动词存在一定程度的介词化。但其介词化的程度还没达到广州话的"将"。"持拿"义动词主要包括"捉 [tsɔk³]""拧 [neŋ⁵⁵]""拈 [niɛm⁵⁵]""攞 [lɔ²⁵]""㩟 [kʰa³³/kʰai²³]"等，其中"捉"有"抓"义。例如：

⑦⑦ a. 捉（/拧/拈/攞/㩟）去！（抓/拿去！）

　　b. 捉（/拧/拈/攞/㩟）木棍出屎！（拿木棍出气！）

　　c. 捉（/拧/拈/攞/㩟）嗰条木棍斩断嘚。（拿/把那条木棍砍断了。）

例⑦⑦ a、b 的"捉"等仍是动词用法，在 c 已经开始虚化了，可重新分析为介词，但"持拿"的动作义仍较明显，前面可出现表"劝阻"的否定词。例如：

⑦⑧冇好捉（/拧/拈/攞/㩟）嗰条木棍斩断嘚。（不要把那条木棍砍断了。）

（二）"捉"等动词的虚化程度

廉江话"持拿"义动词"捉"等"持拿"的对象有所不同，使用情况也有差异，反映了不同的虚化程度。试比较：

⑦⑨ a. 捉（/拧/拈/攞/㩟）苹果放好。（把苹果放好。）

　　b. 捉（/㩟/拧/拈/＊攞）嗰蔸木种好。（把那棵树种好。）

　　c. 捉（/㩟/＊拧/＊拈/＊攞）电视机生气。（拿电视机生气。）

　　d. 捉（/＊㩟/＊拧/＊拈/＊攞）我闹一餐。（拿我骂一顿。）

　　e. 捉（/＊㩟/＊拧/＊拈/＊攞）领导打一身。（把领导打一顿。）

f. 捉（/＊搣/＊拧/＊拈/＊攞）学校读崩。（把学校读垮。）

以上 a～f 受事的可"持拿"度逐渐减弱，其中 d～f 三句的受事是有生命的人或单位集体，为实体名词，只能用"捉"，不能用其他持拿义动词。由此可见，廉江话"持拿"义动词的虚化程度为：捉 ＞搣＞拧、拈 ＞ 攞（"＞"左边的虚化程度较高）。可以认为动词"捉"已开始介词化，具备了处置介词的雏形，但并未完成"动＞介"的演变。例如：

⑧廉江：a. ＊捉（/＊搣/＊拧/＊拈/＊攞）嗰件事做完。（把这件事做完。）

b. ＊捉（/＊搣/＊拧/＊拈/＊攞）你个谂法讲出来。（把你的想法讲出来。）

例中"事""谂法"（想法）是抽象名词，不能使用"捉"。而例⑦d～f、例⑧都可使用"佢"字句进行表达：

⑧a. 打死我（/闹死领导/读崩学校）啰佢啊［a⁵⁵］？（要把我打死/把领导骂死/把学校读垮吗?）

b. 嗰件事做完佢。（把这件事做完。）

c. 你个谂法讲出来佢。（把你的想法讲出来。）

"捉"等动词当然也可进入"佢"字句，但仍不能接受抽象名词做受事。例如：

⑧廉江：a. 捉学校读崩啰佢啊？（把学校读垮吗?）

b. ＊捉嗰件事做完佢。（把这件事做完。）

综上，廉江话的"捉"等并未完全虚化成像广州话"将"、普通话"把"一样虚的介词。相比之下，廉江"佢"字句的处置义更强，"佢"字句的构式化程度比"捉"等处置式要高得多。

六、从其他粤方言看粤语处置句的类型

先通过表 1 大致了解粤西阳江、高州、化州、吴川、怀集及广西北流、博

白粤方言处置句类型的分布情况。

表1　其他部分粤方言的处置句类型

方言点	介词型	"佢"字句	混合型	备注
广州	将道门油成红色。	死咗佢。	将道门油成红色佢。	—
廉江	—	食了饭嘞佢。	—	—
阳江	将衫洗净。	喫到完那碗饭佢。	将那碗饭喫到佢。	用"将"太文，少用
高州	—	食嘞（/开）碗饭佢。	—	—
化州	—	吃嘞碗饭佢。	将碗饭吃嘞佢。	—
吴川	（捉个杯茶饮了。）	—	—	不用"将"及"佢"字句
怀集	—	吃咗碗饭佢。	—	—
北流	—	吃开碗饭佢。	—	—
博白	把嗰碗饭吃掉。	吃掉唧饭佢。	把嗰碗饭吃掉佢。	用"把"太文，少用

　　李炜（1993）曾指出广州话口语中不常使用"将"字句，单韵鸣（2012）通过调查统计认为广州人最常用复指型处置句，混合型次之，"将"字句最不常用。本次摸查对象主要集中在粤西（五地）及怀集、广西北流、博白等边缘地区的粤方言。结合学界对广州话的普遍看法，说明如下。

　　（1）粤语的处置形式基本上都以"佢"字句为主（吴川除外），"佢"字句是粤语表达处置范畴的主要形式。

　　（2）不同方言对使用介词型的接受度有所不同：广州接受程度最高，阳江、博白次之，其他粤西方言基本上不用，即：广州＞阳江/博白＞廉江、高州等。

　　（3）吴川不使用"将"或"佢"字句，其持拿义动词"捉"的语法化程度比廉江高，表现在"捉"的对象可以是"事"、"谂法"（想法）等抽象名词。例如：

㉝吴川：a. 捉个件事讲清楚。（把那件事情说清楚。）

b. 捉你个谂法讲出来。（把你的想法说出来。）

c. 你捉你讲个加讲一次。（你把你说的再说一次。）

吴川"捉"的语法化程度较高，可视为对其不存在"佢"字句及"将"等介词型处置句的一种句法补偿，此问题可另文探讨。

（4）化州和廉江的"了₂"形式都可与"佢"共现，但化州也有类似广州"碗饭食咗佢"的说法（例㉞b）。北流、怀集的"了₂"形式（下划线）则不能与"佢"共现，这一点与广州话相同。例如：

㉞化州：a. 吃了（/完）<u>碗饭嘚</u>佢。（把这/那碗饭吃完。）

b. <u>碗饭吃嘚</u>佢。

㉟北流：＊吃（开）<u>碗饭咧</u>佢。

怀集：＊吃<u>埋碗饭了</u>$[\text{le}^{53}]$ 佢。

这说明，在"了₁""了₂"形式的使用上，"佢"字句也呈现出连续统分布：广州/怀集/北流（使用"了₁"）—化州（使用"了₁"或"了₂"）—廉江（只使用"了₂"）。

七、结语

通过详细考察廉江话"佢"字句，并跟广州等其他粤方言的"佢"等处置句进行比较，本文得到以下认识。

（1）"佢"字句作为粤方言典型的处置句式，体现出 VO 型语言的特点。"佢"的语法化过程与"佢"的回指/"复指"功能和述补结构 VC 有关：早期粤语中句末的"佢"一般都可按代词解，具有回指功能，但也可做处置标记解；到了 20 世纪中叶，句末"佢"常出现非指代用法，完成了"代词 > 处置标记"的演变。

（2）从北京话使用"把"字句到粤语主要使用"佢"字句，中间存在大量不同方言的过渡地带。不少方言同时使用介词型与"他"字句，甚至出现多种不同处置形式混合使用的情况，如湖南汨罗方言存在四类 14 种处置形式（参见陈山青、施其生，2011）。这反映了汉语方言从北至南大致呈弱 VO 型到强 VO 型分布的情况。使用超过两种以上处置式的方言有福建福州、广东揭阳（闽语）、上海（吴语）、广东梅县、福建连城（客家）、安徽宿松（赣语）、湖南汨罗（湘语）、湖北孝感（江淮官话）、公安（西南官话）、河南浚县（中原官话）等①。

（3）不同方言的处置范畴并不完全对等，这是由其表达形式决定的。以广州、廉江等为例，由于使用的处置形式（/句式）不同，其处置意义或功能也存在差异。由于其形式和意义都存在差异，不同语言或方言的处置范畴也难以对等。即使同是"佢"字句，不同粤语方言的表现也不尽相同。如何有效地处理不同语义范畴之间的表达差异，这对方言语法描写提出了更高的要求。广州话不同处置形式的功能，我们拟另文讨论。

【参考文献】

［1］陈山青，施其生. 湖南汨罗方言的处置句［J］. 方言，2011（2）.

［2］陈泽平. 福州方言研究［M］福州：福建人民出版社，1998.

［1］邓思颖. 词序的问题：与格结构的差异［M］//汉语方言语法的参数理论. 北京：北京大学出版社，2003.

［2］冯雅琳. 广东粤方言处置句比较研究［D］. 广州：中山大学，2009.

［3］干敏. 九江方言中的处置式"佢"字句［J］. 现代语文，2011（7）.

［4］黄晓雪. 宿松方言中句末带"佢"的祈使句［J］. 语言研究，2011（2）.

［5］黄燕旋. 揭阳方言的复指型处置句［J］. 语言研究集刊，2015（2）.

［6］黄映琼. 梅县方言语法研究［D］. 重庆：西南大学，2006.

［7］李如龙，张双庆. 代词. 广州：暨南大学出版社，1999.

［8］李炜. "将"字句与"把"字句［M］//郑定欧. 广州话研究与教学. 广州：中山大学出版社，1993.

［9］李新魁，黄家教，施其生，等. 广州方言研究［M］. 广州：广东人民出版社，1995.

［10］林华勇，郭必之. 廉江粤语"来/去"的语法化与功能趋近现象［J］. 中国语文，2010（6）.

［11］林华勇，李敏盈. 转述与直述：粤语言说性语气助词的功能分化［M］//语法化与语法研究：八. 北京：商务印书馆，2017.

［12］刘丹青. 粤语句法的类型学特点［J］. 香港亚太语文教育学报，2000，3（2）.

［13］卢旖维. 粤语非典型复指"NP佢"考察［D］. 广州：中山大学，2014.

［14］麦耘. 广州话以"佢"复指受事者的句式［C］//第八届国际粤方言研讨会论文集. 北京：中国社会科学出版社，2003.

---

① 以上方言点的研究请参看陈泽平（1998：197）、黄燕旋（2015）、许宝华和汤珍珠（1998：481）、黄映琼（2006：44）、项梦冰（1997：421～422）、黄晓雪（2011）、陈山青和施其生（2011）、左林霞（2001）、殷何辉（2010）、朱冠明（2005）、辛永芬（2011）等人的研究。

［15］饶秉才，欧阳觉亚，周无忌. 广州话词典［M］. 广州：广东人民出版社，1997.

［16］单韵鸣. 广州话典型狭义处置句的变异［J］. 暨南学报，2012（3）.

［17］沈家煊. 如何处置"处置式"？：论把字句的主观性［J］. 中国语文，2002（5）.

［18］施其生. 汉语方言中语言成分的同质兼并［J］. 语言研究，2009（2）.

［19］王力. 中国语法理论［M］//王力文集：第1卷. 济南：山东教育出版社，1984.

［20］吴福祥. 再论处置式的来源［J］. 语言研究，2003（3）.

［21］项梦冰. 连城客家话语法研究［M］北京：语文出版社，1997.

［22］辛永芬. 豫北浚县方言代词复指型处置句［J］. 中国语文，2011（2）.

［23］许宝华，汤珍珠. 上海市区方言志［M］. 上海：上海教育出版社，1988.

［24］殷何辉. 香港粤语语法的研究［M］. 香港：香港中文大学出版社，2007.

［25］张双庆. 香港粤语的代词［M］//李如龙，张双庆. 代词. 广州：暨南大学出版社，1999.

［26］朱冠明. 湖北公安方言的几个语法现象［J］. 方言，2005（3）.

［27］左林霞. 孝感话的"把"字句［J］. 孝感学院学报，2001，21（5）.

［28］CHEUNG, SAMUEL HUNG-NIN. The pretransitive in Cantonese［J］. 中国境内语言暨语言学. 台北："中研院"历史语言研究所，1992.

［29］MAN, PATRICA YUK-HING. Postverbal KEOI as a Marker for Nonasserted Bounded Clauses, in Stephen Matthews（ed.）, Studies in Cantonese, Hong Kong, 1998.

澳门历史语言文化探述

刘月莲[*]

一、引子

传说葡人早在明朝正德年间，以麻喇加佛郎机人身份随诸番来华贡市，初抵珠江口香山岙十字门内港靠近娘妈庙上岸，就向一村叟打探地名。村叟当然不识葡人的"觖语"，冲口反问："乜尻？"（村语也）葡人竟依声拼词弄出个"Macau"的洋名来，澳门从此就成了珠江口一个"国际化"商港。中外学者扯起澳门历史，往往都从考证"Macau"一词开始，然而迄今尚没有一个"公认"的说法。因此，"Macau"一词，成为澳门历史失语症的一桩老生常谈的疑证或偏证。

澳门开埠的这个野史传说，本地居民包括华人和土生葡人，皆耳熟能详，亦皆能用粤语妮娓道来，当作笑料。然而，澳门土生葡人中的文人雅士每当用葡萄牙语或英语与人交谈而涉及"Macau"这个专有名词时发音皆避忌读若 [mʌkau]，而"正"其音曰 [mækau]。其实，倘查看 18 世纪中叶成书的《澳门记略》所附的《澳译》（即当时常用葡语词汇的"澳门话"译音）中所载的"澳门"一词，译音写作"马交"，尚无避忌之迹象。由 18 世纪的 [mʌkau] 到 20 世纪的 [mækau]，仅此一个词的音变现象，其中已隐藏着澳门人的潜意识里对澳门历史记忆的失语症遗痕。

二、《澳门记略》透露的语言问题

《澳门记略》序称该书成于"自濠镜开市以还二百余岁"，时当清乾隆前期。作者印光任（宝山人）和张汝霖（宣城人）先后为澳门同知，打着官腔到澳门视事，乃大清帝国驻澳门官员得风气之先者（印光任乃第一任澳门同知）。然而，使人难以相信的是，《澳门记略》里把"僦居"的"澳夷"葡萄

---

[*] 本文作者系南宋文化遗存研究会名誉会长，原澳门镜海学园校长。

牙人认作"西洋意大利亚"（意大利）人，还认为利玛窦进贡的《万国全图》所指的欧罗巴洲为国甚多而"意大利亚居其一"的说法"荒谬无考"（《澳蕃篇》）。由此可知，清廷官方对澳门的"佛夷"仍然知之甚少。

《澳译》前言称："西洋语虽侏离，然居中国久，华人兴习之，多有能言其言者，故可以华语释之。"问题就在于"西洋语"与"华语"具体所指是哪些语言。"西洋语"指的是澳蕃的葡萄牙语还是利玛窦的"意大利亚"语，抑或是教堂布道的拉丁语？而"华语"在澳门所指应包括"官话""粤语""闽语"及各种子方言。这种语言混杂的情形使我们难以判断《澳译》的"西语"注音代码所用的汉字"原音"究竟属哪个系统。明清时代在澳门担任"通事"（译员）者多为讲闽南话和兴化话的闽人，当然，其中亦包括粤籍人士和谙粤语的闽人。然而，印、张二位官老爷（按当时当地流行的"西化俗话"尊称可呼为"印呱""张呱"）皆长江出海口流域士人，下车伊始开口呼斥当然要打官腔操官话，哪有屈就使用闽粤一方之言的道理？仅从《澳译》胪列的各类注音试挑出几个常用词语，核对葡文拼法，就很容易察觉出通事们在翻译时所使用的注音汉字，并没有一个统一的标准。例如：

云（奴皮）——葡文"nuvem"（用粤语注音当为"奴永"，"皮"显然是"永"的手误。"永"倘系官话注音，显然不合葡语读音）

雨（租华）——葡文"chuva"（"租"音当近官话注音）

半夜（猫亚内的）——葡文"meia noite"（"猫"音似为闽音，比"官话"和"粤音"较近葡语发音）

水（了古）——葡文"agua"（用粤音去注应写作"丫古"，"了"显然是手误。"丫古"作官话音读则与葡音相去甚远）

屋（家自）——葡文"casa"（倘用粤音"家咱"注则通，"自"恐系"咱"字之笔误）

叔伯（即是挑）——葡文"tio"（应以"挑"之粤音为注字，"即是"二字想是把通事原话"tio即是挑"的述语"即是挑"整个儿误用进去了）

唐人（之那）——葡文"china"（注音"之那"当为粤音）

火头（故知也立）——葡文"cozinhelra"（注音汉字当属粤方言音）

刀（化加）——葡文"faca"（注音当以粤音较为接近)①

① 本文凡引用《澳门记略》资料皆出自澳门文化司署1992年出版的《澳门记略校注》一书。《澳译》见该书第187～200页。

其实，以上各条的分析也是以现在的汉语和葡语两方面的语音常识做参照比较，姑且得到这么一个初步的看法，即《澳译》部分跟《澳门记略》全书的语言风格有所区别，《澳门记略》大体上是用当时的"书面语"（官话）写作，而《澳译》的汉字注音则依当时通事的口语记音习惯而定，因而标准不一，官话与方言混杂莫辨。然而，上列注音汉字的读法是否应该用乾隆朝通行的官话音去解读呢？这不仅仅是《澳译》的问题，其实，这也是东南亚区汉外译名普遍存在的问题。

三、近世唐音与明清官话

葡萄牙国王唐·曼努埃尔于 1508 年发出"打听秦人（Chins）"的命令。1512 年，阿尔布克尔克向国王发回"马六甲是中国商人之集散地"的情报①。于是，葡萄牙人就急于去"发现"中国。16 世纪的葡中交往由此出现了传奇性的恶作剧场景，双方粉墨登场的角色包括皇帝、太监、使者、兵头、舰长、海商、海盗以及扮演穆斯林领航员的闽侨通事火者亚三等。这样，一出出具有"世界舞台"意味的"文明戏"就在中国东南沿海甚至直至北京连场搬演，使后人在一片喧嚣嘈杂的历史话语里分辨不清各路戏子拿腔作调究竟操的是何方乡音。

葡中交往史的序幕由 1540 年耶稣会成立后派往远东传教的沙勿略拉开。1542 年，他从宁波双屿港乘船往日本，同船的中国海商之中竟然有著名海盗王直，船上还有供奉中国人的海上保护神妈祖娘娘的神龛。沙勿略到了日本传教才"发现"了中国之谜。

彼与有学识的日本人，尤与僧人辩论之中，辄惊日本人对其毗邻大国之文学哲理深致敬佩，盖此为日本全部文化之所本也。当时沙勿略所得关于中国及其居民之消息甚佳："留居其国之葡萄牙人谓其为正义国家，优于基督教界诸国。我在日本及他处所见之华人，皆聪明而多智巧，远为日本人所不及，且为习于劳苦之人也。"②

沙勿略在日本接触中国文化的时候，有可能已开始学中国语言。这位梦寐以求向往中国的西来圣人，于 1552 年 12 月 3 日在上川岛弥留去世之前一直有

---

① 施白蒂（B. B. Silva）：《澳门编年史》（第一卷），澳门基金会 1995 年版，第 1 ～ 2 页。

② 费赖之著，冯承钧译：《在华耶稣会列传及书目》（上册），中华书局 1995 年版，第 1 ～ 2、第 4 ～ 5 页。

一位华商青年安敦（Antoine）陪伴着他。安敦曾受业于果阿，对沙勿略忠心耿耿，是果阿主教派他跟随沙勿略要去向中国皇帝呈送《卧亚主教呈皇帝书》的。安敦是一位语言天分极高的华裔青年，他对沙勿略临终呓语有圣人儿时所操的巴斯克语有所不解之外，其他的遗嘱则一一不忘①。

我们从沙勿略及其华裔仆人那儿刺探消息，就是想了解相当于澳门开埠时期中国沿海和日本方面通行的华语究竟属于哪个音韵系统。这就涉及语言史的系统性问题。"语言的历史发展也是系统的。从一个时代转变到另一个时代，是一个新的系统代替旧的系统。"② 这是进行共时静态描写的重要指导原则之一。当然，运用历史比较方法进行断代研究，必须将一个共时态同上一个时代对比，以及向下溯流，主要是同现代汉语对比③。为此，我们先得在"共时态"方面扩展视野，了解16世纪汉语话语系统的整体状况。

《远游记》（完稿于1576年）作者平托（F. M. Pinto，耶稣会士）于1549年与沙勿略一同到达日本。《远游记》记述葡人当时经营的浙江双屿港商贸驻地的盛况，指出那儿一个葡萄牙人村落，有1200名葡人和同样数量的各国人氏，其中有300人同葡萄牙妇女或混血女人结婚，"买卖超过三百万金，其中大部分为白银"④。这一时期葡人参与其中的中日贸易乃"秘密贸易"，双屿岛贸易的合伙人王直一伙长期居住在日本西岸的五岛、平户岛等地接应闽浙海商。嘉靖三十五年（1556），在居对海州（对马岛）的王直有信给浙江总督胡宗宪：

> 惟西海道之西二三岛，惯构内地人交易。诸岛之外有地名对海州，内有大唐街，皆我人所居，中国货至此息肩入……⑤

庆长九年（1604）长崎奉行所设唐通事（华人译员）职位，华人冯六被

---

① 费赖之著，冯承钧译：《在华耶稣会士列传及书目》（上册），中华书局1995年版，第1～2、第4～5页。

② 王力：《语言学论文集》，商务印书馆1985年版，第10页。

③ 程湘清主编：《宋元明汉语研究》，山东教育出版社1992年版，第12页。

④ 费尔南·门德斯·平托：《远游记》（中译本、澳门版），东方葡萄牙学会，1999年版。

⑤ 小叶田淳：《日本和南支那》［昭和十七年（1942）］第87页；《唐一奄全书》"海议"《论处王直奏情复总督胡梅林公》。

录用①。此后，不少江浙闽出海营生的华人任唐通事。据山胁悌二郎著《近世日本宝岛史的研究》记载，仅元禄元年（1688）到达长崎的中国人总计达9128人，中国商船共计194艘②。据记录，中国开往日本九州各港的商船从天正三年（1575）至安正五年（1859）总数为5815艘，主要来自南京、宁波、普陀山、厦门、台湾、广州等大港和温州、福州、漳州等中型港口③。随船东渡的闽浙等地禅僧（临济宗）在长崎等地经商建寺传播文化。日本语言学家有大坂秀士、奥村三雄、饭田利行、汤泽质幸等人，将黄檗宗僧侣带去的中国语音和长崎唐通事传授的中国语音合称为"近世唐音"④。"近世唐音"指15世纪末至18世纪传入日本的中国江南地方语音，主要反映明清时期的南京官话及混杂的浙闽方言，而有别于早在11—15世纪传入日本的中国北方语音。

黄檗宗僧侣虽然绝大多数为闽浙人，但诵经和集体聚会必须使用官话，即当时江南通用的普通话——南京官话："语音是中国南方人发出的南京官话音；其音韵系统是明代南京官话的音韵系统。"⑤

唐通事唐音资料多"二字话""三字话""四字话"词汇，作为培养通事的教材，主要反映商贸洽谈的各种用语，作为通事常用语汇还是以日常会话为主。可见，唐通事唐音反映的中国语以口语为主，而黄檗宗唐音反映的中国语以书面语为主。

日本近世期江户时代，先后约300年，相当于明末清初时期，也就是澳门开埠时期以及随后大做东西方海贸生意和进行双向（甚至多向）传播人类东西方文明之雄心勃勃的大时代。

这就令我考虑到日本的"近世唐音"是否与澳门的贸易通用语有点关系。

四、耶稣会教士的"华语"

来华耶稣会士学习华语最早有记载的是1555年被巴莱多（N. Barreto）

---

① 《长崎年表》卷一："庆长九年实行丝割符商法。此年设置唐通事，以唐人冯六任之。"

② 转引自张升余：《日本唐音与明清官话的研究》，世界图书出版公司1998年版，第90页。

③ 参见《长崎年表》《清俗纪闻》《华夷变态》《增补华夷通商考》等资料。

④ 转引自张升余：《日本唐音与明清官话的研究》，世界图书出版公司1998年版，第10页。

⑤ 转引自张升余：《日本唐音与明清官话的研究》，世界图书出版公司1998年版，第28页。

留在广州的戈兹（Etienne Goez）修士。戈兹刻苦学习过劳致疾，六个月后返回果阿。澳门开埠初期的1556年之后，神父开始在"为华人建造的圣母庇荫之礼拜堂"里"用华语说教"①。1584年末刻于广州的《圣教实录》（罗明坚著）是第一本耶稣会士用华语写的教义书。1582年4月利玛窦被范礼安召赴澳门，是年8月甫抵澳门，立即研读华语，次年随罗明坚赴肇庆，当地中国文士辄来过访与之订交，可见利氏使用华语社交能力之高超。曾追随利氏的两位青年华人，其中一位名叫钟鸣仁，他是第一个入耶稣会的华人，系"广东新会人富家子兼良家子，谙西方语"，欲自磨炼，"愿偕诸神甫入内地，故利玛窦携之与俱"；另一位黄鸣沙，澳门出生，与葡萄牙人有亲谊，未入耶稣会前曾习拉丁文，熟知中国语言文字，不少耶稣会士跟他肄习汉语。安文思的《中国新志》夏101称费奇观撰《汉葡字书》并有汉文著述20余部。"华人曾言（其）辞理文笔之优欧罗巴司铎中殆无能及之者"的金尼阁，1614年回罗马获教皇保罗五世（Paul V）特颁教谕，"许在弥撒之举行与圣务日课之祈祷中用华语"。其时华语就像在日本禅宗之间那样，也成为入华天主教的一种国际宗教语言了②。

利玛窦1592年11月12日发给罗马神父一函中说：中国十五省都使用同样的文字，但是各省的语言不同。有一种通用的语言，我们可以称它为宫廷和法庭的语言，中国人称为官话。我们目前学习的正是这种语言。

利氏所著《中国传教史》中有一段更明确的记载：在这些不同的语言中，有一种叫作"官话"［Cuonhoa（Kuou Xua）］的语言，是法庭语言，通用于各省的宫廷和法庭。学会了官话，可以在各省使用，就连妇孺都能使用官话跟外省人交谈。

他在《宾主问答》一书中还有当时与华人交谈的实况记录：

客人：如今你晓得我们这边官话不晓得？
主人：也晓得几句。

倘想使研究进一步深入，耶稣会士涉及当时的南京官话的注音资料可供参证的有利玛窦的《西字奇迹》（1605）、《程氏墨苑》（17世纪），金尼阁的《西儒耳目资》（1625）。马提尔著《官话类编》（1903）的《南京官话音表》，也都注有罗马字音。

---

① 嘉尔定（Cardim）神父：《日本教省报告》（1645）法译本，第9页。
② 参见费赖之著，冯承钧译《在华耶稣会士列传及书目》有关条目。

现根据张升余博士的《日本唐音与明清官话的研究》，比较研究利氏等三人的标音特点，将南京官话的声母归纳如表 1、表 2，系采用国际音标作为记音符号，以供作为考察鉴别明清时期澳门通用之官话与外文汉译音韵的一种参照标准。

表 1　声母表

聲母	例　　　字	（注）
p	板 pan　帮 paŋ　包 pau	
p'	怕 p'a　旁 p'paŋ　跑 p'au	
m	忙 maŋ　毛 mau　門 men	
f	反 fau　法 fuah/fa?　否 fou	
v	萬 van　武 vu　文 ven	
t	大 ta　當 taŋ　道 tau	
t'	他 t'a　湯 t'aŋ　逃 t'au	
n	男 nan　鬧 nau　能 neŋ	
l	懶 lan　老 lau　路 lu	
ts	則 tse　自 tsi　即 tsie	
	子 tsu　早 tsau　助 tsu	* (1)
ts'	妻 ts'i　情 ts'iŋ　前 ts'ian	
	草 ts'au　愁 ts'ou　粗 ts'u	* (2)
tʃ	戰 tʃen　知 tʃi　正 tʃiŋ	
tʃ	抽 tʃ'eu　齒 tʃ'i　成 tʃ'iŋ	(3)
s	事 su　三 san　書 su	
	山 san　小 siau	* (4)
ʃ	是 ʃi　手 ʃeu　身 ʃin	
z（r）	入 ru　然 ren　人 rin	* (5)
j	如 ju　潤 jun　肉 jo?	
g/l	几 gi/lh　耳 gi/lh　二 gi/lh	

k   改 kai   過 kuo   古 ku   狗 keu
         家 kia   江 kiaŋ
         怪 kuai   鬼 kui   廣˙kuaŋ
k´   開˙k´ai   可 k´o   看 k´an
         巧 kiau   去 kiu
         快 k´uai 魁 k´uei 況 k´uaŋ   * (6)
ŋ   愛 ai/ŋai 癩 ŋai   我 ŋo
         額˙ŋe?   恩 ŋen   硬 ŋeŋ   * (7)
         義˙ŋi   業 ŋie?   濃 ŋoŋ   * (8)
x   好 xau   後˙xuo   和 xo   花 xua   火 xo
         喜 xi   下 xia   學˙xio?   * (9)
ø   瓦 ua   臥 guo   王 uaŋ   * (10)
         為 guei   吾 gu   外 guai/vai   * (11)
ø   以 i   因 in   羊 iaŋ   夜 ie
         五 u   惡 u?   * (12)

* (1) 〔ʦ〕音，金氏和利氏都用〔c〕，馬氏則用〔ʦ〕。

* (2) 〔ʦ´〕音，與 (1) 同。前者用〔c´〕，後者用〔ʦ´〕。

* (3) 〔ʧ〕〔ʧ´〕音，金、利、馬三人氏均用〔ch〕和〔ch´〕表示。

* (4) 〔s〕音、金氏、利氏記為〔x〕，馬氏記為〔sh〕。

* (5)，〔ʐ〕音，金氏記音〔i〕和〔u〕；利氏記音〔ʀ〕，馬氏記音〔R〕和〔Er〕。三人記音都不統一。

* (6) 〔k〕〔k´〕音，與金氏、馬氏相同；而利氏記〔k〕音為〔c〕、〔k〕、〔q〕；〔k´〕音為〔c´〕、〔k´〕、〔q´〕。

* (7) 〔ŋ〕音，金氏記為〔g´〕；利氏記音為〔ng〕；馬氏記音為〔E〕。

* (8) "義業濃"三字，金氏記為"義業"〔i〕，"濃"〔n〕；利氏記音為〔ŋh〕；馬氏分別記為〔I〕和〔n〕。

* (9) 〔x〕音，金氏利氏馬氏三人均記為〔h〕。

* (10) 零聲母，金氏記為〔u〕，利氏記為〔g〕，馬氏記為〔w〕。

* (11) "為吾外"這三個字金氏分別記為〔g〕〔v〕〔u〕，利氏分別記為〔g〕和〔u〕，馬氏統一記為〔w〕。

* (12) 零声母金氏記為〔i〕和〔V〕；利氏分別記為〔i〕〔j〕〔y〕〔o〕〔u〕；馬氏記為〔Y〕和〔u〕。

表2　母音表

韵母	例　　字					(注)
	平聲	上聲	去聲	入聲		(注)
a	他茶	馬	霸	雜	*	(13)
ai	開来	海	在			
au	包跑	好	道			
an	干山南	反	看			
aŋ	康方唐	藏	浪		*	(14)
o	多馱	可	課			
œi	貝配妹					
e	車	者	舍	白		
eu	州勾頭	斗	後			
en	根恩文	展	善			
eŋ	登更彭	猛	增		*	(15)
i	欺皮	米	記			
ia	家霞	買	下	甲		
iai	街	解	介			
iau	交標苗	表小	叫妙		*	(16)
iaŋ	將香强降	講想	相		*	(17)
ie	些斜	寫	借			
ieu	秋休求牛	柳首	敕謬		*	(18)
ien	天先便連	淺典	見面			

iu	居须徐	女舉	去	律	* (19)
lun	君困群	捆	訓		
yŋ	窮雄	頃			* (20)
in	真親民	沈	震		
iŋ	精清情	頂	命		* (21)
u	呼書词徒	死	度	入	* (22)
ua	花瓜	寡	卦	刷	
uai		拐	怪快		
uan	關宽团	短卵	慣換		
uaŋ	光狂	廣	曠		* (23)
uei	歸恢葵	鬼	詬		
uen	專坤船門	本粉	困悶		
uo	科	果火	過		
uon	短團	亂	半		* (24)
ui	吹推雷	隊水	内睡		* (25)
un	村孫存	盾	寸論		* (26)
uŋ	東風同紅	董	痛		* (27)

－ʔ a? 法拉殺 o? 墨得色博落索 ia? 瞎壓
ie? 別裂節 iue? 雪缺 io? 略學雀蓄欲
?ua? 刮滑刷 uo? 國説絶月 u? 没祝 * (28)

* (13) 馬氏把〔a〕記作〔au〕。

　* (14)〔aŋ〕，金氏和利氏記作〔am〕，馬氏記作〔ang〕。

　* (15)〔eŋ〕，金氏和利氏記作〔em〕，馬氏記作〔eng〕。

　* (16) 效攝字母音三氏統一記作〔ao〕和〔iao〕。

　* (17)〔iaŋ〕，金氏記作〔iam〕，利氏記作〔iam〕和〔eam〕，馬氏記作〔iang〕。

　* (18) 流攝字母音，金氏和利氏都記作〔eu〕和〔ieu〕，馬氏記作〔eo〕和〔iu〕。

　* (19)〔iu〕音馬氏記作〔u〕。

　* (20)〔yŋ〕，金氏和利氏記作〔ium〕，馬氏記作〔iong〕。

　* (21)〔iŋ〕，金利兩氏記作〔im〕，馬氏記作〔ing〕。

　* (22) "思死四"三字的母音，金氏和馬氏記作〔i〕，利氏記作〔ù〕。

　* (23)〔uaŋ〕，金氏和利氏記作〔uam〕，馬氏記作〔uaŋ〕。

　* (24)〔uon〕，馬氏記作〔uan〕。

　* (25)〔ui〕馬氏記作〔uei〕。

　* (26)〔un〕，馬氏記作〔uen〕。

　* (27)〔uŋ〕，金利兩氏記作〔um〕，馬氏記作〔oŋ〕。

　* (28)，入声韵尾金氏和利氏都是統一用一個短音符號"."表示，馬氏用〔-h〕表示。)

南京官话中，入声的保留一个调即统一为一个声门闭锁音－?①。据说"官话"一词最早见于明代张位的《问奇集》："大约江以北入声多作平声，常有音无字，不能具载；江南多患齿不清。然此亦官话中乡音耳。若其各方土语，更未易通也。"可知明代官话，在江以北已失去入声，似接近中州音了。而江南保存入声则是南京官话无疑了。

《西儒耳目资》的声调系统分清平、浊平、上声、去声、入声五调。入声有一调，不分阴阳，也不论来历的清浊，与《中原音韵》的分派三声（即浊音是否送气，韵母并入何韵，声调派入何调）不同，金尼阁解释说："古音为上，今读为去。"张卫东在《〈论西儒耳目资〉的记音性质》中认为，《西儒耳目资》就是为帮助传教士快速掌握汉字汉语而著，是"以江淮官话为基础方言，以南京话为标准音的明末官话"②。

利玛窦1583年12月13日曾于澳门致函富尔纳里神父（P. Martino de for-nani），谈及华语，称："发音上有很多同音而义异之字，许多话有近四个意义，除掉无数的发音外，尚有平上去入四声。"两年后（1585年11月10日），利氏于肇庆致信拿坡里的马塞利神父说："目前我已能说流利的中国话，开始在圣堂里给教友们讲道。"1589年9月9日利氏于韶州致信澳门远东视察员范礼安神父："南华寺……僧侣他们国语（应译为'官话'）说得很好，发音也清楚，还懂得其他语言。"③

南华寺为中国禅宗曹洞宗的发源地，澳门的中国寺院正是曹洞宗重要的分支，如普济禅院历代主持法师皆曹谿南下传人，在明清中国佛教史上占有很突出的地位。曾在普济禅院居留的澹归、大汕、成鸾等名僧，皆为名士，文化涵养甚高，原籍亦皆江浙诸地，他们诵经吟唱以及与当地绅官雅士交谈时使用当时流行的南京官话亦当自然而然了。

当然，耶稣会士在澳门华人传教的所用语言除了利氏所说的官话之外，料也使用本地方言。《澳门记略》有"澳门诸夷寺外别立天主堂名曰唐人庙"的记载。张汝霖《请封唐人庙奏记》写得很清楚：

> ……惟澳门一处，唐夷杂处。……其唐人进教者约有两种：一系在澳进教；一系各县每年一次赴澳进教。其在澳进教者，久居澳地，集染已

---

①　转引自张升余《日本唐音与明清官话的研究》，世界图书出版公司1998年版，第90页。

②　参见蒋绍愚《近代汉语研究概况》，北京大学出版社1994年版，第117页。

③　引自罗渔译《利玛窦全集》之《书信集》（上），光启/辅仁出版社1981年版。

深，语言习尚渐化为夷。

……其各县每年一次赴澳进教者（……）至冬至日为礼拜之期，附近南（海）、番（禺）、东（莞）、顺（德）、新（安）、香（山）各县赴拜者接踵而至，间有外省之人……①

由此可见到澳门进教的华人信徒，多数为珠江三角洲乡民。此外，"间有外省之人"到澳门进教，江苏的吴渔山等名士即为先例。由此可以想象澳门社会语言问题的复杂和丰富了。此外，在珠江口及澳门一带水域漂浮生存的"福（鹤）佬""疍民"，他们的俗语必然也会渗入澳门的华人和土生葡人社区。澳门昔称"蠔镜澳"，推想似由闽语之一兴化方言"蠔仔澳"的谐音变化而来。"仔"兴化音通"囝"，读音与"颈""镜"接近。闽中莆田沿海的兴化土话称"牡蛎"为"蚝"（即"蠔"）。蛎房在闽中曰"蚝房"②。"蠔仔"在妈祖故里的发音极接近"蠔镜""蠔颈"，记此姑备一说。

五、葡语生成及其克里奥尔化

葡人用两句名言描述海外扩张的历史动机和归宿："在非洲（摩洛哥）大动干戈"与"跟中国做生意去"；并且用"上帝领路，大海平静"来表达基督徒怜悯世俗处境的悲情诗意。文艺复兴运动为欧洲民族国家的兴起带来了希望的曙光。"语言是每个民族特性和智慧的反映；一个民族和她的语言往往是同时发展的。"（莱布尼兹）葡萄牙民族的崛起和葡萄牙语的生成就是一个极好的例证。

葡语是在 15 世纪中期到 16 世纪中期最终形成的，而当时地理大发现及在其他大陆的扩张，也使葡萄牙民族在政治上充分区别于其他民族③。

据说葡语是航海者的语言，首先深受葡人生活方式——大海与航行的影响。例如，不少航海词汇来自地中海中世纪居民通用的语言之一法兰克语，而法兰克语可能受阿拉伯人的影响，阿拉伯人可能又是从中国人那里学到的。伊斯兰文化被伊比利亚半岛的基督教徒所直接吸收，进而成为葡萄牙航海文化

---

① 转引自《澳门记略校注》，澳门文化司署 1992 年版。

② 参见程湘清主编《宋元明汉语研究》，山东教育出版社 1992 年版，第 497 页。

③ 参见雅依梅·科尔特桑《葡萄牙的发现》（第六卷），中国对外翻译公司 1997 年版，第 1502 页。

（包括语言）最突出的特点①。

如果说，葡萄牙人的航海事业对人类文明史影响最大的时期是在 16 世纪中叶至 17 世纪中叶那 100 年间，那么，那段辉煌的历史正是与澳门开埠之后的一个世纪联系在一起的。16 世纪初的葡语，尤其是老百姓的日常话语，现在只能在德瓦斯孔塞洛斯的三部喜剧中去领会了，它们包括了数百个航海词汇。传说卡蒙斯（澳门华人称其为"贾梅士"，系粤语音译诗人之雅号）在澳门开埠之初到过澳门，他在白鸽巢岩洞写下的《卢济塔尼亚人之歌》（或译《葡国魂》）而被誉为葡萄牙民族语言的不朽典范。直至今天，葡萄牙人仍一如既往，像 18—19 世纪欧洲民族主义者那样，强烈地把民族语言同民族荣誉联系在一起。

葡人立国时（1143），使用称为 Galego – Português（加利西亚—葡萄牙语）的一种方言，到第六任葡王迪尼斯（Dinis，1279—1325）规定一切官方文书必须用葡萄牙本国语言，遂使葡语成为葡萄牙国语。葡语起源于拉丁语，但早在罗马化时期，伊比利亚半岛各地就有自己的方言俚语，使葡语的形成具有本民族的风格特点。例如葡语既有直接从拉丁语继承的一种动词时态，即 mais-gue-pefeito-simples（简单先过时），也有拉丁语系其他语种所没有的 infintivo pessoal（有人称"不定式"）。据说，这个时态是葡语的创新，它使不可复位的动词不定式具有各种人称形式，可使思想表达显得更简练明确。葡语历经七个世纪的扩充发展，就其使用覆盖地域而论，迄今已成为世界上使用最广泛的语种之一，成为一种世界性语言了。

如果以现时葡萄牙语系包括欧洲葡语、美洲葡语和非洲葡语这三个分支作为参照系，做沿流溯源的观察，我们将惊诧地发现亚洲葡语尤其是澳门土生葡语的历史失语症现象。

葡萄牙开辟印度洋航线"发现"远东的历史性进程，跟葡萄牙语的扩散传播和各地语言的混杂蜕变关系明显。这种历史语言现象涉及民族变体和语言变体问题。自 15 世纪以来，葡语随着葡人殖民地的扩张在殖民地的渗透过程中被各种方言"边际化"了，因而出现了葡萄牙民族语言在殖民地的历史失语症现象。具体地说，这就是所谓的"洋泾浜化"和"克里奥尔化"现象。

"克里奥尔"（creole）一词来自葡萄牙语"crioulo"，原意指在殖民地出生并长大的欧洲后裔，后来该词也用来指在这些地区土生土长的人，最后又用

---

① 参见雅依梅·科尔特桑《葡萄牙的发现》（第六卷），中国对外翻译公司 1997 年版，第 1057 ～ 1058 页。

来指他们所讲的语言①。

洋泾浜就是在没有共同语言而又想相互交际或做生意的人中形成的一个交际系统。大部分洋泾浜是以欧洲语言为基础的，这反映了殖民主义的历史。克里奥尔语是成为某一社会集团母语的洋泾浜语②。洋泾浜克里奥尔化的转变意味着语言结构的大规模扩展——特别是在词汇、语法和风格方面，因为克里奥尔语必须应付一种母语应当完成的日常需要。就其性质而言，洋泾浜是一种辅助语言，是在更完善的本国语言结构基础上习得的，而克里奥尔语自身就是一种母语，其发展是以放弃当地原来使用的其 WB 语言为代价的③。

世界上的洋泾浜和克里奥尔语的相似之处是因为它们有一个共同的起源，15 世纪葡萄牙的洋泾浜语就是源自地中海的混合语塞比尔语，据说葡人在非洲、亚洲和美洲探险时就是使用此种洋泾浜。换词假说提出的观点认为，四个世纪以来的克里奥尔化过程，"原始的葡萄牙克里奥尔语被英语化了"④。

据 F. 汉考克在 1971 年发表的对世界上 100 种洋泾浜语与克里奥尔语的资料，可以看到它们与葡语有渊源关系的大概有下列诸种：夏威夷洋泾浜/克里奥尔语、帕皮亚门托语、法语圭那亚克里奥尔语、尼卡利卡鲁洋泾浜语、苏里南布什克人语、巴西克里奥尔葡萄牙语、巴西普通话、特尔纳特语、佛德角克里奥尔语、塞内加尔克里奥尔语、几内亚海湾葡萄牙语、巴拉定语、塞舌尔语、斯里兰卡语、果阿语、印度葡萄牙语、马六甲葡萄牙语、新加坡葡萄牙语、雅加达葡萄牙语、马可斯塔语。

马可斯塔语又称"澳门话"，是一种以葡萄牙语为基础的克里奥尔语，受汉语词汇的影响，主要使用于澳门（Macau）。

六、澳门土生葡语蠡测

马可斯塔语即 Macaista，土生葡语写作"Maquista"，最为传神的汉译应为"马交意思达语"，即澳门人（土生葡萄牙人）的澳门话（Macaense）又称"Patuá 语"。

曾旅居澳门十多年对澳门土生葡人潜心研究而成为知名的澳门问题专家 A. M. 阿马罗教授认为，澳门土生葡语是一种"古老的、别具特色的澳

---

①　参见 D. 克里斯特尔《剑桥语言百科全书》中译本，中国社科出版社年版，第 152 页。

②　参见 D. 克里斯特尔《剑桥语言百科全书》中译本，中国社科出版社年版，第 152 页。

③　参见 D. 克里斯特尔《剑桥语言百科全书》中译本，中国社科出版社年版，第 152 页。

④　参见 D. 克里斯特尔《剑桥语言百科全书》中译本，中国社科出版社年版，第 153 页。

门土话"：

> 这种语言融合了现代葡萄牙语中已不再使用的陈旧词汇和主要是亚洲语族的词汇。这种语言可能是在葡萄牙语成为流行于东方的共同交际的混合语时形成的。一些学者对亚洲各地尚存的一种类似于澳门方言、从某种程度上来讲与佛德角克里奥尔语相似的土语进行了研究。这些地方为马六甲、锡兰、印度尼西亚（弗洛勒斯）和长崎。在长崎，一些葡萄牙语词汇仍在使用。①

据说，澳门土生男士早就失去使用土语的能力，迄今主要是下层社会和在上海及香港处于隔离状态的澳门人社团中的女性还能讲这种土语。这种土语，原来是澳门土生人世家的太太们因与其收养的孤儿（妹仔）用汉语方言沟通有困难，于是在折中的对话里产生了这种土生女性创造的 Patuá 方言。

澳门土生葡人生态的研究者、语言学家白姐丽（或译"巴塔亚"）编著的《澳门方言生僻词词典》收录了 426 个非葡语词源的词。其中，来自汉语词源的有 75 个，占总数的 17.6%（此项排除了目前流行使用的纯汉语词）；来自印度—葡萄牙语及马来—葡萄牙语词源的有 86 个，占 20%；来自英语词源的有 32 个，占 7.5%；来自马来语词源的有 151 个，占 35.5%②。从统计数字可见马来语对澳门土生方言影响较大。阿马罗认为，其原因在于近几个世纪中，因禁止使用华人作为奴婢，在澳门家庭中任仆人的多为帝汶和马来女奴③。由此可见，澳门土生方言的词汇很大一部分是洋泾浜混合语，原来就是一种"不属于任何人的母语"④，是好几个世纪前奴隶贩卖和殖民主义的副产品。其实，有些看似汉语词源的洋泾浜英语，如"wok"（镬）、"yumcha"（饮茶）、"dim-sim"（点心）、"like a pakapu ticket"（不可思议）里的"pakapu"（白鸽票），其来源应是从广州方言转为葡语的洋泾浜语而被英语所借用。像"wok"这个词，肯定是从贩卖佛山制造的铸铁锅（广州方言叫作"镬"）而来——葡人早在前清就已包揽了从澳门转运出口佛山镇名牌产品生铁铸的生意。而

---

① 安娜·玛里亚·阿马罗：《大地之子——澳门土生葡人研究》，澳门文化司署 1993 年版。

② 参见白姐丽《澳门方言生僻词词典》，第 64～65 页。译文中百分比有误算者，已做校正。

③ 参见安娜·玛里亚·阿马罗《大地之子——澳门土生葡人研究》，澳门文化司署 1993 年版。

④ Zeonard Blomfuld. *Language*, 1955, p. 473.

"白鸽票（读若'标'）"这一赌博方式是从晚清广东地区"闱姓"赌博品种演变而来的，如今仍在澳门公开举行，不过已用数目字代替了"天地玄黄宇宙洪荒……"而已。

当然，倘若对澳门土生方言的词汇生成来源做历时宏观的比较研究，可能会有更广阔的视野。就以汉语而言，中国北方的汉语多受阿尔泰语的影响，南方的多受南亚语和泰语的影响。方言的形成和民族迁移史息息相关。美籍华人语言学家王士元教授的"词汇扩散理论"认为，语音变化本身往往是突变的，而整个语言的词汇里都是渐变的，是通过一个一个的词而实现的渐进式的改变。由于方言之相互影响，经常会发生双向的扩散①。如果能对中国南方水域（浙、闽、粤沿海）的"鹤（福）佬""疍家"的方言词汇与土生方言中的马来词源词做词汇扩散的比较研究，或许对澳门土生方言的生成将会有新发现。我们从日本的斋藤（Saitou）和中国上海的赵桐茂主持的中国人口的生物学研究获知，跟一个汉族群体有着最密切关系的往往并不是汉人，而是某个其他民族的群体。他们在地理位置上的接近起了重要作用，因为一个群体更可能和邻近的民族在语言和生物学上相互影响。事实上，共享一种语言常常是产生这种更亲近关系的最重要的前提②。

本托·达弗兰萨认为，在澳门人这一群体中主要拥有蒙古人的基本特征，同时具有欧洲人、马来人、卡拉那人的外形，它是种族和由多次偶然通婚产生的亚种族的产物③。阿尔瓦罗·德格洛、马沙多认为澳门人是同日本女人、马六甲女人乃至近期同中国女人通婚的产物④。埃·布拉藏则指出，澳门人有相当的一部分人具有明显的中华民族的特征⑤。澳门的文德泉神父则集各家之成果并对澳门教区档案进行深入研究之后，认为澳门人是葡萄牙男子同中国女子通婚的产物⑥。

上列几位专家发表研究成果的年限说明了作为研究对象的历史背景极大地

---

① 参见沈钟伟《词汇扩散理论》，见石锋编《汉语研究在海外》，北京语言学院出版社 1995 年版。

② 参见石锋编《汉语研究在海外》，北京语言学院出版社 1995 年版。

③ 参见本托·达弗兰萨《澳门，其居民及其同帝汶之关系》，里斯本国家出版局 1897 年版，第 197 页。中译转引自安娜·玛丽亚·阿马罗《大地之子——澳门土生葡人研究》，澳门文化司署 1993 年版，第 10 页。

④ 参见阿·德·马沙多《澳门记事》，里斯本费雷拉书店 1913 年版，第 651 页。

⑤ 参见埃杜阿尔多·布拉藏《上帝在中国圣名之城，无比忠贞》，里斯本，海外总局 1957 年版，第 71 页，注 50。

⑥ 参见文德泉神父《澳门人—澳门》，澳门官印局 1965 年版。

限制了观察者的视域。本托·达弗兰萨在 1897 年、马沙多在 1913 年，而布拉藏在 1957 年，文德泉则在 1965 年，几乎恰好划分了 20 世纪之前和 20 世纪上半个时段之不同时期的澳门土生人之人类生物学方面的变异情况。安娜·玛里亚·阿马罗认为，"早期定居澳门的世家的子女的母亲大部分可能是欧亚混血儿"。她引证的注文列出 1561 年熟罗尼莫·费尔南德斯神父的一则笔记说"在印度的葡萄牙男人喜欢择混血女人为妻"，以及在 1641 年马六甲落入荷兰人手中之后"可能许多欧亚混血女人从果阿到了澳门"，就以此为根据认为文德泉神父的说法是没有根据的①。

葡萄牙学者在不同时代研究澳门人的历史、人类生物学和语言变异之不同层面甚至引起争论的看法，为我们提供了本底十分丰富的澳门历史语言文化层积蕴藏的勘探指标。必须迅速扭转无视或漠视澳门历史文化之学术价值的肤浅论调和粗疏作风，为的是抢时间去尽力弥补这一笔不仅属于澳门的或中华民族与葡萄牙民族的，甚而是属于全人类的极显稀珍的文化遗产。"应该不遗余力地有选择地保护有价值的语言学变异，就像保护数千年前文明进化的成果一样"，"每一种语言确实都是向我们周围世界敞开的窗口，给予我们的不仅是它今天的不同景象，而且还有它在很多世纪以前的情形的反映"②。

近几年，澳门的土生葡人语言艺术家们热衷于排演土生葡语话剧，追寻先辈们曾经世纪沧桑的"大洋洲国"的"东方遗言"——澳门话的痕迹。借用澳门土生艺术家马若龙创造的意念，可以这么说，"澳门皇朝"（它的权力中心被隐喻为"利玛窦之魂"）俱往矣，澳门土生精英们早就沉入了"世纪追魂之梦"，形成了一种类似于后现代主义的历史延宕与现实并置的人类学（博物志）话语。

1999 年 9 月，澳门葡人继"贾梅士日"之后，举办了迄今澳门史上唯一的一次"世界诗人联盟大会"。与会的李淑仪小姐（澳门文化司署学术研究暨刊物出版处处长）用法、葡、汉（粤语和普通话）混合语言做了一个有关澳门土生文学特色的报告，引起与会学者尤其是诗人们的极大兴趣。幻灯机投映了一首土生歌谣《中国新年》，让来自欧美和中国的学者、诗人可以直接领会"澳门土生话语"的民谣风韵及其特有的含混技巧。这首歌盖保存了不少原型的澳门土生修醉风格和克里奥尔化词语，然而它只是土生诗人阿德收集的所有土生歌谣中的一首而已。截至目前，尚未有人对阿德的珍藏做深入系统的发掘性研究，殊为遗憾。

---

① 参见阿马罗《上揭书》第 11、第 109 页。
② 参见阿马罗《上揭书》，第 22 页。

七、《台风之乡——澳门土生族群动态》反映的澳门土生族群动态

《台风之乡——澳门土生族群动态》（以下简称《台风之乡》）中译本被澳门文化司署列为"澳门文化丛书"之六，于 1995 年出版。它是贾渊（João Pina Cabra，英国牛津大学人类学博士、里斯本社科院研究员、葡国人类学协会创办主席、欧洲社会人类学协会创会人之一，擅长于家庭与族群范畴的研究）和陆凌梭（Nelson Lourenso，新里斯本大学社会学博士，该校社会人文科学系教授，葡国社会学协会咨询委员，葡国科学团体联会副主席，系研究葡萄牙与阿速尔群岛、澳门、安哥拉专家）于 1989—1992 年合作完成的反映澳门土生族群动态的研究成果。

此书的重要信息是剖析澳门土生葡人在过去 20 年急剧变化之中族群世代面向历史严峻挑战的应对能力。这一小群自诩的"澳门人"（Macaense）或"远东葡裔"是东西方历史多个世纪交融的产物，作者认为其中的丰富成果和相互裨益只有经过"那些惊人的周期性动乱"才能够加以冲量。这种被表述为澳门土生葡人族群"遇期性动乱"的情景，用"台风"现象来加以形容，乃指"澳门历史上不时出现的正统性危机"，其客观规律"显示它们实在是结构性现象"①。澳门土生葡人族群被描述为"两种文化历时几个世纪对话的产物"，在澳门过往沧桑变化的各个历史时期里，就像台风过境的前前后后，这一族群表现出典型的适应能力和复苏能力，"他们给予人文科学的主要信息乃族群身份具有随环境变迁的特性"，他们的各个世代与澳门华人相比显得人数单薄，但他们仍然不失为澳门社会的主要"导标"（Vector）之一②。《台风之乡》一书是难得的最为切近澳门历史性剧变前夕所做的反映澳门土生葡人历史性转型的调查报告，含较高的客观真实性和不可替代的时效性，笔者在《澳门：从历史失语症看跨世纪文化整合》一文中已有简短的引述，然而，鉴于其所提供的信息不可多得，实应引起人类学者及人文、社会诸多学科研究者的重视，谨此将其重要内容详加摘引，务必将其所反映的 20 世纪后期澳门土生族群动态的真实情况作为一面历史的镜子客观地"立此存照"。

---

① 贾渊、陆凌梭著，陈洁莹译：《台风之乡——澳门土生族群动态》，澳门文化司署 1995 年版，前言第 3 页。

② 贾渊、陆凌梭著，陈洁莹译：《台风之乡——澳门土生族群动态》，澳门文化司署 1995 年版，前言第 4 页。

从文化角度考察澳门人文现象的复杂结构，主要围绕着两个轴心，一个是族群方面的，另一个就是语言方面的。

20世纪40—50年代澳门土生葡裔逐渐混合了同裔繁殖婚姻脉络和跨族繁殖婚姻脉络。从60年代起，澳门的天主教教会改变了它的传统方针，开始采用一种较有中国文化色彩的宗教仪式。这就是说，土生成员的家庭根源可以产生于上述两种不同脉络，而这些人却共同建立了一个族群身份和分享一种群体利益感。这种情况的成因乃澳门社会结构的动荡本质①。到了70年代，由于主流婚姻策略起了重大变化，古老世家与后起家族之间恒久以来因族群内在区别和歧视系统所引起的对立状况逐渐瓦解，而华人中产阶级依然是一个庞大族群体系的一部分。结果，到了80年代，两个来自不同族群的中产阶级经历了一次称得上是阶级位置辐合的现象。

在20世纪80年代出现了一代新的土生行政人员，都是在澳门公立中学毕业去葡国留学的，凭着他们重建族群的专利，其显赫程度自香港成立以来史无前例。此外亦出现了一批精力充沛的精英分子，包括文化推广人士、作家、编辑和设计师。这其实是一次对澳门历史的重新评估，反映出一个新土生族群模式在80年代成形。从此，土生族群不再以西方天主教文化和葡国殖民模式的前卫者自居，现在他们自视为一个独立的族群，同时有别于华人和葡人，是中国和欧洲殖民领域交接处几个世纪以来文化对话的产物。就这样，面对华人中产阶级的强力竞争，土生族群把自己的存在正统化，不再以殖民政权的法律为依靠，而是以澳门对中国在历史上的贡献为依归。这个论调在20世纪90年代渐趋成熟，同时也慢慢为葡语社群所接受。这是掌权一代的土生精英，他们在政治上和文化上的影响力与日俱增。从20世纪80年代起，土生族群用来保障族群专利的本钱再也不是"葡人性质"，而是沟通不同族群的能力。一句话，就是他们会说广州话和说写葡语的"专利"技能。

20世纪80年代在澳门受教育的土生族群甚至认为他们的将来与华人中产阶级已经不可分割。那些青少年人的敌对情绪甚至已从华人身上转移到葡人身上。据调查，1988年在葡文中学发生了一场骚乱。当时肇事的土生学生们的主要口号是："我们不是中国人，亦不是葡国人，我们自成一族。"他们与其法当时操权一代在50—60年代受教育时与葡人精英子女认同，不如与他们保持距离。根据另外一些在场的学生说，与闹事学生敌对的人主要来自葡国，父

---

① 参见贾渊、陆凌梭著，陈洁莹译《台风之乡——澳门土生族群动态》，澳门文化司署1995年版，前言第45、第49页。

母都在政府部门任高职①。

　　上述情况反映了自 20 世纪 60 年代至 80 年代澳门土生族群两代人——所谓"操权一代"和"冒起一代"（或称"精英代"和"新生代"）随着澳门当代历史的急遽变化而发生的政治态度的转向。而土生族群在婚姻策略与实践上亦产生相应的转变，他们探取了一个与"新冒头华人中产阶级"融合的族群策略。澳门新的社会政治环境引起异常敏感的反应，以前为了尽量提高"葡人性质"政治本钱的联姻策略，即同裔繁殖婚姻脉络变得过时。在 1970—1974 年间，大部分婚事（56.32%）都属同裔繁殖脉络。在 1975—1981 年间，土生互相通婚的百分比随即降至 34.41%，在 1982—1986 年间再降至 33.65%，最后，在 1987—1990 年间只有 19.75%。这一变化过程从澳门主要的两个天主教堂区证婚记录就一目了然。1661—1990 年，圣安东尼堂和老楞佐堂共举行了 1450 宗婚事，其中 5% 至少有一方新人属于外来族群（巴基斯坦、菲律宾、英国等）。而在 1961—1974 年，双方新人都是华人的婚事所占的百分比与至少有一方新人是葡语人士（土生或葡人）所占的百分率所差无几，到了 1975—1990 年，前者的百分比已升为 64.08%，而后者则得 30.8%。一位老楞佐堂教区神父说："近年来出现了另一个现象，以前土生和华人甚少通婚，现在则非常普遍。我估计在我们这个教区里土生和华人结合的婚事可能高达 80%，而且在性别分配方面很均匀，男土生娶女华人和女土生嫁男华人都有。另一个特色就是这些婚事混合了不同宗教，即是教徒与非教徒通婚。……去年和前年，教区里有三分之二的婚事是宗教混合的。而在两年前 36 宗婚事中则有 17 ～ 19 宗是混合的。"②

　　对澳门土生族群语言文化变异的考察，《台风之乡》的作者做了比较深入的调查。这项工作倘在今天就不可能进行了，因为许多昨天还存在的事物一夜之间已不可追踪，这就显现出贾渊和陆凌梭当年在澳门进行土生语言个案调查的重要性。

　　澳门土生族群在 19 世纪即已生活在一个多语化的交际环境里，而一般在家里则用自家的土生话（Patoá）。到了 20 世纪，尤其是两次世界大战之间，随着殖民时代的开始衰弱，土生话渐形衰弱，现代标准葡语逐渐成为澳门土生身份性的语言。两名在 20 世纪 20 年出生的土生葡人回忆说：

---

　　① 贾渊、陆凌梭著，陈洁莹译：《台风之乡——澳门土生族群动态》，澳门文化司署 1995 年版，前言第 68、第 70 ～ 71、第 73、第 75 页。

　　② 贾渊、陆凌梭著，陈洁莹译：《台风之乡——澳门土生族群动态》，澳门文化司署 1995 年版，前言第 94 ～ 95 页。

澳门的土生会说葡语，……说几个葡文字（词）、几个英文字（词），不断混合两种语言表达自己，而所说的葡语带有浓厚的土话口音——我们叫作土话的与巴西话很接近，是古老葡语。

　　土话是一回事，不纯正的葡语又是另一回事，因为土话其实是很好听的。我们那时候（指"二战"前）有一个习惯，就是在嘉年华时节用土话演话剧。都是中学生，有些毕了业还回来，但都用土话演戏，非常有趣。

　　然而到了 20 世纪 70 年代，澳门土生族群成立了土生教育协会（Associação para a Promoção da Instrução dos Macaenses，APIM）时，那里用的语言不是他们的母语。即使当时年纪最大的被调查者（在 20 世纪初出生）都强调他们的母语是和乳娘说的语言——广州话。问题就在于 20 世纪 60 年代中出现了另一项变化，就是广州话方言电视节目的强大影响。据说，这项变化"大大改变了土生社群的教化形式"，竟使年轻一代觉得"说广州话方便多了"，竟导致那些学识较低的土生青少年在说葡语时"感到有点自卑"①。

　　由此可见，20 世纪土生族群已开始逐渐转向一个融合中华文化和葡萄牙文化的"双语综合文化体系"的生存态势，而这种混合文化的最有力证据就是土话的存在。显然，蒸气轮船抹杀了澳门土话，把澳门和其他葡语地区的地理距离缩小了。在 1974—1982 年间，土生的混合体文化已沦为博物馆样本，情况演变到在澳门已很难吃到典型土生食品的地步。"今日年轻人的文化综合性基本上是香港华人现代文化的综合性，主要是中国根源和一些西方大众文化元素的结合，再加上一些日益零散的葡国文化影响。"②

　　一位冒头一代的青年前往里斯本去读大学的前三天，他的母亲把他带到观音堂盼咐他叩三个头，他完全唯命是从。土生族群的日常生活里充满着各种源自华人文化而非西方文化的信念和象征性态度（迷信）。最能说明问题的是早在利玛窦时代就引起天主教派激烈争论的对"祭祖"礼仪的不同看法。

　　由于中国人的清明节和天主教的追思节在日期上非常接近，加上澳门的教会已不再反对华人拜祭祖先的风俗，因此这时，扫墓活动甚至施之于西洋墓园，几乎所有天主教坟墓都受到拜祭，那些被后人视为华人祖先的坟前都有祭

---

　　① 贾渊、陆凌梭著，陈洁莹译：《台风之乡——澳门土生族群动态》，澳门文化司署 1995 年版，前言第 121～122、第 130 页。

　　② 贾渊、陆凌梭著，陈洁莹译：《台风之乡——澳门土生族群动态》，澳门文化司署 1995 年版，前言第 135 页。

品的痕迹。

贾、陆认为，这种看先人所属族群而异的祭祀方式正好说明了土生族群在文化行为方面的综合性，而华人文化传统较西方基督教信仰更能容纳这种态度。

一位土生人士本身也意识到自己这种暧昧的态度："土生族群非常迷信，这是有违天主教信仰的。就说一名土生警察，有一个关公神位，每逢喜庆、新年或新警署启用，他都前往拜祭……"作者分析上述事例，认为土生族群于20世纪80年代的文化综合性在本质上并非混合文化（Creolism）的一种形式，即是说它并没有成为一个具有独立结构的文化领域，反而是土生族群寻求面对两种迥异文化的一种处境——可以称之为"跨文化状况"，而这个状况乃土生个人身份问题所在①。

土生族群面对周围的广东人文化，实验一些新的认同形式。随着1999年来临，土生族群在处理自己个人身份方面也逐渐有了新的取向。他们实验新的解决方式，结果土生族群的本来定义亦随之改变了②。土生族群公开进行一种以前禁忌的华人模式综合主义。葡语再不是土生人之间的媒介语言，而冒头一代在一个非常牢固的广东文化领域中受教育。在20世纪的最后几年，澳门的族群关系面临一个重整的历史性契机，导致21世纪澳门土生族群去选择崭新的生存之道，"由于他们特别擅长沟通不同文化，假如澳门可以维持这几十年来的经济和旅游通道角色，那土生将大有可为，即使他们失掉在政府机构中的优越地位"③。

由于《台风之乡》的撰稿人一开始就拒绝采用"族群本质主义"的观点，而是将澳门土生族群看作"一个不停在变（应变）的个体"，其连续性既有赖于生活于澳门的成员之间的协调，更重要的是他们将如何继承历史的遗产去确立当下的生活态度及其对于未来的憧憬。而在1999年之后，"土生族群越发难以对付华人中产阶级排他主义态度"。然而，这并不意味着澳门土生族群的危机，反而会促使他们在这个大时代历史转型关头"变得齐心合力"。事实亦是如此，未来澳门社会发展倘若有土生族群聪明才智的主动投入和积极发挥，那

---

① 参见贾渊、陆凌梭著，陈洁莹译《台风之乡——澳门土生族群动态》，澳门文化司署1995年版，前言第136～137页。

② 参见贾渊、陆凌梭著，陈洁莹译《台风之乡——澳门土生族群动态》，澳门文化司署1995年版，前言第138～139页。

③ 参见贾渊、陆凌梭著，陈洁莹译《台风之乡——澳门土生族群动态》，澳门文化司署1995年版，前言第178～179页。

必将令举世无双的"澳门文化特色"显得愈加鲜明精彩！

八、澳门街华人方言小考

索绪尔认为，"每种语言都属于具有特定渊源的特定的民族，使它有别于其他各种语言；这相当于研究语言与人种有关的那些问题"①。然而，相同人种即使同为汉族的澳门华人，在近代史上亦表现不同的文化状况，这就引来了民俗语言学感兴趣的问题。以澳门作为民俗语言学的考察对象，寻找语言变化的民俗本质和差异，例如，方言词、俗语、习惯语、禁忌、招呼、事物名称等的出现，往往与民俗有关，即使在方言语音上的微妙变异，都有其与历史和地域（包括历时性和共时性方面）错综复杂的原因。

20世纪20年代的澳门还只不过像一个大村庄或像一个小市镇，因此一直被称为"澳门街"。澳门华人最初的族群是以陆地居民和水上居民作主要区分的。据说，澳门开埠之前望厦村已有闽人寄居（或者已有的被称为"客家人"的珠江三角洲移民），而相传明万历时随闽商贾舶带来妈祖神像的可能包括莆田人（水手）和漳泉人（客商）。庞尚鹏亦指出，澳门开埠之后，闽粤商人趋之若鹜，"其通事多漳、泉、宁、绍及东莞、新会人为之，椎髻环耳，效番衣服声音"②。到明末，卢兆龙奏书指出："闽之奸徒聚食于澳，教诱生事者不下二三万人；粤之盗贼亡命投倚为患者不可数计。"③ 澳门城内以怀、德二街为中心的华人商业区和城外华界村庄（望下村、妈角、沙梨头及龙田村以及水上浮宅）得以逐渐形成。

我们从吴渔山（1632—1718）《三巴集·澳中杂咏》中的若干诗句亦可窥见当时澳门华人方言的驳杂情形："一曲楼台五里沙，乡音几处客为家。"（第二首）"黄沙白屋黑人居，杨柳当门秋不疏。夜半置船来泊此，斋厨午饭有鲜鱼。"（第三首）"晚堤收网树头腥，蛮蜑群沽酒满瓶。"（第七首）"来人饮各言乡事，礼数还同只免冠。"（第七首）而其《圣言诗》第二十六首则云："门前乡语各西东，未解还教笔可通；我写蝇头君写爪，横看直视更难穷！"吴渔山是从上海到澳门圣保禄学院向耶稣会士学道的，他除了会说南京官话和江南

---

① 索绪尔：《给安托万·梅耶的信》（1894年1月4日），见《索绪尔研究》第21卷（1964），第93页。转引自詹姆逊《语言的牢笼》，南昌百花洲文艺出版社1995年版，第10页。

② 《明史·佛郎机传》。

③ 《崇祯长编》卷三四，崇祯三年（1630）五月。

方言之外，还必须学听学讲葡萄牙、拉丁等外语。他听到的还有黑人说话、土生葡人说话、日本人说话以及闽粤各种方言包括"鹤佬"和"疍家"的"水上人"说话。

"鹤佬"原指"福佬"。"福佬话"并非等同于明、清时期的闽语或现今的闽语。明、清时期澳门闽籍华人讲的方言主要是指漳泉潮商人常用的闽南话和与之地域比较接近的潮州话，另外还应有闽夏商船（俗称"大眼鸡"）的水手之间使用的妈祖家乡的方言——兴化方言。而"鹤佬话"则是从兴化话、闽南话、潮州话等混合变异而成的一种闽籍（包括广东潮汕沿海）水上居民的小方言。广东沿海盛行"鹤佬话"是在晚清以前的时代，盖与福建海盗猖獗海上有关。据说，"鹤佬"在澳门主要集中在 Taipo（凼仔）地区①，而在鸦片战争之前，那些离岛并不属澳葡管治，它们正是海盗出没的大本营。

澳门的"浮宅"渔户由疍家构成主体。到 20 世纪 80 年代中期，"在澳门估计有近一万名的水上渔民，他们一直栖居在船上"。

澳门土生方言有称呼疍家妹的专用词语"as tancareiras"（疍家雷拉），而这个词的阳性形式"tancareiro"（疍家雷洛）也可以扩大到泛指所有水上渔民②。很显然，土生词"tancareiras"系疍家话（粤语）"疍家来啦"此一招呼语的直接音译。以此亦可推测，澳门土生方言里当融入了不少疍家用语，尤其是在渔民生活和渔产交易中常用的词语，自然会被土生葡人所讲的"家佣中国话"（Chinês das amas）或称"澳门街华语"融合吸收而成为土生方言词汇的重要组成部分。

宋朝周去非《岭外代答》谈及广西钦州疍人"以舟为室，泛海而生，语似福广，杂以广东西之音"。可知早在宋代，闽粤方言已是疍家话吸收的对象，这跟疍家的"浮家泛宅"历代漂泊于闽江口、珠江口、北部湾的广阔近岸海域有关。疍家话的特点以原属广东香山县的珠海斗门上横水（此处正是在澳门开埠之前葡人走私集贸场所浪白滘范围）的"水上话"为典型。例如：无［n-］声母，古泥母字多发［l］声母；广州话主要元音为［oe］的韵母，都分变成［ɐ］为主要元音，无［-y］、［-oe］一类的撮口韵母；广州话［oen］韵字在上横水话中读［ɐ］或［un］，如俊［tsɐn³³］，"春"［tsʻun⁴⁵］，

---

① 参见路易（Rui Brito Peixoto）《海上人家　陆地常客》，载《文化杂志》1987 年第 2 期，第 7 页。

② 参见路易（Rui Brito Peixoto）《海上人家　陆地常客》，载《文化杂志》1987 年第 2 期，第 14 页。

广州话相应的入声［oet］韵字则读［ɐt］或［ut］韵①。笔者曾在澳门路环岛谭公庙遇一老妪，她自言系斗门南水村人，亦为"水上人"，其口语较难辨别。最近，笔者偕一位台湾民俗学家专访路环岛九澳村沙湾三圣庙，庙旁张姓住家亦有一疍家老妪，口音也保存着"水上话"的腔调。1998年夏的一天，笔者和黄晓峰带广东省博物馆副馆长杨式挺教授到该庙考察，在附近沙湾滩头试掘，发现有明清瓷器碎片。而那座小小的三圣庙，它是否跟张保仔有关呢？看来，它可作为澳门疍家信俗的一个遗迹去追寻往事的踪影。

　　旧时，疍民一般文化水平较低，但世代相传的歌谣很丰富，珠江口一带的疍民世代皆盛行唱"咸水歌"，颇有乐府情歌之遗韵，其中亦不乏船工的苦力号子。冼星海幼时在澳门长大，母亲黄苏英女士就是疍家妇女，曾口授一首疍家苦力歌谣给冼星海，大意如下：

> 顶硬上
> 顶硬上，鬼叫你穷？！
> 哎嗬哟呵，哎嗬哟呵！
> 铁打心肝铜打肺，
> 立实心肠去捱世。
> 捱得好，发达早，
> 老来叹番好！
>
> 血呵汗呵，穷呵饿呵！
> 哎嗬哟呵，哎嗬哟呵！
> 顶硬上，鬼叫你穷？！
> 撞吓呢，留神呢，借光呢，
> 哎嗬哟呵，哎嗬哟呵！
>
> 顶硬上，鬼叫你穷？！
> 哎嗬哟呵，哎嗬哟呵！②

　　据说，这首苦力号子二三十年前在澳门码头的老船工和老搬运工劳作时仍可听到，哼唱者伴着劳动的节奏，随意更换吆喝呼号的话语，音调抑扬顿挫、

---

① 参见陈海洋主编《中国语言学大辞典》，江西教育出版社1991年版，第524页。
② 原载《冼星海全集》，转引自《文化杂志》（中文版）1996年第26期。

沉郁有力。

澳门华人群落通行粤语，即使是闽人（及别的外地人），也以会讲广州话为真正融入澳门华人社会不可或缺的认同指标。当然，这是指现在的情况而言，早在明清之际，澳门华人的"共通语"（而非"共同语"）则当作别论。20世纪后期澳门通行的粤语乃介于广州和香港之间的一种"粤海片（系）"白话。然而，在20世纪前期及明清时期，此地的粤语乃属"香山片（系）"粤语，那就是可以与土生土语做参照系的"澳门话"。

"澳门话"一般指世居澳门的香山（今包括中山、珠海）籍居民所讲的小方言，其主要语音特点是：无鼻音声母［n-］，凡古泥母字通读［l-］声母；［u］或［w］为介音的一类音，澳门话一般失落了［-u-］，如"过"［kɔ³³］（广州"过"［kuɔ³³］）；声调八个，平、去各分阴阳，上声一个，入声一分为三。

澳门街老居民的家庭直至现在还有保留讲石岐话的。其主要特点是：古疑母较完整地保留［ŋ-］的读法，如"鱼"［ŋi²¹³］；古溪母字不少仍读［k'-］（这部分字广州话读［h-］），如"可"［k'ɔ²¹³］；有介音［-i］、［-u］；齐齿、合口、撮口韵母在零声母的情形下，音节开头不带摩擦；声调六个，平、入分阴阳，上、去不分；有连续变调；高升变调35调可表动作完成、程度加深或尝试的意味，如："放工"［fɔŋ³³kɔŋ⁵⁵］（下班）—［fɔŋ³³₃₅kɔŋ⁵⁵］（下了班）①。

珠江三角洲自宋元以来移民渐多，操客家话的家族围海造田成聚落分布甚广，澳门亦受这方面的渗透，水上居民与种菜莳花者亦不乏使用客家话的，乃至四邑片（系）的莞城话、台山话甚至拉珈话（雅瑶话）还都有一定的人在使用。珠江三角洲的粤方言片中存在着闽方言岛，如原隆都地区（今中山市沙溪一带）的隆都话，就是受粤语影响的闽中（莆仙）方言变异形成的。明清以来不少隆都人在澳门谋生，迄今澳门就有"隆都同乡会"，澳门话里仍然存在着一个隆都话的小方言文化圈。

九、附录

澳门在20世纪最后十来年出现了史无前例的语言转用（双语化或多语化）高潮，葡人，尤其是土生葡人积极学习汉语普通话。在此之前华人，尤其是年青一代的华人为了争取当公务员，成百上千的学子都努力地去学习葡语、掌握葡语。因此，现在澳门社会上掌握双语（粤语—普通话、葡语—粤

---

① 参见陈海洋主编《中国语言学大辞典》，江西教育出版社1991年版，第523页。

语、葡语—普通话、英语—粤语、英语—普通话等）、三语甚至四语者比比皆是，使澳门成为一个语种样板丰富的语言岛。如果我们将调查对象范围扩大到想留在澳门继续从事本职工作的葡萄牙人（大多为专职人士或专家），就会发现不少人除能纯熟地使用多种欧洲语言（如葡萄牙语、西班牙语、英语、法语以及拉丁语等专用语言）之外，亦已热情地投入学习普通话的潮流，努力地模仿学习，其中大有人已会讲广州方言。而对于澳门的土生葡人族群来说，他们讲粤语已经驾轻就熟，学习普通话并不困难，进而使用汉字已经成为他们的抱负。语言转用（language shift）是语言功能的一种变化，是人类语言发展中的一种普遍现象。

　　语言转用有其深刻的社会历史条件，如人口密度与分布的变迁、族群关系的变化、民族的沟通融合，而根本原因当然是由于历史社会环境的变化。詹姆逊说："当什么都是历史的时候，历史这个概念本身似乎也失去了意义。也许这就是语言模式最基本的价值，即重新激发我们对时间这一基本因素的强烈兴趣。"（《语言的牢笼》）这表现为1999年12月20日澳门回归祖国这一关键时刻激发了澳门这个语言岛"语言回归热"的现象。

广东两阳方言词汇特点概说[*]

甘于恩　　容慧华^{**}

【提　要】本文试图归纳两阳粤语的词汇特色，为全面认识粤语词汇特点提供一些依据。全文分五部分：一、引言；二、两阳方言特有的方言词语；三、与广府片及周边方言的比较；四、与闽、客方言的比较；五、余论。

【关键词】粤语　两阳片　词汇　特点

一、引言

阳江市位于广东西南部，东与江门接壤，北与云浮市相邻，西面则是著名的石油城茂名市。阳江原为县级单位，1988 年年初成为地级市，辖江城区和阳东县（今阳东区）、阳西县、阳春市。面积 7859 平方公里，人口 250 万左右，市政府驻江城区。"两阳"乃一习惯的称说，指的是阳江、阳春两县，阳东、阳西两县则迟至 20 世纪 80 年代末、90 年代初方建置，故本文所指"两阳方言"即是阳江一带的粤方言，共涉及下列八个调查点：阳江_{市区}、阳东_{东城}、阳东_{雅韶}、阳春_{春城}、阳春_{春湾}、阳春_{潭水}、阳西_{织贡}、阳西_{儒洞}。本文试图归纳两阳粤语的词汇特色，为全面地认识粤语词汇特点提供一些依据。

二、两阳方言特有的方言词语

（1）两阳方言之所以可以独立成片，除了语音上个性明显之外（参见甘于恩，2008），词汇上的特色亦不可忽视。通过比较，我们发现不少两阳特有的、不见于其他各片的词语，如"窗户"说成"窗楞"，"脏"说成"乌⁼"（阳江_{江城}、阳东_{雅韶}、阳西_{织贡}）或"失人"（阳江_{江城}、阳东_{东城}、阳东_{雅韶}、阳西_{织贡}）、　"骂（人）"谓之"数（人）"（阳江_{江城}、阳东_{东城}、阳东_{雅韶}、阳

＊　本文原发表于《中国语文研究》2010 年第 1 期。

＊＊　本文作者甘于恩系广州暨南大学教授、博士生导师，时任暨南大学汉语方言研究中心主任。

西(织赞)，粤西只有临近的高州和化州（合江）才用"数"，估计借自两阳的可能性甚大。还有一些是本字暂不可考的单音节词，详见表1（加阴影处为特有词语，汉字旁加"＝"表示同音替代）。

表1　本字暂不可考的单音节词

方言点	词目				
	弯	累	拿	丢掉	系（鞋带）
广州	弯/曲	癐	攞/拎	掉/擗/扰	绑
阳江市区	□ŋuk²⁵	□noi²⁵	□no²¹	□mek²⁵/□sau⁵⁵	绑
阳东东城	曲	□noi²⁴	拎	擗	掏＝tʰou⁴²
阳东雅韶	□ŋok²⁴	□noi²⁴	□ŋa³³/攞	□au⁵⁴/□sau⁵⁴/擗/丢	□tʰou⁴²
阳春春城	弯	□nɔi³³	□ŋa³³⁵/□no²¹²/拎	擗/□teŋ³³	掏＝tʰou³¹
阳春潭水	弯/曲	□nuoi³³	拎/攞	□mɛk⁵/擗/□teŋ³³	□tʰou⁴²
阳西织赞	曲	□nuɒi²⁴	攞/□nen²⁴	擗	□tʰɐu⁴²
阳西儒洞	弯/曲	□nuoi³¹	攞	扰/麦＝mɐt⁵²	缚fɔk⁵²

关于"累"的说法，各地粤语以说"癐"或"够＝"为多，两阳各点多读为 [n(u)oi] 或近似形式，本字也许为"累"，但声调为阴去，与"累"略有不符，临近的新兴新城说成"□[nai]"，当为同源。

少见于其他区的说法还有："水果"在两阳说成"瓜子"，"蚊子"称为"蚊虫"，"苍蝇"则为"蚊子"，"水母"叫作"□tʰan²⁵㜵"，"短裤"或"内裤"说成"裤头"，"肥皂"叫作"咸枧"（阳东雅韶）或"泥枧"（阳春潭水、春湾），"倒掉"的常用说法是"车＝[tsʰe³³]"，"知道"用"知得"表达，"跳"曰"骤＝[tsau⁵⁵]"，"嘴馋"说"□[liap⁵]"，都颇有特色。

（2）两阳有的词语，反映出某些粤语点构词过程中的语音发展轨迹，其中有的是声母的变异，有的是韵尾音变，有的是合音，举例见表2。

表2　两阳方言中反映某些粤语点构词过程中的语音发展轨迹的词语举例

方言点	词目					
	拿	（已婚）女人	女儿	昨天	白天	别人
广州	攞/拎	婆㜷	女（变调）	寻日/琴日	日头	人哋

续上表

方言点	词目					
	拿	（已婚）女人	女儿	昨天	白天	别人
阳江市区	□no²¹	夫﹦娘/夫娘婆	妹仔/ □仔 fun⁴² tsɐi²¹	状﹦日	□paŋ⁵⁵ 日 jɐt⁵	侑 juk²¹
阳东东城	拎	夫﹦娘	□仔 fun⁴² tsɐi²¹	状﹦日	□paŋ⁵⁵ 日 jɐt⁵	侑 juk¹
阳东雅韶	□ŋa³³/攞	夫﹦娘	□仔 fun⁴² tsɐi²¹	状﹦日	□paŋ⁵⁴ 日 jɐt⁵	侑 juk²¹
阳春春城	□n̠a³³⁵/ □no²¹²/拎	夫﹦娘	妹仔	昨日	白天	人侑 n̠ɐn³¹ nuk⁵
阳春潭水	拎/攞	夫﹦娘婆	夫﹦娘仔/妹仔	昨日	到﹦日	人侑 n̠ɐn³¹ nuk⁵
阳西织篑	攞/□neŋ²⁴	夫﹦娘婆	房﹦仔	状﹦日	白日	侑 juk²¹

　　两阳词语的特色，还表现在读音规律上，如将广府片的［l］母读为
［n］，例如"攞"，阳江市区和阳春春城皆用□表示，音［no］，本字应就是
"攞"。类似的情况尚有读"拎"为［□neŋ²⁴］（阳西织篑）；将［pʰ］读为
［m］，例如"擗"（丢掉）阳江读作［mek²⁵］，本字也是"擗"，阳春潭水和阳
西儒洞等点的说法（阳西用同音字"麦"表示），与广州的"擗"都有衍化的
关系。

　　"已婚女性"称为"夫﹦娘"，"娘"可能是早期表性别的语素，但后来融
合成凝固化的双音节词，为了突出性别的色彩，又叠加了"婆"这一类后缀，
成为"夫﹦娘婆"，而"夫﹦娘"其实应来自"妇娘"，反映了古全浊上声派入
阴平的事实（云安六都、肇庆端州说"夫鱲"，其中心语素也是"妇"）。"女儿"
在阳江各地有一较土的说法："□仔"，《汉语方言词汇》（1995）写作"桓
仔"，"桓"取同音字而已，其实语源当系"妇娘"的合音，声调阳平，刚好
是"娘"的声调，"娘"弱化之后仅余声母 n-，附着到前一个音节，成为
韵尾。

　　"昨天"在阳春两点仍保留"昨"的入声韵尾，但两阳其余各点则读作
"状﹦"，韵尾变成-ŋ，这跟"日"的声母读法有关，早期粤语日母应是一个鼻
音性质的声母（现在四邑及粤西不少点日母仍读 ŋ-或 n̠-），这在两阳也可发现

其痕迹，"昨日"中"昨"的-k尾受了鼻音声母的影响，同化为鼻音韵尾，类似例子亦见于四邑方言（甘于恩，2003）。"白日"（白天）读成 [paŋ⁵⁴ jɐt⁵⁴] 也是同样的道理。

合音有一个典型的例子："别人"的说法在阳江等处说成 [juk²¹]，乃是从"人屋"合音而来，阳春两点"人□ [ŋɐn³¹ nuk⁵]"就是"人屋"，"屋"与"家"是同义词，"人屋"就是"人家"，"屋"带上鼻音声母，是受了"人"的韵尾的影响。类似例子还有阳东雅韶"屁股"的两种说法："屎窟"和"□ [siɛt²⁴]"，"□ [siɛt²⁴]"其实就是"屎窟"的合音。

三、与广府片及周边方言的比较

两阳方言西面与茂名所辖的电白、高州为邻，北面与新兴县等靠近，东面则与四邑方言接壤，所以词汇上与邻近方言都有一定的相似性，可以视为语言接触带来的相互影响。主要反映在如下几点。

（1）广府方言在粤语中属于权威方言，故不少次方言在词汇上深受广州话的影响，两阳方言亦不例外，体现为多种说法并用，一些较新的语词往往借自广州话。其中有的是固有词语，有的则是外方言词，如"女儿"阳江市区话既说"妹仔"和"□仔 [fun⁴² tsɐi²¹]"，也说"女"，前者是本方言固有的，后者则可能来自广州话。表3再举几个常见的例子。

表3 两阳方言中受广州话影响的词语举例

方言点	词目				
	对（正确）	（来）晚	擦	角（货币）	一床被子
广州	啱/对	晏	抹	毫	张
阳江市区	啱/**着**	晏/迟	抹/拭	毫	床/番
阳东东城	啱/**着**	晏	拭	角	张
阳东雅韶	对/啱/**着**	晏/迟	擦/拭/抹	角	张/番/床
阳春春城	啱/对	晏/迟	抹/擦	毫	张
阳春潭水	啱/**着**	迟	抹	角/毫	番（多）/床/张
阳西织贡	啱	晏/迟	擦/抹/拭	角/毫	张/番/床

"啱/对"是粤语的常用词语，"着"可能来自闽语；"晏"则粤、闽方言

共用;"擦""抹"粤语通用,但"拭"则闽语通用;货币单位"角"粤语多说"毫",而闽、客则用"角";被子的量词粤语多用"张","床/番"少用。

(2)有些词语意义和用法与茂名、湛江区内的粤语相似,如"嚼"不说"噍",意愿否定或静态否定不说"唔",而用"无"。(见表4)

表4 两阳方言中意义和用法与茂名、湛江区内粤语相似的词语举例

方言点	词目					
	嚼	不去	丢失	筷子	女婿	娶妻
广州	噍	唔去	跌(咗)/唔见	筷子	女婿	娶老婆
阳江市区	□ŋai²⁵	无去	无见/漏	筷箸	郎家	攞老婆
阳东东城	□ŋai²⁴	无去	漏	筷箸	郎家	攞老婆
阳东雅韶	□ŋai⁴²	无去	无见/漏	筷箸/筷子	郎家	攞老婆
阳春春城	□ȵai³³	无去	跌/无见	筷/筷箸	郎家	攞老婆
阳西织篑	□jai²⁴	无去	无见/漏	筷箸/筷子	郎家	攞老婆
茂名新坡	□ȵai³³	无去	打漏/漏嗲	筷箸	阿郎	攞老婆
电白七迳	□ȵiai³	无去	无见	筷箸	阿郎	攞老婆

此外,"猪肝"称为"猪湿"(讳称),也与粤西的电白羊角、高州西岸、廉江吉水以及吴川、化州等处的说法一致;"男孩"用"佬仔",除了两阳诸点(阳江江城、阳春春城、阳东东城、阳东雅韶、阳西织篑、阳西儒洞)外,附近的新兴天堂、四会市区和电白七迳也这么用。

(3)两阳也有一些词语与四邑、粤西一带方言有相似之处,这些相同的词语可能是早期共同传承于古汉语,也有可能是异族语言的遗留,还有可能是由于接触导致的语词借用(尤其是与两阳接壤的恩平)。两阳与四邑相类似的词语见表5。

表5 两阳方言中与四邑方言相似的词语举例

方言点	词目						
	辫子	哭	玩	埋	蘑菇	猪圈	死(贬)
广州	辫(高平调)	喊	玩/嫽	埋	蘑菇/草菇	猪窦/猪栏	瓜

续上表

方言点	词目						
	辫子	哭	玩	埋	蘑菇	猪圈	死（贬）
阳江市区	髻/髻仔	哭	□nek²⁵	埋	蘑菇	猪栏	善⁼
阳东东城	辫	哭	□nek²⁴	壅 uŋ³³	草菌/茅菌	猪六⁼	善⁼
阳东雅韶	髻	哭	嫽 lau²⁴	壅 uŋ³³/□tʰɐm⁴²	芽菌/草菇	猪六⁼	善⁼
阳春春城	辫	哭	耍	壅	蘑菇	猪窦/猪栏	—
阳春潭水	辫	哭	嫽	壅	蘑菇	猪六⁼	—
阳西织贡	髻/辫	哭	嫽 lau²⁴	壅	茅菌	猪栏	
台山台城	辫仔	哭	嫽 lau²¹	埋	蘑菇	猪栏	
新会会城	辫	哭	嫽 lau²¹	埋	草菌	猪窦	
鹤山古劳	辫/辫仔	哭	玩	壅	菌	猪六⁼	—
恩平沙湖	辫	哭	嫽 lou²¹	埋	菌	猪六⁼	善⁼

"辫子"说成"髻（仔）"的，只见于阳江、阳东雅韶、阳西三点［说成"（头）毛辫"的尚见于高州、廉江］。严格来说，古汉语"髻"与"辫"的内涵是不同的，不过随着"髻"这种发式的消逝，现在两阳一带的"髻"实际上用来指称"辫子"。把"埋"说成"壅"的，电白羊角、廉江、遂溪、封开罗董、高明三点、高要、高州、广宁、鹤山古劳等地也有类似的表达。"蘑菇"说成"菌"之类的，除了鹤山、恩平之外，整个粤西不少地方也这么使用，如封开、高要、广宁等地，其准确的含义是"生长在野外的菇类"，而"蘑菇"实为总称，在两阳各地日常生活中极少用到，一般细述为"冬菇""草菇""香信""金针菇"等。严格来说，"蘑菇"与其他说法之间是不完全对应的。"猪圈"说成"猪六⁼"，除了四邑各点外，其他粤语次方言多这么用，"六⁼"应该属于非汉语的成分（侗语 lungc"槽"）。而"死"带贬义说成"善⁼"，除了阳江、阳东外，恩平两点（江洲、沙湖）也这么用，应该是语言接触引起的。

（4）两阳和四邑一样，保留较多早期的粤语词，这些词语往往反映粤地

独特的风土人情和社会习俗，而广州等地随着现代化和都市化的进程以及普通话词语的影响，这类词语多已不存。（见表6）

表6 两阳方言中保留的早期的粤语词举例

方言点	词目				
	乞丐	盐	蝴蝶	蜻蜓	碗
广州	乞儿	盐	蝴蝶	蜻蜓（新）/螳尾（旧）	碗
阳江_{市区}	问米佬	上味	蝴蝶	棚 $^{=}$ □p^hɐŋ^{42}nei^{33}	碗/瓯
阳东_{东城}	问米佬	上味	崩沙	朋 $^{=}$ □p^hɐŋ^{42}nei^{33}	瓯（大）/碗（小）
阳东_{雅韶}	问米佬	上味	崩沙	鹏□nei^{33}	瓯/碗
阳春_{春城}	乞儿	盐	蝴蝶	螳尾	碗
阳春_{潭水}	乞儿	盐	蝴蝶	农 $^{=}$ □nɵi^{35}	碗/瓯（旧）
阳西_{织篢}	丐米佬	上味/盐/咸	崩沙（大）	□□nuɒŋ^{42}nei^{33}	瓯（大）/碗（小）
台山_{台城}	乞米仔	上味	崩沙	黄尾	碗
开平_{赤坎}	乞米仔	上味	蝴蝶	黄尾	碗
新会_{会城}	乞儿	上味	崩沙	□□nɒŋ^{22}nei^{22}	碗
恩平_{江洲}	乞米佬	上味	帮 $^{=}$ 沙 $^{=}$	禾蜊 vua^{22}li$^{21-215}$	碗
斗门_{井岸}	乞米仔	上味	蝴蝶/崩沙	□□lɵŋ^{21}ei^{34}	碗

　　"乞丐"称为"乞米仔（佬）"或"问米佬"，反映了旧时乞食以讨米为主的社会事实；"盐"称为"上味"，见于早期粤语；"蝴蝶"称为"崩沙"或类似形式，所指有所差异，有的方言点曰"崩沙"指"较大的蝶类"（阳西），有的点则指"菜丛中有白色翅膀的蝴蝶"（斗门_{井岸}）；"蜻蜓"在早期粤语（广州话）中的说法应该是"螳尾"，但现在的中青年中，则大多只熟悉"蜻蜓"，不过各地粤语则仍然保留与"螳尾"类似的说法，不管是阳江的"朋 $^{=}$ □"之类，还是台山等地的"黄尾"，都是来源于相同的早期形式。有的词语保持较早期的特点，则主要是通过语音来反映的，如"癞蛤蟆"两阳多说"蟾时 $^{=}$"（广府片用"蟾蜍"），一方面反映粤西一带粤语缺乏撮口韵的特点，另一方面则透露出早期粤语禅母字读擦音的特点。

四、与闽、客方言的比较

（1）两阳与茂名的闽语区域（电白）接壤，有些说法可能是由于语言接触而借入闽语的说法。如"对"两阳既说"啱"，又说"着"（阳江_江城_、阳东_雅韶_、阳西_儒洞_），刚好与粤西粤语几个点（信宜_东镇_、信宜_金桐_、电白_羊角_、廉江_吉水_、遂溪_北坡_、吴川_吴阳_、吴川_梅菉_）有相通之处——它们在地理上都与粤西闽语有较密切的接触关系，很可能是从闽语借入，这种借用在闽语居优势的县份体现得更为明显（如遂溪、电白）。当然，还有一种可能是两阳一带原来就通行闽语①，后来才被粤语所替代，现在一些与闽语相同的说法，乃是历史上闽语留下的底层（甘于恩、刘倩，2004），如阳江话"螃蟹"既说"蟹"，也说"蠘"，前者是粤语说法，后者则是闽语说法；"地豆"（花生）的说法与潮州话相同；"芽_儿_"另一说法是［jen²¹］（上声），与厦门话的"芛［ĩ⁵¹］"（上声）当属同源；"梗_儿_"的第三种说法是"枝"，只有厦门、潮州话也这么说；"刮风"说成"透风"则与潮州话一样；"吐"说成［pʰɛ⁵⁴］亦近闽语；"投掷"又说［kɔŋ⁴³］，跟泉州话［kɔŋ⁴²］相像；"擦"又说"拭"（与"擦"并用），都很接近闽语。证明阳江话历史上确与闽语有密切关系。《广东粤方言概要》也注意到两阳粤语词语与闽语相似的地方，举出一些与闽语相同的用词，比如"饮"指"米汤"、"咳嗽"说成"嗽"（詹伯慧主编、甘于恩等，2002），皆与主流粤语的说法不同，来自闽语的可能性甚大。这种影响还见于两阳的边界方言，如阳西_儒洞_白话"蜻蜓"说成"□□［soŋ³³ha²¹］"，系借自电白海话（闽语）sieŋ³³hɛ²¹。

有的说法虽然可能来自闽语，但词义已略有变异，如两阳将"煮（饭、菜）"说成［kʰɔ³³］饭这一说法当来自闽语，闽南话②将"煮（菜）"称为"□［kʰo⁴⁴］"，尤其指"煮鱼"，而两阳的词义已有所扩大。

（2）阳春市是两阳区内使用客家话人口最多的一个县级市，约有三分之一的人口使用客家话，数目超过28万（阳春市地方史志办公室，1996），主要分布在潭水、三甲、八甲、双滘、河口、山坪五镇一乡的大部分农村，永宁镇

---

① 闽语是阳西县的重要方言。阳西西南部的儒洞、沙扒和新圩等镇与电白接壤，相当一部分村庄讲"海话"（属闽语的闽南方言），上洋镇也有讲海话的居民，海话的使用人口为7万以上。儒洞的淡水以闽方言为主，只有少数说白话的人口（仅几百人）。

② 周长楫（2006）将"炣"（近音字）的使用地域限于厦门，通行地域稍窄，至少应增加泉州一带。

山区及漠阳江两岸的一些村落也通行客家话。阳东、阳西尚有少数区域使用客家话，人口仅两三万。故在阳春白话中，多少也可以发现一些客家话影响的痕迹，如阳春_{春湾}"一个人"称"一只人"，阳江_{市区}、阳东_{东城}、阳春_{潭水}"要"说成"爱"，都跟客家方言一样。比较典型的是"干"这一词大多说成"燥（熸）"①，且读音亦近于客家话：

广州	梅县	阳江_{市区}	阳东_{东城}	阳东_{雅韶}	阳春_{春城}	阳春_{潭水}	阳西_{织簀}	阳西_{儒洞}
ts^hou^{33}	ts^hau^{52}	ts^hau^{33}	（干）$tsau^{33}$	（干）	（干）$tsau^{33}$		$tsau^{33}$	
$tsau^{44}$②								

阳江市区"燥"有两个读音，另一个 $tsau^{33}$ 注明为"俗"（北京大学中国语言文学系语言学教研室，1989），应系口语读音。但"燥"《汉语方音字汇》阳江话注为［ts^hou^{33}］，可能是跟随广州话这个字的书面读法。

五、余论

（1）关于阳江方言的归属，传统上多将之归入高雷片或高廉片，如詹伯慧（2001）将它划入高雷片，李新魁（1994）将它归为"高廉片"，余霭芹（1988）则根据阳江话人称代词的特点，归之为"四邑两阳片"。不过诸家的分区并不能完全反映其特色。我们从阳江话词汇特点与相关方言的差异，也能看出一些端倪。

（2）阳江话尽管在人称代词上较近于四邑话，但在其他方面却与之有较明显的不同，主要表现在以下两点。

第一，四邑话在词汇上自成特色（甘于恩、邵慧君，2000），两阳方言也具有一些排他性的词语，如"乌""失人""数（骂）""窗棂"等；四邑话甚少"子"尾；四邑话的远指指示代词为"恁［neŋ/leŋ］"，阳江话则为"那"。

阳江市区话由于受广州话影响较大，词汇特征较之其他次方言③，显得略微靠近广府片，如"蘑菇""猪栏""绑（鞋带）"的说法同于广州话。不过

---

① 《汉语方音字汇》认为梅县［$tsau^{44}$］的本字是"熸"，臧曹切，"《说文》，'焦也'"，音义皆合，两阳的［ts^hau^{33}］或［$tsau^{33}$］，声调亦属阴平，与梅县［$tsau^{44}$］的声调切合。

② 黄雪贞（1995）"熸"［$tsau^{44}$］：干燥。

③ 阳春的春城、春湾由于受铁路交通的影响，显得更接近广府方言，如说"乞儿"不说"问米佬"，说"辫"不说"髻"，说"盐"不说"上味"等，另当别论。

就总体特点而言，阳江话与两阳的各次方言还是大致吻合的。

第二，在四邑方言中，与两阳相邻的恩平[江洲]话，在语音、词汇、语法方面多少显示出与两阳方言近似的一面，如"死"的贬义说法为"善="，这与阳江市区、阳东[东城]、阳东[雅韶]话都不约而同，恩平话完成体标志用"都="，也用［a］，但无论如何，恩平话的主体还是属于四邑方言片的。

（3）综合以上各点，再加上两阳粤语语音内部有较强的一致性（甘于恩，2008），足以令两阳方言与广府片、四邑片区别开来，故我们主张："将阳江方言独立为粤语大区之下的单独一片"（甘于恩，2006），称为"两阳片"。至于两阳方言与高州、廉江一带的方言，也有明显的差异（拟另文讨论）。它们之间的某些类同，多数是由于方言接触而造成的，也不能说明两阳方言应归为高阳片或高廉片。

【参考文献】

［1］北京大学中国语言文学系语言学教研室. 汉语方音字汇［M］. 2版. 北京：文字改革出版社，1989.

［2］北京大学中国语言文学系语言学教研室. 汉语方言词汇［M］. 2版. 北京：语文出版社，1995.

［3］甘于恩. 广东粤方言人称代词的单复数形式［J］. 中国语文，1997（5）.

［4］甘于恩. 广东四邑方言语法研究［D］. 广州：暨南大学，2002.

［5］甘于恩. 广州话"听日"的语源［J］. 中国语文，2003（3）.

［6］甘于恩. 广东阳江方言语法特点概说［Z］. 第三届汉语方言语法国际研讨会. 广州：暨南大学，2006.

［7］甘于恩. 广东两阳粤语语音特点概说［J］. 桂林师范高等专科学校学报，2008，22（2）.

［8］甘于恩，刘倩. 粤方言中的闽语成分［J］华侨大学学报，2004（3）.

［9］甘于恩，邵慧君. 广东四邑方言词汇特点［C］//第七届国际粤方言研讨会论文集. 北京：商务印书馆，2000.

［10］甘于恩，邵慧君. 广东西江流域粤语词汇、语法特点概述［J］. 华南师范大学学报，2003（3）.

［11］黄雪贞. 梅县方言词典［M］. 南京：江苏教育出版社，1995.

［12］李新魁. 广东的方言［M］. 广州：广东人民出版社，1994.

［13］欧亨元. 侗汉词典［M］. 北京：民族出版社，2004.

［14］阳春市地方史志办公室. 阳春县志［M］. 广州：广东人民出版社，1996.

［15］余霭芹. 粤语研究［J］. 语文研究，1988（2）.

［16］詹伯慧，甘于恩，等. 广东粤方言概要［M］. 广州：暨南大学出版社，2002.

［17］詹伯慧. 汉语方言及方言调查［M］. 武汉：湖北教育出版社，2001.

［18］周长楫. 闽南方言大词典［M］. 福州：福建人民出版社，2006.

粤语阳江话亲属称谓及其文化透视[*]

张蔚虹　　陈丹丹^{**}

【提　要】本文立足于汉语词汇视角，以方言亲属称谓词作为研究的切入点，按照中国传统的称谓体系对粤语阳江话的亲属称谓进行系统调查，并与周边粤语区方言点进行比较，探究粤语阳江话亲属称谓词的语言现象，透视其文化内涵。可以为岭南地区的方言与文化研究提供借鉴。

【关键词】粤语　阳江话　亲属称谓　岭南文化

一、引言

被称为中国训诂开山之作的《尔雅》，对古代"亲属称谓"进行了较为系统的训释。如《尔雅·释亲》："男子先生为兄，后生为弟；谓女子先生为姊，后生为妹。"这些称谓词在现代语言中有的仍在使用，但又有一些变化，这说明了"亲属称谓"既有继承又有发展。亲属称谓是社会语言生活中不可缺少的、使用频率较高的常用词，也是维系家庭和社会的重要纽带。

在汉语的词汇系统中，亲属称谓是非常重要的一个子系统，可以独立为一个小类。它是汉语研究的重要内容，也是社会语言学和文化学研究的重要内容，因为它反映了社会历史文化以及地域文化的特点，还体现了社会的宗法制度、血缘关系，是中华民族传统文化的根源所在。但目前对现代方言亲属称谓的研究还比较薄弱，成果较少。阳江话亲属称谓除了《阳江土音同音字汇》《阳江县志》的一些记载外，黄伯荣先生（2018）的遗著《广东阳江方言研究》中也收录了部分亲属称谓词。目前还未看到较为系统的研究成果。因此，从某种程度上看，选取阳江话亲属称谓研究就显得非常有意义。

阳江话隶属粤语的一个分支，传统上多将之归入高雷片、高廉片或高阳

　＊　本文为广东省哲学社会科学规划岭南文化项目（项目编号：GD22LN18）的阶段性成果。谨以此文纪念著名语言学家黄伯荣先生（祖籍阳江人）百年诞辰。

　＊＊　本文作者张蔚虹系岭南师范学院文学与传媒学院教授，陈丹丹系阳江职业技术学院图书馆教师。

片。如詹伯慧先生（2001）将它划入高雷片，多数主张归入高阳片。甘于恩先生（2010）则主张独立为"两阳片"（指阳江、阳春），并认为不管是从语音上还是词汇上，都足以使两阳方言与其他周边方言区别开来。我们同意甘先生的说法。本文立足于词汇视角，主要探讨粤语阳江片区的亲属称谓及其所折射的文化。调查范围主要以阳江江城区为调查点，因粤语是其主流方言，其他地区如阳西、阳春还分布有闽语、客家话，不属于本文的调查范围。我们在调查的基础上，再与周边粤方言点相比较，进一步探究粤语阳江话亲属称谓的古今变化及其隐含的文化现象。

二、粤语阳江话的亲属称谓体系

粤语阳江话亲属称谓，其称谓体系基本继承以父系为家庭中心的传统习俗。对于其亲属称谓的分类，我们在遵循古代对亲属称谓分类的基础上，并依据现代学者的分类标准，主要参考麦耘、谭步云（1991）按照辈分的长幼进行分类，借鉴胡士云（2007）亲属称谓系统和基本亲属称谓系统的分类标准，并结合阳江话亲属称谓独有的岭南文化特色，主要从长辈、同辈、晚辈三大体系进行简要考察。其中，称谓的类型包括面称、背称（也叫"叙称"）和他称（包括从夫、从妻、从子称）。现分别进行描述。

（一）长辈

阳江话长辈称谓见表1。①

表1　长辈称谓

关系词目	方言称谓	关系词目	方言称谓
曾祖父	太公	曾祖母	太
祖父	阿公　公　阿爷（背）	祖母	阿婆　婆　阿嫲　嫲
父亲	阿伯　阿叔　阿爸［pa²⁴］　爸 老窦＝［tɐu²¹］　阿爹（背）	母亲	阿妈　阿娘　妈　婶　阿奶

① 本文以"我"（家庭男性成员）为中心，考察上下三代。把"父/母系、夫/妻系"成员放在一个大家庭中按辈分考察，不再细分体系。重点调查现代祖孙同堂的大家庭中老、中、青三派常用的亲属称谓。对个别方言称谓词用于背称时后加"（背）"，面称和他称皆不注明。有些称谓字不太确定，用同音字代替，上加"＝"，如"府＝"，并标注音标。

续上表

关系词目	方言称谓	关系词目	方言称谓
丈人	外佬⁼［wui⁵⁴ lou²¹］	丈母	外母［wui⁵⁴ mou²¹］
公公	家公　老爷（背）　阿爸	婆婆	阿嫲　家婆（背）
伯父	伯	伯母	姆［mou²⁴］
叔父	叔	婶母	婶
姑父	姑爷	姑母	大姑_{父之姐}　阿姑_{父之妹}
舅父	舅	舅母	舅娘
姨父	姨丈	姨母	大姨_{母之姐}　姨_{母之妹}
继父	阿叔 继父（背）	继母	阿婶　背⁼底奶［pui²⁴ tɐi²¹ nai²¹］ 背⁼底婆　后尾奶（背）

　　长辈亲属称谓中，有的称谓有多个不同叫法，有的是面称，有的是背称，还有的是跟随子女或随夫/妻称呼。如"父亲"，称呼"阿爸"可以作为面称，也可以作为背称。"老窦"一般作为背称。这些长辈称谓中，有些是旧时使用的，如"继母"，称为"背⁼底奶"，现在已经不再使用，只是保留在文献中。

（二）同辈

　　阳江话中同辈称谓见表2。①

表2　同辈称谓

关系词目	方言称谓	关系词目	方言称谓
丈夫_吾	老公	妻子	老婆
哥哥	大佬⁼［tai⁵⁴ lou²¹］　哥［kɔ²⁴］ 大伯	嫂子	嫂　大嫂
弟弟	小弟［ɬiu²¹ tʰɐi²¹］	弟媳	弟婶　小婶
姐夫	姊夫	姐姐	大姊　大姐　姐　大姑

------

　　①　关于夫妻之间的称谓变化多样，年轻人之间一些新潮的昵称在南方也悄然兴起，因不适用于公开场合而不便列举。比夫妻年龄小的面称时一般都可以直呼其名，表2中不再注明。对于同辈的堂表兄弟姐妹不在表中显示，因为和"兄弟姐妹"的称呼大致相同。

续上表

关系词目	方言称谓	关系词目	方言称谓
妹夫	妹夫	妹妹	小妹
大伯子	大伯	大姑子	大姑
小叔子	叔仔	小姑子	姑仔
大舅子	大舅　大舅爷	大姨子	大姨
小舅子	舅仔　舅爷	小姨子	姨仔
连襟	佬＝襟 ［lou²¹ kʰiɛm³³］	妯娌	婶母（嫂婶）
亲家公	上门/下门亲家公（儿女有别）	亲家母	上门/下门亲家嬷

同辈称呼中，有些称谓是男女对称的。如"丈夫"，阳江话称"老公"，"妻子"，阳江话称"老婆"，沿袭了古时"公"可用于男性称呼，"婆"可用于女性称呼。有些称谓直接继承了古时的用法，如"姐姐"，用"姊"称呼。

（三）晚辈

阳江话中晚辈称谓见表3。[①]

表3　晚辈称谓

关系词目	方言称谓	关系词目	方言称谓
儿子	仔［tʃɐi²¹］	儿媳	新府＝ ［ɬɐn³³ fu²¹］
最小的儿子	细仔	最小的女儿	细妹
女婿	郎家［lɔŋ⁴³ ka³³］	女儿	桓＝仔［fun⁴³ tʃɐi²¹］ 夫娘仔
侄子	侄［tʃɐt⁵⁴］	侄女	侄女
孙子	孙［ɬun³³］	孙女	孙女［ɬun³³ nei²¹］
外孙	外孙	外孙女	外孙女
外甥	外甥	外甥女	外甥女

晚辈称谓中，阳江话比较单一，基本上只有一种叫法。而且晚辈称谓面称

---

① 表3中"新府"的"府"，有的记为"甫"，本字为"妇"。

时多直呼其名，尤其是孙辈的称呼，直呼名字。因此，此表称谓种类、数量较少一些。其中关于"女儿"的称谓，如果和"男孩"对称的话，"男孩"称呼"仔"，女孩称呼"妹仔"，皆指未婚的。如果是已婚的，称呼"夫娘婆"或"夫娘"。在黄伯荣先生（2018）的方言著作中，记作"桓⁼仔"，还记作"夫娘仔"，阳江程村叫"房仔"，而"夫娘仔"还指新婚的妇女。

（四） 其他称谓

在亲属称谓里还有几个较为特殊的称谓，阳江方言与北方方言差别较大。如"夫妻"在阳江称"公婆"，"夫妻俩"就称"两公婆〔liɛŋ²¹ kʊŋ³³ pʰɔ⁴³〕"，分别指"老公""老婆"，在北方方言中则指"丈夫"和"妻子"。"父母"称"老子阿奶"或"老窦⁼〔tɐu²¹〕老姆"，"儿女"称"仔女"或"仔妹"，"兄弟俩"称"俩兄弟"，"干儿、干女"称"契仔、契女"，"婴儿"称"伢〔ŋa⁵⁴〕仔"，等等。不过，这些多数用于背称或他称，只有极少数用于面称。在现代方言中，有些已经不再使用。如"契仔、契女"的称谓就已较少使用了。

三、粤语阳江话亲属称谓与其他粤方言的比较

阳江话隶属粤方言，在语音、词汇、语法上和广府片方言相似，还有一些词与高廉片方言相似，表现最明显的就是词汇，这是由于历史上不同地域语言接触及融合的结果。其亲属称谓词同样反映这种语言现象，与周边方言既有相同之处，也有不同之处。为了能够进一步探寻阳江话亲属称谓的特点，我们把它与周边方言进行比较分析，并以普通话作为参照，我们选取广府片最具有代表性的广州话为比较对象，高廉片选取与阳江接壤的高州话为例，分别从长辈、同辈及晚辈三个体系简要比较①。

（一） 长辈亲属称谓的比较

长辈亲属称谓的主要成员包括夫（妻）两个体系的家族成员，主要比较曾祖辈、祖辈和父母辈。这三个体系的称谓南北方言差别较大，尤其是祖辈称

① 称谓词括号里的表示北京称谓。广州方言用例综合参考《汉语方言词汇》、李启文（1989）《广州方言亲属称谓词系统分析》及胡士云（2007）《汉语亲属称谓研究》的调查；高州方言参阅何起风（2007）《小探高州粤方言亲属称谓》及《高州府志》，对其个别特殊称谓又进行了调查。

谓。因此，选取这三个体系的比较也较能说明问题。

祖辈称谓的比较见表4。

表4　祖辈称谓的比较

称谓	方言点		
	广州	阳江	高州
曾祖父（老爷爷）	太公　白公	太公	公祖
曾祖母（老奶奶）	亚①太　白婆　阿婆	太	婆祖
祖父（爷爷）	阿爷	公　阿（亚）公	阿公
祖母（奶奶）	阿嫲［ma²¹］	婆　阿（亚）婆	阿婆
外祖父（老爷）	外家公　外公（背）　阿公	外公	外公
外祖母（老老）	外婆［ŋɔi²² pʰɔ²¹］（背）　阿婆　婆婆	外婆［wui⁴ pʰɔ⁴³］	外婆

父母辈称谓的比较见表5。

表5　父母辈称谓的比较

称谓	方言点		
	广州	阳江	高州
父亲（爸）	爹咃②　阿爸　爹 老窦˭　伯爷	阿爹　阿叔 爸　老窦˭	阿爸　老窦˭
母亲（妈）	妈咪　妈妈　阿妈［ma⁵³］ 老母	阿娘　阿奶　老母 阿婶　阿妈　妈	阿妈
公公（公公）	家公（背）　大人公 阿爸	家公　公　阿爷 爸	家公　阿爸
婆婆（婆婆）	家婆（背）　大人婆 奶奶　阿妈	家婆（背）　婆 阿嫲/妈	家婆　阿妈

---

① "亚"在广州话里读音与"阿"同，表4中的"亚"本当"阿"，为保持引文原貌，所以仍用"亚"。阳江本地人也有写作"亚"的。

② 受外来语影响，在现代广州话中，一部分年轻人及儿童对父亲的称呼。下文"妈咪"与此同。

续上表

称谓	方言点		
	广州	阳江	高州
丈人（岳父）	外父、岳丈（背）　爸	外佬＝①［lou²¹］	外父佬＝　阿爸
丈母（岳母）	外母、岳母（背）　妈	外母［mou²¹］	外母嫲　阿妈
伯父（大爷）	阿伯　伯爷　伯父	伯	阿爹　大伯　伯公
伯母（大娘）	伯娘	姆［mou²⁴］	阿奶　伯娘
叔父（叔叔）	阿叔　叔	叔	阿叔　晚叔_{父之小弟}
叔母（婶婶）	阿婶　婶婶	婶	阿婶　晚婶_{父之小弟媳}
姑母（姑姑）	阿姑　姑妈_{父之姐} 姑姐_{父之妹}	大姑_{父之姐}　姑_{父之妹}	阿姑　阿娘_{未婚或已婚,比父年幼} 杯＝奶_{父之姐}　姑姐_{未婚或已婚,比父年幼}
姑父（姑父）	姑丈	姑爷	姑丈_{父之妹夫}　杯＝爹_{父之姐夫}
舅父（舅舅）	舅父_{母之哥}　阿舅　舅舅_{母之弟}	舅	舅爹
舅母（舅妈）	妗母	舅娘	舅奶
姨父（姨父）	姨丈	姨丈	杯＝爹_{母之姐夫}　姨爹_{母之妹夫}
姨母（姨妈、姨）	姨妈_{母之姐} 姨仔［阿］姨_{母之妹}	大姨_{母之姐}　姨_{母之妹}	杯＝奶_{母之姐}　阿姨_{母之妹}

（二）同辈亲属称谓的比较

同辈亲属是指与"我"（已婚）同等辈分的亲属成员，包括丈夫（妻子）的主要家庭成员。（见表6）②

---

①　"外佬"用于背称，面称时随妻子称呼，其他类似，对于夫妻双方的长辈，面称时随对方称呼，表中不再一一列举。

②　关于夫妻之间的称谓，在南方年轻人中间出现一些新潮的昵称，不便在本表列举。比夫妻年龄小的面称时一般都可以直呼其名，背称时三个方言点的差别就较大，妻系的兄弟姐妹用楷体字，以区别于夫系。

表6　同辈称谓的比较

称谓	方言点		
	广州	阳江	高州
丈夫_吾（丈夫）	老公　男人	老公	老公
妻子_{吾之妻}（妻子）	老婆　女人	老婆	老婆
哥哥_{夫之兄}（大伯子）	大佬　阿哥　哥哥	大佬＝　哥　大伯	阿爹　阿哥
嫂子_{兄之妻}（嫂子）	阿嫂	嫂　大嫂	阿奶　阿嫂
弟弟_{夫之弟}（小叔子）	弟弟　细佬　叔仔	小弟　叔仔	阿叔
弟媳_{弟之妻}（弟媳妇）	弟婶　阿婶	弟婶　小婶	阿婶　妯娌
姐姐_{夫之姐}（大姑子）	姐姐　家姐	大姊　大姐　姐　大姑	阿姐
姐夫_{姐之丈夫}（姐夫）	姐夫	姊夫	姊夫　姐夫
妹妹_{夫之妹}（小姑子）	妹妹　细妹	小妹　姑仔	阿妹
妹夫_{妹之丈夫}（妹夫）	妹夫	妹夫	妹夫
堂兄弟_{叔伯之子}（堂兄弟）	堂哥/堂弟	叔伯堂兄弟（或直呼名）	堂哥/堂弟
妻兄_{妻之兄}（大舅子）	哥哥　大舅仔　舅父	大舅仔　大舅　舅爷	大舅仔
妻弟_{妻之弟}（小舅子）	舅爷　舅少　舅仔	舅仔　舅爷（或直呼名）	小舅仔　舅仔
兄弟媳_{妻兄弟之配偶}（嫂子、弟妹）	阿嫂　大舅嫂/弟妹	舅爷娘/妗仔（或直呼名）	舅奶
妻姐_{妻之姐}（大姨子）	姐姐　大姨（背）	姐　大姨（背）	杯＝［pui⁵⁵］奶
姐夫_{姐之丈夫}（姐夫）	姐夫　连襟	姊夫　老＝襟	杯＝爹
妻妹_{妻之妹}（小姨子）	直呼名　姨仔（背）	直呼名　姨仔（背）	阿姨
妹夫_{妹之丈夫}（妹夫）	连襟（背）细路嘅姨丈	老＝襟（或直呼名）	姨爹

（三）晚辈亲属称谓的比较

晚辈亲属称谓是指"我"的子女以及他们的后代，还包括"夫（妻）"系

的子孙后辈，主要比较差别较大的几组成员。（见表7）①

表7　子孙辈称谓的比较

称谓	方言点		
	广州	阳江	高州
儿子（儿子）	仔〔tʃɐi³⁵〕	仔〔tʃɐi²¹〕	仔　阿仔
儿媳（媳妇）	心抱＝〔ʃɐm⁵³ pʰou¹³〕	新府＝〔ɬɐn³³ fu²¹〕	新妇　心抱＝
女儿（女儿）	女	桓＝仔〔fun⁴³ tʃɐi²¹〕 妹仔　夫娘仔	女　乖女 阿女
女婿（女婿）	女婿	郎家	女婿　阿郎
侄子（侄子）	侄仔	侄	阿侄　侄仔
孙子_{儿子之子}（孙子）	孙〔ʃyn⁵³〕　孙仔	孙〔ɬun³³〕	孙

从上面长辈、同辈及晚辈的比较表中可以看出，阳江方言亲属称谓深受最能代表粤方言的广州话影响，有很多地方保留了传统的粤方言称谓。同时又受周边粤方言高州话的融合和渗透，有些称谓语大致相同，但也有一些称谓具有阳江方言特色。因此，阳江方言亲属称谓具有和周边方言相同的称谓，又具有自己独特的亲属称谓。其表现独特的地方见上述各表，这里不再赘述。

四、粤语阳江话亲属称谓的文化透视

通过上述对粤语阳江话亲属称谓的考察，我们可以透视称谓词背后蕴含的文化现象，因为亲属称谓受中华传统宗法观念的影响根深蒂固，最能反映社会文化的特点，具有十分丰富的文化内涵。阳江话亲属称谓所揭示的文化内涵也反映在多个方面，既有传统文化的缩影，又有地域文化的变迁与融合，从其亲属称谓体系的概貌可以看出，它折射出传统文化与地域文化的交融与渗透。

---

① 子孙辈亲属称谓，广州和高州大致相同，阳江方言和这两个方言点相同的地方很多，表现特殊的是女儿、女婿、儿媳的称谓，尤其是女儿说"女"的很少。女孩称"妹仔"，已婚的女人称"夫娘婆"，不同于"夫娘仔"。

（一）中华传统文化在粤语阳江话亲属称谓中的体现

1. "男尊女卑、长幼有序"的传统宗法观念的影响

中国长期以男权为中心主宰历史的发展。男尊女卑的思想统治人类社会生活的方方面面。王国安、王小曼（2003）认为："在辈分的划分和称谓上蕴含的文化内涵主要就是男尊女卑（也就是男女有别），这是男权→父权文化的缩影。"这种传统宗法伦理观念同时要求人们必须遵循各种不同的"名分"：长者为尊、晚辈为卑；同辈之间长幼有序。它一方面反映了汉民族的传统道德和价值观念；另一方面也体现了汉民族文化的特征，历经数千年还在阳江方言中代代相传。如该地区方言中相同父系亲属，男女双方称谓差异非常明显。父亲的哥哥叫"伯"，父亲的弟弟叫"叔"。如果父亲的弟兄比较多，那么还有"大伯""二伯""二叔""三叔"之称。而父亲的姐姐叫"大姑"，父亲的妹妹叫"姑"。如果父亲的姐姐较多，那么按排行依次称呼"大姑""二大姑"等。如果父亲有好几个妹妹，按排行依次称呼"姑""二姑"等。可见父亲的兄弟有不同的称呼，且按长幼顺序区分明显，而父亲的姐妹主要称呼"姑"，只是长幼有别。同是长辈亲属，母亲的兄弟皆称呼"舅"，母亲的姐妹称呼"姨"，姨父称"姨丈"，姑父则称"姑爷"。可见，父系与母系亲属称谓在阳江话中有明显的不对称，体现了男女社会地位的不平等。

还有，随夫称、随子称的现象在阳江亲属称谓中至今还有保留，这也体现了男尊女卑观念的封建习俗在地域方言中的遗留。女人嫁到夫家后，在家庭中，没有一定的社会地位，要随丈夫称呼或随子女称呼。如称丈夫的哥哥"大伯"，称丈夫的弟弟"叔仔"，称丈夫的姐姐"大姑/大姑娘"。当女人有了孩子后，则随孩子称呼。在阳江方言中有句俗话——"十年熬成婆"，用这句话来形容女性的社会地位明显受男性的制约是再恰当不过了。

2. "分亲疏、别内外"观念在阳江话亲属称谓中的反映

任何一种语言的称谓词都具有浓厚的民族特色、时代特色，与民族的心理、社会心理和传统文化息息相关（李树新，1990）。传统的宗法制度、血缘、婚姻关系在汉民族的历史发展中一直存在。"亲疏远近""内外有别"反映了在宗法社会中，财产的继承人是父系男性成员，因而要区分出父系和母系，以及血亲、姻亲关系。反映这种传统文化的亲属称谓在阳江话中依然继承了下来。如"内外有别"，历史文献材料早有记载，如《尔雅·释亲》："母之考为外王父，母之妣为外王母。"阳江话称谓中对母系亲属的称谓也冠以"外"字，正是受中国传统文化心理影响而产生的。阳江地区称呼丈夫的父母

为"家公""家婆",妻子的父母则称"外佬""外姆";祖父、祖母称"公""婆",外祖父、外祖母则称"外公""外婆";称兄弟的子女为"侄""侄女",称姐妹的子女则为"外甥""外甥女";自己儿子的子女称"孙""孙女",自己女儿的子女则称"外孙""外孙女";等等。凡是母系亲属的称谓都要冠上"外"字,父系亲属称谓的男性多不用"外"字,这是"内外有别"观在阳江话称谓中的充分体现。

（二）不同地域文化对粤语阳江话亲属称谓的影响与渗透

亲属称谓词的地域性差别很大,不同地区、不同方言就有不同的称呼。其主要原因是语言接触而引起亲属称谓的变化。粤语阳江话亲属称谓亦如此。阳江地处广东西南沿海,于 1988 年撤县建市,东与江门市的恩平、台山交界,北同云浮市的罗定市、新兴县及茂名市的信宜市接壤,西接茂名市的高州市、电白区,南临南海。在古代,阳江居住的是越族人,自汉代以来属高凉郡管辖,此后历经湛江、江门、肇庆等地管辖。又由于历史上的几次人口大迁移,北方部分汉族人不断迁入阳江,于是,不同地域的语言开始频繁接触,互相影响。目前在阳江地区,粤、闽、客家三种汉语方言皆有分布。另外,还有其他少数民族语言。因此,该地域的亲属称谓表现也较为复杂,既保留了古代传统的亲属称谓,又因为与其他方言接触和融合而产生了一些改变。下面略举几例亲属称谓加以说明。

1. 桓＝仔〔fun^{43} tʃɐi^{21}〕

在阳江话中,称呼女儿为"桓仔",或"夫娘仔""妹仔"。这一称谓与广州、高州皆不同,广州称女儿为"女",高州为"女""乖女""阿女"。

2. 郎家〔lɒŋ^{43}ka^{33}〕

在阳江话中,称呼"女婿"为"郎家"。在广州方言中称"女婿",高州方言受广州话影响也称"女婿",也有称"阿郎"的。"郎家"在《汉语方言大词典》中有收录,属粤语,在广东阳江、高要使用。清同治三年《广东通志》:"高要人谓婿曰郎家。"可见,"郎家"在阳江方言中极具地方色彩。

3. 新府＝〔ɬɐn^{33} fu^{21}〕

阳江话称呼儿媳妇为"新府",或写作"新甫"。广州方言称"心抱＝"〔ʃɐm^{53} pʰou^{13}〕,高州方言称"新妇"〔ɬɐn^{53} fu^{23}〕或"心抱"〔ʃɐm^{53} pʰou^{13}〕。阳江话称儿媳为"新府",其实就是"新妇"的变体,只不过是写俗字而已。广州、高州方言把儿媳称为"心抱",也是"新妇"的俗称。清代钮琇《觚賸·语字之异》:"粤中语少正音,书多俗字,如谓平人为猂,谓新妇曰心抱。"清代梁章钜《称谓录》："广州谓新妇曰心抱。"可见，"新妇"在粤语中有不同的写法，有的方言区还写作"心妇"。"新妇"与"心抱"在古代存在音转关系。"妇"在《广韵》中属"奉"母，轻唇音，由于古无轻唇音，凡属轻唇音皆读为重唇音，"妇"的声母即读作 [p] 或 [pʰ]。又因"新"字的韵尾是 [n]，受后面"妇"字双唇音的影响而同化为唇音 [m]，于是"新妇"就读作"心抱"，这是古代语音在方言中的遗留。其实，"新妇"指称儿媳自古就有。《后汉书·列女传·周郁妻》："郁骄淫轻躁，多行无礼。郁父伟谓阿曰：'新妇贤者女，当以道匡夫。'"清代黄生《义府·新妇》："汉以还，呼子妇为新妇。"由此可知，方言中称呼儿媳妇为"新妇"是继承传统称谓，且在江淮官话、徽语、闽语、粤语、客家等多个方言中皆有此说法，尤其在粤方言区使用得最广，香港、澳门也称儿媳为"新妇"。

4. 夫娘 $[fu^{33} nie\eta^{43}]$

阳江话中称呼已婚女人为"夫娘"或"夫娘婆"，未婚者亦可称"夫娘仔"。"夫娘"一词来源于古代的称谓，唐代就有使用"夫娘"的记载，如《辩正论·十代奉佛上》："右宋世诸王，并怀文藻……阁内夫娘，并令修戒；麾下将士，咸使诵经。"这里的"夫娘"指的是"夫人娘子"，简称"夫娘"。又据明嘉靖《广东通志》记载，斥男女之贱者，男曰"獠"，女曰"夫娘"。清李调元《南越笔记》亦云："广东谓平人曰狫，亦曰獠，贱称也，谓平人之妻曰夫娘。"由此可知，阳江话中的"夫娘"就是古代所指的男人之妻，即指称某人妻，借用来称呼已婚女性，也可以说"某某夫娘"，就是某某丈夫的妻子。"夫娘"称谓并非阳江所独有，其他如广东电白闽语、广东翁源客家等方言中也有使用。因此，我们推测"夫娘"可能受闽、客及其他方言的接触影响，而一直沿袭使用。

从上述例子可以看出，粤语阳江话亲属称谓有的是独具地方色彩的称谓，有的是继承古代传统称谓，还有的是受其他方言的影响而使用新的称谓。究其原因，主要有两方面：一是受语言历史发展的限制及特殊的地理环境的影响而保留一些传统称谓，并形成独具地方特色的称谓词；二是受其他语言或周边方言文化的影响与渗透而产生称谓词的变化或融合。阳江话虽属粤方言，却很难与粤方言区的人们进行交际，使得这个自我封闭的小方言片保留了自己独特的方言、地域文化以及风俗习惯。这种富有地方特色的亲属称谓就是阳江俗语文化的一个缩影。它虽然也受广州和周边方言的影响，有些亲属称谓和广州、高州相同，如"公公""婆婆"在三个方言点都称"家公""家婆"，"儿子"都称"仔"（在北方方言中多数不会这样称呼）。"外祖父""外祖母"受广州方言及其他汉语方言的影响，阳江和高州都称"外公""外婆"。但阳江也有一

些周边方言称谓没有渗透进来，阳江和高州方言中的一些称谓差别较大。如姑父，阳江称"姑爷"，高州称"姑丈/杯爹"；姨父，阳江称"姨丈"，高州称"姨爹/杯爹"；舅母，广州称"妗母"，阳江称"舅娘"，而高州称"舅奶"；等等。

（三）外来文化对粤语阳江话亲属称谓的影响

粤语阳江话亲属称谓受外来文化影响较大。自古以来，阳江地区不断有外族人员迁入，或被其他州府管辖。多种外来文化影响阳江地区的风俗人情。其中，俚僚文化、中原汉文化、闽客文化以及海外文化对阳江地域的社会生活影响较大。古代文化的影响，使得阳江话亲属称谓保留了很多古代的传统文化。改革开放以后，港澳台地区文化对阳江文化的冲击力比较大。近年来，凭借建设粤港澳大湾区的良好契机，阳江也驶上了湾区发展建设的快车道。自从阳江通行高铁以后，不同地域的人们往来交流日益增多，阳江的经济快速发展，特别是物联网、互联网的普及使用，外来文化不断冲击着本地方言，对阳江方言产生了重大的影响。现在很多年轻人使用的方言已经和老派方言有很大不同，在词汇的使用上表现得尤为突出。经初步调查，年轻人及小孩使用的亲属称谓语，有些是受广州和港澳台地区语言的影响，以及西方外来文化的浸透。如对父母有的已经习惯称呼"爹哋""妈咪"，尤其是现在的小孩用得最多。把自己的配偶称为"先生"或"太太"在年轻人中间也相当流行。但是，我们还是主张要使用具有中华民族特色的称谓语，继承和弘扬中华民族优秀的传统文化，不盲目追随西方文化。

五、结语

综上所述，粤语阳江话亲属称谓除了继承古代的一些传统称谓之外，又有具有该地域方言特色的亲属称谓。首先，阳江话亲属称谓词中保留了很多古代的语音和词汇成分。有很多亲属称谓词是古代汉语的单音节词语。如曾祖母称"太"，祖父称"公"，祖母称"婆"，伯父称"伯"，伯母称"姆"，舅父称"舅"，儿子称"仔"，孙子称"孙"，等等。其次，阳江话亲属称谓词有些与周边方言相同，有些则不同，还有的与普通话差别较大。如儿子，阳江话、广州话、高州话这三地的粤语都称呼为"仔"，与普通话差异悬殊。而女儿，阳江话称呼为"桓仔"，广州、高州地方的粤语主要称呼"女"。类似这样的差异还比较多。最后，阳江话亲属称谓蕴含丰富的文化内涵，既有中华民族传统文化的缩影，又有鲜明的岭南地域文化特色，同时还有外来文化的渗透。随着现行的婚姻制度和生育政策的调整，古代的一些亲属称谓在现代已经不再使用。不同地域之间的文化交流碰撞越来越多，也会给方言亲属称谓带来一定的影响。粤语阳江话亲属称谓体系仅仅代表目前我们所能描写的情况，具有鲜明的岭南文化特色。然而，语言在不断地发展与演变，粤语阳江话亲属称谓也会随着社会语言生活日新月异的变化而不断发展，不断满足人们日常交际的需要，推动人类社会进步和繁荣地方优秀文化。

【参考文献】

［1］北京大学中国语言文学系语言学教研室. 汉语方言词汇［M］. 北京：语文出版社，1995.

［2］甘于恩. 广东两阳方言词汇特点概说［M］//中国语文研究. 香港：香港中文大学出版社，2010.

［3］郭璞，邢昺. 尔雅注疏［M］. 上海：上海古籍出版社，1990.

［4］何起风. 小探高州方言亲属称谓［J］. 宜春学院学报，2007（29）.

［5］胡士云. 汉语亲属称谓研究［M］. 北京：商务印书馆，2007.

［6］黄伯荣. 广东阳江方言研究［M］. 广州：中山大学出版社，2018.

［7］李启文. 广州方言亲属称谓词系统分析［J］. 广东社会科学，1989（1）.

［8］李树新. 汉语传统称谓词与中国传统文化［J］. 内蒙古大学学报，1990（3）.

［9］梁方度. 阳江土音同音字汇［M］. 阳江孝则图书馆，民国十八年（1929）本.

［10］麦耘，谭步云. 实用广州话分类词典［M］. 广州：广东人民出版社，1991.

［11］王国安，王小曼. 汉语词语文化的渗透［M］. 上海：汉语大词典出版社，2003.

［12］阳江市地方志编纂委员会. 阳江县志［M］. 广州：广东人民出版社，2000.

［13］詹伯慧. 汉语方言及方言调查［M］. 武汉：湖北教育出版社，2001.

从"积极"到"消极·否定"

——粤语阳江话"爱"字句及其来源的认知解释

黄高飞 *

【提　要】对比阳江话"爱"字句的共时表现和历时文献考察，我们发现其语义存在着由"积极"向"消极·否定"方向演变的现象。本文拟从"现象—认知—语言"的框架和"行为范畴"等认知角度对其意义分化进行分析和解释。

【关键词】积极　消极　否定　粤语　阳江话　"爱"字句　来源　认知

一、引言

根据语言的共时表现，站在汉语史的角度观察，阳江话"爱"字句的语义存在着由"积极"向"消极·否定"的方向发展演变的现象。这种现象在汉语其他方言中应该也存在，但是目前汉语研究界尚未见到相关的研究。

关于"爱"（LOVE）及其语言认知角度的研究，国外有零星的材料，例如德国的弗里德里希·温格瑞尔和汉斯－尤格·斯密特（2009：155）从概念的隐喻范畴对"LOVE"做了简要的介绍。不过他们的研究仅限于英语的情况，只是对"LOVE"这个概念所关涉的范畴进行考察，这个"LOVE"是体词性的"LOVE"。谓词性的"LOVE"及其语义句法表现则完全没有涉及。

鉴于此，我们认为很有必要对粤语阳江话的"爱"字句进行探究。本文分为两个部分：一、对阳江话"爱"字句进行共时描写；二、从认知的角度对阳江话"爱"字句"积极：消极：否定"三种意义类型的来源及分化演变进行探讨和解释。

二、阳江话的"爱"字句

要给阳江话的"爱"字定性是一项有一定难度的工作。这主要是因为：

---

* 本文作者系岭南师范学院文学与传媒学院副教授。

一方面，"爱"字总是依附在特定的句型和语气当中，不同的句型和语气，其意义和语法表现会不一样；另一方面，从传统的语法化角度着眼，"爱"字在阳江话里存在语法化程度的问题，语法化程度低一点的可以冠名曰"助动词"，语法化程度高的或许认为是一种语法标记会更合适。在此，我们暂时撇开这些问题，主要根据句型和语法意义对其做简要的描写。

根据语义，阳江话"爱"字句可以分为三类。①表示要、将要，它与普通话的"要"意义和用法相当。为了论述的方便，我们把它记为"L1"（取"LOVE"开头的辅音表示）。②表示不需要或没必要，我们称之为"消极意义爱字句"，记为"L2"。③表示不可能，我们称之为"否定意义爱字句"，记为"L3"。

（一）第一类（L1）

"爱"主要出现在陈述句、祈使句和疑问句中。主要有三种形式。

（1）"主语 + 爱 + 谓语 + 语气词'咯'"，即"Np + L1 + Vp + $lɔ^{33}$"，表示将要、即将发生。例如：

> ①天爱落水咯。天要下雨了。
> ②我爱回屋咯。我要回家了。

这类句子采用的是陈述语气，是对即将发生的事情的一种描述。充当主语的可以是人和物。有个别句子也可以省略句末的语气词，其前提是要对"爱"作程度上的限制。例如：

> ③其有□nit^{24}爱瞓。他有点要睡着了。
> ④*古兜花有□nit^{24}爱□$niɛu^{24}$。这棵花有点要蔫了。①

（1）类要表示否定意义，不能直接在"爱"前加否定词"无"，而是换用"无*委（不会）""无使（不用）"等否定结构。例如：

> ⑤天爱落水咯。天要下雨了→天无*委落水。天不会下雨。
> ⑥我爱回屋咯。我要回家了→我无使回屋。我不用回家。
> ⑦*古兜花有□nit^{24}爱□$niɛu^{24}$。这棵花有点要蔫了→*古兜花无*委

---

① 在本文中，同音字用"＊"上标表示，句子不成立用"※"上标表示。

□nieu²⁴。这棵花不会蔫。

（2）"主语＋爱＋谓语＋语气词'哇'／'喳'"，即"Np＋Ll＋Vp＋wa³³／ʧa⁵⁴"，这里的"爱"相当于普通话的"要"，表示一种强烈的请求语气。例如：

⑧你爱来哇。你一定要来哦。

⑨你爱教教其喳！你要教一教他啊！

句子语气较强，表示务必要怎么样。其主语一般是第二人称代词，第一、第三人称代词和一般名词很少能进入这种句子结构。第三人称代词和名词做主语只能出现在转述的语境中。例如：

⑩你话其知爱来哇。你告诉他要来哦。

⑪你喊阿公爱去医院看看喳。你叫爷爷要去医院看看哦。

这两个句子都是递系结构，都是通过第二人称代词转述，让第三者务必做某事。

与（1）类一样，（2）类句子的否定形式也不是在"爱"前直接加否定词，而是用"无好"来替换"爱"。例如：

⑫你爱来哇。你一定要来哦。→你无好来哇。你不要来哦。

⑬你爱教教其喳！你要教一教他啊！→你无好教其喳！你不要教他啊！

（3）"主语＋爱＋谓语＋语气词'啊'／'无'"，即"Np＋Ll＋Vp＋a²¹／mou⁴³？"，是对将要做的事情或将会发生事情的一种质疑。例如：

⑭阿妈爱去买菜啊？妈妈要去买菜吗？

⑮＊古架风扇系爱烂无？这台风扇是要坏了吗？

这一类结构似乎没有否定形式，也很少人会用。如果确实要用，也与前两类一样，否定形式不能直接在"爱"前加否定词，但是似乎也不是完全不能说，例如⑭，似乎也有极少数人说："阿妈无爱去买菜啊？阿妈不用去买菜啊？"一般的情况是用"无使"或否定词"无"直接替换"爱"。例如：

⑯阿妈爱去买菜啊？妈妈要去买菜吗？→阿妈无使去买菜啊？妈妈不要去买菜吗？

⑰*古架风扇系爱烂无？这台风扇是要坏了吗？→古架风扇系有烂无？这台风扇是没坏吗？

小结：

L1 的句型可以归纳为：主语 + 爱 + 谓语 + 语气词（Np + L1 + Vp + Mp），"爱"在句中的意义相当于普通话的"要"，表示的是将要发生或者请求的语气。该类句子的一个显著特点是其肯定形式与否定形式存在不对称现象。为什么会出现这种情况呢？我们会在后面展开分析。

（二）第二类（L2）

第二类（L2）即"消极意义爱字句"，"爱"主要依托在陈述句中，表示不需要或没必要等消极意义，而这个陈述句一般是以分句的形式出现，其前后需要有分句支撑才能完全表达意义。其格式为："主语 + 爱 + 谓语 + 语气词'*吒'，分句。"即"Np + L2 + Vp + ʧa?[21]"，Clause。例如：

⑱古次考试简单至极，你爱古紧张吒。这次考试简单极了，你没必要这么紧张。

⑲你自己爱来*改吒，俏又无人请你来。你自己来这里的，别人又没请你来。

⑳老王爱去北京买楼吒，其个子女都在广州工作。老王没必要去北京买房子，他子女都在广州工作。

㉑其爱*古契弟吒，大家都无意见，其做乜去做出头桶子喳？他故意这么胡搅蛮缠的，大家都没意见，他干嘛要去当出头鸟啊？

㉒你爱才*改乱讲乱吒，事实去*边系古样嗰喳？你故意在这里胡说八道，事实哪里是这样的啊？

例⑱从字面看，后一分句好像是"他喜欢这么紧张"，其实不然。结合前面的分句看，它要表达的是"考试内容非常简单，你没必要紧张"。这句话有一个预设，即你紧张过了。例⑲要表达的是"不需要你来"，这里的预设是"你已经来了"。例⑳不是说老王喜欢去北京买房子，而是想说他没必要到北京买房子，因为他的孩子们都没有在北京的。这句话也存在一个预设：老王已经在北京买房子了。例㉑似乎有一点喜欢的意味，但是句中更明显的是强调这个人胡搅蛮缠是有目的的，是故意这样做的。这里的预设是"他已经胡搅蛮缠刁难别人了"。例㉒也是强调"你是故意为之"，这里的预设也是"乱讲已经发生了"。

由以上分析，L2 是对已经发生的事情进行评价，评价的内容有二：一是

认为这件事情没必要做；二是这件事情是故意的，而且这种故意往往是不怀好意的。

（1）L2 是以分句的身份来组织句子的，其位置可以出现在前，也可以出现在后，要表达的意思没有区别。例如：

㉓ *古次考试简单至极，你爱 *古紧张吒。< = > 你爱 *古紧张吒，*古次考试简单至极。

㉔ 你自己爱来 *改吒，俏又无人请你来。< = > 俏又无人请你来，你自己爱来 *改吒。

在对话的语境中，L2 可以作为独立的句子使用，例如：

㉕ ——谂到今日爱考试，我昨夜一夜都有瞓好。_{想到今天要考试，我昨天夜里一夜都没睡好。}
——你爱 *古紧张吒。_{你没必要这么紧张的。}

㉖ ——大家都应紧同意签合同咯，就系阿老李企硬反对。_{大家都已经同意签合同了，就只有老李在拼命反对。}
——其爱 *古契弟吒。_{他是故意在胡搅蛮缠习难别人的。}

（2）仔细观察，L2 有比较稳固的句型，其消极意义是不是句法格式带来的呢？我们可以把句中的"爱"去掉，然后比较它们的意义。把例⑱中的"爱"去掉，句子如下：

㉗ *古次考试简单至极，你古紧张吒。

这个句子是不能成立的。

再把例⑲中的"爱"去掉，句子变成：

㉘ 你自己来 *改吒，俏又无人请你来。

句子勉强可以说，但是很别扭，也没有了"不需要"的意义。

可见，L2 的消极意义是"爱"自身带来的，句子的消极意义离开"爱"字就没有了。

（3）L2 没有与之对应的否定形式。例如：

㉙其爱*古契弟吒。→[※]其无爱古契弟吒。

㉚老王爱去北京买楼吒。→[※]老王无爱去北京买楼吒。

其原因我们在后面会进一步分析。

（三）第三类（L3）

第三类（L3）即"否定意义爱字句"，"爱"主要出现于判断句中，配合下降的句调来表示不可能感知或不能实现等否定意义。其格式是"主语 + 爱 + 谓语"，即"Np + L3 + Vp"。这类句子中"爱"后面往往连接述补结构或者比较典型的感官动词。例如：

㉛你爱考得紧 100 分。你考不了 100 分。

㉜其爱看着过恐龙春。他没（不可能）见过恐龙蛋。

㉝老王爱敢来。老王根本就不敢来。

㉞那个狗爱知得那个贼佬匿在*边。那条狗根本就不知道那个小偷藏在哪里。

㉟你爱识得"老姆"系乜意思。你不可能知道"老姆"是什么意思。

例㉛"考得紧"、例㉜"看着过"是述补结构；例㉝"敢"、例㉞"知得"、例㉟"识得"这几个是典型的认知感官动词。如果要表示更强的语气，句子后面可以接语气词"喳"tʃa⁵⁴。例如：

㊱我爱识得其喳！我根本就不认识他啊！

（1）为什么说 L3 具有否定意义呢？我们可以比较下面的句子：

㊲ a.　你考得紧 100 分。你能考 100 分。

　　 b.　你爱考得紧 100 分。你考不了 100 分。

㊳ a.　其看着过恐龙春。他看见过恐龙蛋。

　　 b.　其爱看着过恐龙春。他没见过恐龙蛋。

例㊲ a 表示能够，例㊳ a 表示实现、完成，加上"爱"字以后，句子的意思发生了 180 度的逆转：例㊲ b 表示不可能，例㊳ b 表示没实现。

（2）从更深一层的语义看，上述的例子都是通过已然的形式来表达否定的意义。其实每句话都有一个共同的预设：事情仍未发生或实现。例如，"你爱考得紧 100 分"的预设是"你没从来考过 100 分"或"你获得 100 分的考试还没开始"。再如，"其爱看着过恐龙春"预设为"他看恐龙蛋的事情还没实现"。由此可知，L3 表示的是对未做事情的一种判断。

（3）与 L2 一样，L3 没有与之相对应的否定形式。

再看 L1、L2 与 L3 之间的关系。L1、L2 和 L3 在句子的线性排列上具有同构性，即主干部分都是"Np + L + Vp"的形式，所不同的是各自依附的句型和语气词。此外，它们在否定形式上都存在不对称性。因此，可以判断它们是由同一句型演变而来的。

接着讨论 L1、L2、L3 的分化条件。从表层结构看，可以通过不同的语气词来区分：用"哇""喳"的是 L1，用"吒"的是 L2，没有语气词的是 L3。也可以看是否独立成句，能独立成句的是 L1 和 L3，以小句的形式出现的是L2。这些条件可以把这三种句型大致分开。从深层结构判断，句子没有判断、评价意义的是 L1，这样可以先把 L1 分出来，然后根据事件"已然/未然"的范畴可以进一步区分 L2 和 L3，事件"已然"的是 L2，"未然"的是 L3。

三、阳江话"爱"字句三种意义类型的来源及分化演变

如上文所述，既然 L1、L2、L3 是由同一句型分化出来的，那么该句型的来源是什么？这几个意义类型之间是什么关系？它们分化的条件和机制是怎样的？结合汉语的历史文献，参考认知语言学的方法，我们可以看到"爱"字句在阳江话里经历了由"积极"到"消极·否定"的演变过程。

（一）积极意义——从"亲近"到"喜欢"："行—知—言"的认知框架

（1）行。行，《说文》："悉，惠也。"段注："更部曰：'惠，仁也。'仁者，亲也。……许君惠悉字作此，爱为行貌，乃自爱行而悉废。"（五〇六上）从文字的角度看，今天的"爱"其本字作"悉"。"爱"是一个典型的心理动词，其很能体现汉人的认知心理，而这种心理是从自身和与人的关系开始的。根据段注，"爱"是"惠"的意思，"惠"又是"仁"的意思，"仁"又是"亲"的意思，"亲"是"亲近"。《论语》："仁者，爱人。"据此，这几个词围绕的都是与"人"之关系。抽样检索先秦文献，《论语》"爱"的用例有七例，其中六例的对象是人，《孟子》中"爱"字有 40 例，其中对象是人的 33

例,《左传》中"爱"字有82例,其中与人相关的46例①。

(2) 知。汉民族的先民在面对"爱"(亲近)的行为时心里会进行评估:我为什么要亲近他?我们今天可以跟古人一起体验一下:一个你很讨厌的人,你会主动去亲近他吗?答案显然是否定的。从亲近人的行为可以得出这样的心理蕴含:这个人我对他有好感。有一件东西你很想要,很想去接近它,这种感觉跟要去接近你有好感的人是一样的。这可以概括为同一种感觉。由此,这种感觉开始由人及物。这是语言认知典型的隐喻现象。

(3) 言。语言要对"对人有好感"这个意象进行归并,采用概念的形式将其表示出来,归纳的结果是"喜欢"这个意义。通过隐喻投射,"喜欢"的范围由人扩展到具体事物,再到抽象事物。从不同时代的词典可以看出这种变化,例如钜宋本《广韵》去声十九代:"爱,怜也。"(1983:三一一)这个义项与人的关系比较密切。再如明代《字汇·心部》:"爱,好乐也。"(《汉语大字典》第972页)这个义项就超出了人的范围,意义比较宽泛,就是今天的"喜欢"。而文献语言的实际用例也支持这种假设。例如:②

　　㊳父母之爱子,则为之计深远。(《战国策·赵策四》)
　　㊴平生所心爱,爱火兼怜雪。(白居易《对火玩雪》)
　　㊵最爱斋僧敬道,舍米舍钱的。(《红楼梦》第六回)

例㊳的对象是人,例㊴的对象扩展到具体事物,"爱"与"怜"重出,可知其意义一致;例㊵的对象是例㊳一个抽象的行为。这是随着时间的推移,文献中"爱"后接对象出现的相应变化。

至此,"爱"由"亲近"的意义衍生出了"喜欢"的意义。"喜欢"是一种积极的心理态度或状态。

(二) 消极·否定——行为范畴的裂变

"爱"由"亲近"变成"喜欢"之后,作为一个独立的动词,它自身隐含着一定的行为范畴③。在阳江话中,"爱"(喜欢)在从"积极"到"消极·

---

①　这些文献中的"爱"有相当一部分指代抽象的概念,例如:"夫礼、乐、慈、爱,战所畜也。"除去这些,与人相关的比例会更高。

②　下面例子均采自《汉语大字典》第972页。

③　关于"行为范畴",可参看弗里德里希·温格瑞尔、汉斯—尤格·施密特(2009:112～113)。

否定"的变化过程中，起码应该包括如下两个行为范畴：（a）喜欢的东西；（b）喜欢做的事情。

从心理学的角度看，一般人对于喜欢的东西都会产生"占有"的欲望，因此，由（a）可以有两种分化。①如果这个东西自己没有，就会产生"要"或者"想要"的念头。由此产生了"要、想要"的意义，这恰巧与汉语中"要"的"索取"义同义，在相因生义（蒋绍愚，2000：93～109）的作用下，"爱"与"要"都产生了"将要"的意义。阳江话"爱"字句 L1 即是其延续。②如果这个东西自己已经拥有，由于过分喜爱，就会舍不得用，在别人的眼中就是"舍不得、吝惜"，例如《孟子·梁惠王上》："齐国虽褊小，吾何爱一牛?"这个"爱"就是"舍不得、吝惜"的意思。现代阳江话没有这个意义。

对于（b），人们会对它进行新的评价：畏难是人类普遍的心理，人们喜欢做的事情往往是简单的、容易的。由（b）可以分化为两种情况。①由"简单、容易的事情"体现在行为动作上，可以有"喜欢做的事情一般人都会经常去做；做的这个事情是容易的"这样的理解，由此，"爱"演变出"频繁"和"容易"两个意义。"频繁"义，例如：时时爱被翁婆怪，往往频遭伯叔嗔。（《变文集》卷五）"容易"义，例如："第一莫寻溪上路，可怜仙女爱迷人。"（施肩吾《晚春送王秀才游剡川》）现代阳江话"爱"字没有这两个意义。②人们对"简单的、容易的事情"做进一步的评价，判断的结果是"这个事情是没有价值的"。至此，"爱"的消极意义始露端倪。那么，对于"没有价值的事情"在行为上的反应是：这个事情不需要做或不值得做。面对这样一个事情，行为主体可能会有两种反应：①做了；②没做。如果做了，旁观者的评价是"没必要"或"故意为之"。这是阳江话"爱"字句消极意义（L2）的来源。如果没做，行为主体对事情肯定是不知道或不了解的，而旁观者对行为主体判断为"不能感知或不能实现"是不足为奇的。这是阳江话"爱"字句否定意义（L3）的来源。对行为范畴的不同理解是"爱"字句意义分化的重要原因。为了更清楚地展示"爱"字发展演变的脉络，我们将上面论述整理成图1。

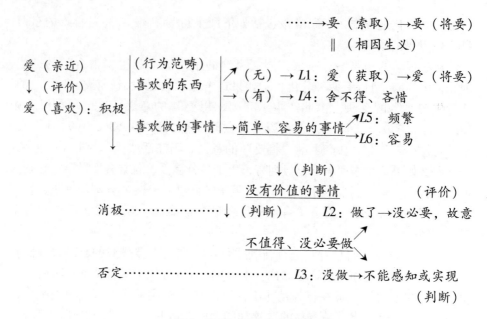

图1 "爱"字发展演变的脉络

（三）假设的可验证性

阳江话"爱"字意义由"积极"到"消极·否定"的假设可以通过该方言内部的细节进行验证。

（1）肯定—否定形式的不对称。如前文所述，L1、L2、L3 均无否定形式，也即阳江话的"爱"字句存在"肯定—否定"形式的不对称现象。为什么会有这种现象呢？回顾一下阳江话"爱"字句由"积极"到"消极·否定"的演变过程，很容易找到答案。在演变的过程中，最关键的一环是"行为范畴"。既然"爱"积极意义的行为范畴是"喜欢的东西"或"喜欢做的事情"，那么语言的自组织就会将"不喜欢的东西""不喜欢做的事情"等范畴之外的东西排除掉，也即是将否定的内容清除出去了。由此自然可以理解，阳江话"爱"字句为什么只有肯定的形式而没有否定的形式了。这个语言事实可以支持我们的假设，我们的假设也可以解释语言事实产生的原因。

（2）句型选择的差异。阳江话"爱"字句根据意义选择不同的句型，L1可以出现在陈述句、祈使句和疑问句中，L2 只出现在陈述句中，L3 只出现在判断句中。根据主观评价产生的新意义通过不同的形式进行区别意义，这与语言认知中"主观性—主观化"的过程完全一致，也与"语言的象似性"原理吻合。阳江话"爱"字句消极意义与否定意义是通过判断、评价而产生的，

而陈述句、判断句是进行评价和判断的有效句型；L1 是通过与系统外的因素同步引申而产生的，其本身并不限定于判断评价，所以它可以出现在不同的句型结构中。这种语言事实也与我们的假设暗合。

（3）"消极·否定"与"已然·未然"的对应。前已经指出，L2 是对已经发生的事情进行评价，并介绍 L3 是对未做事情的一种判断。也就是消极意义与"已然"相对应，否定事件与"未然"相对应。这种现象与我们的假设也非常吻合。

（4）汉语之外的佐证。英语"LOVE"这个概念也同时具有积极的隐喻和消极的隐喻，例如：Love is an apptizing food。（爱是一种开胃菜）Love is a disease。（爱是一种病）弗里德里希·温格瑞尔、汉斯—尤格·施密特（2009：155）指出："和 JOY（快乐）相比，不同寻常的是 LOVE（爱）不仅仅是由'积极'隐喻构成的，而且看来也吸引了大量'消极'的概念隐喻。"

四、余论

阳江话"爱"字句是在语言认知的大背景下，通过行为范畴的分裂而产生的。其产生之后，各自依托在不同的句型当中，这是从语义和句法角度进行的观察。这一系列的变化是否会对阳江话"爱"字所属的词汇系统产生影响？下面从两个次级语义场进行观察：

①"喜欢"义场：（a）中意（成人之间的喜欢和对事物的喜欢）；（b）*恨（大人对小孩的喜爱）
②"不要（取）"义场：[（a）无爱；（b）无揪①] →（无揪）

阳江话的"喜欢"义场有两个成员，但是没有"爱"这个字眼；阳江话的"不要"义场近年来出现了变化，原来是"无爱"和"无揪"两个成员展开竞争，现在则只有"无揪"。阳江话"爱"在某些义场的消失是否与其"积极—消极·否定"的变化有关？这些变化到底是原因还是结果？这需要进一步的研究。

汉语"爱"字句意义由积极到消极否定的变化应该不只是阳江话独有的，其他方言或许也有类似的情况。例如北京话有"爱理不理""爱说不说"等结

---

① 参见北京大学中国语言文学系语言学教研室编《汉语方言词汇》（第二版），语文出版社 2005 年版，第 471 页。

构，这应该也是一种消极意义。要了解不同方言的情况如何，还有很多工作要做。

【参考文献】

［1］北京大学中国语言文学系语言学教研室．汉语方言词汇［M］．2 版．北京：语文出版社，2005．

［2］陈彭年，雍丘．钜宋广韵［M］．上海：上海古籍出版社，1983．

［3］弗里德里希·温格瑞尔和汉斯－尤格·斯密特．认知语言学导论［M］．2 版．彭利贞，许国萍，赵薇，译．上海：复旦大学出版社，2009．

［4］段玉裁．说文解字注［M］．上海：上海古籍出版社，2003．

［5］汉语大字典编撰委员会．汉语大字典（缩印本）［M］．武汉：湖北辞书出版社，1996．

［6］蒋绍愚．论词的"相因生义"［C］//汉语词汇语法史论文集．北京：商务印书馆，2000．

［7］沈家煊．句法的"象似性"问题［J］．外语教学与研究，2001（4）．

［8］沈家煊．语言的"主观性"和"主观化"［J］．外语教学与研究，1993（1）．

阳江的方位地名与方位认知

刘伟民　　许小娟*

【提　要】通过与普通话、壮语的比较，分析阳江方位地名的语序、语义、方位认知特点。阳江方位地名在语序上存在正偏关系，"上、下"等方位词的语义也与普通话不一致，却与壮语地名保持一致。阳江方位认知上具有原生性和内隐型的特点，是壮侗底层文化的留存。

【关键词】阳江　方位地名　壮汉比较　方位认知

方位地名指的是包含方位词的地名。文中的方位地名主要源自《阳江市地名志》《阳江市志》及阳江市第二次全国地名普查成果的相关材料，均为阳江市江城区、阳东区、阳西县及阳春县（今阳春市）的自然村名。方位词表示方向和位置，阳江地名中，方位词绝大多数表位置，少数表方向。例如东村，位于阳东三山，因村朝东得名。本文重点讨论表位置的方位词。

阳江地名的方位词可分为两类。一类是普通方位词，即专门表示空间位置的方位词，例如"上""下""前""后""里""外""内""中""左""右""东""西""南""北""底""侧""中间""上高"等。另一类是准方位词，本身不是方位词，但可表示方位的词。分为两小类：一是用人的身体部位词来表示方位，如"头""顶""口""咀""面""背""心""脚"等；二是用表生物或物体部位的词表示方位，如"尾""根""表""边"等。另外，根据音节多少，方位词可分为单音节方位词与双音节方位词，阳江地名中单音节方位词占多数，双音节只有"上高""下低""尾背""中间"等少量例子。

---

*　本文作者刘伟民系阳江职业技术学院中文系副教授，学院党办副主任；许小娟系阳江职业技术学院中文系副教授。

一、阳江方位地名的语序

阳江地名中方位词不能单用，可以放在名词或别的词语后面，也可以放在名词或其他词语前面，还可以放在两个名词或词语之间，甚至方位词还可连用形成专名。

（一）名词性成分＋方位词

地理实体＋方位词：山下、水南、坡头、岭脚、山后、河背、垌尾、山口、山中间、岗根、石咀、石里、石外、田心、水上、山底、塘边

聚落名＋方位词：村头、村尾、报村头、寨南

姓氏＋方位词：苏东、苏西、傅东、傅西、何东、何西

建筑物＋方位词：祠堂侧、塘尾、町前、庵子前、桥头、埠头、宅下、基尾、渡头、庵后、巷里、庙背、盐灶前、瓦窑头、地塘尾、山门下、莲塘尾

自然景观＋方位词：龙湖头、竹山下、鸡头咀、凤角上、墩仔头、大岭脚

自然资源＋方位词：龙眼根、蒲提根、荔枝根、木棉根、棠梨根、柏木根、木山脚、秋风根、油甘根、松树下、林下

方1＋名＋方2：上桥头、下桥头、上葛边、北政上、西洋尾、上东门头、下东门头、后山头、后山尾、上坳头、下寮咀

形＋名＋方：大塘尾、大路南、大田尾、大路下、赤梨根、大榄根、横山头、大岭脚、高木根

数＋（量）＋名＋方：七星上、七星下

（二）方位词 + 名词性成分

方位词 + 地理实体：上沙岗、下沙岗、南山、南津、东坑、上塱、北洋、中垌、西江上濑、下濑

方位词 + 聚落：上村、下村、上寨、下寨、东村、南村、西村、北村、边村、中村、南庄、里村、外村、上屯、下屯、上社、下社

方位词 + 姓氏：上莫、下莫、上邓、下邓、上谭、下谭

方位词 + 建筑物：上井、下屋、上基围、上塘、上闸、东边坑、上庙、中寮、南堡

方 + 名1 + 名2：上金郊、下金郊、上禾叉、下禾叉、上石碇、下石碇、上石井、上草岗、西坑塘、南山岭

方 + 形 + 名：上旱地、下旱地、上飞鹅、下飞鹅、上黄竹、下黄竹、上横冈、下横冈、上干塘、下干塘、上大凼、下大凼、上平山、下平山

（三）名词性成分 + 方位词 + 名词性成分

名1 + 方 + 名2：排后新寨、屋背洲、岗尾塘、屋背冲、岭头海、面前海、宫后山、岗边寨、屋背坡、塘尾坑、田头屋

名 + 方1 + 方2：岗背东、岗背西、塱下上、塱下下、山头东、牛尾南

（四）方位词与其他词组合

介词 + 方位词：朝东、朝西、向东、向西

方位词 + 形容词：南宁、中安、东福、西庆、西安、东兴、南盛

方位词 + 方位词：上南、下南、上西、下西、上北、下北、上中、下中、外北

（五）反映的结构关系

阳江地名中，方位词多与名词性成分组合，可以形成偏正和并列关系，与普通话一致。

偏正关系，由方位词与名词性成分组合，方位词位置灵活。方位词可居后，例如：峒心，村位于中央小山坡上，四周是田峒；石东，村建在石山的东边；塘上，村建在水塘的上方。方位词居前，例如：上洒，村位于洒头村的上边；下峒，村建于下方的田峒中；前塘村，村前有水塘。从数量上而言，方位词居前的地名占多数。

并列关系，例如：下田，村建在山岭脚下，村前又有一块大田；营下，建村前，此地驻扎过兵营，且位于山脚下；南山海，村位于海边沙滩，背靠南山岭，面朝大海。

除上述两种情况外，阳江地名中有中心语在前，修饰语在后的情况，与普通话相反，我们称之为"正偏关系"。方位词与名词性成分组合时，方位词可在前，也可在后，在后的例子数量少一些。在前的如：上峒，村建在田峒的上方；下黄竹，村位于黄竹林的下方；南山岭，村落位于文笔岭的南面。在后的如：岭背，村背靠山岭；塘表，村的四周有鱼塘；岗背，村子的背面是山岗。

这种中心语在前、修饰语在后的地名，与壮语的齐头式地名一致，给外地人正确理解阳江地名形成干扰。

二、阳江方位地名的语义问题

（一）普通方位词的意义

1."上""下"

"上""下"是阳江地名中使用频率最高的方位词。我们调查了阳江市江城区、阳东区以及阳西县、阳春县自然村地名，含方位词的 812 个，其中由"上""下"构成的地名有 262 个（含少量重名），占 32.2%。"上""下"在地名中有以下几个义项。

（1）"上""下"分别表示"东""西"。"上"表示"东"的如：上谭，谭氏两兄弟到此定居，兄弟分住东西两方，东边称上塘；军塘上寨，原为军塘寨，后分建两村，位于东边的名军塘上寨。此外还有上敖、上林、上深涌等。"下"表示"西"的如：下牛栏涌，村前有条河涌，可放牧，故名牛栏涌，该村在涌的西南方，故名；下海屋，村面向大海，位于西方，故名。此外还有下

谭、下林、下敖、下深涌等。"上""下"在地名中表"东""西"向，温州地名也有，不过方向不同。温州地名中"上"表示"西"，"下"表示"东"，作者认为是一种活用，与区域西高东低的地势有关①。而阳江地名中上下表示东西，是以太阳为参照，日升东方，落日西坠，反映了朴素的认识观。

（2）"上""下"也可以表示"北"与"南"。"上"表示"北"的如：上垌，此村位于大八镇，因建在田垌的北边，因名上垌；上石板岗，该村位于石板岗的北面，因名。此外，还有上寨、上良、上中等。"下"表示"南"的如：下洒，该村位于上洒村的南边；下王，黄姓人家建村，后划分为两村，该村在南，又由于"黄""王"同音，后称下王村。此外还有下新、下石板岗等。古有"上北""下南"之说，"上""下"对应"北""南"。

（3）"上"与"下"对应空间方位的"高"与"低"。作为相对方位词，地名中运用上、下需要有参照点，参照点与地名标识位置基本上在同一垂直于地面的垂线上。这一义项与普通话一致。如下坝，村庄建于河堤的下面；下茅坡，建村时，村址选在一长满黄茅草的山坡下；上岗，村庄建在上岗之上；岭下，村庄坐落于尖峰山脚下。此类地名很多，还有上庙、下大王山、白楼下、林下、上田等。

（4）"上""下"指示河流的上游与下游。例如，上华龙、下华龙，相传此地原本为大海，海底有一排由南往北延伸的大石，形似游龙，故名华龙。后分为上下华龙，处漠阳江上游者名上华龙，处下游者为下华龙。再如上五里、下五里，五里村按河水流向分上、下片村，居上游的称上五里，下游的称下五里。此外，还有上那、下河、向水上、下寨等。

（二）准方位词的语义

借用表身体或部位的词能形象、生动描述地理实体的形态特征，其实质是比喻。将地理实体的方位、形态特点比作人或动物的头、口、咀、脚、心、尾等，普通话中这种用法随处可见，例如以口命名的地名词"河口""山口""洞口""港口""渡口""关口"等。阳江地名中，有把地理实体比作头、口、咀、角、背、心、脚、尾、边的，这些用法与共同语意义一致。具体列举如下。

> 头（首部、前端）：山头、坡头、井头、田头、巷头、河头、村头、瓦窑头、圩头、林头、龙头

---

① 参见盛爱萍《温州地名中的方位词》，载《方言》2004年第1期。

口（入口、前端）：迳口、冲口、水口、山口、河口、冲仔口、大塘口

咀（入口、前端）：岗咀、山咀、坡咀、石咀、鸡公咀、鸡头咀、岭咀、红头咀、下寮咀、回龙咀

角（边角、偏远）：塘角、高田角、上塘角、山角、湾角、大石角

背（背后、后面）：岗背、山仔背、庙背、屋背岗、屋背洲、屋背冲

心（中央）：垌心、那心、塘心、田心、龙心、田心寨、垌心岗

脚（下部、下端）：大岭脚、木山脚、石脚、沙坡脚、白马脚、大路脚

尾（末端、末尾）：塘尾、塱尾、湖尾、洲尾、坑尾、垌尾、河尾、水尾、山尾、寨尾、尾背田

边（旁边、边缘）：塘边、中边寨、岗边寨、边寨、圩边

　　另外，"面""表""根"语义和普通话有差异。普通话"面"表方位时是粘着语素，位置居后，没有明确意义，例如"前面""后面"。"面"在阳江地名中做方位词时，可单独表前面、旁边之意，这与普通话不一样。例如：塘面，村前有水塘，故名；屋面塘，村前有大鱼塘；寺面，村侧有一个寺庙，因而命名；大塘面，村边有大塘，故称。另外，还有塘仔面、洒面等地名。

　　"表"在普通话中不能表方位，但在阳江地名中，"表"通过外部、外面、树梢等义项引申出四周、前面的含义，例如：表竹，北宋初年建村，立村时，种竹围绕，因称表竹；再有塘表，明万历年间建村，因村前有口大水塘得名；余朝表，村前有小河通南海，潮水涨到村前，村民多姓余，潮与朝同音，由此得名。

　　"根"表方位，与普通话殊异。现代汉语中，根有物体的下部或同其他东西连着的部分之意，例如"城墙根""山根""耳根"。阳江地名中以"根"为通名的为数不少，例如"山根""石根""木根""荔枝根""油甘根""榄根""木棉根""红花根"。这些地名具体得名理据举例如下。

　　①山根：清嘉庆年间建村，因地处山脚，故名。

　　②石根：明永乐年间建村，建在大石山脚下。

　　③木根：明中叶建村，房屋建在木荔树旁边。

　　④木棉根：明万历年间建村，村中多木棉树，故称木棉根。

　　⑤松根：清顺治年间建村，因村后山多松树，故取名。

上述例子中，前两例中的根表方位，意为"下方、下部"，后三例中"根"的意思概括为"附近"更为妥帖，可以看出词义虚化、泛化的痕迹。

阳江的普通方位词"上""下"，准方位词"根""面""表"均表现出与普通话不同的语义和用法。但在壮语中，我们发现这样的语言现象："日出方为东，即太阳升起的那边；日落方为西，即太阳落下去的那边。"① 另外，壮语用得频繁的三个准方位词是 Gyauej（头）、Bak（口）和 Goek（根），根虚化后表示"位置的下方或附近，源头"②。上述对应现象值得我们思考。

三、阳江方位地名体现的方位认知特点

作为古百越之地的阳江，深受"俚僚文化"影响。汉代以后，俚僚等族体衍化为现在的壮侗语族③。阳江虽然后世受到中原文化的巨大影响，但壮侗族的底层文化通过地名保存了下来，下面的分析则是展现地名在方位认知上保留的壮侗文化特色。

（一）原生性特点的保留

阳江方位地名词中，含"上""下"的词，我们统计到262个，而"东""西""南""北"是151个，含"上""下"方位的词远多于含东西南北的词。但是，据学者统计，汉族在地名中使用的方位词以"东""西""南""北"最多。如表1、表2。

表1　20世纪80年代末北京近郊街巷地名方位词使用情况④

方位词	东	西	南	北	前	后	左	右	上	中	下
数量	412	376	246	274	90	84	11	14	18	41	16

① 参见覃凤余《从地名看壮族空间方位认知与表达的特点》，载《学术论坛》2005年第9期。

② 参见覃凤余《壮语地名及其研究》，载《广西民族研究》2005年第4期。

③ 参见李锦芳《论百越地名及其文化蕴意》，载《贵州民族研究》1995年第1期。

④ 参见张清常《北京街巷名称三题》，转引自《语言学论文集（续集）》，语文出版社2001年版，第3页。

表2　汉语四部地名索引中的七个方位词使用情况①

方位词	《中国地名词典》	《中国古今地名大辞典》	《中华人民共和国分省地图集》	《中国地名录》
上	85	210	110	232
下	57	146	70	198
中	84	140	88	182
东	284	460	253	520
西	158	402	226	469
南	254	586	268	534
北	136	330	126	278

从上述材料来看，汉族地名在方位认知上，习惯使用以太阳为客观参照的绝对方位词——"东""西""南""北""上""下"等相对方位词所占比例极低。长期以来，汉族正统文化是以北方为大本营的。北方多平原，地势开阔，太阳运行位置一目了然，再加上北方纬度高，一日或一年内，太阳运行期间光线分布不均，阳面受照射，阴面照不到，人们对太阳的方向很敏感。生存的地理环境使得汉民族喜用"东""西""南""北"。

状语中，方位词是"上""下""前""后""内""外"等相对方位词，壮族缺乏以太阳为基准的绝对方位词，壮语中的"东""西""南""北"是汉语借词，在地名中数量极少。壮族先民对方位的认知源于自身的参照，反映出原生性特点②。这一特点从人类的空间认知顺序上也能得到佐证：人类东西南北观念的产生晚于上下前后左右③。至今儿童方位观念的习得仍是上下前后左右在前，东西南北在后。

阳江地处岭南。据司徒尚纪先生的观点，岭南文化可分三层：第一层即底层，为百越族土著文化；第二层即中间层，是带有浓厚区域特色的地方文化；第三层即表层，所代表的是中原正统汉文化。这三层在地名上有不同表现：第一层是壮语地名，第二层在地名上反映出广府民系文化、客家民系文化和福佬

---

① 参见李如龙《汉语地名学论稿》，上海教育出版社1998年版，第34页。

② 参见覃凤余《从地名看壮族空间方位认知与表达的特点》，载《学术论坛》2005年第9期。

③ 参见刘文英《中国古代的时空观念》，南开大学出版社2000年版，第19页。

民系文化及方言特色，第三层则是全国通用地名①。

阳江方位地名"中""上""下"和"东""西""南""北"的分布，明显是壮语地名与全国通用地名（北方书面语地名）交织的现象，其中保留的壮语地名仍占一定优势。作为百越之地，阳江历史上也经历过多次中原汉民的迁移，伴随这一过程是壮族逐渐退缩迁出，但壮族对方位认知与表达的特点，在汉文化大举南下的背景下，仍顽强地通过方位地名保存下来，展现出多彩的文化层。

（二）内隐型空间的留存

名词与方位词组合而成的方位地名，普通话都是偏正关系；阳江有偏正，还有正偏关系。这种正偏关系地名与汉语地名的空间认知方式不同，保留了壮族内隐型的空间认知。

普通话方位地名词（专名）有两种组合，即通名＋方位词与方位词＋通名两种形式，举例如下：

> 通名＋方位词：山东、山西、河南、河北、江口、溪口、岭下、潭头、山尾
>
> 方位词＋通名：北京、南京、东湖、北海、下关、前山、前窑、后港、后城

阳江正偏式方位地名词举例如下：

> 通名＋方位词：岭背、岗背、河背、塘表、塘面、大塘面、山后
>
> 方位词＋通名：上垌、上北滩、上岗、下垌、下黄竹、下河、南山岭、北坛

方位地名的语义关系反映人们如何表达物体的空间关系，这涉及目的物（空间）与参照物（空间）的次序问题，在语言上通过语序得以体现。普通话方位地名词的先后关系为参照物（空间）＋目的物（空间），分析如下：

---

① 参见司徒尚纪《广东地名的历史地理研究》，载《中国历史地理论丛》1992 年第 1 期。

地名	参照物（空间）	目的物（空间）
山东	太行山	东边
山尾	山体	尾部
北京	国家的北方	京城
东湖	城市的东部	湖

阳江的正偏式方位地名词，其先后关系为目的物（空间）＋参照物（空间），分析如下：

地名	目的物（空间）	参照物（空间）
岗背	后面、背后	山岗
山后	后面、背后	小山
上垌	上方	田垌
南山岭	南面	山岭

刘宁生（1994）指出，相对于目的物来说，参照物具有较大、固定、持久、复杂、已知等伴随特征①。这些特征无疑是外显的。普通话习惯将参照物置于前方，外显性强；阳江的正偏式方位地名将参照物放在后面，相对而言将不明显、未知的目的物置前，内隐性强。这与覃凤余（2005）的研究结论，"壮语为内隐型空间，汉语为外显性空间"一致②。

三、结语

岭南壮语地名的研究重点多放在有特殊含义的底层词，如"那""垌""罗""良""濑""滘""都""边"等，以及齐头式地名上，未能有新的拓展。空间认知是人类认知的重要内容，方位地名词反映人们对地域空间、方位的认知，通过对阳江方位地名词的结构、语义、认知特点的分析，我们发现了其上隐藏的壮侗底层文化内涵，进一步研究无疑有助于人们对岭南壮语地名的认识。

---

① 参见刘宁生《汉语怎样表达物体的空间关系》，载《中国语文》1994 年第 3 期。
② 参见覃凤余《从地名看壮族空间方位认知与表达的特点》，载《学术论坛》2005 年第 9 期。

【参考文献】

［1］盛爱萍. 温州地名中的方位词［J］. 方言，2004（1）.

［2］覃凤余. 从地名看壮族空间方位认知与表达的特点［J］. 学术论坛，2005（9）.

［3］覃凤余. 壮语地名及其研究［J］. 广西民族研究，2005（4）.

［4］李锦芳. 论百越地名及其文化蕴意［J］. 贵州民族研究，1995（7）.

［5］张清常. 语言学论文集（续集）［M］. 北京：语文出版社，2001.

［6］李如龙. 汉语地名学论稿［M］. 上海：上海教育出版社，1998.

［7］刘文英. 中国古代的时空观念［M］. 天津：南开大学出版社，2000.

［8］司徒尚纪. 广东地名的历史地理研究［J］. 中国历史地理论丛，1992（1）.

［9］刘宁生. 汉语怎样表达物体的空间关系［J］. 中国语文，1994（3）.

附录

贺　　函

兰州大学贺信

兰 州 大 学

贺 信

阳江市人民政府：

2022 年是兰州大学校友、著名语言学家、教育家黄[伯荣]先生诞辰 100 周年，欣闻阳江市社会科学界联合会、阳江[职]业技术学院等单位联合举办"纪念黄伯荣百年诞辰暨学[术思]想研讨会"，恰逢其时，意义重大。

黄伯荣先生曾在兰州大学传道授业，著书立说，工[作]三十载。1958 年，他响应国家号召，毅然举家西行，将[一生]中最宝贵的时间奉献给了祖国的西北大地。在兰工作[期间]黄伯荣先生是中文系学术带头人、校系两级学术委员会[成员]其研究成果开创了兰大语言学科的新局面，尤为重要的[是]黄伯荣先生对现代汉语的教材建设功绩卓著，主编的《现代汉语》是全球发行最广的汉语教材，为后人所称颂。

黄伯荣先生一生淡泊名利，潜心学问，为祖国语言[事]业的繁荣发展作出了巨大贡献。黄伯荣先生既是著名学[者]也是兰州大学师生景仰和爱戴的"萃英大先生"。先生[言传]身教，为学生树立了诚实做人、严谨治学、乐观向上、[积极]进取的人生榜样。他宽厚朴实，对后辈学子的拳拳爱心[深深]印刻在兰大学子的心田，兰大人将永远怀念黄先生的[崇高品]德与辉煌成就。

阳江人杰地灵，水秀山美，宜居、宜业、宜游。阳江水土哺育了黄伯荣先生，殷殷阳江乡梓情，绵绵兰大杏坛意。黄伯荣是阳江人民的骄傲，也是兰大师生的骄傲。正值黄伯荣先生百年诞辰之际，我们欣喜于能够共同纪念兰大知名校友，共同怀念阳江知名贤达。与此同时，兰州大学期待与阳江市政府在人才培养、科研合作、社会服务、现代产业体系建设等领域开展合作与交流。

借此会议之机，请转达兰州大学全体师生对黄伯荣先生的敬仰与怀念之情，转达对黄伯荣先生家人的深切问候，并热烈祝贺"纪念黄伯荣百年诞辰暨学术思想研讨会"圆满成功。

兰州大学

2022 年 9 月 28 日

青岛大学贺信

青岛大学

贺信

秋高气爽时节，喜闻"纪念黄伯荣先生诞辰100周年学术研讨会"在黄先生老家广东阳江举办，我们感到无比自豪，并表示热烈的祝贺。

黄伯荣先生是我国著名语言学家，蜚声海内外，他在方言学、语法学、文字学等各领域成就斐然，在现代汉语教学与教材编写方面更是成就卓著，创造了由他和廖序东先生主编的《现代汉语》教材历时四十余载长盛不衰、总发行量超过1000万册的汉语教材编写神话。该教材1986年被教育部刊物《高教战线》第6期誉为"一部受欢迎的《现代汉语》教材"，1988年获国家教委颁发的全国高等学校优秀教材二等奖，1999年教育部公布为首批重点推荐使用的中国语言文学专业七门主要课程30种教材之一，2011年被评为教育部普通高等教育精品教材、获山东省高校优秀教材一等奖。黄先生是语言学研究的开拓者，在他晚年，还发表数篇论文，创建并完善"框架核心分析法"，考虑计算机析句法基础问题，并在黄廖本教材中全面实施运用，具有很好的推广前景。

黄伯荣先生是我们青岛大学的骄傲，是青大语言学科的奠基者。1987年，青岛大学中文系刚刚建系一周年之际，黄伯荣先生来到了青岛大学，担任中文系语言教研室主任，成为我校语言学科的领军人物。先生虽已年过花甲，但很快就设计出大型研究课题，带领中文系汉语教研室以及兄弟院校的汉语教师们编写《汉语方言语法类编》，历经七载，完成了这部180万字，涉及29个省、市、自治区250多个方言点语法现象的辞典式语法巨著，产生巨大反响，为当今语法学界特别是方言语法学界广为引用。2001年其姊妹篇《汉语方言语法调查手册》也得以问世，填补了汉语方言语法调查研究的空白。由此在岛城青岛培养了一波语言学中青年力量，至今仍活跃于汉语研究、对外汉语研究领域。而今岛城青岛语言学风气浓烈、纯厚，与黄先生有着密不可分的联系，他是我们岛城语言学人的精神领袖，是青岛市语言学会的创会会长，他永远留存于我们的话题中。

黄先生是智者，也是仁人。在青大文学院文献资料不足的情况下，黄先生晚年把他一生所珍藏的书刊除留待继续修订黄廖本教材的资料外，其余全部都无偿捐献给了青岛大学文学院中文系资料室，这对于青大师生的成长，对语言学课程的支撑，都弥足珍贵。这种无私的奉献精神，青岛大学将会永远铭记。

最后，预祝本次会议圆满成功！祝愿到会的各位领导、各位专家、各位朋友在阳江期间身体健康、万事如意！

青岛大学

2022年9月8日

中山大学中文系贺信

阳江职业技术学院、阳江市社会科学界联合会及黄伯荣先生家人：

欣闻"纪念黄伯荣百年诞辰暨学术思想研讨会"顺利召开，谨致热烈祝贺。

黄伯荣先生是中国著名语言学家、教育家，也是我系杰出校友。黄伯荣先生1951年于中山大学研究生毕业后留我系任教，院系调整时随王力先生北上。耄耋之年复受我系之聘，领弟子李炜教授及一众青年才俊编写"中大本"《现代汉语》教材，今教材已成为"十二五"普通高等教育本科国家级规划教材，像黄伯荣先生和廖序东先生所编的"黄廖本"《现代汉语》一样，正在惠及莘莘学子，为国家的教育事业做出贡献。

黄伯荣先生，情系母校，心念故土，爱国爱党爱乡，一生献给教育事业。适逢黄伯荣先生百年诞辰，预祝"纪念黄伯荣百年诞辰暨学术思想研讨会"大会圆满成功。

中山大学中国语言文学系
2022年9月26日

泰山学院文学与传媒学院贺函

贺　函

　　黄伯荣先生是我国著名的语言学家、教育家，他与廖序东先生联合主编的《现代汉语》教材，四十年来一直畅销不衰，哺育了全国一代又一代青年学子。黄先生虽然在 2013 年离开了我们，但他所主编的教材仍然不断地修订再版，为广大师生所喜爱。在黄先生百年诞辰之际，我们深沐黄先生学术光辉的全院师生，更加景仰先生的治学精神和学术思想。

　　海纳百川，海人不倦！

　　高山仰止，景行行止！

　　愿黄先生的学术思想，更加灿烂辉煌：

　　愿黄先生开创的语言教学道路，越走越宽广！

泰山学院文学与传媒学院

2022.9.10

兰州城市学院西北方言研究中心贺函

一部教材成圭臬，数代学子仰宗风！

——热烈祝贺"黄伯荣先生诞辰百年纪念暨学术思想研讨会"圆满成功！

兰州城市学院
西北方言研究中心
二〇二二年九月二十五日

中山大学校友会贺信

中山大学校友会
SYSU ALUMNI ASSOCIATION

贺　信

阳江职业技术学院

阳江市社会科学界联合会：

　　欣闻"纪念黄伯荣百年诞辰暨学术思想研讨会"隆重召开，谨代表中山大学全体校友致以热烈祝贺！

　　黄伯荣先生是中国著名语言学家、教育家，也是我校杰出校友。黄伯荣先生 1951 年于我校语言学系研究生毕业后留校任教。1954 年因高等院校专业合并调入北京大学中文系，后响应支援西北号召，先后去西北师范大学中文系、兰州大学中文系任教，是西北地区现代汉语学科建设的奠基人。黄伯荣先生致力于现代汉语和汉语方言的研究，从事高等院校教学工作三十年，著作丰硕，影响深远。黄伯荣先生情系母校，以耄耋之年复受母校中文系之聘，主编"中大本"《现代汉语》教材，革新自我，继续为教育事业做贡献。

　　今年适逢黄伯荣先生百年诞辰，阳江职业技术学院、阳江市社会科学界联合会联合举办"纪念黄伯荣百年诞辰暨学术思想研讨会"，总结探究黄伯荣先生学术成就，弘扬其爱国爱党爱校爱乡之高尚情怀。

　　值此大会召开之际，预祝活动取得圆满成功。

中山大学校友会

2022 年 9 月 29 日

地址：广州新港西路135号　邮编：510275

电话：(86)020-84111127　传真：(86)020-84110859　邮箱：alumnib@mail.sysu.edu.cn

陈保亚教授贺信

阳江职业技术学院
阳江市社会科学界联合会：

　　欣闻"纪念黄伯荣百年诞辰暨学术思想研讨会"即将由贵单位及相关单位联合举办，这是非常有意义的一件大事。

　　黄伯荣先生曾是我们的校友，他于1954年随王力、岑麒样来北大，一直工作到1958年，随后响应国家号召支援西北，去了兰州大学。黄先生对现代汉语的教学与研究做出了杰出贯献，他和廖序东主编的《现代汉语》教材为很多高校所使用，是发行量很大的教材，对汉语教学产生了极大的影响。这本书我也经常拜读，收获根大。

　　我和黄伯荣先生只见过一面，是2003年7月，在一次北大中文系语言学学科建设会上，那时候我还在做中文系副系主任，主管语言学。黄先生平易近人、严谨独立的风范给我留下了深刻的影响。

　　黄伯荣先生是知识分子的楷模，在此特表示我对黄伯荣先生崇高的敬意。

陈保亚

北京大学博雅特聘教授
北京大学中国语言学研究中心主任
2022 年 10 月 24 日

探索新路　后出求精

——《现代汉语》新编体会

黄伯荣　李　炜

我国高校推行课程改革以来，改革的一个结果是现代汉语课程的学时普遍减少。经初步调查，国内大多数高校必修的现代汉语课，课时都在100学时以下；而作为选修的现代汉语课，课时往往在60学时左右。这样一来，目前流行的现代汉语教材，几乎没有一本可以在规定课时内讲完，有的又因内容陈旧而不便使用。我们这一部新编的现代汉语教材（以下简称"新编本"，该教材将于今春由北京大学出版社出版）正是为了解决这样两个问题而编写的。我们想在继承以往教材优点的基础上，抓住主要矛盾，在容量上下功夫的同时，在质量上也下功夫，一切从教学实际、从学生实际出发，力争编出真正能适应这样新形势要求的新教材。这里主要从简明性、实用性、科学性、系统性四个方面谈谈我们的新尝试，就教于关心课程改革的同仁。

一、简明性

为了突出课文重点内容，我们把教材内容分为前文和后文两大部分，前文讲现代汉语课程必须掌握的基础知识、基础理论和基本技能。后文叫"课程延伸内容"，是相对较深、较新的三基内容。课时少的情况下可以只讲前文，把后文作为重要参考资料，指导学生自学。课时多的情况下可以选讲后文中适合本专业的内容，甚至可以全讲或增加与本专业有关的专业知识点。这样既能突出课程重点，方便教师用一部教材教授不同专业不同层次的学生，这也节约了备课、做教案的时间。

为了对现代汉语课程内容从知识的传授、学生的需求等方面进行合理的舍弃和科学的精减，我们做了一些尝试，例如"汉字的产生"和"汉字改革问题"，在一般流行教材中都会占不少篇幅，但前者聚讼纷纭，尚无定见，后者一言难尽，有些不属于现代汉语课的核心内容，因此，新编本予以割爱。又如"检字法""词语解释"和"释义的方法"等内容，不少流行教材将其列入词汇部分，但"检字法"一般在小学时就学过，而"词语解释"和"释义的方

法"也都不是现代汉语课程的核心内容，可讲可不讲，新编本求简不讲。有的教材大谈"古入声字的改读"问题。经我们的调查发现，当今具有几种南方方言背景（如粤、闽、客）的学生在说普通话（而不是讲方言）时基本没有入声了，这本身就是长期推普的成果，因此新编本也不讲。

为了用精减的办法来"瘦身"，我们在讲到"汉字的整理"中"简化笔画"那部分时，不采取流行教材把汉字简化方法概括为六种的办法，即"类推简化、同音或异音代替、草书楷化、换用简单的符号、保留特征或轮廓、构成新的形声字或会意字"等，因为这样处理有的虽然可以突显简化字的来源，但对初学者来说显得较为杂乱，难以掌握。我们单纯从汉字简化前后的形体对比出发，把简化的方法概括为"原形省略、更换偏旁、整字替换"三大类，突出了现代汉字的形体演变，面目清晰，逻辑也更严密。

我们说的简明性还体现在追求教材语言精练的同时注重明白晓畅，注重叙述严谨的同时强调深入浅出。侧重阐明主要规律，突出重要规律，寓学术性于平实的说理之中，少用术语，利于初学。

总之，新编本的体量小，但必要的内容和分量并不因此而削弱，这叫作"瘦身不瘦脑"。

二、实用性

我们说的实用性主要是强调可操作度。例如有的流行教材讲汉字的笔顺会罗列出"先横后竖、先撇后捺、从上到下、从左到右、从外到内、从外到内后封口、先中间后两边"等七条基本规则，这些规则说起来头头是道，但有时缺乏可操作性，比如"九"字先写撇笔，"北"字左边先写竖笔、右边先写撇笔，就不能用其中任何一条基本规则来解释，"忄"旁先写两边的点再竖跟"从左到右"和"先中间后两边"两条规则相矛盾，"止""非""北"等字先竖后横都跟"先横后竖"的规则相矛盾，而从"八""人"等字的笔顺来看，"先撇后捺"其实和"从左到右"完全一致，因此把它列为基本规则显然是多余的。通过我们的研究总结，认为汉字的笔顺可以概括为"从上到下、从左到右"和"先大后小、先长后短"两条，也就是"上下左右、大小长短"八个字，而判断某个笔画的上下左右要依据它的收笔而不是落笔，如"二""匕""七""韦"等字的笔顺都是从上到下；"八""几""九""及"等字的笔顺都是从左到右；字形内部的大小可以通过估算它的纵、横向长度的乘积来判别，包括各种折笔的复合笔画大于横竖撇点等单一笔画，如"问""厅""司""起""小""发""玉""力""卩"等字或偏旁的笔顺都是"从大到小"，"非""光""兆""北""里"等字相关部分的笔顺都是"先长后短"，这个规则易学易记易操作，同时也有较强的解释力①。

再如新编本在讲每一类词的语法特征时，注重某些充分条件，使学生在词性判定时容易操作。比如，能带宾语的词是动词，能受程度副词修饰不能带宾语的词是形容词，能且只能做定语的词是区别词，能且只能做状语的词是副词。符合这些条件，很容易判定某个词是什么词性的，简单而实用。

《汉语拼音方案》是汉语语音研究成果最集中的反映，也是语音研究应用性的直接体现。现代汉语课程不仅应该让学生巩固拼音知识，还应该了解拼音方案的设计原理，知其然更知其所以然。汉语拼音方案是对普通话语音系统进行音位归纳的成果，在对音位进行介绍这项工作上，现有的现代汉语教材或者回避这个问题，或者单辟章节介绍音位，但没有将音位与汉语拼音紧密地联系起来，令学生对音位的学习产生畏难情绪。我们从字母设计、音节拼写规则和正词法三个方面详细地介绍了《汉语拼音方案》，在"字母设计"部分涉及基本的音位知识，从学生所熟悉的汉语拼音方案入手，让学生在知其然并知其所以然的学习过程中掌握与汉语拼音方案密切相关的音位知识，这不仅加深了学生对汉语拼音方案的认识，也自然提高了学生学习国际音标的兴趣。这样的安排是为了教师好教，学生好学。

新编本的实用性还表现在可接受度和可读性上。其引例都是编者们搜集并首次出现在现代汉语教材中的，多数来自当代书刊报章、广播影视、网络媒体甚至手机短信、街头广告等，少数编者自拟。这些引例更具有时代感，更贴近生活，更吸引读者，因而可读性很强。再从病例来说，新编本对病例的选择也同样严格，避免出现为了使病例的分析更为"丰满"而不惜生造在实际语言中不可能出现的或是罕见的所谓病句。新编本的病句都是"自然度"很高的、常见的。这也会加强新编本的可接受度，可读性也会因此而提升。

其实简明与实用往往是一种孪生的关系，很难想象一种庞杂和烦琐的东西能够实用。前面所举简明性的实例，同时又都是实用的；而这里所举实用性的实例，同时也都是简明的。

---

① 参见杨泽生《笔顺规则新探》，载《佛山科学技术学院学报》（社会科学版），2002年第3期，第71～73页。

三、科学性

一些缺乏科学性、准确性的内容，即使在不少流行教材中很常见，我们也不盲从。例如有的教材将"大篆"和"小篆"放到"篆书"中分开来讲，新编本则不讲"大篆"直接讲"小篆"，因为"大篆"这个概念在文字学界和书法界很混乱，没有比较一致的认识，况且不讲"大篆"也完全可以将汉字形体的演变讲清楚。有的流行教材将甲骨文定义为"通行于殷商时代刻写在龟甲兽骨上的文字"，新编本修正为"甲骨文指刻写在龟甲兽骨上的文字"，因为周代也有不少甲骨文。不少流行教材中出现的古文字字形是手写出来的，书写者往往因为缺乏古文字学的功底而写得走形，而新编本中所出现的古文字字形，一般都是根据权威字书或古文字编扫描出来的，更为逼真。

在一般流行教材中，语音部分分歧较大的是对"ian"和"üan"这两个韵母的主要元音的标注，以及它们跟"ie"和"üe"的关系。下图是一组标准普通话（男）的发音，从语图中我们可以看到，"冤"和"烟"的主要元音（见方框）是基本一致的，所以可以用同一个音标对它们进行标注。另外，"冤""烟"跟"曰""噎"的主要元音共振峰（见椭圆框）相比较，"冤""烟"的 F1 更高，F2 更低，说明在有"n"韵尾的时候，主要元音是较低、较后的。因此在新编本里，我们用［æ］来标注"ian"和"üan"这两个韵母的主要元音，与"ie"和"üe"的主要元音［ɛ］相区别。这样不仅让国际音标注音更符合现代汉语语言事实，同时避免了"ian、üan"和"ie、üe"中主要元音音素的混淆。

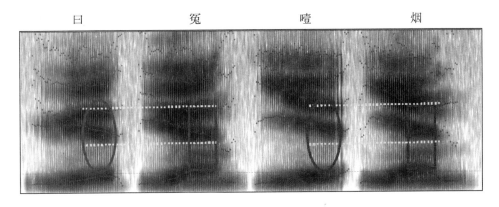

曰　　　　　　冤　　　　　　噎　　　　　　烟

有的流行教材把各种句式都置于主谓句里的动词谓语句中进行讨论，也就等于说所有的句式都必须有主语，这样的分类是值得商榷的，比如"把乐带回家""轮到你请客了""让我们共同努力",第一句的句式是"把"字句,后两句的句式是兼语句,三句都无法补出主语,所以这样的分类显然不科学。新编本根据有无主语和谓语分出主谓句和非主谓句两种句型,根据单句句法结构中的某种共同特征归纳成八种句式,它们有些是主谓句,有些是非主谓句。事实上,不同句型的非主谓句是很常见的,新编本如实地反映了这一语言事实。

我们前面谈到的简明性和实用性其实都是在科学性的前提下进行的,因为任何取舍整合,没有科学的理据就无从做起,做了也是无用功。事实上,在处理具体问题的时候,这"三性"实际上往往是无法分开的。以介词兼连词的"跟""和""同"为例,一般流行教材在选择用于引进相与方或指涉方的介词并兼作连词的词时,往往将三者不加分工地都放在行文当中,比较随意,这其实不利于教学。新编本注意到了这一问题,把"跟"用来作介词,把"和"用来作连词,不用"同"。分工明确,且一贯到底。我们这样处理的理据是,清末以来,北京话表相与义、指涉义的介词"跟"占绝对上风,也用"和",但"和"作连词更常见,基本不用"同",北方方言的情况也大致如此。介词兼连词的"同"是带有南方方言色彩的(粤方言、客家方言都用"同"作介词兼连词)。[①] 作为以北方方言为基础方言的普通话,应当准确地反映这一事实,新编本正是以这样的科学理据为前提对"跟""和""同"做了这样的处理和安排。这样一来,北方同学读起来很舒服,南方同学也可借此提高普通话口语水平。不用"同",用"跟""和"也使整部教材的叙述风格保持一致,增加了可读性,同时"跟""和"的功能互补,又使得整个行文表述显得更为讲究。

四、系统性

我们注重整个教材内容的系统性。新编本的系统性首先表现在少用术语上。对于成熟的、基本的、重要的概念,我们都给予尽可能科学而准确的界定,并用粗体来突显;对于不成熟的或不重要的概念,或可以不用术语方式来表述的,我们则尽可能用平实的或深入浅出的表述。例如,在讲词类部分时,

---

① 参见李炜、和丹丹《清中叶以来北京话的"跟"及相关问题》,载《安徽大学学报》(哲学社会科学版)2010 年第 6 期,第 69 ～ 75 页;李炜、王琳《琉球写本〈人中画〉的与事介词及其相关问题——兼论南北与事介词的类型差异》,载《中国语文》2011 年第 5 期,第 419 ～ 426 页。

我们把所有词类的名称都作为术语给予相应的界定。我们认为这些词类名称之所以是术语，是因为它们可以凭借一系列语法形式特征（尤其是语法功能）来区分。但是，某类词的下位类是否也应用术语方式来表述，新编本是很谨慎的。以名词为例，新编本将名词的下位类分为两个层级，第一层级将名词分为表示人或事物、表示时间、表示处所、表示方位四类，第二层级是将表示人或事物类的名词再分为表具体、表抽象、表集合三类。这些下位的分类都没有采用术语式的表述方式。

简明并不意味着简单，事实上，为了满足科学性的要求，一些重要的、必要的知识点，即使别人不讲，我们也讲；别人略讲，我们详讲。例如，随着现代信息技术的发展，人们为了提高信息传播的效率，越来越多地使用语音的手段来发布和接收各种信息，语音修辞显得越来越重要，因此新编本将语音修辞单列一节，而不将语音修辞置于词语修辞章节之下。单列出来便于更加全面而系统地介绍语音部分可用来追求语言表达理想效果的各种手段，比如韵脚的配置，声调的配搭，音节的配合，双声、叠韵、叠音和摹声的选用，谐音的运用等，凡跟现代汉语语音有关的修辞手段都放在这一节集中讲解。这样，一来可以使语音修辞这部分内容显得更加完整，同时也可以避免跟词汇修辞的特点混杂在一起；二来使得整个修辞部分的系统更加严整、更加科学。语音修辞单列后，它和词汇修辞、句法修辞一起分别跟教材的前几部分内容整齐对应。修辞可利用的主要手段本来就是语言的语音、词汇和语法等几大要素，在修辞部分对应地单列出对这几大要素的运用，这有利于将汉语的基本知识和实际运用结合得更加紧密，使学生在学习了现代汉语的基础理论部分之后，立即转入对这些知识点的运用部分的学习。这样，既能帮助他们更好地巩固所学的知识，又能提高他们的学习兴趣。

以往的现代汉语教材大都以培养语言研究者为主要目的，着重于语言学意义上的知识传授。现在教育形势发生变化，大学本科培养"通才"而非"专才"，因而教材编写的思路必须转变。现代汉语课不仅要解释汉语，更应该是母语教育。对于编者来说，改变自己过去熟悉的套路，是很艰难甚至是很痛苦的一件事。所幸的是，新编本的编写团队能在充分研讨、协商中统一认识，形成合力，斯抵于成。

当然，新编本新体系的最终形成，前文、后文内容如何更加科学、如何合理地配置都有待通过教学实践检验不断修订，使其逐步完善。我们期待广大读者提出宝贵的意见，也欢迎同行的指正。

《现代汉语》（中大本）后记*

黄伯荣

  我与"现代汉语"有缘。1951 年于中山大学研究生毕业留校任教，王力、岑麒祥两位老师就分配我参加新课程"现代汉语"的教学工作。回忆我 1946 年在全国唯一的语言学系中山大学语言学系读书，当时就没听说过哪个学校有"现代汉语"这门课，图书馆里也找不到这样名称的教材或讲义。当时向苏联学习，向"现代俄语"课程学习，一边上课，一边在系主任兼语法教研组组长王力先生的指导下，参加编写了第一部《现代汉语》讲义。至今 60 余年，我的研究精力大都花在"现代汉语"课程和教材的建设上。

  1954 年我到北京大学中文系工作之后，王力先生安排我教汉语专业"现代汉语"课。他叫我把在中山大学跟几位老师合编的《现代汉语》讲义整理油印出来，之后给教育部拿去交流。后来，教育部指定北京大学、中山大学和山东大学三所大学制定全国高校"现代汉语"教学大纲，我有幸参加了周祖谟先生主持的这一教学大纲的讨论会。1958 年调到兰州大学工作，我又带领部分师生根据这个大纲编出《现代汉语》讲义。到了我国改革开放开始时，我参加全国高校"现代汉语"协作教材会议，我和廖序东被推举为"现代汉语"教材（第一方案）的正副主编，主持编出《现代汉语》统编教材（后称"黄廖本"），也大体根据这个大纲。1979 年出版，至今修订了九次，发行量达 500 多万部，30 多年来"黄廖本"长盛不衰，出乎我的意料！

  有了"黄廖本"教材，为什么还要再编这部新编的《现代汉语》呢？首先是由于我对现有教材的质和量仍未满足，希望在新的教材里，打破 30 多年前旧框架的限制，试着实现我的教材改革的理想，其次是为了应中山大学中文系和北京大学出版社的诚邀，报答母校的培育之恩。以前主编的《现代汉语》教材以培养中文本科专业或语言研究者为主要目标，着重于语言学意义上的知识传授。现在教育形势发生变化，大学本科培养"通才"而非"专才"，因而教材编写的思路必须转变。"现代汉语"不仅要解释汉语，更应该是进行母语教育。对于我这把年纪来说，要实现新教材的编写设想而找个好班子，的确不

---

  * 本文是黄伯荣先生为中大本《现代汉语》写的后记。

是一件很容易的事。所幸的是有以母校的编写团队为骨干的编写班子能很快组成，大家统一认识，形成合力，斯抵于成。在观点方面，他们贯彻我编教材的新主张，也提出不少跟"黄廖本"不同的新设想，我采用了不少。

可能有人问："你推介《现代汉语》新编本，是不是不要旧本了？"我说不是的。打个比方吧，有个老人有两个儿子，长子年过而立，已经闻名全国，且独占鳌头。幼子新生，也像长子幼年一样，需要多关照、呵护，也希望他长大以后像其兄长一样，为国家做出更大的贡献，甚至超过兄长，后来居上，也是常情。

经过两年多的努力，现在教材定稿出来了，这是一个新生事物，新生事物是否受欢迎需要由读者来评价，这要靠市场来检验。新编本《现代汉语》是否很理想呢？我个人认为，它是很不错的，不过也还有改进的空间，比如"课程延伸内容"，延伸内容的量应该有多少，什么样的内容放在这里才合适，都有待教学实践的检验，然后不断地完善。

末了，我要感谢编写团队的所有成员，他们在编写过程中，听从指挥，全力投入，付出了艰苦的劳动。我要感谢我的母校中山大学和母系中文系的领导，他们对本教材编写工作，给予了人力、财力、物力的全方位支持。可以说，母校母系是这一工程的基础平台。还要感谢北京大学出版社领导和王飙、杜若明两位先生的支持，他俩是高水平的专业人士，有他们参与编辑的工作，保证了本书质量。

这两年来，由于新旧两部教材的编写、修订工作同时进行，我经常对着电脑，不按时作息，大大干扰了老伴的休息。她见我比退休前还忙碌，担心我的健康，睡不好，夜半高声叫我休息。卧室离电脑室远，我因此买了个货郎鼓给她摇，以免她力竭声嘶。幸好后代都来帮我。三女儿绮仙成了我身边的秘书、保姆和守护人，远在兰州的小女儿薇薇也通过电邮帮我打字，第三代陈树强等三人也帮我制图、打字，减轻我的一部分负担。就这样，我的新编审改工作仍有不足，有些章节还未能细看。好在有中山大学、暨南大学以李炜教授为首的中青年博士们，他们年富力强，在新编交稿前苦战了近百个昼夜，使本教材保质保量，如期出版。

在此，我对以上帮助我完成工作的领导、编者、朋友和亲人表示衷心的感谢！

2012 年 2 月

《广东阳江方言研究》 出版前言

黄绮仙

这是一部凝聚了作者——我的父亲，大半生心血的文稿。

它不单承载着一位将毕生精力奉献给祖国语言文字研究事业的学者的精神，还饱含着一位语言学家对家乡方言的酷爱之情。父亲曾说过："阳江话使用的地域虽窄，但它却是汉语言的活化石。麻雀虽小，五脏俱全呀！"1948年他的毕业论文写的就是《阳江话词汇研究》；之后，又陆续写了《谈谈阳江话的两个特点》《广东阳江话物量词的语法特点》《广东阳江话的形容词》等一系列研究家乡方言的论文。为此，教育部语言文字信息管理司原副司长王铁琨先生曾称赞说："黄伯荣先生是新中国成立后发表方言语法研究论文最早的人。他是在用行动来提醒大家关注和重视方言语法的调查研究。"大学毕业之后60多年来，父亲在不断地调查研究阳江方言，不停地添加内容。精益求精——这是父亲一贯的工作作风，不断完善、永不满足，才使他与廖序东先生主编的《现代汉语》教材风靡30多年。在父亲垒起来有两尺多高的文稿中，有个大信封装着300多张长短不一、宽窄不齐、颜色各异的小纸条，每张小纸条上都记着一个阳江方言词，这是他调查时随时留下的记录。也许是老人以为来日方长，2006年至2012年间，把时间都安排在黄廖本《现代汉语》教材的修订和中大本《现代汉语》教材的编写工作中了。岂知，时不我待，2012年12月，老人突然患病，次年5月就乘鹤西去了，留下这堆未成书的手稿。

我深知这份书稿的珍贵。我决心接替父亲整理这部书稿，让其面世，实现老人的遗愿，给国内外语言研究者留下一份宝贵的方言研究资料，同时也为拯救日渐流失的阳江方言尽一份微薄之力。

父亲退休后回家乡定居十几年来，我为父母担起了"保姆兼秘书"的担子，既照顾父母的生活起居，又协助父亲做《现代汉语》教材的修订与编写工作。在实践中积累了丰富的经验，学到了不少知识；加上我是1954年在北京大学附属小学开始接受的启蒙教育，注音字母和汉语拼音两套音标都掌握得很好，工作后还脱产读了两年英语专科，方言书稿中的国际音标我虽未曾学过，但边整理边学习，触类旁通，倒也难不倒我。只是如何把这份含有大量国

际音标和生僻字的陈年手抄、蜡刻文稿变成电子版呢？问过多家打字店，都不肯接手，令我甚是为难。2016年年初，我有幸见到阳江职业技术学院的容慧华副教授，她专攻汉语言学，对方言研究工作很感兴趣，几年前也曾与我父亲有过交往。她非常愿意协助我整理这份方言遗著。有容老师帮我把手稿录入电脑，变成电子版，增强了我整理这部方言书稿的信心。

整理书稿的过程，是非常艰辛的。我原以为只是整理"阳江话词汇研究"这部分内容，后来细读该书稿后面的附言，上面写着"本文是《广东阳江话研究》（中山大学毕业论文）的词汇一章，所记的是1948年家乡话。……我打算把语音、语法两章也陆续印出来……"看来，父亲是想把这本方言书按汉语言学的体系、框架编写完整的。我便细细翻看每一沓手稿，进行分类。由于该手稿经历的年代很长，有些是钢板蜡纸刻写，有些是手抄稿，纸张已发黄，部分字迹非常模糊。最令我为难的是一些内容有重复的稿件并没有标明写作的时间。应该以哪份为准？如果是作者亲自整理，这都不是问题，但对于我来说，却是一个相当艰苦的学习过程。我需要反复翻阅、对比、理解、探究作者的意图，而后做出抉择。经常看得头发昏，眼发花，泪眼蒙眬。我诚惶诚恐，生怕把其中有用的材料漏掉。老母亲看不下去，叫我别累坏了自己，书出不出没关系。我知道母亲未必懂得这些手稿的价值，老人只是心疼我。但我无论如何也不能放弃，一定要克服困难，坚持完成这件工作，绝不能把父亲辛苦大半生写出来的东西丢弃。

幸好我不是孤军作战，很多志士仁人知道有这么一部阳江方言遗作，纷纷向我伸出了援助的手。阳江职业技术学院的容慧华副教授不论自己的公事私事多么繁忙，自始至终在协助我录入稿件。为做到精准，不厌其烦，几次携手提电脑前来与我面谈、切磋，寻找编辑的最佳方案，还手把手地帮我解决我电脑上出现的问题；原中山大学中文系主任、我父亲的学生——李炜教授，几次拨冗为我解惑，确定了我整理遗稿的方向；阳江日报社黄仁兴社长则帮我解决编辑出版的费用问题，他将情况向中共阳江市政府有关领导汇报，市领导对拯救地方传统文化工作非常重视，拨了专款，由黄仁兴社长出面指导操作，挽救这部阳江方言遗著。黄社组织了一个五人小组（容慧华、林耀堂、黄茂松、廖绍其、曾宪勇）协助我。在组织团队时，黄仁兴社长提出要求：一定要认真整理，使这本书成为阳江权威的方言书。五人小组的同仁则各尽所能，在词汇表中增加了些地方特色的词汇及部分原有词汇的解释。为了尊重原作者和整理者，按照整理遗作的规矩，我们把后加的内容用符号"＊"或仿宋字做了标记。

第一章语音，作者对阳江话的发音、声调变调、舒声入声做了细致的分析，并与北京话、广州话进行对比。手稿中语音部分材料较少，我采纳了容慧华老师的建议，从《汉语方言字汇》中提取作者本人写的"字汇"来充实。第二章词汇，原稿记录了 3500 多个具有地方特色的方言词汇。整理这部分时增加了较多的内容（加了 196 个词条）。原稿只有韵母索引，为了方便读者查找，我增编了笔画索引。（这笔画索引是交代我妹妹黄薇薇帮忙做的。妹妹认真完成任务之后曾兴奋地说："我终于能够为父亲的遗著做点事了。"）第三章语法，从句法到词法，重点写与普通话不同的语法现象，并对最具语法特色的阳江话补语做了精辟的论述。其中的"概述"是从《阳江县志》中提取了作者当年写的"阳江话语法概述"来补缺。对"词法"的论述，有一份蜡版刻印的"阳江话六类实词"文稿是完整的。另外还有很多手抄的稿纸，论述副词、介词、象声词等七类词，其中有少许缺页，不完整了。怎么办？我请教了李炜教授，李教授明确地告诉我，"一定要保持原作的原汁原味，遗作就是遗作，哪怕是遗失了几页，也照样录入。美在遗憾中嘛"。我就把这些论述词法的内容收录在"阳江话六类实词"的后面，共 13 类词，统一作为语法章的第二部分"词法"。书稿中我发现单独有一篇"阳江话补语"，却找不到对主语、谓语、宾语、定语、状语的论述。这是否显得不全面呀？这篇补语的论文是要好还是不要好呢？我又向李炜教授请教。李教授说："现代汉语句子有前松后紧的特点，补语正处于紧的位置，紧的位置上问题相对更复杂。黄先生先从补语入手是有其深意的。这是部方言书不是教科书，不必面面俱到。"这样，我就与容老师商量，把《广东阳江话补语》和另外的"37 个例句"放在语法章后面作为附录。手稿中的儿歌和原来附在词汇研究稿后面的谚语、歇后语、儿歌等材料则作为第四章"熟语、儿歌"，均按照笔画多少为序重新整理。另外，在《阳江县志》里面有两个表是作者当年绘的，我把它们作"附录一""附录二"，还有作者另外有关阳江话及粤方言的论著目录，我把它作为"附录三"收录到全书后面，希望对方言研究者有所帮助。

父亲的遗作《广东阳江方言研究》终于整理出来即将面世了，我如释重负，顿觉无比的轻松。我完成了父亲未竟的事业，远在天国的父亲该没有遗憾了。

值此书稿即将付梓之际，我再次向直接帮助我的李炜教授、容慧华副教授、黄仁兴社长及黄茂松、林耀堂、廖绍其、曾宪勇几位同仁表示诚挚的感谢，向关心本书出版与销售的以梁兵总经理为首的阳江一中教育发展基金会的校友们致谢，向曾经帮助或关心我父亲这部方言遗作的梁启亮、陈宝德、李学超、冯铮、谢绍祯、许培栋、邓格伟、蔡茂华等，以及在这里由于篇幅所限，不便一一列名的各级领导、亲友、乡亲们致谢。

在整理该文稿的过程中难免出错，我愿虚心地接受各位读者的批评指正。同时，书稿初稿形成后，我们在《阳江日报》进行了连载，公开在更大的范围向社会征求修改意见和建议。

2018 年 1 月 20 日于阳江

《广东阳江方言研究》序

李 炜

　　1948 年，黄伯荣先生在中山大学语言学系（我国第一个语言学系）完成了他的本科毕业论文《阳江话词汇研究》，这应当是中国最早使用现代语言学方法研究广东方言词汇的成果。大半个世纪以来，黄先生在工作之余一直断断续续地调查和研究他的家乡话阳江方言，到老人家去世前累积已达两尺多高的手稿，内容涉及阳江方言语音、词汇、语法等诸方面。记得 1982 年我师从黄先生读硕士研究生上第一次课时，黄先生讲的并不是我意料之中的语法（我是现代汉语语法专业研究生），而是一些发音难度较高的国际音标，其中印象最深的就是阳江等粤西方言中特有的边擦音。这至少说明了两个问题：一是黄先生重视学生的基本功，重视田野调查；二是从一个侧面反映出黄先生的家乡情结。以我对导师的了解，他应该是想把黄廖本《现代汉语》教材编写等要紧事办得差不多了，再来系统写这部《广东阳江方言研究》，但我猜是我打乱了黄先生的原计划。

　　2009 年，我系（即黄先生的母系中山大学中文系）邀请黄先生领军编写中大本《现代汉语》，"为了报答母校的培育之恩"（黄先生原话），也为了实现他多年未能实现的《现代汉语》教材编写新理念，黄先生不顾高龄以身作则带领团队打了整整两年的攻坚战，于 2011 年底完成了编写工作，交由北大出版社出版（该教材不久被列入教育部"十二五"规划教材）。在这最为艰苦忙碌的两年中，黄先生指导编写团队召开了近两百次编写研讨会，编写内容的所有指令均由黄先生发出，对我们撰写的每一段编写内容黄先生都会提出详尽的意见，无论赞同还是反对。赞同的先生会说明好在哪里，不赞同的更会详述他的理由，推翻重来是常有的事，邮箱里储存的几百封黄先生给编写团队的邮件证明了他是名副其实的第一主编！令人心痛的是这些邮件大量地发自深夜或凌晨，一位年过九旬的老人这样拼命地工作谁能不担心，但我们怎么劝说先生注意休息都没用，家人力劝也没有太大效果，所以当中大本《现代汉语》教材问世不久，黄先生就住进了医院。2013 年 4 月，该教材的学习参考也出版了，我和我系党委书记丘国新拿着刚出版的学习参考去阳江人民医院向黄先生汇报，那时黄先生的病情已经很严重，不能说话了，当他看到学习参考时，双

眸发光，异常激动，紧紧握着我的手大声吼着，但我听不懂老人家在喊什么。丘书记跟我耳语道："老人家在交接力棒给你，你一定要接好班啊！"我当时泪流满面……如果不是因为中大本《现代汉语》，兴许黄先生是可以按他的原计划写完《广东阳江方言研究》的。

其实中大本《现代汉语》还有一位作出很大贡献的"编外编者"，也就是这本遗著整理编写的核心人物——黄绮仙，她是黄先生的三女儿，我叫她三姐。在黄先生领军编写中大本《现代汉语》时，三姐就是黄先生的左右手。当时黄先生指挥"广州战役"，基本是靠电子邮件，黄先生年事已高，视力不好，加之不熟电脑操作，因此大量邮件内容的撰写和处理工作基本都是由三姐来承担的（在兰州的四姐黄薇薇也曾分担过一部分工作）。三姐将黄先生口述的修改意见和对下一步编写的要求都整理成文字，念给黄先生听，黄先生认可后她再发给我们，两年多里数百封邮件，如此繁重的任务她完成得很出色，从不出错。而这次整理编写遗著的工作难度就更大了，您很难想象面对那摞记录、撰写于大半个世纪里不同时点、尺寸不一、颜色不同、纸质各异的两尺多高的手稿该咋办。它们有些是钢板蜡纸刻写，而更多的则是手写，许多已字迹不清，说实在话，能准确辨识这些字迹并能完全明白其意的恐怕非三姐不可。三姐尽管不是现代汉语（方言）科班出身，但她身上具备了一般科班出身的人所没有的三点优势：一是她的语言敏感度超棒，她是我见过的普通话发音最为标准的广东粤西人；二是她做事的细致与耐心程度非常人所能及；三是她肯学习肯钻研，是那种遇到困难不绕着走，而是像习近平总书记所说的"逢山开路遇水架桥"的那种人。所以她能够胜任以上两项专业性很强难度很大的工作也就不足为奇了。我老是在想，如果不是唯成分论的动荡年代耽误了她，她一定会是一位优秀的学者。

在这部遗著的整理编写工作中，我没有出多少力，为此我深感内疚。本来至少应当与三姐并肩作战才对，可去年由我负责的两项重大项目同时展开，无术分身。一项是为响应"一带一路"号召，开展了国际职业汉语培训。我作为第一完成人与相关单位和专家共同研发了国际职业汉语培训与评估标准体系，该体系于 2017 年 8 月 31 日通过了教育部科技成果评审，这是国内语言学界首次通过该项评审的科技成果。我还负责在京建立了国际职业汉语云平台，并在广州成功开办了"一带一路"国际职业汉语首期示范班。该项目两度被《人民日报内参》报道，获得了中央常委领导同志的批示。另一项是我团队与中山大学附属第三医院合作进行了"基于汉语的失语症治疗"临床试验项目，取得了突破性进展，今年有望取得跨学科重量级科研成果。这两个项目的阶段性成果已撰写成论文，将应邀出席即将在美国举行的"第六届商务汉语工作坊暨第二届商务汉语教育国际会议"和"第26届国际中国语言学会年会"。这都是关于汉语自信即将文化自信落到实处的项目，我坚信黄先生的在天之灵是绝对支持的！

如果说我对这部遗著有一点贡献的话，恐怕主要是内容定位的把关。我始终坚持这部遗著必须原汁原味，不能走样，后人的补充要以不同字体（或其他办法）与原作区分开来，并在凡例中加以说明。三姐完全接受了我的观点。黄先生的本意肯定是要对自己家乡的方言进行全面系统的描写与研究，但是先生仙逝后，相信无人能按先生真正的意图来续写，包括我。所以当三姐问我为什么语法部分黄先生只写了补语的时候，我回忆了这样一件事，2009年我和丘国新书记代表系里赴阳江当面恳请黄先生领军中大本《现代汉语》编写时，黄先生提出的唯一条件是我必须同时任主编，否则不干，我只能遵从师命。而我答应之后，黄先生要我做的第一件事情就是命我把补语部分写出来给他看，我照做了，黄先生看后很满意，然后说："现在可以开工了。"窃以为汉语句子呈现出前松后紧的态势，以主要动词为界，补语就是"后紧"的主要载体，而"紧"的部分往往是句中最难分析清楚的部分，至少从语义指向上看，补语既可指向主语，又可指向宾语，还可指向整个动作行为（如"我们踢赢了这场球""我们踢破了那个球""我们踢完了这场球"），而从句法上看它除了补充修饰谓词性词语之外，还往往具有完句的功能（例略）等。总之，先生把补语作为系统描写的切入点一定是有其深意的。黄先生的有些"深意"我们可能需要几十年才能领悟到，例如1982年到1985年，我读黄先生研究生时，也承担着黄廖本《现代汉语》主编助理的相关工作，记得当年黄先生最常谈到的就是"动宾"问题，他认为"述宾"的说法不好，但将"动宾"理解成"动词+宾语"也不对，因为前者是词类名称，后者则是句子成分名称，不在一个层次上。所以他很想推出一个新概念——"动语"，就是带了宾语的动词或动词性短语。黄先生还认为"尽管'动语+宾语'处在'主语+谓语'中谓语的下位层次上，但'动宾'最为重要，它往往是句子的核心所在"。尽管我们把"动语"写进了中大本《现代汉语》，但真弄明白其深意则是在去年的两大项目推进过程中。两个项目团队几乎同时发现了一个有趣的现象：在句法方面动宾组合（无论是词还是非词）是汉语能力恢复和汉语习得中最基本、最易掌握因而最为重要的组合关系。对失语症者来说，他们最易恢复的是"吃饭""喝茶""看电视""拿杯子"；而对汉语零基础的外国学员来说，他们常常出现"吃饭过""看电视完"这类偏误，因为在他们心里动宾组合最为基本。其实，从认知角度看，"动作+实（事）物"是最"基底"的表达……这里先不展开谈了，我只想说，黄先生的"真心思"没有谁敢说都清楚。

为了让这部遗著的内容尽可能全面系统，出版质量尽可能高，阳江日报社黄仁兴社长专门组织了一个以阳江职业技术学院中文系容慧华老师为主的五人小组协助三姐的工作。没有他们的鼎力支持，这部遗著不可能在如此短的时间内问世，对他们的付出我在此深表谢意。

是为序。

中山大学中文堂2018年春节

《广东阳江方言研究》编后记

黄绮仙

方言书稿终于整理好，发给出版社了。而该书的封面设计问题又开始在我脑海中萦绕。一日，我来到新结识的朋友博林开的书店，浏览群书的封面，寻找灵感。博林和他的女朋友热情地邀我坐下喝茶，抱来几本书，对比封面设计对读者眼球的冲击力的差别。探讨的结果，我决定，就用版画形式绘图。因为版画封面的冲击力最强，况且，版画是我小儿子陈树强的专长，他在广州美术学院读研究生时，修的就是版画。

树强非常爽快地接受了任务。为了赶时间，他连节日都没有回家，埋头搞设计，不久就出了初稿。图中有山有河也有树。他的思路是，以俯视蜿蜒的漠阳江为主要元素，体现语言和文化的源流与发展，树则代表从大地吸取营养，然后枝叶散发，象征外公（作者）依托家乡，桃李天下。我很赞同他的思路，并告诉他，他老爸提议用北塔山，我觉得最好是两者结合，阳江的母亲河是漠阳江，北塔山是阳江的地标性建筑，结合起来能最好地体现阳江地域方言的源远流长。最后，以在阳江老照片中找到的白塔山的照片做蓝本绘出了封面这幅图。树强用凝重的灰底色做封面的主色调，加上阳江方言特色词汇做版画背景，更彰显了这本方言书的个性。

父亲写这本方言书是用国际音标注音的，他的本意是想把阳江方言与国际接轨，让国内外的语言研究者都能看得懂，读得出，用得上。我便叫树强给封面增加了英文标题，并争取将"出版前言"和"序"译成英文。这件工作有些难度，因为文中涉及许多学术专用语。不过，我小儿媳 Janine Emma Goldsworthy（中文名字金妮妮）是英国人，虽然她的中文尚未过关，但有她与树强联手，夫妻俩通力协作，精准地完成翻译工作应该是不成问题的。（后因本书赶时间出版，妮妮临产，"序"的译文暂时搁浅。）

完成了方言书的封面设计，我又翻开父亲那一堆陈年手稿，重新审视文稿中那熟悉的笔迹，这是父亲的，这是母亲的，这是我大姐的、二姐的、妹妹的，这些是我的，这张纸条的笔迹是我爱人的。亲人写作时的情景又一次呈现在我眼前。父亲在世时，不单教育我们无论漂泊到哪里，也绝不可忘记乡音，还带领着我们一家人为记录阳江方言而默默地奉献着。父亲去世了，我在整理

这本方言书的时候，家族中的后辈，虽然在文字整理上插不上手，但是都在积极地帮我，比如设计封面、翻译附文、整理方言词汇的笔画索引、到各大图书馆或网上查找资料、拿稿子去复印，等等，只要能帮一点儿忙，都尽量地帮。为了乡音的传承，三代人坚持做着一件事！

还有，父亲的学生、故友，我的亲戚、朋友，知道这本书的，都热心地问我有什么需要帮忙，出版的经费、日后的销售、传播等问题都有提及。熟识、初识、不识的人，谈起这本书，都怀着崇敬的感情。那不单是对语言大师的崇敬，还是被语言大师对家乡方言的虔诚之心所感染，是为对乡音的共同的挚爱之情所推动。

这些事情让我想起来，就有一股暖流在胸中涌动。啊，乡土，愿你日益繁荣昌盛！乡音，愿你更源远流长！亲人、友人，祝你们永远平安吉祥、快乐健康！

2018 年 5 月 30 日于阳江

《陇上学人文存》编选前言

马小萍[*]

　　黄伯荣，当代著名的语言学家，1922 年生，广东阳江县人，笔名苗木、莫木。1944 年在广东省立两阳中学毕业后，考入广东省文理学院中文系。1949 年，王力、岑麒祥在中山大学创办了语言学系，黄先生转入该系学习，师承王力、岑麒祥、王光炜、杨树达、高承祚等人。1949 年 9 月毕业后，考上该校中国语言学研究所语言学研究生。1951 年毕业后，留在中山大学任教。1954 年，到北京大学中文系任教。1958 年，支援大西北到兰州大学中文系，曾任兰州大学中文系教授、语言教研室主任，兰州大学校、系学术委员会委员，硕士研究生导师。1959 年，因院系调整，曾在甘肃师范大学中文系工作两年。1987 年，支援新建的青岛大学中文系，在青岛大学中文系任教直至退休，是青岛大学中文系奠基人。曾任中国语言协会理事（共四届）、中国修辞学会顾问、语文现代化学会顾问、全国高师现代汉语研究会顾问。获国务院特殊津贴，英国剑桥"国际名人传记中心"（IBC）授予他"1995 年度国际名人"荣誉称号，并收入《国际名人传记辞典》。

　　黄伯荣教授在现代汉语和汉语方言研究方面取得了令人瞩目的成就，尤其是在现代汉语教材建设上影响巨大，做出了突出的贡献，黄先生的学术思想贯穿于该教材的字里行间，影响了一代代学子，是海内外有重要影响的语言学家。

　　黄伯荣先生在现代汉语语音、文字、语汇、语法、修辞，以及方言等方面有很深的造诣，尤以语法为专攻。先后出版了《祖国的文字》（1954）、《北京语音学习》（1956）、《陈述句、疑问句、祈使句、感叹句》（1957）、《广州人怎样学习普通话》（1957）、《汉字常识》（1959）、《几种念法的字》（1961）、《趣味的中文字》（1961）、《句子的分析与辨析》（1963）等专著。

　　主编（合写）《汉语方言字汇》（1962）、《汉语方言词汇》（1963）、《语法修辞》（1978）、《语法修辞基础》（1981）、《现代汉语》（上下册，1979）、《汉语方言语法类编》（1991）、《汉语方言调查手册》（2001）等著作 17 部。

---

　　*　本文作者系《陇上学人文存》编者。

主编"汉语知识丛书"23 分册，发表论文 50 多篇。为表彰他在教学和科研方面的突出贡献、教育部、甘肃省、山东省、青岛大学分别授予他社科优秀成果一等奖五项、二等奖两项、三等奖三项。黄先生为之贡献 30 年的兰州大学校史馆"大师云集"专栏共列出百年来全校大师 15 名，黄先生是其中之一。兰州大学对黄先生的业绩做了计算机录存，这是对黄先生在兰大三十年如一日的默默奉献的高度肯定。作为语言学界大师级的人物，黄先生影响深远，他先后辗转多所大学，对每所大学现代汉语的构建做出了巨大的贡献，他不仅是甘肃的骄傲，也是中国语言学界的"全才大师"，为我国语言学科的发展、为兰州成为全国语言学科的重镇留下了不可磨灭的历史印迹。

黄先生取得了如此卓越的学术成就，与他成长的环境、所受的教育、严谨的治学态度、正派的学风有很大关系。

黄先生出生于一个传统氛围十分浓厚的家庭，父亲是清末的秀才，曾协助村人办学。在黄先生刚周岁时父亲去世，靠母亲守寡带大，11 岁时就远离亲娘在离家百里以外的阳江城求学。当时阳江的交通非常不便，要换乘两次车船，转车、步行一整天才能到达，可见求学之路的艰辛，但这也培养了他坚忍不拔的意志。大学期间，他师承王力、岑麒祥、方光焘等著名学者，得遇名师，如鱼得水，大学毕业后考上岑麒祥的研究生，研究领域更广，钻研问题更深。1954 年，教育部为加强北大语言学力量，将创办了八年的全国独一无二的中山大学语言学系并入了北大中文系，王力、岑麒祥两位教授和黄先生一行带领在读的近 300 名学生乘火车北上，当时黄先生家就住在北大东校门外的大城坊 6 号。在北大时，黄先生一家七口就靠他一个人的工资和稿费维持。夫人曾外出工作，但因孩子太小，无人照看，又无力请保姆，只好留在家中操持家务。夫人出身名门望族，她吃苦耐劳，持家有方，当时虽然家庭压力很大，生活拮据，但家庭和睦。夫人为黄先生誊写大量书稿，黄先生专心研究，无须为家务费心，在北京的三年时间就写下了 30 万字的著作和一批论文，迎来了他学术生涯的第一个丰收期。

20 世纪 50 年代，党中央发出了"支援大西北"的号召，教育部也指定北大要支援西北，北大中文系主任杨晦向黄先生说明意图后，黄先生欣然同意，决心前往兰大开创新局面。当时黄先生 36 岁，和其他热血青年一样"党指向哪里就奔向哪里"，不讲任何条件，举家搬迁，离开美丽繁华的首都北京，来到了当时干旱荒凉的兰州。而且兰州大学和北京大学相比，教学条件的差别可想而知，生活水平更是没法比，每一个月粮食指标中搭三成苞谷面，一个月只有半斤大米，这对一个南方人来说是一个严峻的考验。黄先生的夫人不久就出现了高原反应，身体状况很不好，但黄先生无怨无悔，潜心研究，认真执教，从未放松笔耕。三年困难时期，作为兰大学术带头人、校系两级学术委员会委员，他积极领导大家展开研究工作，在几个月内编成了《现代汉语》和《语言学概论》两部教材，解决了兰大长期缺乏自编教材的问题。1960年是黄先生到兰大的第二年，他撰写了兰州方言的系列论文，发表了署名黄伯荣、赵峻等的《兰州方言概说》，这是历史上第一次用现代语言学的理论和方法对兰州方言所做的全面系统的论述，因此受到了国内外语言学界的广泛关注和引用。此外，他还发表了《〈水浒传〉疑问句的特点》（1958）、《汉语语法研究》（1961）等论文，出版专著《句子的分析与辨认》（1963）。其中《句子的分析与辨认》影响最大，当时兰大中文系学生人手一册，该书对读者掌握有关分析和辨认句子的方法帮助很大，该书以及此前黄先生的有影响力的著述，为后来他被选为全国《现代汉语》教材的主编创造了条件。1963年黄先生在兰大期间第一次开"语法研究"课，把学生引进语法研究的殿堂。以往兰大中文系语言课还比较陈旧，讲语法也只涉及词法，不讲句法、讲修辞只讲辞格等，黄先生"语法研究"课的开设引领中文系在语言学学科的发展之路上迈进了一大步。兰大作为当时全国重点综合性大学，由于地处僻远，办学条件相对艰苦等原因，师资流失严重。黄先生支援兰大，从此开创了兰大语言学科的新局面。

"文革"中，黄先生受到了很大的冲击，但他没有怨天尤人，而是坦然面对。当时兰大在甘肃和内蒙古的交界处的荒滩上造田平地，黄先生制造了一台简易水平仪，解决了农场的燃眉之急，受到了领导的表扬，在家还给孩子动手自制秦琴，教孩子弹奏他年轻时喜爱的广东音乐……经过磨难的黄先生非但没有消沉，体魄还强健了许多，性格也更加坚强、豁达、开朗。作为一个知识分子，黄先生表现出了少有的大胸怀。

"文革"结束以后，一系列政策的落实使黄先生精神振奋、青春焕发，白天上课，晚上伏案疾书。黄先生还建立了兰大中文系首批硕士点，旋即投入硕士生的培养工作，并连年招生，同时，利用假期举办现代汉语讲习班和研讨会，每期近百名学员，授课专家都是国内有名望的前辈，为我国培养了一大批汉语工作者。黄先生在兰大期间还创建语言实验室，这在20世纪80年代初的全国高校中是很有前瞻性的。后来，他用计算机完成了《老乞大朴通事索引》（语文出版社，1991）、《老乞大朴通事语法研究》和《动词分类和研究文献目录总览》（高等教育出版社，1998）等著作。

1981—1985年，黄先生组织人力物力，主编"现代汉语知识丛书"，内容涉及语言、文字、词汇、语法、修辞，有25个分册。其中，《现代汉语方言》一册被日本光生馆翻译出版。

"文革"以后，由于正常的社会科学研究中断了十年之久，全国高校所有的教材大都已不适应形势的发展和社会的需要，1978 年高教部将《现代汉语》教材纳入编写计划，黄先生被推为教材主编，从此就有了风行全国的"黄廖本"现代汉语教材。

1987 年，黄先生支援刚刚诞生的青岛大学，并担任中文系汉语教研室、研究室主任。他高屋建瓴地提出了编写汉语方言语法类编和调查手册的设想，并立即付诸行动，组成编写组，并于 1996 年出版了由黄伯荣主编的《汉语方言类编》（简称《类编》），2001 年出版了《汉语方言调查手册》（简称《手册》）两部方言力作。这是两部填补空白的巨著，得到了学术界的高度赞誉。

黄先生敬业治学，淡泊名利，1991 年从青岛大学退休。即使在退休以后，仍然致力于语言学的研究，笔耕不辍，除了主编《类编》及《手册》以外，还发表了创见颇多的《框架核心分析法》等论文。这对于建立一套切合汉语实际、适合计算机信息处理的汉语语法体系起到了很大的推动作用。

2011 年 7 月 18—20 日，高等院校现代汉语、语言学概论教材教法研究会在中山大学隆重召开。作为中山大学的兼职教授，黄先生以九十高龄冒着酷暑前来参会。满头银发的老先生精神矍铄，认真听取与会者的意见，解答他们提出的问题，会议期间恰逢黄先生九十寿诞，主办方为其举行寿辰庆典，在现代汉语教材教法的学术探讨中同庆黄先生九十华诞，成为中国语言教学界的一大佳话。北京大学、中山大学、兰州大学、西北师大代表以及黄先生弟子到会发表贺词，祝贺黄先生九十华诞，高度赞扬了黄先生的学术成就和人生品格。黄先生是中国语言学界的一棵长寿树，无论在学术还是在精神上都体现了大师的风范！

黄先生是一位让人敬仰的老一辈语言学家，他丰硕的学术成果在以下几个方面尤显突出。

（1）主编的高校《现代汉语》统编教材，自 1978 年开始，持续至今在国内外影响深远，面世 30 多年以来风行全国。

《现代汉语》统编教材自 1978 年被纳入教育部编写计划到 1979 年出版发行以来，总发行量达 500 万册，年发行量在全国同类教材中位居榜首，打破了历史纪录，创造了奇迹。可以毫不夸张地说，大半个中国的文科大学生都是黄先生的"学生"，当然也包括笔者在内。记得在上大学期间，黄先生主编的《现代汉语》教材就像一位良师益友，伴随在我们左右。它以科学简明、生动流畅的内容让我们如沐春风，使我们在众多的教材中永远记住了它，也让我们感到了现代汉语的无穷魅力，很多人都是受这套书的影响走上了现代汉语的研究和教学之路的。当时全国各地不断有同类的教材出版，但该教材一直享有崇高的地位，1986 年获甘肃省委、省政府颁发的优秀图书奖；1987 年获甘肃教育厅颁发的省高校优秀图书奖。除省级奖励以外，还四次得到教育部的奖励：1986 年，教育部刊物《高教战线》发表了一篇《一部受欢迎的现代汉语教材》，对此教材做了充分的肯定；1987 年，颁发全国优秀教材二等奖；1999 年，审定并公布其为文科推荐教材；2006 年，又将其列入国家"十一五"规划教材。

"文革"结束以后，百废待兴，被停开近十年之久的现代汉语课得以恢复。各高校使用的是 1962 年胡裕树主编的《现代汉语》统编教材，时隔多年，不少内容有待重新修订，重新编撰势在必行，各高校自发组织编写的新教材、讲义，犹如雨后春笋般层出不穷。1978 年由郑州大学张静先生等三校教师发起的全国现代汉语协作会（先后在郑州、昆明）召开，当时全国 60 多所高校的专家学者参加了会议，黄先生以他的深厚的功底和丰富的编写经验，水到渠成地被推选为《现代汉语》全国统编教材第一方案（兰州版）的主编，廖序东先生为副主编。

张静和刘世儒为第二方案（郑州版）的正副主编。1979 年 3 月两套教材的定稿会议分别在兰州和郑州同时召开，兰州本顺利定稿，并由甘肃人民出版社出版试用本。1980 年 7 月，经教育部批准，兰州本《现代汉语》专家审稿会在青岛举行。由教育部函请吕叔湘、周祖谟、张志公、胡裕树等十多位专家审定通过并推荐为全国高校文科统编教材，获教育部认可。1981 年出版正式本，学术界称之为"兰州本"或"黄（伯荣）廖（序东）本"。20 世纪 80 年代各省高校本专科自主选定教材，后经调查发现各高校及省自考办普遍选用黄廖本。从问世至今，黄廖本教材何以能一直受到师生的欢迎，它与众不同之处在哪里？

第一，反复修订，与时俱进。

黄廖本教材遵循传统，恪守基础但并不墨守成规。为了与时俱进，这本教材出版以来先后进行了八次修订，每次都吸收学科新成果。从开始的 37 万字，增加至现在的 61 万字。就反映新成果而言，如果把语法研究的三个平面理论体系算作 20 世纪八九十年代以来的新成果的话，黄廖本已在增订二版（1997 年）和增订三版（2002 年）中逐渐吸收，增订四版则在明确加以定义并概括介绍之外，增加了语义分析、语用分析以及变换分析等新内容，这在同类教材中并不多见。

第二，海纳百川，吸取精华。

黄廖本《现代汉语》是黄先生学术研究的代表作，虽属于集体编写，但黄先生的学术思想贯穿于该教材的字里行间。在编写这套教材之前，黄先生

就先后出版了专著八本，主编三部著作，写了大量的论文，并且一直工作在教学的第一线，所以黄先生在现代汉语教材建设上取得的令人瞩目的成就，绝非偶然。这是他深厚的学术功底和科研储备的外在呈现。为了使教材更加完备，黄先生听取各方面意见，黄廖本教材参编者之多、提意见之众、收集意见的渠道之广，也为国内教材所少见。从各版的前言里可以看出，国内本专业的大师和专家几乎一个不漏。黄廖本教材不仅争取到很多专家的指点，而且虚心向广大教师请教，通过暑期现代汉语讲习班，召开现代汉语研讨会来征集意见。黄先生非常重视一线教师的意见，吸取其精华，作为历次修订和增订的参考。

为了使教材更加完备，黄先生博览群书，倾注了大量的心血，特别是修订以后的语法体系都是黄先生亲自主持制定的。书中增加了宾语的对应成分"动语"，使语法学术体系更加科学完整，析句体系也继承和创新并重，从中心词析句法到修订本改为层次析句法，始终都坚持既讲层次又讲中心的原则，析句过程简括为16个字："从大到小，基本二分，寻求枝干，确定句型。"阐述语言规律时常一正一反，相互比较，构成了自己独特的析句体系。继承与创新并重，在先后八次修订过程中不断完善，教材的学术质量不断提升。有人说黄廖本教材有三好：好教、好学、效果好。这也是黄先生一直以来所追求的目标。教材内容对讲什么、讲多少、怎么讲三方面的问题都处理得恰到好处，内容完备、分量适中、系统分明、重点突出、要求明确，使这部教材具有简明适用、雅俗共赏、适用面广泛的特点。

1980年，朱星教授在审阅本教材时看到了这些思路，就曾预言：此教材今后将取代现有最流行的教材。这并不是溢美之词，如今已成为现实，创造了同类教材出版发行的奇迹。

黄先生退休后被母校中山大学聘为兼职教授。黄先生深知，随着社会的发展进步，他与廖序东先生的黄廖本需要不断地充实新内容。廖先生2006年仙逝，黄先生虽已九十高龄，却仍笔耕不辍，带领中山大学并联合相关院校共十余位教师，正在编写新的《现代汉语》教材。该教材将于2012年上半年由北京大学出版社出版，被称为"中大本"。中大本《现代汉语》虽以黄廖本为蓝本，但对内容进行了整合、充实，前面一部分为基础知识部分，适应所有学习现代汉语的学生，后面一部分加入了新的研究成果，为延伸内容，可根据教学对象和要求进行灵活取舍，适合更高层面的本科生乃至研究生学习，这是新时期黄先生对现代汉语界的又一重大贡献。

（2）在现代汉语语法研究方面取得了卓越的成就

三年困难时期，黄先生在兰大工作期间，于1963年出版专著《句子的分析和辨认》，在兰州大学及甘肃语言学界反响很大。该书着重谈句子成分与句型的分析辨认方法，并拿一些文章依次做句子成分分析与句型分析，提出了相邻和易混的成分、句型的辨认方法。书中把黎锦熙等人适合成分分析法"原句加符号法"的析句符号加以修改，并逐步改造成为同时也适合层析分析的"线条括号表示法"，为后来大学教材和《中学教学语法系统（试用）》所采用。该书对读者掌握有关分析和辨认句子结构的知识和方法帮助很大，受到读者的热烈欢迎，多次重印。

黄先生 1958 年出版《陈述句、疑问句、祈使句、感叹句》一书。在此书中首先说明人们为了表达思想感情，就要使用不同用途的句子，不同用途的句子表现为所用语调不同、语气助词不同、语序不同，对四种句子格式和规律进行了说明。其中对疑问句的分析最为详细，在疑问句的分析中用"正反问"这类名词代替传统的"反复问"，认为正反问有结构特点，不主张归并到选择问中去，并对特指问、是非问、选择问等句子辨认做了深入的探讨。

黄先生主编的《语法修辞》（与谢晓安、赵浚合作，1978）从造句、用词、词语的辨析和推敲，句子的选择和组织，描绘手段等方面介绍了语法修辞基础知识，指出为了准确、鲜明、生动地表达思想感情，必须把握句子，句子不对是语法问题，讲了组词成句的语法规则，讲了什么样的句子是通的、合语法的，什么样的句子是不通的、不合语法的，还全面介绍了词句的描绘手段修辞的问题，辩证地指出了语法是修辞的基础，两者关系密切。

在《关于划分词类问题的考察》这篇重要的论文中，黄先生不同意汉语的实词不可以分类的说法，认为划分词的类属，应以语法特点为依据，其中应以句法特点为重点，在《汉语语法的研究》一文中，对汉语语法的研究历史做了全面周详的论述，认为语法研究可分为四个阶段：自发阶段、模仿西洋语法教科书阶段、搬用西洋语法理论阶段、从汉语实际出发的汉语语法学初步建立阶段。该文列举并评价了各阶段的代表著作。此论文对研究汉语语法学术史具有重要的参考价值。

黄先生 1999 年发表了《框架核心分析法》，2005 年写了《框架核心分析法答客问》，后来又发表了《三论框架核心分析法》。这是既讲核心又讲层次、既讲框架又讲位次的新的析句法。它对句子成分分析法、层次分析法，既有继承又有发展，"框架核心分析法"能细致地描写句型结构，还有助于辨认词性、确定词类，有助于快捷辨认句子成分。中心词分析法、层次分析法分别来源于传统语法和结构主义语法，各有优缺点。把两者结合起来，既讲中心又讲层次，是人们一直追求的方向。框架核心分析法是黄先生探索汉语语法的新方法、新思路。它继承吸收了几种析句法的合理内核并融为一体，成为有自己的

独特的理论框架和析句符号的一种新体系。

（3）黄伯荣先生在方言研究上主编填补空白的巨著。

黄先生是新中国最早发表方言论文（即先生关于广州话和阳江话的一组语法研究文章）的学者。新中国成立初期在兰大期间，黄先生发表了粤方言语法论文《广州方言语法的几个特点》《阳江话的几种句式》《广州话补语宾语的词序》等系列论文。1962 年发表了《兰州方言》（与赵俊合写）长篇论文，全面描写了兰州方言的概况，这是历史上第一次用现代汉语语言学的理论和方法对兰州方言所做的全面系统的论述。受到了国内外语言学界如桥本万太郎和王士元等学者的广泛关注和引用。

退休以后，黄先生编著了长达 180 万字的《汉语方言语法类编》（青岛出版社，1996），主编了 12.5 万字的《汉语方言语法调查手册》（广东人民出版社，2001）两部填补空白的著作，发表论文多篇，这对一位高龄学者来说尤为难能可贵。1949 年以前，汉语方言研究几乎都着重在语音的系统描写和古今比较上，最早系统论述汉语方言语法的文章，只有赵元任的《北京、苏州、常州语助词的研究》，零碎地提到方言语法的语法著作首推王力《中国现代语法》一书中的"比较语法"。过去一直认为方言间的差别主要在语音，其次在语汇，语法方面差别很小，因而方言语法的研究是薄弱环节，黄先生主编的《类编》这一巨著，全面系统地把 1991 年以前全面 250 多个方言点语法材料汇集起来，语法条目 2500 多条，将这些琳琅满目的方言语法资料汇集起来，做一番全面系统的剪裁、鉴别和整理工作。这是一项开创性的工作，在国内尚属首例，编写体例无可借鉴。著名语言学家国家语委副主任王均教授亲自为该书作序，他认为："这是一件开创性的工作，非有像黄伯荣先生这样理论修养有素，并统揽全局辨析入里的能力专家，是很难办到的。"著名语法学家北京大学教授卢俭明先生认为，《类编》集汉语方言语法事实研究之大成，对汉语方言语法的研究和汉语语法的研究包括语法史的研究将起到极大的推动作用。《类编》的姊妹篇《汉语方言语法调查手册》也是黄先生主持编写的。著名方言学家博士生导师詹伯慧教授看到该书的初稿，撰写了《汉语方言语法研究大有可为》一文。在文章中充分肯定了这本书在汉语方言语法研究和调查领域的作用和地位："现在伯荣教授利用《类编》资料爬罗剔抉，精心设计，从方言语法调查的需要出发，编就这本《汉语方言调查手册》，这对方言调查工作，无疑又做了一件雪中送炭的好事。"最后还指出这是一部"理应人手一册的《手册》愿意向读者推荐"。黄先生在方言研究领域所做出的开创性的贡献有助于方言语法调查研究和汉语科学语法体系的建立，还有助于汉语史和理论语言学的探索。

在《类编》的编写过程中，他搜集了已刊方言论文好几百篇、各地方言志和方言专著好几十种，又征集了大量未刊资料，运筹帷幄、胸有成竹，从语法的意义、语法功能、语法形式出发，纲举目张，既忠于原文，让"百家"在"类编"中争鸣。

　　黄先生不仅在学术研究领域成绩突出，还是一位卓越的导师和学术带头人，在全国南北西东四所大学默默耕耘了40多年，其中30年都留给了兰大。仅20世纪80年代就有40多所大学请他讲学，他为多所高校培养出了诸多语言学方面的学术骨干，学术带头人50多位。其中，知名专家教授15人。他培养的学生遍布内地和港澳地区，他言传身教，为学生树立了诚实做人、严谨治学、乐观向上、不断进取的高尚的学术榜样。曾有学者这样评价他："先生视野开阔、思想活跃，对学术发展、学术建设总能审时度势、深思熟虑、恰当把握，无论是学术研究还是人格培养都对后辈有深刻的启发。"

　　兰大文学院教授黄伯荣先生的弟子王森曾说过一件这样的事："1985年暑假，黄先生在敦煌主持开办了汉语讲习班和教学研讨会。在此之前，黄先生唯一的儿子病情危重，黄先生已把病情如实地向我告知，但却嘱咐我不要向师母说。会期迫近时，噩耗传来了，但讲习班和研讨会如期召开，两个会由黄先生全盘主持，同时又给自己安排了两次演讲。一次是在研讨会开全体大会时，他讲得很投入，另一次是在会议结束前夜，有些学员已在考虑回家的事，没去听课，听课的人也心神不安，黄先生还是认真负责，一直讲到下课。有些老师说黄先生过于认真了，那一次课即使不上，大家也不会说什么。是的，先生老年丧子，痛何以堪！但黄先生还是圆满地完成了教学任务，当时情景深深地留在大家的记忆中。"从这件事中可以看出，黄先生百分百的真诚，不管世事如何变幻，始终都以一颗淳厚温存之心待人处世，以严肃认真的态度对待自己的事业和学生，真诚奉献，淡泊名利。青岛大学中文系戚晓杰教授曾感慨："黄伯荣先生谦逊待人，从不要求学生盲从自己，讲究学术上的真正民主，可以畅所欲言，就是错了，他也会以大海一样宽广胸怀海纳百川。"真可谓，学术界得此良师，今复何求？

　　春秋迭易，岁月轮回，黄先生今年已九十高寿，还要主持编写新版的《现代汉语》教材，这份对事业的执着让人动容，他生命不息，笔耕不辍，在今天浮躁的社会始终保持一颗纯真的心待人处世，在与笔者互通邮件的过程中，感受到先生关心后辈学子，豁达大度，爱心拳拳。先生无论为人、为师、为学都堪称一个时代的表率。在此，我们衷心地祝黄先生百岁平安，人共梅花老岁寒！

黄伯荣学术年表

黄绮仙　邵霭吉　容慧华　陈泽满

■ 1922 年

8 月 12 日（农历六月二十日），出生于广东阳江海陵岛那洋村。

■ 1929 年

在那洋村里读私塾。

■ 1935 年

独自从那洋村到阳江县城模范小学读高小。同年母亲为他定了亲，女方是海陵白蒲村梁家长女梁文姬，后改名为梁丽云。

■ 1937 年

考入阳江县立中学（阳江一中）读初中。

■ 1940 年

考入广东省立两阳中学读高中。因城区校舍被日本侵略军炸毁，学校迁往阳春松柏镇。

■ 1944 年

考入广东省文理学院中文系学习。

■ 1945 年

年底，放弃广东省文理学院学籍，以优异成绩考入中山大学中文系，实现"中大梦"。

同年，转入王力、岑麒祥创办的中山大学语言学系学习。

■ 1949 年

9 月，中山大学语言学系本科毕业，考上中山大学中国语言学研究所语言学研究生，师从导师岑麒祥教授，主攻语言学。

■ 1951 年

秋天，研究生毕业，毕业论文为《阳江话研究》。因成绩优秀，被安排留校，在中山大学语言学系任助教、讲师。

在王力的直接领导下担任《现代汉语》部分教学任务，其间，参与王力主持的《现代汉语》讲义的编写工作。

12 月 30 日在《光明日报》语言文字副刊发表《广州方言语法的几个特点》。

■ 1953 年

10 月，在《中国语文》第 3 期发表《评谭正璧的〈基本语法〉》。

■ 1954 年

4 月，《普通话读本》出版，大学图书供应社。

6 月，《祖国的文字》出版，武汉：中南人民出版社。

7 月，在《语文学习》第 7 期发表与沈于平、吴寅合写的《评〈语法讲义（初稿）〉》。

8 月，因全国高校院系调整，与王力、岑麒祥、周达夫教授以及近百名学生，调往北京大学，被安排在中文系汉语教研室工作，任讲师，负责教授现代汉语课程。

■ 1955 年

2 月，在《语文学习》第 2 期发表《评〈语法学习〉》。

3 月，在《语文学习》第 3 期发表《简体字的结构》；该文又载于吴玉章等《简化汉字问题》，北京：中华书局，1956。

3 月，以笔名"莫木"在《中国语文》第 3 期发表《关于〈再论汉语的词类分别〉的例证问题》。

8 月，在《语文学习》第 8 期发表《连词"和"与副动词"和"的区别》。

8 月，在《语文知识》第 8 期发表《谈谈阳江话的两个特点》。

10 月，以笔名"莫木"在《语文学习》第 10 期发表《并列结构中的一些特殊格式的连写问题》。

■ **1956 年**

1 月，在《语言知识》第 1 期发表《广州方言语法的几个特点》。

4 月，在《中国语文》第 4 期发表《对〈汉语拼音方案（草案）〉的意见》。

5 月，在《语文知识》第 5 期发表《子音、母音和声母、韵母的区别》。

6 月，在《语文学习》第 6 期发表《"些"字的用法》。

7 月 18 日在《光明日报》发表《J 和 W 两个字母可以取消》。

7 月，在《语文学习》第 7 期发表《形容词和副词的界限》。

11 月，《北京语音学习》出版，武汉：湖北人民出版社。

■ **1957 年**

1 月，参与编写的《现代汉语参考资料》，中文系汉语教研室编，华南师范大学印。

1 月，《对〈汉语拼音方案（草案）〉的意见》又载于《汉语拼音方案草案讨论集》（第一辑），北京：文字改革出版社。

8 月，《广州人怎样学习普通话》出版，广州：广东人民出版社。

9 月，《陈述句、疑问句、祈使句、感叹句》出版，上海：新知识出版社。

10 月，《关于划分词类问题的考察》发表于北京大学中文系语言学论丛编辑部编《语言学论丛》（第 1 辑），上海：新知识出版社。

■ **1958 年**

2 月，响应国家支援大西北的号召，举家西迁，从北京大学支援大西北，调往兰州大学中文系任讲师。

4 月，《广州话和普通话的语音比较》发表于《方言与普通话集刊》（第一本），北京：文字改革出版社。

4 月，《谈谈阳江话的两个特点》又载于《方言与普通话集刊》（第一本），北京：文字改革出版社。

7 月，在《兰州大学学报》第 2 期发表《〈水浒传〉疑问句的特点》。

在《语言研究通讯》第 2 期发表《高本汉在汉语语法研究中的错误》。

■ **1959 年**

2 月，因甘肃省高校院系调整，从兰州大学中文系调往甘肃师范大学中文系任讲师。

3 月，在《中国语文》第 3 期发表《广东阳江话物量词的语法特点》。

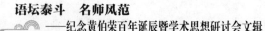
6月，在《中国语文》第6期发表《广州话补语宾语的词序》。

11月，在《文字改革》第11期发表《从三组语言学名词谈到术语规范化的问题》。

11月，《陈述句疑问句祈使句感叹句》出版，上海：上海教育出版社。

12月，《汉字常识》出版，兰州：甘肃人民出版社。

■ 1960 年

1月，在《西北师大学报》（社会科学版）发表与赵浚等合写的《兰州方言概说》。

2月，在《甘肃师范大学学报》第1期发表《阳江话"入声非声"实验报告》。

12月，在《西北师大学报》（社会科学版）发表《汉语语法的研究》。

■ 1961 年

2月，从甘肃师范大学调回兰州大学中文系，直至1987年，历任讲师、副教授、教授。

2月，在《甘肃师范大学学报》第1期发表《汉语语法的研究》。

4月，《几种念法的字》出版，兰州：甘肃人民出版社。

■ 1963 年

4月，在《兰州大学学报》第2期发表《兰州方言》（跟人合写）。

10月，《句子的分析与辨析》出版，上海：上海教育出版社。

■ 1964 年

5月，提供的阳江词汇材料载于《汉语方言词汇》出版，北京：文字改革出版社。

■ 1966 年

3月，在《中国语文》第3期发表《阳江话的几种句式》。

■ 1977 年

3月，《趣味的中国文字》出版，香港：骆驼出版社。

■ **1978 年**

3 月，全国《现代汉语》教材协作会议第一次会议在郑州召开，共有 23 所高等院校和有关单位的 60 多位代表参加，会上制定了《现代汉语》第一方案和第二方案，两个编写大纲，黄伯荣等提出的大纲为第一方案。

8 月，全国《现代汉语》教材协作会议第二次会议，在昆明召开扩大会议，全国 81 所高校和有关单位的 150 多位代表参加，会议推选黄伯荣为第一方案《现代汉语》教材的主编，廖序东为副主编。

12 月，《语法修辞》出版，兰州：甘肃人民出版社。

■ **1979 年**

3 月，黄廖本《现代汉语》顺利定稿，交由甘肃人民出版社出版。

8 月，《现代汉语（上册）》出版，兰州：甘肃人民出版社。

12 月，在甘肃省语言学会汉语组编的《汉语论文集》（一）发表《阳江话词汇研究》。

在兰州大学获评副教授。

■ **1980 年**

3 月，《现代汉语（下册）》出版，兰州：甘肃人民出版社。

7 月，黄廖本《现代汉语》通过教育部专家审稿，被推荐作为全国高校文科统编教材。

■ **1981 年**

2 月，《语法修辞基础》（合写）出版，兰州：甘肃人民出版社。

2 月，黄廖本《现代汉语》由甘肃人民出版社正式出版。这是黄廖本《现代汉语》教材的第二个版本，亦称为"兰州本"。

9 月，《句子的分析与辨析》重印，上海：上海教育出版社。

《关于划分词类问题的考察》被收入鲁允中编《现代汉语参考资料》，兰州：甘肃人民出版社。

■ **1982 年**

4 月，在人民教育出版社《教学语法论集》一书中发表《关于教学语法体系》。

5 月，《形容词和副词的界限》又载胡裕树主编《现代汉语参考资料（下）》，上海：上海教育出版社。

7月，《辞格辨异》出版，武汉：湖北教育出版社。

12月，黄廖本《现代汉语》在河南开封召开修订会。

■ 1983 年

2月，在《语文月刊》第2期发表《〈现代汉语〉的图解法》。

9月，黄廖本《现代汉语》修订本由甘肃人民出版社出版，这是教材的第3个版本，王力先生为本书题写了书名。

12月，在《兰州大学学报》第4期发表《〈现代汉语〉教学语法体系提要》。

12月，在《中国语文》第5期发表《谈句法分析——介绍一部〈现代汉语〉的句子分析法》。

12月，在《语文战线》第6期发表《一种层次分析的图解法》。

■ 1984 年

1月，在《秘书之友》发表《秘书应该学点语法修辞》。

1月，《谈句法分析——介绍一部〈现代汉语〉的句子分析法》一文被收入《汉语析句方法讨论集》，上海：上海教育出版社。

5月，《陈述句、疑问句、祈使句、感叹句》再版，上海：上海教育出版社。

6月，《现代汉语习题解答提要》出版，北京：语文出版社。

9月，在《中学语文教学》发表《〈中学教学语法系统提要〉读后》。

9月，《〈现代汉语〉复习提要》，北京：语文出版社。

■ 1985 年

7月，《同自学者谈〈现代汉语〉》，发表于《全国高等教育自学考试中文专业试题及答案汇编》，北京：语文出版社。

在《兰州大学教学与研究》第2期发表《现代汉语教学说明》。

■ 1986 年

3月，黄廖本《现代汉语》被评为甘肃省优秀图书，荣获中共甘肃省委和甘肃省人民政府颁发的优秀图书奖。

3月，在日本《亚非语言的计数研究》第3期发表《阳江音系》。

6月，国家教委刊物《高教战线》第6期"教材评价"栏发表竟成写的书评：《一部受欢迎的〈现代汉语〉教材——黄伯荣、廖序东〈现代汉语〉

评价》。

7—8 月在河北承德召开黄廖本《现代汉语》教材修订会。

9 月，《句子成分分析法》发表于《语文教学杂谈》，南宁：广西人民出版社。

在《语文建设》第 4 期发表《现代汉语课如何贯彻新时期语言文字工作方针政策》。

至 1987 年年初 3 个月到全国各地讲学。为使用黄廖本《现代汉语》的师生释疑解惑，前往全国十几所大学，如武汉大学、郑州大学、广东青年干部学院、长沙大学、广西大学、青岛大学、烟台大学、宁夏大学等，并在北京、沈阳、大连、桂林、石家庄、郑州、武汉、广州、韶关、佛山、深圳、汕头等地调查方言。

12 月，去香港，参加香港政府委托香港语文教育学院主办的"语文教师延续教育问题（第二届）研讨会"。

■ 1987 年

2 月，全国巡讲结束，回兰州大学。

5 月，从兰州大学调入青岛大学，聘为教授，任现代汉语研究室主任，任汉语教研室主任。

11 月，编著的《阳江音系》获山东省论文三等奖。

继荣获甘肃省优秀图书奖之后，黄廖本《现代汉语》又获得甘肃省教育厅颁发的高校优秀教材奖。

■ 1988 年

1 月，黄廖本《现代汉语》荣获国家教育委员会颁发的高等学校优秀教材二等奖。

4 月，黄廖本《现代汉语》（修订二版）由甘肃人民出版社出版。

7 月，甘肃人民出版社出版了黄廖本《〈现代汉语〉教学说明及习题解答》。

8 月，黄廖本《现代汉语》教材修订会和《现代汉语》教学研讨会在青岛大学召开。

9 月，黄廖本《现代汉语》增订版定稿会在天津师范大学召开。

■ 1989 年

1 月，《普通话语音教程》出版，青岛：青岛出版社。

1月，《广东阳江话的形容词》发表于《语言文学学术论文文集——庆祝王力先生学术活动五十周年》，北京：知识出版社。

3月，在《青岛大学学报》第1期发表《中学教学语法体系述评》。

6月，提供的阳江话字音材料载于《汉语方音字汇》（第二版），北京：文字改革出版社。

7月，主编《〈现代汉语〉教学说明及习题解答》出版，兰州：甘肃人民出版社。

9月，黄廖本《现代汉语》增订版定稿会在天津师范大学召开。

■ 1990 年

4月，在《语文建设》第2期发表《12年来汉语析句法的发展变化》。

5月，在《齐齐哈尔师范学院学报》（哲学社会科学版）第2期发表《应该从病句中找规律——孙也平〈语法病句论析〉序》。

7月，《词组研究中的一些问题》发表于《语言文字论集》，广州：广东人民出版社。

11月，《新疆汉语方言词典·序》发表于《新疆汉语方言词典》，乌鲁木齐：新疆人民出版社。

12月，《阳江话动词的动态》发表于《第二届国际粤方言研讨会论文集》，广州：暨南大学出版社。

■ 1991 年

1月，黄廖本《现代汉语》（增订版）由高等教育出版社出版，这是高等教育出版社出版的黄廖本的第一个版本，也是本教材的第五个版本。

1月，在青岛大学退休，继续为教育事业工作。

4月，在《语文学习》第4期发表《编好教材提高教师素质是当务之急》。

4月，《老乞大朴通事索引》出版，北京：语文出版社。

6月，在《汉语学习》第3期发表《从"词"到"语"是80年代语法学发展的趋向》。

10月，主编的《现代汉语教程》出版，青岛：青岛出版社。

12月，《〈老乞大〉与〈朴通事〉语言研究》出版，兰州：兰州大学出版社。

■ 1992 年

黄廖本《现代汉语》教材修订会在山东济南召开。

▨ 1993 年

6 月，主编《〈现代汉语〉教学说明及自学参考》出版，北京：高等教育出版社。

9 月，《〈新语法概说及范文分析〉序言》发表于《新语法概说及范文分析》，成都：电子科技大学出版社。

▨ 1994 年

6 月，在《兰州商学院学报》第 2 期发表《〈汉语助词论〉序》。

6 月，《"纪念朱星先生八十诞辰学术座谈会"上的书面发言》发表于《朱星先生纪念文集》，北京：语文出版社。

7 月，在《语文建设》第 7 期发表《岑麒祥教授与语言学系》。

9 月，在《语文建设》第 9 期发表《现代汉语课的内容。

10 月，在《汉语学习》第 5 期发表《〈汉语助词论〉序》。

▨ 1995 年

6 月，提供的阳江话字汇材料载于《汉语方言词汇》（第二版），北京：语文出版社。

7 月，在《语文建设》第 8 期发表《我谈语文规范化》。

8 月，与张天光、翟万林合写《汉字构成的字元分析法》在《语言文字应用》第 3 期发表。

▨ 1996 年

5 月，主编《汉语方言语法类编》出版，青岛：青岛出版社。

▨ 1997 年

3—4 月，在济南召开《现代汉语教学参考》修订会。

4 月，在《文教资料》第 2 期发表《岑麒祥教授和语言学系》。

7 月，黄廖本《现代汉语》（增订二版）由高教出版社出版，这是本教材的第六个版本。

▨ 1998 年

4 月，《现代汉语（增订二版）教学参考与自学辅导》出版，北京：高等教育出版社。

11 月，《动词分类和研究文献目录总览》出版，北京：高等教育出版社。

■ **1999 年**

5 月，黄廖本《现代汉语》教材成为教育部公布的首批重点推荐使用的中国语言文学专业 7 门主要课程 30 种教材之一。

12 月，在《汉语学习》第 6 期发表《框架核心分析法》，中国人民大学复印报刊资料《语言文字学》2000 年转载。

在《海南教育学院学报》第 2 期发表《框架核心分析及图解法（提纲）》。

黄廖本《现代汉语》被列入教育部公布的文科 27 种重点推荐使用教材名单。

■ **2000 年**

5 月，《王力先生与语言学系》发表于《王力先生百年诞辰纪念文集》，北京：语文出版社。

8 月，在《山东社会科学》第 4 期发表《修辞学研究的新视角——评戚晓杰〈汉语超常表达论〉》。

11 月，应邀为《阳江县志》撰写一章两万多字的《阳江方言》。

■ **2001 年**

5 月，在江苏徐州师范大学召开现代汉语教材修订会。

7 月，合写《汉语方言语法调查手册》出版，广州：广东人民出版社。

8 月，黄伯荣教授从教 50 周年学术思想研讨会暨黄廖本《现代汉语》教材修订会在青岛大学召开。

8 月，《现代范文语法分析》出版，重庆大学出版社。

■ **2002 年**

4 月，《概说阳江话》（上集）发表于阳江政协文史委出版的《阳江文史》。

6 月，《概说阳江话》（下集）发表于阳江政协文史委出版的《阳江文史》。

7 月，主编《现代汉语》（增订三版）由高等教育出版社出版。

7 月，主编《现代汉语（增订三版）教学说明与自学参考》出版，北京：高等教育出版社。

12 月，《喜撰教材结友谊》发表于《人淡如菊——语言学家廖序东》，南京：江苏人民出版社。

■ **2003 年**

6 月，提供的阳江话字音材料载于《汉语方音字汇》（第二版重排版），北京：语文出版社。

■ **2005 年**

2 月，在《赤峰学院学报》（汉文哲学社会科学版）第 1 期发表《框架核心分析法答客问》；又发表于《汉语教学与研究文集——纪念黄伯荣教授从教 50 周年》，北京：高等教育出版社。

12 月，参加第十届国际粤方言研讨会，论文《从阳江话音变说到声韵的描写》载于《第十届国际粤方言研讨会论文提要集》。

■ **2006 年**

6 月，为叶柏来编著的《同源识字字典》（中国评论学术出版社）作序。

8 月，黄廖本《现代汉语》教材被教育部列为"普通高等教育'十一五'国家级规划教材"。

9 月，黄廖本《现代汉语》教材修订会在北京举行。

■ **2007 年**

6 月，主编《现代汉语》（增订四版）出版，北京：高等教育出版社。

6 月，主编《现代汉语（增订四版）教学说明与自学参考》出版，北京：高等教育出版社。

■ **2008 年**

9 月，《关于汉语教学语法体系》发表于邵霭吉著的《汉语教学语法探索》，北京：中国书籍出版社。

10 月，在《东方论坛》第 5 期发表《〈明清山东方言背景白话文献特殊句式研究〉评介》。

■ **2009 年**

6 月，在《东方论坛》第 3 期发表《我们是怎样编写〈现代汉语〉教材的》。

9 月，黄廖本《现代汉语》教材修订会在广东阳江举行，参会的编者有黄伯荣、刘小南、林端、谢晓安，高教出版社于晓宁。其他与会者有邵霭吉、戚晓杰、张文元、韩宝育、占勇、邢捍国、和丹丹、王琳。会议期间召开了黄廖本《现代汉语》教材出版30周年纪念会，出席黄廖本《现代汉语》教材修订会的编者、专家、高等教育出版社于晓宁、阳江市政协、阳江市文联的领导同志、阳江新闻媒体的记者等参加了会议。会议期间，在阳江职业技术学院召开了黄廖本《现代汉语》教材教学研讨会。

12月，在《粤语研究》发表《粤语阳江话疑问句语气词——兼评阳江话语气词"么""呢"连用说》。

■ 2010 年

8月，为叶柏来编著的《阳江字音》（广东高等教育出版社）作序。

12月，在《盐城师范学院学报》（人文社会科学版）第6期发表《三论框架核心分析法》。

■ 2011 年

4月，在《盐城师范学院学报》（人文社会科学版）第2期发表与戚晓杰合写的《为什么还说汉字是表意文字？——兼评汉字是意音文字、语素文字》。

6月，黄廖本《现代汉语》（增订五版）出版，北京：高等教育出版社。

7月18—20日，北京大学汉语语言学研究中心和中山大学中文系于广州中山大学联合举办了高等院校《现代汉语》《语言学概论》教材研讨会暨黄伯荣先生90华诞庆典，来自全国70余所高校近百位专家学者参会。

11月，黄廖本《现代汉语》教材被评为教育部普通高等教育精品教材。

12月，黄廖本《现代汉语》教材获山东省高校优秀教材一等奖。

12月，主编《现代汉语（增订五版）教学说明与自学参考》出版，北京：高等教育出版社。

■ 2012 年

3月，黄伯荣，李炜主编《现代汉语》（又称为"中大本"）出版，北京：北京大学出版社。

3月，黄伯荣、李炜主编《现代汉语学习参考（模拟题与练习答案)》出版，北京：北京大学出版社。

10月，《陇上学人文存·黄伯荣卷》出版，兰州：甘肃人民出版社。

12月，黄廖本《现代汉语》被教育部列为"'十二五'普通高等教育本科国家级规划教材"。

2013 年

5 月 12 日，在阳江因病辞世，享年 91 岁。

8 月，《谈谈〈中学教学语法系统提要〉的析句法》在《北华大学学报》（社会科学版）第 4 期发表。

2014 年

1 月，黄伯荣、李炜主编《现代汉语简明教程》（上下册）出版，香港：三联书店（香港）有限公司。

3 月，《现代汉语论文集》出版，北京：高等教育出版社。

2017 年

6 月，黄廖本《现代汉语》（增订六版）出版，北京：高等教育出版社。

2018 年

8 月，遗著《广东阳江方言研究》出版，广州：中山大学出版社。

12 月，黄廖本《现代汉语》（精简本）出版，北京：高等教育出版社。

2021 年

4 月，《框架核心分析法》被收入《黄伯荣、廖序东〈现代汉语〉教材出版四十周年研讨会文集》，北京：高等教育出版社。

主编《现代汉语知识丛书》，25 分册

（一）绪论、语音

1981 年，詹伯慧《现代汉语方言》，武汉：湖北教育出版社。

1982 年，闭克朝《入声》，武汉：湖北教育出版社。

1982 年，岑麒祥《国际音标》，武汉：湖北教育出版社。

1985 年，吴天惠《普通话音位》，武汉：湖北教育出版社。

1986 年，胡瑞昌《现代汉语规范化问题》，武汉：湖北教育出版社。

1987 年，鲁允中《轻声·儿化》，北京：商务印书馆。

（二）文字、词汇

1981 年，徐青《字典和词典》，武汉：湖北教育出版社。

1982 年，向光忠《成语概说》，武汉：湖北教育出版社。

1982 年，孙良明《词义和释义》，武汉：湖北教育出版社。

1983 年，陈天泉《汉字正字法》，武汉：湖北教育出版社。

1983 年，宁渠《谚语 格言 歇后语》，武汉：湖北教育出版社。

1985 年，谢文庆《同义词》，武汉：湖北教育出版社。

1985 年，谢文庆《反义词》，武汉：湖北教育出版社。

（三）语法、修辞

1981 年，张寿康《构词法和构形法》，武汉：湖北教育出版社。

1981 年，邢福义《词类辩难》，兰州：甘肃人民出版社。

1981 年，吴启主《句型和句型选择》，兰州：甘肃人民出版社。

1983 年，高更生《长句分析》，北京：中国社会科学出版社。

1988 年，耿二岭《汉语拟声词》，武汉：湖北教育出版社。

1983 年，倪宝元《词语的锤炼》，兰州：甘肃人民出版社。

1983 年，郑远汉《辞格辨异》，武汉：湖北教育出版社。

1984 年，谢晓安等《语法修辞表解及练习》，武汉：湖北教育出版社。

1984 年，李裕德等《病句分析》，武汉：湖北教育出版社。

1985 年，邵霭吉《现代汉语词组》，武汉：湖北教育出版社。

1986 年，高更生《句组分析》，武汉：湖北教育出版社。

1987 年，林端《句子分析法》，武汉：湖北教育出版社。